思想者文库·历史

一位戍边者的学术足迹

丁则民欧美史论

梁茂信　欧阳贞诚◎主编

人民日报出版社

图书在版编目（CIP）数据

一位戍边者的学术足迹：丁则民欧美史论 / 梁茂信，
欧阳贞诚主编 . — 北京：人民日报出版社，2019.6
ISBN 978-7-5115-6081-0

Ⅰ . ①—… Ⅱ . ①梁… ②欧… Ⅲ . ①美国—历史—
文集 Ⅳ . ①K712.07-53

中国版本图书馆CIP数据核字（2019）第110470号

书　　　名：一位戍边者的学术足迹 ：丁则民欧美史论
主　　　编：梁茂信　欧阳贞诚

出 版 人：董　伟
责 任 编 辑：杨冬絮
封 面 设 计：中尚图

出版发行：人民日报出版社
社　　　址：北京金台西路2号
邮 政 编 码：100733
发 行 热 线：（010）65369527　65369512　65369509　65369510
邮 购 热 线：（010）65369530
编 辑 热 线：（010）65363105
网　　　址：www.peopledailypress.com
经　　　销：新华书店
印　　　刷：河北盛世彩捷印刷有限公司

开　　　本：710mm × 1000mm　1/16
字　　　数：390千字
印　　　张：22.5
印　　　次：2019年6月第1版　2019年6月第1次印刷

书　　　号：ISBN 978-7-5115-6081-0
定　　　价：88.00元

序　言

2019 年 7 月 22 日是东北师范大学历史文化学院教授、中国世界史学科和美国史的奠基人之一，丁则民先生百年诞辰之日。

为了更好地纪念丁先生，弘扬先生的爱国情怀并传录他的治学精神，我们在学校和学院领导的支持下，将先生的论文整理成集出版。文集所收承的论文涵盖了先生从 1951 年到 2001 年去世前发表的文章，时间上跨越整整半个世纪。在整理先生的论文时，除个别重复内容外，其他有价值的论文全部被收入。例如，在未被收入的论文中，1956 年 12 月 22 日在《光明日报》上发表的《第二次世界大战的性质》一文，与《历史教学》（1957 年第 4 期）上发表的《第二次世界大战的起源和性质》有雷同之处。1997 年发表在《河北师范学院学报》第 2 期的《美国亚洲移民政策的演变》与《美国移民政策与亚洲移民》序言的内容基本相同，因而也未被收入，特此说明。

为了反映丁先生的学术旅程，我们将这本文集的名称确定为《一位戍边者的学术足迹——丁则民欧美史论》。"戍边者"有两层含义：第一是指丁先生在 1952 年从北京师范大学来到处于边陲的东北师范大学的人生经历，这是一段从新中国的政治、经济和文化中心的首都，到作为"边疆地带"的长春的历史。第二是指丁先生在世界史和美国史领域的"学术边疆"终生拓殖的过程。地理上的边疆与学术的边疆并行不悖、交相辉映，较好地展示了丁先生在东北师范大学为中国的世界史和美国史学科贡献毕生精力的过程，这是一个被载入史册的过程。正因为如此，东北师范大学才能够成为改革开放后中国的世界近现代史和美国史学科人才培养的重镇之一。

也许，今天的青年学生在阅读丁先生的文章时，会因为它们有一种"陈旧""过时"的感觉而不屑一顾。甚至有些研究生在撰写论文的过程中都不大愿意去评价和引用。然而，当我们将这些文章与新中国的高等教育发展史，特别是新中国的世界史和美国史学科的发展联系起来的时候，其中的历史意义和永不褪色的价值便会绽放出灿烂的光芒。我们知道，在历史学门类中，考古学专业的最大特点是文物发掘。文物反映的历史越是久远，其价值就越高。人们不会因为远古时代制作的文物工艺粗糙而贬低文物本身价值。同理，历史研究成果的价值也不会因为某些时代性局限而在时间的消逝中褪色。因为前辈的学术文章中反映的不仅是他们自己的思想，而且还折射出其所在时代的社会背景、思想潮流、对待科学的态度、学术的研究方法、史料运用以及时代特色，等等。有鉴于此，我们就丁先生的学术成果的历史价值做一简单的梳理：

其一，丁先生作为新中国世界史和美国史奠基年代中的一员，与东北师范大学的林志纯先生、郭守田先生、天津南开大学的杨生茂先生、武汉大学的吴于廑、刘绪贻等国内诸多前辈一起，肩负着学科筹备、创建与发展的历史重任。他们编写的教材和学术论文，在当时一穷二白的历史学领域，具有填补空白的开拓性作用，对于当时高校的历史教学和人才培养，在新中国的历史上起到了奠基性的作用。一直到1978年改革开放之前，他们都是那个时代的国家脊梁。在政治运动频仍、史料极缺、对外学术交流被阻隔的年代，这些可能被认为"过时"的论文弥足珍贵，在世界史学科发展史上特别是在教书育人方面，具有不可替代的价值和作用。至少在当时作为东北地区唯一受教育部直接领导的师范大学尤其是如此。而且后来的历史证明，东北师范大学在全国世界史和美国史领域的贡献同样也带动了偏远的东三省的高等教育。

其二，总览先生一生的学术论文，将其与新中国的政治和经济变革相联系，我们就会感觉到文章中流露出一种强烈的时代气息和一位严肃的学者的历史使命感。所谓时代气息是指1949年到1978年改革开放之前的高校教育与研究。这在丁先生那一代具有极其强烈的爱国情怀的知识分子的学术思想中展现得淋漓尽致。不过，即使到21世纪初期，丁先生在20世纪50年代发表的部分论文仍然具有很强的学术价值。例如，他在1957年发表的《第二次世界大战的起源和性质》一文中开宗明义地指出，"第二次世界大战开始于法西斯国家对中国、埃塞俄比亚与西班牙国人民的进攻"。这一句话表明，先生将中国的抗日战争视为二战爆发的开始，与当时乃至此后几十年间国内一些世界史教科书将二战始于欧战爆发的观点截然不同。在该文中，丁先生提出一战和二战之间的性质区别，认为二战是法西斯国家与爱好自由与和平的各国人民之间的矛盾。先生写道："法西斯国家所发动的第二次世界大战直接威胁了世界各国人民的自由与生存，从而使一切爱好自由的民族反轴心国的第二次世界大战一开始就带有反法西斯战争与解放战争的性质。当时中国人民的抗日战争与被德、意法西斯侵占的欧洲国家的人民掀起的抵抗运动，显然都是反法西斯的、争取民族解放的、正义性的斗争。"这种在50年代提出的观点，经过大半个世纪的考验，到现在仍然闪烁着极具睿智的光芒。

　　此外，追溯先生学术研究的足迹，就不难发现，从 1978 年开始，先生的论文从以前以意识形态为主的研究，开始向以历史客观主义为标志的学术研究转变。而且在这个转变的过程中，一个十分明显的变化是，在 1978 年到 1989 年这 10 年间，先生发表的 15 篇论文，其中有 8 篇是论述特纳的边疆理论、比尔德的宪法经济观以及美国革命史研究等史学史和史学理论的文章。这些文章与其他专题性论文一起，构成了东北师范大学在 20 世纪 80 年代中获世界地区国别史·美国史、世界近现代史两个硕士点，以及世界近现代史博士点的学术基础。其学术价值不仅拓宽并丰富了历史学术研究的范畴，而且在认识论和方法论上，可以有效地了解和认识美国学界关于美国历史的研究动态与走向，加强与美国学界的交流，从而在史学理论与专题研究的双层含义上，推动中国的美国史学研究。更重要的是对研究生特别是博士生的培养，具有十分重要的价值，让学生认识到史学史和史学理论对于历史研究的重要意义。正是这一重要价值，中国的美国史研究才能在称雄中国世界史学界的同时，令美国学界侧目。因此，当我们为今天的中国美国史感到无比骄傲的同时，我们作为"饮水之人"，就更不能忘记"挖井之人"的历史贡献。

　　其三，从新中国成立到 2000 年史料电子化和数据化之前的半个世纪中，史料匮乏成了中国世界史研究的掣肘，不仅第一代和第二代学者的研究都无法摆脱这个困扰，而且第三代学者，也即改革开放后完成高等教育并在 90 年代完成博士学历教育的新三届（与"文革"前的老三届对称的 77 级、78 级和 79 级）大学毕业生也无法摆脱资料的限制性。然而，从 50 年代开始，丁先生努力学习英语和俄语，多篇论文中参考了英语和俄语资料，并且对引用的史料进行点评。这种在一篇论文中使用两门以上外语资料的方法和能力，以及从中反映出的认真、细致的一丝不苟的精神，在 21 世纪成长起来的青年学者中也不多见。

　　其四，从丁先生发表的文章的时间来判断，先生可谓勤学一生，笔耕不辍。能够说明这个观点的最好办法就是将先生的文章与他的年龄进行对比。1951 年到 1978 年是他学术生涯的第一阶段。这个阶段除了编写的教材之外，发表的论文共计 12 篇，其中有些属于世界近现代史范畴。在这个阶段，先生从人生的 32 岁迈入 60 岁。这 28 年间他有近 14 年（1965—1978 年）没有发表论文，这个时段是先生从 46 岁到 60 岁的阶段，也是每个学者一生中学术腾飞的最珍贵的黄金年龄段。先生的这段时间是在"五七干校"中度过的，而且夫妻两人分居 10 多年。1978 年之后，先生才迎来了自己人生的"学术的春天"。从 1979 年开始，到 2001 年 2 月去世的 22 年期间，先生共发表论文 27 篇。其中，他在 60 岁到

70岁这10年间共发表论文12篇，70岁到80岁这10年间发表论文15篇。在他生命最后的2年间，发表论文3篇。这一组数据背后映射的问题是，随着年龄的增大，先生的学术成果更多。对于大多数人而言，60岁退休后可以"刀枪入库，马放南山"，休息养生应该是生活的主调，可是先生作为那个时代的知识分子，自然理解学术研究对于他本人的学术生命、对于研究生的培养和教学等方面的非凡价值和意义。也就是在不断探索和学术研究中，丁先生找到了培养学生的真谛。对于后人而言，特别是在学术条件大为改善（包括史料、出国交流和学术氛围等方面）的今天，我们又有什么理由不去努力从事研究呢？总之，随着对先生学术论文理解的加深，对其中珍贵价值的解读就会越多。也只有在学术领域终生"爬山涉水"并达到相当高的境界的人，才能品味前辈学术耕耘的不易与艰辛，也会更加珍惜其学术成果背后常人不易发现的价值。但是，因笔者才疏学浅，即使穷尽学识，也不能充分理解丁先生文章的价值并将其展示予世人，因此祈请方家鉴谅，相信读者会做出自己的判断。

在编辑的过程中，我们遵循的基本原则是保持文章原有的风貌。有关地名和人名的翻译，与现代翻译略有差距，我们在保持原文风格的同时增加了一个括号，列出标准译法并注明"编者"字样。再如，论文摘要是90年代后期开始流行起来的，相比于50年代至80年代的论文，具有鲜明的时代特色，因而予以保留。由于多数文章发表的年代有些久远，注释体例各有不同，我们在编辑的过程中也难免存在疏漏，包括有些文章的注释从尾注转换为脚注的过程中，都可能会出现这样或那样的差错，敬请读者谅解。

在文集从文档录入、校对到编辑出版的过程中，东北师范大学美国研究所副教授欧阳贞诚博士不仅承担了校对的工作，而且还承担了诸多协调工作。博士研究生刘丁一、梁春艳、陈冰琪，硕士研究生王万里、骆元生和韩虎强同学，均做了大量工作。此外，东北师范大学和历史文化学院的领导给予了大力支持。人民日报出版社的领导和编辑部的负责同志，也在文集出版接洽过程中给予了热情的帮助与关照，令我们不胜感激。没有方家的热情帮助和支持，此文集恐难问世，遂此一并致谢。

梁茂信

2018年10月18日

长 春

目 录

美国迫害华工史辑

（一八五〇——一九二四）

最近美帝的代言人，艾奇逊和奥斯汀之流，一再抹杀美国迫害中国人民的史实，硬说美帝"一向是中国的友好"和什么"中美传统友谊"等一类的闲言，用来欺骗中国及世界人民。这种故意淆乱听闻、颠倒黑白的手段是美帝国主义者最无耻的惯技。我们只要翻开近百年来它侵略中国和压迫中国人民的历史，尤其是它迫害华工的史实，便足以揭穿这批专门撒谎的帝国主义者卑鄙下贱嘴脸。

（一）拐骗华工开发西部

鸦片战争前，中国人民前往美洲移民的，除古巴外，可说为数极微。自从美国于一八四八年夺取原属墨西哥的加利福尼亚一带地区后，美国资本家为了追求新的利润，争往太平洋沿岸各地投资开发。当时加州地广人稀，劳工缺乏，资本家不能顺利进行榨取，倘由东部或欧洲发动大批移民，也因当时交通困难，土地荒芜，一时很不容易；反不如去太平洋彼岸，招骗大批华工进行开发更有利于资本家的剥削。如以当年在加州塞克瑞孟土（Sacramento，现译为萨克拉门托——编者）山谷发现金矿后，资本家求利心切，遂勾结船商前往香港及南中国沿海一带，大肆宣传淘金致富的谎言，拐骗了大批华工前去充当淘金苦力。美国古丽芝（M.R.Coolidge）所著《中国移民》一书中称：一八五〇年，由香港载运华工开往加州之船只共有四十四艘，每艘约载五百人，因此到一八五一年已有两万五千华工在加州矿山里为资本家淘金。商船亦因运输频繁获利至巨。一八五二年中，往来于香港旧金山间之商船共获利一百五十万美元。

由于加州白种劳工缺乏，华工工资低廉，资本家在掘金业获得巨大利润后，对于惨遭他们榨取的华工大加赞扬。代表资本家利益的加州州长麦克道古（Governor McDougal）曾于一八五二年公开演讲中，除表示极端鼓励这种拐骗华工的勾当外，并称华工系新入境移民中最可珍贵的。[1] 资产阶级喉舌《太平洋

---

[1] H.H. Bancroft: *History of California*，vol. 6，p.18.

新闻》也撰文盛赞华工的勤勉耐劳，虚心学习技术等精神，更特别指出华工肯做白人所不能也不愿做的艰苦工作。被拐骗去的华工不仅替资本家淘金，有些更被雇佣来开垦荒地，种植蔬菜果实，疏浚河道，修建房屋等。在开发加州历史上，华工确曾以血汗写成最光荣的一页，奠定加州繁荣的基础，就连美国人卡逊氏（J.A.Carson）在其加州生活中也不能不承认华工在开发加州农业资源上贡献最大。

虽然华工在开发加州初期出了这么大的力气，资本家因此榨取大量的剩余价值，但这些贪婪的家伙们却仍不满足。他们以华工既非公民又无选举权，于是在一八五〇年利用州议会通过《征收外籍矿工执照税法案》，进一步剥削华工的血汗。该法案规定：凡外籍矿工（以华工为最多）每人每月需缴执照税三元，始得工作。一八五三年税率增加为每月四元，州议会更决定税率以后逐年增加二元。华工工作所得不足温饱，再加上这项苛税，实难负担，一八五三年因缴不出执照税而回国者约有五千人，其余被迫转业的亦复不少。一八五三年加州籍这项苛税从华工身上榨取达八十五万美元。据古丽芝统计，自一八五〇至一八七〇二十年中，华工占该州人口总数不到十分之一，但缴纳这项税款却达五百万美元之巨，占该时期内州行政开支费的一半。一八五五年该州议会规定入境华工每人需纳人头税五十五元，因与宪法抵触，后为联邦最高法院否决。由此可知美资本家剥削华工的手段真是穷凶极恶。

留在矿中淘金的华工又以工资低廉，招致白种矿工的忌恨，土豪地痞乘机挑拨工人间的种族仇视，加州政客亦以华工可欺，竞选时争相利用排华口号，以取得矿工的拥护，于是排华的气焰被煽动起来。当时华侨既无选举权，也无向法院控诉之权，虽身受种种非法的虐待，也无从申诉及反抗。一八五四年加州高等法院院长穆瑞（Murrag）更为迫害华工找出反动的理论根据，他曾公开宣称，一般华侨应包括于黑人意义内，应永无控告之权及永不能得到法庭之保护，接着他又以极反动的种族优越论来侮辱华侨及中国历史："于吾民中，忽来异族，挟其私仇偏见，公然违法，必临之以威，乃得稍止，又复虚伪成性，自甘卑下，读其历史，可知其民族进步每至相当程度，截然中止，与吾国语言不近，思想互异，肤分黄白，体别强弱，盖彼此之间，俨然若有天然分界，不可踰越者矣。"[①] 美国政府蔑视华侨的凶恶面貌，被这些反动的法官完全暴露无遗了。

① H.F.Mac. Nair: *Chinese Abroad*（岑德彭译），p.137.

美国内战时期（一八六一——一八六五）多数壮丁被征入伍，劳工奇缺，需要华工又形迫切，因此排华语调也暂时收敛起来，北部资产阶级在内战胜利后，开始大规模投资开发西部。当时资本家主要计划是修建一条横贯大陆的铁路，但敷设铁路需要大批劳工，于是资本家又勾结运输商在香港极力兜揽、招骗华工去美。美国政府也于一八六八年趁卸职回美的驻清公使蒲安臣，代表清廷出使各国，到达华盛顿的时候缔结了所谓《蒲安臣条约》。该约第五款载有中美两国"切念民人前往各国或愿常住入籍，或随时来往，总听其自便，不得禁阻为是。……"①当时美国订立这个条约的真正目的，不过是想把正在进行中的拐骗华工的勾当合法化及大量化而已。这个条约签订之后，被拐骗去美的华工便日有增加，到一八七〇年，在加州一地的华侨已增至五万人左右。②美政府既已达到"合法"拐骗华工的目的，对清廷代表所提关于美国虐待华工的软弱抗议，也做了纸面上的让步，该约第四款规定："……嗣后中国人在美国，亦不得以中国人民异教，稍有屈抑苛待，以昭公允……"③据当时随同蒲安臣出使的清代表志刚在他的日记中说明提出这项条款的原因是"中国人之在金山者，现在被抑勒之事，如华民与本地人争诉条，即华民被屈，若无本地人作证，官不准理，不准华民作证，其意以为华民异教，不奉耶稣，其言不足信也。又华民在金山作工，每人每年（应作为每月）出税银两元，从前各国之人俱纳，现已均免，唯不免华民之税，其意亦因其为异教之人也。条约上虽然规定了美国对华工"不得……稍有……屈抑苛待"，然而事实上美国仍把华侨看成异教的"劣等民族"，华侨在各州仍无选举权及控诉权，联邦政府也未因签订这条约而有所干预，华工仍然过着悲惨和地狱般的生活。直至一八七六年即加州议会所颁布的《征收外籍矿工执照税法案》——即订约后八年，才为联邦最高法院以违宪而否决，美政府对遵守条约之敷衍作风于此可见一斑。

缔结这条约时，正值美资本家投资修建那条横贯东西的太平洋铁路，白种工人以工资既低工作又苦，不愿前去，结果这艰难而又冒险的工程便落在华工肩上，

①《筹办夷务始末同治朝》，第六十九卷二十页第五款中"入籍"两字恐系当时翻译之误，因该条约英文本无入籍之意，同时在本条约中文本第六款亦载有"……中国人民在美者亦不得因此条约即特作为美国人民"，所以与第五款"入籍"字义前后矛盾，且美国于一八九四年与清廷缔结条约中也特别指明华侨无入籍之权。

② S.F.Benis：*A Diplomatic History of the United States*，pp. 671—672.

③《筹办夷务始末同治朝》，第六十九卷，第十九至二十页。

据古丽芝统计，当时中太平洋线西段共招募劳工万余，其中十分之九均系华工。近万的华工付出极大的血汗代价后，这条铁路干线终于一八六九年完成。它的筑成一方面促成大批白人向西移民，一方面使资本家能做更广泛的投资和榨取，但它却给华侨带来更多的灾难。一九七〇年美国发生经济恐慌，企业凋零，工人失业日多，近万被铁路公司解雇的华工回到金山市，流浪徘徊，寻觅工作，引起白种劳工的恐惧，加州资产阶级政客乘机煽动工人间种族仇视，转移工人的视线，同时更以排华作为竞选的政治资本。于是他们大肆鼓吹排华，反对无限制的移民，力斥《蒲安臣条约》带来的"黄祸"，好像经济恐慌是由华工的运入所造成似的。出席国会的加州议员更以华工威胁美国人民生存的谎言，大声疾呼鼓励排华。国会卒于一八七六年通过组织委员会来审查中国移民问题，不久该会即以"太平洋沿岸各州现已遭受严重灾难"为根据，提出"国会必须立法限制大量亚洲人的入境"①，这便是一八八〇年中美签订条约限制华工入境的先声。

（二）限制、驱逐及屠杀华工

十九世纪八十年代美国已有大批白人移至西部，开发太平洋沿岸各州之资源已大体完成，资本家不再迫切需要华工，因此八十年代后，美国一连串的排华法案就在这种背景下制造出来。一八八〇年美国为限制华工入境与清廷重订条约，该约第一款规定美国"如有时查华工前往美国，或在各处居住，实于美之利益有所妨碍，或与美国一处地方平安有所妨碍……美国可以或为整理，或定人数年数之限，并非禁止前往。"②自此美国取得限制华工入境之权，但由于美航运资本家以苦力贸易利益巨厚，仍然继续干这种不人道的勾当，因此在限制华工入境的条约订立后，华工被招骗去美的反而大增，据美移民局报告书称，一八八一年华工被招骗去美的为一万一千八百九十人，一八八二年更增至三万九千五百七十九人，造成在美华侨的空前数字，一八八二年在美华侨共有十三万二千余人。资产阶级政客看到这种趋势，高倡排华，并怂恿国会采取断然处置。在西部各州议员鼓励下，国会于一八八二年秋突然宣布"绝对禁止华工入境十年"，过二年国会又公布除一八八二年法继续有效十年外，并作补充条例，其中第二项规定"凡开抵美

---

① Senate Report，No.689，44th Congress，Second Session，1877，引自M.R. Coolidge，*Chinese Immigration*，p.110.

②《清季外交史料》，第二十四卷，第十三页。

国港口之船只，其船主若有意接载华工来美……每带一人，船主应受一年监禁或五百元罚金之处分。"① 这说明了美资本家和船商利益的矛盾。一八九四年禁令有效期满，又逼迫清廷续约，除再延长有效期十年外，并补充华工绝不准入美籍，且有以后"华工过境……须遵照美国政府随时酌定章程，以杜弊端"之狡猾字样。一九〇四年美国国会更不考虑清廷，擅自宣告这项禁令是无限期的有效了。

自一八八二年美政府宣布绝对禁止华工入境后，美各港口海关对于入境华人，无论其为清廷官员、商人、学生或过境旅客，盘查苛刻，待同囚犯。据梁启超的《美国华工禁约记》所载：当时美移民局在十四处港口均设有监禁入境华人之"木屋"，凡华人到关，一律命令先往"木屋"暂住候审。"木屋"狭窄人多，空气恶浊，饮食亦极粗劣。候审期间——通常需三四周，不得外出，也不准亲友探视。审问有如过堂，由海关员司主持，无陪审人员，也不准旁听，审问口供，不准抄录。亦不准对外宣布，任从税员摆布，非法盘诘，侮辱华人已达极点。对于入境华工更是残暴，采用囚徒量身器（乃法人巴太连所创，欧美监狱怕犯人越狱，常用它来衡量囚犯者。）量华工身体四肢，甚至眼耳口鼻之距离均需测量登记，量时需全身裸体，把华工看成囚犯，美政府之野蛮政策可称史无前例了。

一八八二年美排斥华工禁令中对出境再回之华工苛刻规定：出境前每人需领身份证一张（华侨称之为"莺纸"），许于一年内持证回美，如有特殊事故可申请延期，该证遗失，不再补发，也不能入境。由一八八二至一八八八年期间，华工领此证回国者约两万余人，一八八八年美国参议院在与逼清廷订立禁止华工入境的新约中，加进一条"凡过去曾领身份证出境之华工亦列入禁止入境之内，"清廷因我国各口商民极力反对这项新约，不敢批准，但美政府却蛮横地片面决定：过去所发之身份证统统作废。便剥夺了二万多曾为建设美国流过血汗的华工回美之权。美政府这时已由禁止华工入境进而采取阴险手段来驱逐在美的华工。一八九三年冬国会又规定在美华侨须于六个月内注册，领取居留证，否则即拘捕或驱逐出境。接着全美各地严厉检查华侨居留证，警察乘机敲诈勒索，华侨居无宁日，备受骚扰，数月间被驱逐出境者不下数百人。兹举一美作家所描写的典型例证："波斯顿警局及移民局官员忽于一九〇三年十月一日清晨七时三十分冲入该城之中国镇，大事搜查，内有二百三十四人，一时不能缴出居留证，于是警局将所有无证华侨禁闭于两间小屋内，拘留通宵，因此受伤者颇多，最后有四十五

① 梁启超：《美国华工禁约记》，第十六页。

人被驱逐回国。波城人民及清公使均以蹂躏人权提出抗议，但毫无结果，参与其事之官员无一人受罚，受伤华人亦无一人得损失赔偿者。"[1] 由这个例子，我们便不难推想一斑了，二十世纪初叶在美华工遭非法拘捕而被驱逐出境者达三千余人。

十九世纪八十年代贯通美洲大陆北部的北太平洋铁路及加拿大太平洋铁路先后修建完成，又使大批华工失业，流氓政客乘机煽动排华风潮，这时期内排华变本加厉，不仅限于拘捕、驱逐，进而凶暴地屠杀和平的华侨。屠杀事件发生后，美政府不但不惩凶治罪，反采取视若无睹的政策，这也便是艾奇逊所高倡的"中美传统友谊"！八十年代中华侨在西北部各州无故受狙击及被杀伤之事件，连续不绝，华侨因而死伤者数百人，财产损失达百万美元以上。其中以一八八五年韦俄明州岩泉（Rock Spring）镇的屠杀华工事件最为残酷，该年九月二日岩泉区基督教徒，煽动四五千美国落后工人及流氓，硬说要杀光夺了他们饭碗的"黄猪"，明火持械，攻打焚烧华工村落，华工手无寸铁，猝不及防，惨遭杀戮。计死华工二十八人，重伤者十五人，其余受伤者更多。当地官吏事后审讯，将被捕各犯尽行释放，清廷郑公使提出严重抗议，指明华工无故惨被杀害，要求惩凶赔偿，美国务卿把巴亚特（T.F.Bayard）以联邦政府无干涉地方行政之权，推脱责任，并蛮横地否认中国有索取赔偿之权，只允请求国会拨款抚恤，肇乱者未受任何惩治，反而责难清廷公使要求之不当，这不是充分说明美政府支持这种屠杀华工的残暴举动吗？由于美资产阶级政府不断地执行其限制驱逐及屠杀无辜华侨的政策，在美华侨数额锐减，一九零零年已降至八万余人，至一九二零年更减少到六万人左右。

旅美华工数十年来遭受无数次的浩劫及杀戮，在野蛮横暴的美政府统治下，过着暗无天日的生活，加上清政府之不预，以及国民党反动派之奴颜婢膝的磕头外交，真是哭告无门。一九一八年十月加州各城华侨协会被逼不得已，为遭虐待上书威尔逊总统呼吁合理待遇："现行制度……势必尽逐民等出境而后已……太平洋沿岸华人，倍受虐待，已属忍无可忍，孑遗之民，捕捉随之，而所谓检查委员，身本土豪劣绅，不发拘票，任意拘捕，侵入人家擅行监禁，在安其岛移民局中，现方有吾民二百余……有拘留三月以上尚未能定谳者，甚至有拘留十五月者，

---

[1]　H.F.Mac.Nair: *Chinese Abroad*（岑德彭译），p.90.

所受痛苦,几非人类可堪……"①但华侨不知威尔逊正是美国那批野蛮的垄断资产阶级的走狗,他根本就和那视华侨为"黄猪"的大资产阶级是一鼻孔出气的,这篇陈文送到他手里后,自然是石沉大海,毫无结果,华侨受辱惨状仍旧,凶暴官吏之横行依然。

(三)二十世纪以来美国排华法案

十九世纪末美国发展到帝国主义阶段,在太平洋上及中美一带掠夺许多殖民地后,把它在本土的排华"杰作"也搬到刚刚吞并的夏威夷群岛及菲律宾。一九〇二年四月二十九日国会通过"凡美国禁止移民条例,于美属各地一律适用,美属各地华工,无论其是否割让(应读为掠夺)时前来,苟未取得美国国籍,不准其来美国大陆各地,亦不准其来往其他各岛"。檀岛总督曾以当地蔗糖工业迫切需要华工,屡上书请求国会特准华工入境,一九二〇年又派代表前去美京,请求准许华工四万入境,但国会始终坚持排华,拒绝所请。

按照美国移民法规,美籍公民与外籍妇女结婚,其妻可随夫得国籍,但一九〇三年美移民局忽解释此项原则不得适用于美籍华侨。另外有二十六州宪法规定禁止白人与"异族结婚",主要的对象虽指黑人,但有华侨较多的六州却明白规定所谓"异族"包括华侨在内。因此华侨的结婚权利也被剥夺,据移民局于一九二四年在国会报告书中称:一九一〇年华侨达到结婚年龄男女人数之对比为三十九比一,一九〇〇年华侨男女比例为四十八比一,华侨在美结婚既有种种限制和困难,回国娶妻携之去美又要遭到各种阻碍及刁难,因此在美华侨男子大多数成了鳏夫。一九二四年国会又通过新的排华法案,其中规定不仅美籍华侨所娶外籍妻子不得入籍,干脆禁止华侨携妻去美,这样一来,一般华侨尤其是华工若想结婚简直是梦想了。美帝不但严禁华工入境,而且利用这灭绝人性的野蛮法令限制美籍华侨之繁衍,使在美华侨和惨遭美政府迫害的印第安人一样的自行绝迹,其用心之阴险毒辣比法西斯强盗希特勒的"反犹"手法还"高明"一筹。

各州迫害华侨法令更是迭出不穷,二十世纪初年加州更强调执行其宪法规定,禁止各种公司雇佣华人,并绝对禁止华侨在城、州、市属各机关服务,一九〇六年加州更制出学校隔离法案,华侨不得入美国中小学,只能入专为东方人设立之学校攻读。一九一一年麻州议会规定凡华侨女工在二十一岁以下者,不

---

① H.F.Mac. Nair: *Chinese Abroad*(岑德彭译), p.93.

得在华侨所设之旅馆及酒店服务。

美帝种种无人性的虐待及迫害在美华工的残酷事实逐渐反馈到祖国来，清廷又是那样昏庸和无耻，任令侨胞受美帝侵害，默不作声，于是就引起了中国沿海各埠商民的愤怒，自一九〇五至一九〇七年，三年中各地掀起抵制美货的热潮，表示严正的抗议。当时抵制美货运动确给美资本家以相当的打击，美国对华的出口贸易总额由一九〇五年五千三百万美元到一九〇七年已降至二千六百万美元。美国西部资本家受到莫大的损失，因此西雅图市经营对华贸易的巨商所组织中华公会曾于一九二三年上书国会，呼吁勿因过度排华政策而使商业受到损失，但是垄断资产阶级控制下的国会却以对华贸易无关宏旨，拒绝考虑，仍然坚持其排华政策。

美帝以各种非人性的野蛮手段迫害华侨的血淋淋事实，真是人类历史空前罕有的。美帝不仅仇视和杀害我们伟大英勇的华工，而且侮辱了整个人类的历史，让我们牢记着这笔惨痛的血债，更加倍努力地为打击和消灭这批嗜杀成性的战犯而奋斗吧！

原文载于《历史教学》1951 年第 3 期

门罗主义与美帝侵略政策

1. 前言

美国初期的统治阶级一向将"欧洲的混乱就是美洲的良机"视为一至理名言，因此以避免卷入欧洲政治为美国建国时期的上策。华盛顿总统退休时所发表的《临别赠言》中曾指出："欧洲各国的利益与美国的关系是很少的，任何由于条约的束缚致使美国陷入欧洲政治冲突的旋涡都是不智的举动。"[①] 第二任总统约翰·亚当斯也主张："除了商约以外，我们（指美国）不应与欧洲列强缔结任何同盟条约，我们应使我们自己长期与欧洲的政治和战争隔离……"[②] 华氏的《临别赠言》和亚当斯的主张后来就成为美国初期外交的基本原则。在建国最初的几十年间，美国固然是主张避免插足欧洲纷乱的政治，但对欧洲列强干预美洲的事务，美国尚无力量加以抗拒。直至十九世纪二十年代，美国因与中南美各国贸易关系日益密切，逐渐感觉欧洲列强干涉美洲各国的政策，对于当时美国商业的发展和日后独占美洲的企图是冲突的，因此宣布了门罗主义，提出了"美洲是美洲人的美洲"的口号，要求欧洲列强勿再干涉美洲各国的事务。这个口号虽在拉丁美洲各国争取独立时期也受到一定程度的欢迎，但随着美国资本主义的发展，国力的增强，门罗主义也就起了质的变化，从一八二三年宣布门罗主义到南北战争结束时，美国因致力于掠夺及开发西部广大地区，无暇也无力顾及中南美洲，因此将门罗主义仅应用于北美大陆，唱出"北美大陆是美国的北美大陆"的口号。到了十九世纪末叶，美国资本主义发展到帝国主义阶段时，那最初宣布保护拉丁美洲各国不受欧洲殖民列强干涉的门罗主义，已变成美帝公开侵略及掠夺中南美洲各国主权及领土最强大的武器了，过去所谓"美洲是美洲人的美洲"的公式已为"西半球为美国的西半球"的新公式所代替了。第二次世界大战以后，极端反动的美帝国主义者更把门罗主义荒诞地应用于全世界，鼓吹"二十世纪是美国的世纪"的狂

[①] Samuel Flagg Bemis: *A Diplomatic History of the United States*, 1947, p.109.

[②] *Works of John Adams*, edited by C. F. Adams（1856）10 vols, I. pp.200—201.

妄口号，利用各种卑鄙无耻的手段企图实现"全世界为华尔街的天下"的梦想。

2. 门罗主义产生的背景

十九世纪初叶，西班牙和葡萄牙所属的拉丁美洲殖民地乘拿破仑控制了西葡两国的政权时，纷纷发动革命，争取独立。美国对于这些企图摆脱西葡束缚的拉丁美洲国家，表面上给予同情和赞助，实际上却想借此机会扩大它和这些国家的商业贸易。拿破仑被欧洲各国联军打垮后，西葡的国势日趋衰落，更无力镇压拉丁美洲各国的独立运动。美国当时所担心的是恐怕其他欧洲列强，特别是英法，会乘机夺取西葡在美洲的殖民地，因此在杰斐逊总统时期，美国便提出西葡在美洲的殖民地"不能转让的原则"，一八〇八年美国国务院训令美驻古巴及墨西哥的外交代表对当地政权表示：美国"极端反对这两个西属殖民地转入英法之手"。[①] 后来更将这个原则推广应用于全部拉丁美洲地区。门罗总统的国务卿约翰·昆西·亚当斯（John Quincy Adams）也于一九一九年十一月公开宣布：世界各国"必须承认我们对于北美大陆的控制权，"[②] 因亚氏深恐欧洲各国夺取西葡所属美洲殖民地，将不利于美国在这些区域的商业贸易。[③] 但当时美国尚不敢急于承认拉丁美洲各国的独立，因美国和西班牙正在进行商谈割让佛罗里达（Florida）与美国的问题，直至一八二一年美西关于割让该区土地成为最后协定后，美国才放手开始派遣使节，正式和拉丁美洲各国建立外交关系，为的是获取最惠国的商业特权，发展美国在这些国家中的经济势力。

西班牙的统治者对于拉丁美洲殖民地的丧失并不甘心，西王斐迪南七世既得神圣同盟各反动王室之助，武力镇压西班牙国内革命运动，使他重登宝座后，于是更进一步地吁请各反动王室派遣海陆军，帮助他干涉拉丁美洲各国的独立，"收复"西在美洲的殖民地。神圣同盟也准备讨论这个问题，但俄、普、奥三国王室，虽不赞成拉丁美洲各国的独立，到底以利害关系淡薄，不能采取任何有效步骤。当时虽有法国怀着扩大领土的野心，想以助西恢复殖民地为名，进行控制西在美洲的领域。英国首先反对神圣同盟干涉的企图，更怕西班牙在美洲的殖民地会转落于法国手中，因这种结局如果实现，将严重打击英国在南美进行获利至

---

① S. F. Bemis：*A Diplomatic History of the United States*，p.197.

② *Memoirs of John Quincy Adams*，Edited by C. F. Adams（1874—1877）12vols，V.p.252.

③ Dexter Perkins，*Hands. Off. A History of Monroe Doctrine*（1915）p.30.

厚的商业贸易，因此英国向美国建议：共同维持拉丁美洲的现状，反对西属美洲殖民地转让与任何欧洲国家，英美共同保证对西在美洲的殖民地无领土野心。[①]

在英国向美国建议之前，另外有一事件使美国的统治阶级深为震惊的，就是俄皇亚历山大一世忽于一八二一年宣布阿拉斯加以南直至北纬五十一度地带的所有权，这自然预示着日后美国向西发展将遇到强大的阻碍，美国的统治者经过数度的磋商和研究，国务卿亚当斯于一八二三年七月对帝俄驻美公使宣称，美国不只抗议俄国的诏书，而且更具体地指出："美洲大陆以后不再是欧洲各国树立新殖民地的区域，"[②] 这便是门罗主义的先声。

关于是否接受英国建议的问题，门罗总统迟疑不决，特向美国开国的元老——杰裴逊氏及麦迪逊氏征询意见，杰氏虽赞成与英合作，但仍坚持美国应该避免卷入欧洲政治的原则，麦氏则主张接受英国的建议。国务卿亚当斯却坚决反对接受英国的建议，他的理由是：第一，如果向英保证对西在美洲的殖民地无领土野心，则美国想掠夺它垂涎已久的古巴的计划便不能实现了；第二，他重申华盛顿《临别赠言》的忠告，主张美国应主动采取独立性的措置，反对所有欧洲列强干预美洲的事务，他说："对英法明晰地表示我们的原则，比依靠英国军舰的倾向更体面一些……"[③] 亚当斯的主张打动了门罗的心坎，在采纳了亚当斯的意见后，门罗总统便于一八二三年十二月向国会提出咨文，这篇著名的宣言后来便被称为门罗主义。咨文中第一段主要是对帝俄而发的，指明美洲大陆此后不再是欧洲列强建立新殖民地的区域；第二段说明美国立国以来的基本政策，就是不过问欧洲的政治和战争，要求欧洲列强也不要干涉美洲的事务，以后欧洲列强在美洲扩张势力或领域的任何企图，美国均视为威胁了美洲的和平与安全。

3. "北美大陆是美国的北美大陆"

从一八二三年到一八六〇年这段时间内，美国是集中全副力量进行掠夺北美大陆的西部广大地区。密西西比河流域的垦殖基本完成后，美国即于十九世纪三十年代后向北美大陆的西北角和西南边区扩张，在向西北太平洋沿岸地域的扩张过程中，因与加拿大未划清边界，及双方与印第安人皮货贸易的竞争，常引起

---

① S. F. Bemis，*A Diplomatic History of the United States*，p.204.

② *Ibid*，p.206.

③ S. F. Bemis：*A Diplomatic History of the United States*，p.254.

冲突，但是鉴于英国实力的强大，美国向西北发展是存有戒心的，直至一八四六年英美商妥以北纬四十九度为界后，西北的局势才逐渐稳定。向西南扩张领域的过程中，因为接壤的是个弱小国家——墨西哥，使美国无所顾忌，因此掠夺的手段也就特别露骨。美国首先策动大批移民冲入墨西哥所属的德克萨斯领域，美国移民的激增引起墨政府的恐惧，于是墨西哥遂制定限制美国移民入该领域的办法，以免被美吞并。美国进攻德克萨斯的计划受阻后，于是遂策动该区的美国移民从事暴动，推翻墨西哥在该区的统治，宣布德克萨斯为独立国，但这个经美国一手制造的傀儡政权，终于一八四五年为美国所兼并。在掠夺墨西哥领域阶段中，美国的侵略分子高唱"显然的使命"（Manifest Destiny）的口号，好像对外扩张是美国天赋的使命一般。自从吞并德克萨斯后，美国就在"显然的使命"的荒诞的口号下，进一步对墨西哥发动疯狂的进攻，侵入墨境，屠杀墨国人民，终于一八四八年以胜利者的姿态夺得了格兰德河（Rio Grande）以北加利福尼亚一带的广大地区。

在这期间内，美国虽然以武力掠夺了西部广大地区，但在实力上尚不能与英法抗衡，因此将门罗主义最初的口号"美洲是美洲人的美洲"改为"北美大陆是美国的北美大陆"。樸克（Polk，现译为波尔克——编者）总统于一八四五年对国会咨文中重申门罗主义，他说门罗主义"仍是美国的固定政策，在未征得我们同意前，任何欧洲国家不能在北美大陆建立殖民地及领域。……"[①] 他以后又于一八四七年和一八四八年对国会的咨文中再度声明门罗主义仅适用于北美大陆。南美距美国太远，当时尚非美国主要利益之所在，因此对于英法干预南美事务时，也只得保持静默，将"美洲是美洲人的美洲"的口号收藏起来。当一八三三年英国不顾阿根廷的抗议，占领南美洲南端的法克兰群岛（Falklands）时，杰克逊总统把这事看作重新收回该群岛主权的问题，未提任何抗议。十九世纪三十年代的后期，法国为树立在南美各国的威信，要求阿根廷承认在该国的法侨应同样享有英侨在该国之特权，[②] 但为阿根廷独裁者罗萨斯（Rosas）所拒，法遂派遣海陆军，封锁阿根廷的港口，策动罗萨斯的政敌阴谋推翻罗氏的独裁政权。当时美国范布润（Van Buren，现译为范布伦——编者）总统虽提出门罗主义，要求法国解释它干涉阿根廷内政的举措，法国却置之不理，范布润碰壁后，才转过头来表示愿致力于法阿间的和解。但最后还是由于英国的反对和阿根廷人民热烈支持罗萨斯

---

① *Ibid*，p.238.

② 根据英国与阿根廷于一八二五年所订立条约，阿境英侨享有与阿根廷公民相同的权利。

反抗法国侵略者，法军才被迫由阿根廷撤退。

南北战争时期，美国在北美大陆的霸权也维持不着了。十九世纪五十年代美国乘墨西哥内乱，干涉墨国内政，以获得墨国一部分领土为支持墨西哥共和党领袖何瑞滋（Juaroz）争取政权的条件。美对墨的侵略野心，引起墨西哥保皇党的恐惧，该党领袖遂往求助于法国。法皇拿破仑第三乘美国内战的爆发，无暇南顾之际，认为是法在美洲建立保护国的良机，[1]于是派遣军队占领墨西哥，树立以麦克滋米兰公爵（Duke Maximilian）为首的傀儡政权。内战期间，美国对于法国横行墨西哥只得保持静默的态度，直至一八六五年北部已操有必胜的把握后，才渐对法国提出抗议，一八六六年二月美国国务卿粟华德（William Seward）（现通译西沃德——编者）更要求法军自墨境撤退的期限，并在美墨边境屯兵五万人，作为强硬抗议的后盾。拿破仑第三鉴于当时欧洲局势的紧张，法国财政的困难，加上美国的武力威胁，终于一八六七年将全部法军自墨境撤退，使美国重新控制了墨西哥。随着法国的撤退，西班牙在南北战争期中企图恢复他在美洲殖民地的计划，也被美国武力的威迫所打破了。内战后法国和西班牙在美洲的势力既已基本肃清，以粟华德为首的侵略分子集团，又大肆鼓吹美国"显然的使命"荒谬理论，这个集团不只想掠夺加勒比海湾西属诸岛，在中美建立沟通两大洋的运河，而且企图收购俄属的阿拉斯加（一八六七年三月美国以七百二十万元购得），吞并全部的加拿大，以实现"北美大陆为美国的北美大陆"的口号。

4．"西半球为美国的西半球"

南北战争的结果是为美国工业资本主义的发展扫除了障碍，因此工业资产阶级掌握政权后，首先是资助资本家修建铁路，开发西部广大地区的丰富资源，采取保护关税政策，扶助大企业的发展。在内战后短短的三十年间，因为美国致力于消化已吞并的地区，不能同时进行向外扩张的策略，因此对于国务卿粟华德兼并三多明哥岛（圣多明各岛）的阴谋，及收购丹麦所属的西印度群岛的勾当，表示冷淡，粟氏的侵略计划终为国会所否决。到了十九世纪末，美国资本主义发展已达最高阶段，也就是进入帝国主义的阶段，由于大量商品和资本的输出，美国侵略的野心重新抬头，而且侵略的方式比十九世纪中叶的更加毒辣和阴险了。它不只进行独吞美洲，而且疯狂地侵略美洲以外的殖民地和落后的国家，后者因不

---

[1] Dexter Perkins：*The Monroe Doctrine*（1826—1867），p.365.

在本文论述范围之内，从略。

十九世纪末，配合着美国垄断资本主义的产生，形形色色的帝国主义侵略理论也大肆喧嚷，其中最突出的便是梅汉（A.Mahan）（马汉——编者）的海权论和贝杰斯（J.W.Burgess）的种族优越论，于是美国垄断资产阶级便利用这些荒谬的侵略理论进行教育及宣传，哄骗美国人民，把侵略中南美洲的阴谋说成美国人义不容辞的"神圣使命"，美帝国主义者也无耻地自封为西半球的主人。一八九五年乘英属圭也纳（今圭亚那——编者）与委内瑞拉发生疆界争端，美帝国务卿奥尔奈（Richard Olney）便以西半球主人的姿态，要求由美帝仲裁这项争端，奥尔奈向英国宣称："在这个时代，美国在事实上已是这个大陆的霸主，它的意志就是在它保护权所及的地区的法律……就是由于这种情形之故，美国无限广大的天然财富……加上别的原因使其成为这个大陆形势的主人，事实上这个大陆是在任何其他各国所不能加以侵害的。[①]当英国拒绝这个要求后，克里夫兰（现译为克利夫兰——编者）总统马上咨文国会，叫嚣对英战争，企图以武力的威迫使英国就范。英国当时为南非布尔战争所牵制，无意与美正式冲突，终于向美帝低头，接受仲裁。这次对英政策的空前胜利使美帝的侵略集团愈发得意忘形。跟着便对准日趋没落的西班牙殖民帝国开刀，制造美西战争的口实，夺取古巴大岛。

到了积极推行侵略政策的大罗斯福（Theodore Roosevelt）总统执政以后，美帝对中南美各国及加勒比海湾诸岛发动更疯狂的进攻。一方面是干脆地宣布古巴为美帝的保护国，将多明尼加共和国（今多米尼加共和国——编者）的海关置于美帝监督之下；另一方面是掠夺中美地区，建立沟通东西两洋交通的巴拿马运河。巴拿马当时是南美哥伦比亚国的领域，美帝为了达到修建运河的目的，于是借着威胁利诱的手段，强迫哥伦比亚出让修建运河的地区，但为哥伦比亚所拒。大罗斯福总统当时听到这个消息后，曾暴躁地对他的国务卿约翰·海（John Hay）说："波哥大（哥伦比亚的首都）这批卑鄙下贱的小鬼们！我们绝不能允许这批家伙们来阻止我们修建这条沟通文明的未来大道。……"[②]于是美帝便以金钱利诱哥伦比亚在巴拿马的驻军，组织反对哥伦比亚的叛变，并派遣军舰三艘到巴拿马沿岸去支持叛变，阻止哥伦比亚军队开入该区，使美帝的走狗们于一九○三年十一月

---

① 列昂斯夫著（葛辛译）：金元帝国主义，p.120.

② Auery Craven & Walter Johnson：*The United States*，*Experiment in Democracy*（First Edition，1947），p.589.

四日成立傀儡政权，两天后美帝便急忙承认巴拿马的"独立"，十四天后便签订以四千万元购得修建运河的地区。修建运河的目的既达，大罗斯福总统为了巩固美帝在中南美的统治权，和维持运河附近战略地区的"安全"，特于一九〇五年发表谈话，将门罗主义引申到：（一）美帝有权控制拉丁美洲各国与欧洲列强的关系；（二）扶助各国的亲美的独裁政权，反对革命，并强迫中美各国彼此对由革命获得政权的国家不予承认，任何中美一国发生人民革命，美帝及其他的中美国家应尽力以物资和军火援助该国的统治者，镇压革命。这种无耻的引申，已把最初反对欧洲列强干涉美洲事务的门罗主义，变成了美帝消灭美洲国家的主权和血腥统治美洲人民的残暴工具了。"美洲是美洲人的美洲"已转入"西半球为美国的西半球"的阶段了。

推行"金元政策"的塔虎特（现译为塔夫脱——编者）总统和乔装君子的威尔逊总统都继承了大罗斯福的侵略政策，巩固美帝在西半球的霸权。塔虎特曾给予多明尼加、海地、宏都拉斯（今洪都拉斯——编者）和尼加拉瓜等国贷款，对这些小国实行政治和经济的奴役。当"金元政策"不能完成预期的任务时，塔虎特便借助于枪炮，威迫中美国家使之任受美帝的宰割。威尔逊上台之后，也继续为巩固美帝在中南美的霸权而奋斗。首先是将尼加拉瓜变成了美帝的保护国，接着一九一五年派海军占领海地，成立美帝军事管制的政权。一九一六年野蛮地将多明尼加全部吞并，最后更将大罗斯福扶助中美各国政权镇压革命的政策推行于拉丁美洲，强制南美各国与美帝共同防御及镇压南美洲的革命。

第一次世界大战以后，一连三任的共和党总统都是美帝垄断资产阶级的忠仆，在这时期内无论是哈丁（现译为哈定——编者）古利芝（现译为柯立芝——编者）或是臭名远扬的胡佛，都是集中全力为垄断资本家服务的，利用一切卑鄙手法为他们向中南美大量投资的过程中，扫除了障碍和铺平了道路，并随时以武力保护这批吸血鬼们在中南美的利益。古利芝总统曾于一九二七年公开宣称："任何一个（美国）公民在海外的财产和生命都是国家财富的一部分……无论他去任何地方，政府的责任就是必须跟随着他……"[①] 由这段自白便清楚地显示出美帝国主义扶助大资本家从事政治及经济侵略的真实面貌了。当墨西哥政府于一九一七年宣布新宪法时，第二十七条规定墨西哥国内的地下矿藏及油藏此后均收归国有，这个规定引起美帝

---

① Auery Craven & Walter Johnson：*The United States*，*Experiment in Democracy*（First Edition，1947），p.585.

垄断资本家的愤怒，因为他们当时在墨境已投有三万万美元资本开发墨西哥的油矿，如果这个规定也包括没收以往为外人开发的矿产，那么美帝的投资不要全部牺牲了吗？墨西哥新宪法消息传入美国后，哈丁总统马上提出美人在墨境内开发的矿藏不在没收之列，但这种要求却为墨西哥政府所拒绝，于是美帝一方面宣布不承认墨西哥的新政权，另一方面派遣大军开往美墨边境，大有战争一触即发之势，弱小的墨西哥终于在美帝蛮横的压力下，一九二三年承认了美帝的要求。

二十世纪以来，美帝控制中南美洲的历史是个层出不穷的威胁、利诱、掠夺和迫害的血腥历史，政治和军事的侵略伴随着经济侵略，直至美帝彻底消灭了中南美各国的国家的主权和独立，完全支配了西半球而后已。美帝这种野蛮掠夺的过程，不但引起中南美洲各国统治集团的恐慌和不安，而且更为那些身受双重压迫的广大美洲人民所痛恨，反美仇美的情绪逐渐高涨。因此到罗斯福总统上台后，鉴于"西半球为美国的西半球"目的已达，为了缓和中南美洲各国人民反美运动，不得不另换一副伪装慈祥的面孔，所谓美帝的"睦邻政策"便是这种情况下制定的。

5. "全世界为华尔街的天下"

第二次世界大战结束后，美帝实行更无限制的侵略政策，企图以暴力统治世界，奴役全世界人民，美帝为了实现其独霸世界的梦想，那恶名昭彰的杜鲁门主义便是他那阴险计划体系中的一个重要步骤，所谓"杜鲁门主义"也就是杜鲁门总统于一九四七年三月十二日对国会所宣布的咨文，咨文中明明要求国会对距美洲大陆数千里以外的希腊和土耳其的反动政权予以臭名远扬的"援助"，但美帝国主义者却偏偏说杜鲁门主义也就是门罗主义的实现，好像门罗主义是美国传家之宝一样似的，随时随地都可以应用，这种不合逻辑强词夺理的说法，显然是以门罗主义的招牌来掩饰美帝侵略世界的阴谋，我们只要翻阅一下历史，便不难揭穿那一八二三年门罗主义所喊出"美洲是美洲人的美洲"的口号已为杜鲁门主义的"全世界为华尔街的天下"所代替了。一九四九年七月当美帝国会讨论那侵略性的北大西洋公约时，奥亥俄州（俄亥俄州——编者）反动议员塔虎特曾建议把门罗主义应用于西欧，但是这种建议，对于尼华达州（内华达州——编者）反动议员梅隆来说，仍嫌不足，他竟建议把门罗主义适用于全世界。由这些事实看来，这批美帝反动头子不是已对"全世界为华尔街的天下"的阴谋供认不讳了吗？

原文载于《历史教学》1951 年第 6 期

第二次世界大战的起源和性质

一

第二次世界大战开始于法西斯国家对中国、埃塞俄比亚与西班牙等国人民的进攻，到 1939 年 9 月初希特勒德国进攻波兰与英、法对德宣战时，欧洲的战争全面爆发了，成为一些主要资本主义国家间的战争。

1941 年 6 月，希特勒德国背信弃义地进攻苏联与同年 12 月日本偷袭珍珠港，引起了苏德战争与太平洋战争的爆发。苏联与美国参战后，西方战场与东方战场相连接起来，第二次世界大战更为扩大了。战争的一方面是以希特勒德国为首的轴心国；另一方面是以苏为首的全世界爱好和平的国家和人民。

第二次世界大战一直延续到 1945 年，最后是以轴心国的完全溃败而告结束。

二

第二次世界大战是在资本主义总危机日益加深的情况下，资本主义国家发展的不平衡性及其矛盾日益尖锐化所引起的；是以苏联为首的国际和平力量制止战争的努力遭到帝国主义国家的破坏与右翼社会民主党领袖的分裂而削弱的结果。

在资本主义制度下，由于竞争与生产的无政府状态，资本主义发展的不平衡是其经常的规律之一。到了帝国主义时代，由于技术突飞猛进地发展，垄断组织的形成和资本的大量输出，资本主义国家不平衡的发展就带有跃进的性质。这时，一些老牌的资本主义国家——特别是英国出现了工业停滞和衰退的趋势，而另一些新起的资本主义国家——如美国与德国——却迅速地、跃进式地赶上或超过了老牌的资本主义国家。结果，各国在经济上、军事上的实力和它们旧有"势力范围"与殖民地的对比发生了严重的不平衡的情况。但是，到了 19 世纪末和 20 世纪初，世界领土已被瓜分完毕，再没有"自由的"、未被占据的领土了。因此，一些新起的帝国主义国家便要求重新分割"势力范围"与殖民地，而老牌的帝国主义国家也决不肯放弃自己的阵地。于是，世界分裂为两个敌对的营垒。结果发生了资本主义世界经济体系的第一次危机，这次危机引起了第一次世界大战。

在第一次世界大战时期，由于伟大的十月社会主义革命的胜利，俄国脱离了资本主义体系，在世界六分之一的土地上建立起社会主义制度。从此，世界分裂成为资本主义和社会主义两大体系，资本主义总危机开始了。

在资本主义总危机时期，资本主义国家发展的不平衡性加剧了。第一次世界大战结束后，战胜国帝国主义虽然通过巴黎和会和华盛顿会议所缔结的许多条约，完成了战后世界的重新分割，建立了凡尔赛—华盛顿体系；然而帝国主义这一"和平"体系是极不稳固的。根据凡尔赛条约，德国被"解除"了武装，丧失了所有殖民地，并且还负担了巨额的赔款。英、法等协约国虽然打了胜仗，但事实上它们和战败国一样打得精疲力竭，元气大伤。只有美国与日本却在战争中发了横财，它们的实力大为增长了。吸吮战争的鲜血成长起来的美国垄断组织迅速地扩大了生产能力，急剧地增加了海外投资，成为世界的主要金融剥削者。第一次世界大战结束后的二十年间，美国在资本输出方面一直居于资本主义世界的第一位；到1937年时，美国的工业生产几乎占有资本主义世界工业生产的半数。两次大战期间，日本的工业生产与对外贸易也大大地增长了。随着经济、军事力量的增长，日本帝国主义力图打破华盛顿会议所造成的远东均势，排挤英美在远东的势力，以便独占中国的全部市场。这时，过去号称世界工业强国的英国日益削弱了。第一次世界大战的结果，英国丧失了大量的国外投资，它在资本主义世界市场的地位日益恶化了。同时，技术落后的英国工业也陷于停滞不前的状态，直到第二次世界大战前夕，英国工业生产还和它的1913年水平不相上下。两次世界大战期间，日本与美国工业的发展速度特别是日本工业的发展速度都超过了英国工业的发展速度。日、美、英三国工业发展速度不平衡的情况如下表：

1913—1936 年日、美、英的工业生产指数比较表[1]
（以 1913 年为 100）

国别＼年份	1925	1929	1936
日本	222	297	450
美国	151	170	150
英国	87	99	115

---

[1] *New Data for Lenin's "Imperialism"*，edited by E. Varga and L. Mendelsohn，1940，p.206.

　　德国虽然由于它在第一次世界大战中的失败而削弱了，但是德国垄断资本的全部经济基础依然未动，它的军事工业潜能也被保存下来。由于利用了战胜国间的矛盾和战胜国帝国主义对苏联的仇视，战后德帝国主义取得了美、英资本的大力援助，并在很短期间恢复了它的工业生产和对外贸易。结果不到十年，德国的工业生产和输出额都达到或超过了战前的水平。1933 年后，希特勒在德国推行的扩军备战政策更使它的工业特别是某些与军需工业有关的重工业有了进一步的增长。到第二次世界大战前夕，德国的钢、铁、铝与电力等重要工业部门的生产都已大大地超过了英国和法国，居于资本主义世界的第二位。德国经济发展的跃进使它重新成为英国、法国以至于美国在世界市场上最危险的竞争者。

　　凡尔赛—华盛顿体系所形成的"势力范围"的划分已和帝国主义列强新的实力对比不相称了。帝国主义国家为夺取原料产地、销售市场与"势力范围"展开了剧烈的斗争，这种斗争由于 1929—1933 年和 1937 年资本主义世界经济危机的爆发而更加尖锐化了。希特勒德国与日本帝国主义已变成了最富于侵略性的帝国主义势力的中心，它们和那自认在凡尔赛分赃会议上受了委屈的意大利帝国主义一起，公然宣布它们将以武力重新分割世界。于是资本主义世界重新分裂为两个敌对的营垒。

　　因此，在资本主义总危机日益加深的条件下，资本主义国家不平衡的发展导致了世界资本主义经济体系的第二次危机，这次危机引起了第二次世界大战。

　　两次世界大战虽然都是世界资本主义经济体系的危机的结果，但是我们不能把它们看成单纯的经济现象。战争的爆发固然有其经济根源，但亦有其政治因素。战争的能否发生也取决于和平力量与战争势力的对比。关于这一点，赫鲁晓夫同志曾明确地指出："在战争会不会发生的问题上，阶级力量即政治力量的对比，人民的组织性和觉悟程度，起着很大的作用，不仅如此，在一定的条件下，进步的社会力量和政治力量所进行的斗争在这个问题上，能够起决定作用。"[①] 过去，战争之所以发生，往往因为反对战争的力量是薄弱的，组织得很差，以致不能迫使帝国主义者放弃战争。"第二次世界大战前夕的情况也是这样，当时苏联是采取积极和平政策的唯一国家，其他大国实际上都在鼓励侵略者，而资本主义

---

① 赫鲁晓夫："苏联共产党中央委员会向党的二十次代表大会的总结报告"，见"苏联共产党第二十次代表大会文件汇编"，人民出版社1956版，上册，第38页。

国家的工人运动又被右翼社会民主党首领们搞得四分五裂。"[1]

　　大家都知道，第二次世界大战是由德、日、意三个法西斯国家所直接发动的。但是，以希特勒德国为首的法西斯国家之所以实力增强，到处发动侵略，终于掀起大战，是和英、法、美统治集团推行的罪恶政策分不开的。首先，英、法、美统治集团企图通过道威斯计划帮助德国恢复重工业和军事潜能，以便使德国成为反对苏联的先锋。在道威斯计划实施后的五年中，涌入德国的外国资本大约有二百多亿马克。借助这批巨额的外国资本，德国垄断资产阶级巩固了他们的统治，增强了他们的经济、军事力量。因此，德帝国主义之所以能够在第一次世界大战后迅速地复活起来，美、英资本，特别是美国资本起了决定性作用。其次，助长法西斯国家展开侵略活动的另一决定性因素，就是英、法、美统治集团所推行的众所周知的"绥靖"政策。当日、德、意三个法西斯国家在30年代相继发动对弱小国家的进攻时，英、法、美三国本来拥有足以迅速制止侵略的物质力量，它们无论在人力方面或物力方面都远远超过法西斯国家。但是，他们不仅拒绝制止侵略者的活动，而且对法西斯侵略者做了接二连三的让步，为的是怂恿他们进攻苏联。对于西方资产阶级"民主"国家的这种"绥靖"政策，当时共产国际曾做了扼要的评述："意大利被容许无所顾忌地攻击埃塞俄比亚，它不仅奴役了埃塞俄比亚，而且也猛烈地进攻西班牙。德国法西斯主义被容许毫无顾虑地实行莱茵区的军事化。它利用这种'绥靖'政策攻击了西班牙。接着它把奥地利卷入旋涡并且灭亡了捷克斯洛伐克。日本海盗因而得以夺取了满洲和华北各省。日本军国主义者越来越横霸地开始了一个奴役整个中国的战争。一些'主要的西方民主国家'在法西斯强盗面前逐步后退。这些法西斯强盗逐渐巩固了他们的地位，增大了他们的侵略，并且诉诸新的暴力行动。同时，他们利用这种情况更拉紧了围绕在他们的人民脖子上的套索。"[2]

　　在新的战争威胁日益增长的情况下，只有苏联是世界和平力量的支柱；它为维护和平与建立集体安全制度进行了坚决的斗争。它严厉谴责了法西斯国家的侵略行为，彻底揭露了西方"民主"国家的"绥靖"政策的实质，并且积极支援了

---

[1]　赫鲁晓夫："苏联共产党中央委员会向党的二十次代表大会的总结报告"，见"苏联共产党第二十次代表一人会文件汇编"，第38页。

[2]　William Z. Foster：History of The Three Internationals，1955，p.408.摘自 Manifesto of the Communist International，Nov.7，1939.

各国人民的反抗斗争。然而，英、法、美统治集团非但拒绝了苏联关于集体抗击侵略者的建议，反而千方百计地孤立苏联，企图牺牲苏联以满足侵略者的贪欲。

就在英、法、美统治集团的"绥靖"政策的鼓励下，法西斯国家继续不断地扩大它们的侵略活动，终于掀起了第二次世界大战。

第二次世界大战之所以爆发还由于当时没有能够形成一支足以迫使帝国主义放弃战争的社会政治力量，而反对战争的社会政治力量的薄弱乃由于各国右翼社会民主党领袖进行分裂和叛卖活动的结果。各国右翼社会民主党领袖充当了垄断资产阶级在工人运动中的代理人，他们竭力为资本主义制度辩护，鼓吹阶级合作政策，并且积极支持帝国主义国家反动的对内政策与侵略的对外政策，当法西斯主义的威胁日益增长时，他们拒绝与共产党合作，建立国内的反法西斯统一战线；而且还致力于分裂、瓦解工人阶级的队伍，为法西斯主义发动战争扫清了道路。比如，在 30 年代初期，当德国反动势力日趋增长时，右翼社会民主党领袖提出了"较小祸害论"的荒谬论点，号召人民群众投票选举兴登堡，硬说兴登堡似乎就是防御法西斯主义的屏障。结果，兴登堡当选德国总统不久后，便把政权交给了纳粹。在德国法西斯专政建立的初期，共产党领袖台尔曼曾几次地向社会民主党领导建议：要求采取统一行动，举行反对希特勒政权的全国总罢工。但是社会民主党领导竟扬言希特勒的执政是合乎宪法的，拒绝了这一建议。因此，法西斯主义之所以能在德国取得胜利，社会民主党领导实行的叛卖政策起了极大的作用。匈牙利、意大利、波兰与奥地利等国在同样条件下建立法西斯专政。后来，西班牙共和国也由于他们的破坏而招来失败的后果。

当法西斯主义与战争日益威胁国际和平与安全时，共产国际曾屡次向第二国际领导建议，要求采取共同行动保卫世界和平与民主。赤色工会国际也对阿姆斯特丹工会国际提出了同样的建议。但这种建议却都被第二国际与阿姆斯特丹工会国际的领导所拒绝。不但如此，第二国际的领袖们还竭力支持英、法、美统治集团的"绥靖"政策。他们曾欢呼出卖捷克斯洛伐克的慕尼黑协定，认为它是争取和平的决定性胜利。法国右翼社会党领袖也一致称赞了慕尼黑的"和平"，雷翁·勃鲁姆还公开表示："现在我们可以高枕无忧了。"[1] 波兰与匈牙利右翼社会民主党领袖对希特勒德国兼并苏台德区事件也表示了可耻的欢迎。

---

[1] William Z.Foster: History of The Three Internationals，1955，p.411. 摘自 Manifesto of the Communist International，Nov. 7，1939.

正是由于右翼社会民主党领袖实行叛卖政策的结果，各国工人阶级队伍被分裂了，在政治上、组织上被解除了武装，因而不能打破帝国主义者发动战争的计划。

<h1 style="text-align:center">三</h1>

两次世界大战虽然都是帝国主义的产物，但第二次世界大战，按其性质而言，与第一次世界大战有着本质上的区别。第一次世界大战是两个帝国主义集团为了重新瓜分殖民地、奴役其他国家的人民与争夺世界霸权而进行的战争，因此，无论从协约国方面或同盟国方面来看，它都是掠夺性的帝国主义战争。第二次世界大战是由德、日、意法西斯国家所发动的，它们在发动之前，"就在自己国内建立了残酷的恐怖制度，蹂躏了各小国的主权和自由发展原则，而把侵占他国领土的政策宣布为它们自己的政策，并公开声明，说它们是力求统治世界，要把法西斯制度推行于全世界的"。① 因此，法西斯国家所发动的第二次世界大战直接威胁了世界各国人民的自由与生存，从而使一切爱好自由的民族反轴心国的第二次世界大战一开始就带有反法西斯战争与解放战争的性质。当时中国人民的抗日战争与被德、意法西斯侵占的欧洲国家的人民掀起的抵抗运动，显然都是反法西斯的，争取民族解放的、正义性的斗争。

但是，在苏联参加反轴心国的第二次世界大战以前，却存在着另外一种性质的战争，那就是1939年9月初开始的英、法政府对德国的帝国主义战争。因为"战争的性质是由战争所继续的是什么政策，是由哪一阶级为了什么目的才进行战争的事实来决定的"。② 当时德国财政资本发动侵略战争的目的已是人所共知，这里不再多赘。为了"巩固"自己的后方，希特勒政权不仅加强了对本国人民的法西斯恐怖统治，而且采取残酷的手段来镇压被占领的各国人民的反法西斯抵抗运动。希特勒德国进攻波兰后，英、法政府为了保持自己的帝国主义阵地，不得不对德宣战。但是它们在战争中继续推行了帝国主义的反动政策。它们一方面提出了"反法西斯战争"的口号，硬把它们对德国的战争说成是争取"人民的自由"的战争，以便掩饰这个战争的反动本质；一方面却对要求把人民武装起来、进行有效抵抗的共产党人和爱国人士进行了残酷的迫害。首先，法国达拉第政府于9

---

① 斯大林："在莫斯科城斯大林选区两次选民大会上的演说"，1950年莫斯科中文版，第18页。
② 列宁："灾祸临头和防止之法"，见"列宁文选"两卷集，第二卷，1950年莫斯科中文版，第133页。

月 26 日宣布了禁止共产党活动的法令，非法逮捕了许多共产党国会议员并把他们交给军事法庭惩办，封闭了包括《人道报》在内的一百五十多种共产党报刊。接着，英国张伯伦政府也开始了对共产党人与爱国人士的进攻。它用尽各种卑鄙的手段来剥夺共产党人与进步人士在集会、电台和报刊上发表言论的权利。英国共产党机关报——《工人日报》也于 1941 年 1 月被查封了。这些事实彻底揭穿了英、法政府为"人民的自由"而战的真相。因此，毛泽东同志指出："现在爆发的战争，无论在英法方面，或德国方面，都是非正义的、掠夺的、帝国主义的战争。"①

英、法政府对德宣战后，美国政府宣布了"中立"。美国统治集团的政策是和他们在第一次世界大战中的政策基本相同，暂时站在这场冲突的局外，向交战国双方销售军火，以便赚取巨大的利润，等到交战国双方打得精疲力竭时，再出台活动，确立自己在资本主义世界的领导地位。

在欧洲的帝国主义战争爆发后，苏联奉行了独立自主的政策。它从社会主义与各国劳动人民的利益出发，积极致力于建立"东方战线"，并主动地与毗邻国家签订互助条约，以保证东欧的和平。

关于英、法政府对德的战争，共产国际于 1939 年 10 月发表了一项宣言，宣布"这次战争是资本主义阵营中帝国主义许多年来的斗争的延续"，并且指出英、法、美帝国主义者掌握了世界的经济资源，而法西斯国家正企图把它们夺过来。"这便是这次非正义的、反动的帝国主义战争的真正意义。这次战争的过失应归咎于所有资本家的政府，首先是交战国的统治阶级"。②

当时，除去个别国家共产党的领导一时为英、法反对纳粹侵略行动的表面现象所迷惑，因而作出了错误的估计③外，各国共产党对于英、法、德的帝国主义战争一致采取了坚决反对的政策。它们号召了广大的劳动群众为结束这个强盗战争而斗争，为反对这个战争的祸首和负责者而斗争，为保卫被奴役民族的权利而

---

① 《毛泽东选集》第二卷，人民出版社1955版，第585页。

② William Z. Foster: History of The Three Internationals，1955，p416. 摘自 Manifesto of the Communist International，Nov. 7，1939.

③ 加拿大共产党的领导在英、法对德宣战后，曾发出了"一面支持这次战争（指英、法对德战争——作者）一面迫使张伯伦政府发动一个真正的反法西斯战争"的号召。但是，党的"在两个前线上作战"的号召是错误的。党的领导在重新判定这场战争的帝国主义性质后，立即纠正了这种错误。参看蒂姆·布克："加拿大共产主义运动三十年"，世界知识社1953版，第147页。

斗争。共产国际在上述的宣言中，也提出了"不支持统治阶级旨在继续与扩大帝国主义屠杀的政策！"和"要求立即停止战争！"等口号。1940 年与 1941 年共产国际的"五一"宣言中重申了这种革命的政策。[1]

这便是各国工人阶级政党在第二次世界大战中对英、法、德的帝国主义战争所一致采取的总路线。英国和法国共产党正因为遵循了这种总路线，揭露了英、法政府对德国战争的帝国主义实质，所以遭到了本国反动政府的迫害。

因此，从 1939 年 9 月初英、法对德宣战到苏德战争爆发前这一时期，实际上存在着两种性质不同的战争，即人民反法西斯奴役的解放战争与帝国主义争夺世界霸权的战争。这两种性质不同的战争交织在一起了，但是居于主导地位的仍是帝国主义争夺世界霸权的战争。当时，除了中国人民在共产党领导下继续坚持抗日民族解放战争外，其他被德、意法西斯占领的欧洲国家的反抗斗争是比较薄弱的和分散的，还不能给予法西斯侵略者以有力打击。因此，遭受轴心国侵略的国家的人民反法西斯的正义斗争还没有在这一阶段的战争中上升到主导的地位。

在德国进攻苏联之前，帝国主义战争之所以居于主导地位，表现于交战国双方的垄断资产阶级掌握和支配了这次战争，并借此来促进他们的阶级利益。[2] 从希特勒德国看来，发动战争的阶级及其目的已是非常明显，无待再述。英、法统治阶级在这一时期中除竭力迫害以共产党为首的本国民主势力外，还继续推行了西方帝国主义的慕尼黑政策，即敌视和仇视苏联的政策。在希特勒德国进攻波兰后，他们没有给予波兰任何的援助，因为他们并没有准备对德国作战。当时英、法在西线拥有 120 个法国师和 10 个英国师的雄厚兵力，而留守德国西部的法西斯军队只有 23 个师；[3] 但是英、法统帅部却没有采取任何进一步的军事行动来反对德国。英、法统治集团根本不想和自己的直接敌人——希特勒德国作战，而只想和美国统治集团一起加紧准备反对苏联的侵略战争。因此，在德国结束侵略波兰的战争后，欧洲开始了一个半年没有战争的时期，即所谓"奇怪的战争"的时期。在这一时期中，英、法统治集团力图把反对德国的"错误的战争"改变成为

---

[1] William Z.Foster：History of The Three Internationals，1955，p.416. 摘自 Communist International，Nov. 7，1939.

[2] William Z.Foster：History of The Three Internationals，1955，p.419. 摘自 Communist International，Nov. 7，1939.

[3] Н.И.Годунов：Борьба французского народа против гитлеровских оккупантов и их сообщников. 1953，стр.18.

整个资本主义反对苏联的"正确的战争"。

英、法统治集团企图改变战争性质的阴谋具体地表现在他们对 1939 年 11 月爆发的苏芬战争的政策上。在这次由于芬兰故意挑衅而引起的苏芬战争中，西方资本主义国家的统治集团发动了一次疯狂的反苏鼓动，资产阶级报刊公开诬蔑苏联为"侵略者"，并把一向以"屠夫"著称的芬兰反动领袖曼纳兴描绘成为"民主"的芬兰的"民族英雄"。当时英、法虽处于纳粹进攻的前夕，但张伯伦政府与达拉第政府却热衷于制订援助芬兰、反对苏联的军事计划。它们在苏芬战争期间不仅以大量的武器装备支援曼纳兴政府，并且还准备在 3 月里派遣一支十五万人的英、法联军开往芬兰，直接参加反苏战争。美国政府也拨款一千万美元援助芬兰。关于英国支援芬兰白卫军的实际情况，张伯伦曾于 3 月 19 日向下院做了一次说明，他说：当时"没有一项芬兰政府向我们提出的请求是未被允诺的"，"什么都做到了，并且以最低限度的耽搁运送这些物资（指援助芬兰白卫军的军火物资——作者）"。[1] 西方帝国主义者在援助芬兰白卫军方面尽了最大的努力，因为他们认为苏芬战争是他们组织整个资本主义发动反苏战争极其难得的机会。

但是芬兰白卫军的挑衅不久就被强大的苏联红军所粉碎了，国际反动派策划的反苏战争的阴谋因而也遭到了毁灭性的打击。

西方帝国主义者在苏芬战争时期曾积极拉拢希特勒德国，企图使它支持他们策划的整个资本主义反对苏联的战争。当时，美国参议院外交委员会主席毕特门曾向英、法、德三国当局建议缔结三十天期限的休战协定，以便研究由于苏芬战争而产生的国际局势。很显然，这个建议的目的就是要拉拢希特勒德国，一起去反对苏联。但是，当时希特勒对于这样的一种世界战争没有兴致，因为他认为把英、法、美帝国主义排除在外，轴心国到相当的时机自会处理征服世界的问题。[2]

在"奇怪的战争"的时期，希特勒德国完成了它的军事准备，并从 1940 年 4 月起展开了对北欧、西欧国家的袭击。在一个多月的期间内，希特勒德国粉碎了英、法在大陆上的主力，并在敦刻尔克把它们的残余部队赶下海去。在纳粹军队逼近巴黎时，法国共产党中央委员会于 6 月 6 日要求法国政府立即逮捕、惩办

---

① W.p. and Zelda K. Coates：*A History of Anglo-Soviet Relations*，1945，pp.633—634.

② William Z.Foster：*History of The Three Internationals*，1955，p.418. 摘自 Communist International，Nov. 7，1939.

国家机关中的投降分子，释放共产党人与爱国人士，并"改变战争的性质，把战争变成为争取独立、自由而战的民族战争"。①但是这种要求却为雷诺政府所拒绝。在投降分子的出卖下，法国失败了。为了准备进攻苏联，希特勒德国在法国投降后开始对东南欧各国施加压力，迫使它们参加轴心国集团，以巩固它在巴尔干的地位。

随着法西斯侵略范围的扩大，世界各国人民反法西斯奴役的斗争日趋增长了。在许多被德国法西斯占领的欧洲国家中，先后成立了以共产党为领导的反法西斯民族统一战线，广泛展开了反抗占领者的英勇斗争。在中国，抗日的人民军队打退了敌人无数次的进攻与扫荡，承担了抗日战争中的主要斗争任务。随着各国人民反抗侵略者的正义斗争的广泛展开，第二次世界大战的反法西斯解放战争的性质日益加强了。

在1941年6月希特勒德国背信弃义的进攻下，苏联人民奋起抵抗，展开了伟大的卫国战争。苏联的参战加强了第二次世界大战的反法西斯的、解放的性质，改变了第二次世界大战前一阶段由帝国主义战争占主导地位的性质。因为苏联的参战根本改变了国际形势，苏联反抗法西斯侵略的神圣战争与各国人民反对法西斯奴役的自卫斗争已汇合起来，形成了一支无比强大的反对法西斯侵略者的洪流。在这种情况下，帝国主义争夺世界霸权的斗争已降到次要和从属的地位了。关于战争性质的这种重大变化，美国共产党主席福斯特同志曾明确地指出："从开头起，战争中便含有一种深刻的人民的因素，即人民群众反对法西斯奴役的自卫斗争。但是直到苏联伟大的民主的重量投入战争的天平时，这种人民的因素才终于变成主导的了"②，反法西斯的、解放的战争因而也就成为第二次世界大战的主流了。

苏联的伟大卫国战争是全体苏联人民与德国法西斯主义的决战，"其目的不仅是要消灭临到我国（指苏联——作者）面前的危险，而且还要援助那些呻吟于德国法西斯枷锁下的欧洲各国人民"。③苏联宣布的作战目的鼓舞了欧、亚各国人民反法西斯的民族解放斗争，巩固了英、美民主力量的地位，促进了一切反对轴心国的力量的合作。在苏联积极倡导下，英、美、苏的反法西斯联盟形成了。英、

① 莫斯科·多列士："人民的儿子"，人民出版社1953年版，第122页。
② William Z.Foster: History of The Three Internationals，1955，pp.419—420. 摘自Communist International，Nov. 7，1939.
③ 斯大林："论苏联伟大卫国战争"，1949年莫斯科中文版，第16页。

美政府之所以与苏联结成反法西斯联盟固由于本国人民的迫切要求，也由于英、美帝国主义与法西斯国家的矛盾日益尖锐化。太平洋战争爆发后，反法西斯联盟更加扩大了。1942年初，中、苏、美、英等二十六个国家签署了联合国反法西斯联合宣言，保证竭力互相支援，并同意不与轴心国缔结单独和约。这个反法西斯联盟，正像斯大林同志所指出的，在粉碎轴心国武力方面起了决定性作用。

美、英统治集团虽然与苏联结成反法西斯联盟，但是他们从未把苏联作为一个真正的同盟者来对待。他们一方面企图尽量利用苏联，以使他们能在战争中消灭自己在世界市场上最危险的竞争者；一方面施展各种卑鄙的手段来削弱苏联，妄想苏联由于国力在战争中的严重耗损而陷于从属于美、英的地位。当时，帝国主义反动分子如杜鲁门、胡佛与丘吉尔之流都曾公开发表了促使苏德在战争中两败俱伤的言论，特别是在为盟国胜利开辟道路的斯大林格勒战役后，这种暗中打击苏联的阴谋更是明显了。美、英统治集团之所以一再拒绝开辟第二战场和秘密地与希特勒德国进行单独媾和的谈判都是为了这种不可告人的目的。但是，美、英统治集团在战争中推行的帝国主义政策遭到了本国人民与世界人民的坚决反对。在世界公正舆论的巨大压力下，美、英统治集团不得不放弃单独媾和的阴谋，而继续对轴心国作战。因此，当我们肯定美、英在反法西斯联盟结成后，在粉碎轴心国武力方面也起了一定的作用时，应当把这种作用完全归功于世界人民，特别是美、英两国人民。

从整个过程看来，第二次世界大战主要是国际和平力量与法西斯侵略者之间的决战，是以苏联为首的一切爱好自由的民族反对法西斯国家奴役的战争。从法西斯国家方面来说，这次战争是掠夺性的侵略战争；从苏联和遭受法西斯侵略的各国人民来说，这次战争是反法西斯的解放战争；从美、英统治集团来看，这次战争是为了消灭自己的竞争者的帝国主义战争。然而，我们决不能把这次战争的三个方面等同起来看待。第二次世界大战的主导性质乃是反法西斯的、正义的解放战争，因为"事物的性质，主要的是由取得支配地位的矛盾的主要方面所规定的"。[①]

四

在第二次世界大战中，苏联人民与世界各国人民是击溃法西斯侵略国家的决定性力量。

[①]《毛泽东选集》第一卷，人民出版社1955年版，第310页。

苏联加入反轴心国的战争加强了第二次世界大战的反法西斯的、解放的性质，并使它基本上成为一次世界人民反法西斯的解放战争。苏联以它巨大的政治、经济、军事实力扭转了整个的战局，并团结一切爱好自由的民族击溃了法西斯国家。苏联是反法西斯联盟的组织者，也是世界人民反法西斯的解放战争的领导者。这就是世界人民反法西斯战争取得最后胜利的根本原因。

美、英统治集团对法西斯国家作战的主要目的是要消灭自己最危险的竞争者，在战争中获取最大限度的利润和夺取战后世界的霸权。他们既不能代表美英两国人民反法西斯主义的精神，也不能忠实地履行对于联盟国家所承担的义务。因为他们所抱定的战争目的与美英人民以及世界人民为争取民主、自由而斗争的目的是毫无共同之处的。不仅如此，他们还进行了一系列的违反世界人民利益的可耻的叛卖活动。如果没有世界公正舆论的巨大压力，没有苏联严正的警告，美、英统治集团势将在第二次世界大战过程中与希特勒和日本天皇单独媾和了。直到战后，美、英帝国主义者还深为懊悔，认为当时他们对于人民群众压力的让步和在第二次世界大战中完全地粉碎希特勒制度是他们所犯过的最重大的错误。[1]

第二次世界大战的结果是社会主义与资本主义之间的实力对比发生了有利于社会主义而不利于资本主义的根本变化。在这种根本变化的基础上，战后世界形成了两个对立的阵营。由于国际社会主义阵营的壮大，"和平力量就不仅具备了防止侵略的精神手段，而且具备了防止侵略的物质手段"。[2]同时，摆脱了殖民主义枷锁的亚、非各国人民和社会主义各国人民之间的友好合作，正在日益增长和加强。社会制度不同的各国和平共处的原则日益广泛地获得国际上的承认。保卫和平的全民运动也在蓬勃地展开。尽管国际反动势力仍在到处挑衅，企图发动把人类卷入另一次浩劫的新战争；但是，只要"各国人民将维护和平的事业担当起来，并且把这一事业保卫到底"，战争并不是注定不可避免的。

原文载于《历史教学》1957年4月

---

[1] William Z.Foster：History of the Three Communist Party of the United Stats，1952，p.495.

[2] 赫鲁晓夫："苏联共产党中央委员会向党的二十次代表大会的总结报告"，见"苏联共产党第二十次代表大会文件汇编"，人民出版社1956版，上册，第38页。

1936—1939 年
西班牙人民反法西斯的民族革命战争

一

西班牙是个工业比较落后的资本主义国家，它的农业中还存在着浓厚的半封建关系的残余。第一次世界大战期间，西班牙的民族工业虽有了较大的发展，但在它的主要工业部门中，外国资本仍居于主导地位，阻碍了战后西班牙工业的发展。一小撮大地主和天主教教会占有大量的土地，掌握了对农民的生杀大权。在农村中还普遍存在着中世纪的地租形式和所谓"酋长制"。代表大地主、大资产阶级和教会利益的君主政权残酷地统治着西班牙的各族人民。

在 1929 年世界经济危机袭击下，西班牙的工业、农业和国家财政都陷入混乱状态，有 40% 以上的工人失业了，农民与小生产者也大量地破产了。各地劳动群众的不满情绪日益增长，他们纷纷举行罢工和起义，反对统治阶级的反动政策，要求建立民主共和国。在革命运动日益增长的情况下，以普利莫·里维拉为首的军事独裁政权垮台了，君主制也被推翻了。1931 年 4 月，共和国宣告成立，组成了共和党和社会党的联合政府。这个代表资产阶级和自由派地主利益的联合政府丝毫没有触动反动势力的经济基础、肃清国家机构与军队的反对分子，并且对工农群众运动采取武力镇压的政策。社会党领导支持了联合政府驱逐先进工人出境的措施，并且赞助了它对工农的血腥镇压政策。联合政府的反动政策引起了人民群众的普遍愤怒。因此，共和党和社会党在 1933 年选举中陷于孤立，遭到严重的失败。选举结果，代表反动势力的右翼政党联盟获得了国会议席的多数，组成了亲法西斯的莱鲁斯政权。社会党领导推行的罪恶政策及其在选举中的失败引起了社会党队伍的分裂：一小部分背叛工人阶级利益的右翼领袖及其追随者坚持了与资产阶级合作的政策；大部分社会党人主张在反法西斯的斗争中与共产党合作，共同保卫人民群众所争得的民主成果。在社会党内部分化日趋明显的情况下，曾任工会领导的社会党领袖拉尔果·卡巴勒洛出面领导社会党左翼。当时，卡巴勒洛之出面领导左翼，正像他自己后来所供认的那样，主要是为了阻止那些受社会民主主义影响的工人群众转到共产党人方面去。不过，他在社会党党员群众——特别是受改良主义影响较小的社会党青年组织的压力下，不得不暂时同意与共产党人进行谈判，在反法西斯斗争中采取一致行动。

在莱鲁斯政府支持下，西班牙法西斯分子在各地展开了疯狂的挑衅活动。为了回击法西斯分子的挑衅和进攻，阿斯杜里亚的煤矿工人和其他企业工人于1934年10月举行了总罢工，这次总罢工很快地扩展到全国各地，并且开展成为人民群众的武装起义。在马德里，巴斯克省和加泰罗尼亚的工业城市都爆发了武装起义，回击法西斯分子所发动的叛乱性挑衅。在阿斯杜里亚，起义工人占领了该区主要城市奥维叶多的一部分，建立了苏维埃和赤卫队。起义期间，共产党人和社会党人在很多地区形成了统一战线，共同领导了工人群众反法西斯的斗争。在加泰罗尼亚，民族资产阶级也带着他们的要求和目的参加了群众反法西斯的斗争。这就为西班牙人民阵线的建立提供了必要条件。但是，各地起义的群众终究抵挡不住政府的优势兵力，先后遭到了失败。在阿斯杜里亚，反动政府实行了白色恐怖政策，有三万多工人被监禁，数百名起义者被处死刑。领导起义的共产党也被迫转入地下。但是，阿斯杜里亚与其他地区的劳动群众并没有屈服，他们仍然保持着战斗精神，准备夺回失去的阵地。十月武装起义被压下去后，反动派维持了"两个黑暗时代"（1934—1935）的统治。但是，依靠恐怖手段而取得的"胜利"并没有巩固右翼反动集团；相反的，它的内部因争权夺利而发生分裂，政府危机也在接连不断地发生。

反动派对十月起义的残酷镇压也打破了右翼社会党在工人群众中散布的关于阶级合作与改良主义的幻想。工农群众斗争情绪的增长加速了共产党与社会党之间的统一行动。在国内法西斯分子的活动日益嚣张的形势下，西班牙共产党集中力量进行团结工人阶级和民主力量的工作，并为建立反法西斯的人民阵线而斗争。在共产党的努力下，社会党领导的总工会与共产党领导的劳动者总同盟于1935年11月合并成为统一的总工会。1936年共产主义青年组织和社会主义青年组织合并为统一的社会主义青年联盟。同年，在西班牙共产党的直接帮助下，四个加泰罗尼亚的工人政党，根据马克思列宁主义的原则，合并成为加泰罗尼亚统一社会党。该党在与西班牙共产党密切联系下展开了积极的活动，在共产党倡议下，西班牙各左翼政党召开了协商会议，并于1936年1月签署了人民阵线纲领，组成了人民阵线。参加人民阵线的政党和团体有：左派共和党、共和同盟、共产党、社会党、加泰罗尼亚左派党和劳动者同盟等。由于资产阶级政党的阻挠，人民阵线纲领没有包括解决农民的土地问题这一重要任务。尽管如此,人民阵线纲领还是包括了实现国家民主化的各项基本要求:大赦政治犯、恢复因参加十月起义而被解雇的工人的工作、惩办镇压人民的罪犯、实现国家机关和军队的民主化、减低农民捐税和地租以及组织社会工作来消灭失业等。人民阵线的建立大大鼓舞了人民群众的斗争。1936年初,他们不顾法西斯分子的恐吓,在各地举行群众大会,听取了左翼政党发言人关于人民阵线纲领的报告。共产党也从地下状态转向公开活动了。

为了解决政府危机和制止人民阵线进一步发展,以瓦里亚达里斯为首的右翼政党联合政府解散了国会,并决定在1936年2月举行选举。控制了国家机器与反动军队的右翼政党,相信它们一定能以"合法手段"在选举中取得胜利。但是,西班牙人民的行动打破了它们的计划。在1936年2月16日的选举中,人民阵线政党取得了压倒多数的胜利,反动政党遭到了严重的失败。在人民阵线政党支持下,组成了以左翼共和党领袖阿森亚为首的依靠人民阵线的政府。

西班牙人民阵线的胜利在当时世界民主力量反对法西斯主义的斗争中具有重大的国际意义。这一胜利不仅保卫了西班牙的民主、自由和独立,而且鼓舞了各国人民反对法西斯主义的斗争,并为他们树立了战胜反动势力与法西斯主义的榜样。当时,季米特洛夫同志曾指出:"西班牙人民这种英勇的斗争;除伟大十月革命外乃是欧洲战后政治史上最重大的事件之一。"[①] 西班牙人民阵线的胜利不仅支持了当时正在与法西斯主义决战的欧洲各国民主力量,而且在亚洲、美洲各国人民中也获得了广泛的、深刻的反响。

二

在人民阵线政党支持与督促下,左派共和党政府着手实现了人民阵线纲领中各项主要要求:恢复了三万政治犯的自由,解散了许多反动组织,命令雇主恢复由于政治原因而被解雇的工人的工作,建立了一些新的学校,恢复了加泰罗尼亚的自治地位,建议就巴斯克省和加里西亚的自治权利问题展开全国性讨论等。[②] 由于新政府采取了这一系列的措施,西班牙的正常民主生活重新建立了。但是,

---

① "季米特洛夫文集",解放社1948年版,第275页。

② 参看陶劳列斯·伊巴露丽:"共产国际与统一战线",苏联"国际生活"月刊,1959年第2期,第32页。

资产阶级民主革命的主要问题——土地问题还未得到解决，法西斯反动派的政治经济实力仍未被摧毁。垄断资本家与大地主仍控制了银行、企业、陆军与国家机器的一部分，对政府的民主措施实行怠工。在垄断资本与天主教教会支持下，法西斯组织也加紧准备发动军事叛变。为此，法西斯组织的首领里维拉和盛居若曾于1936年春前往德国和意大利，与法西斯首领进行勾结，准备发动推翻共和政府的叛乱。

当时，共产党在报刊与国会中曾不断指出法西斯军人集团发动叛乱的危险，号召工人阶级与民主力量提高警惕，要求政府采取必要措施——特别是清除陆军与警察中的法西斯分子——来粉碎反动势力。但是，以阿森亚（1936年4月被选为共和国总统）为首的政府没有采取任何果断措施来粉碎法西斯分子的阴谋，而且他们还公开宣扬说："不要管军队，军队不谈政治。"①

1936年7月17日，以佛朗哥为首的法西斯分子在北非西属摩洛哥发动了军事叛乱。摩拉指挥的法西斯叛军也在伊伯利安半岛北部发动进攻。当时，如果共和党政府采取有效措施，佛朗哥与摩拉的军事叛乱在开始时便会被镇压下去。但是，阿森亚总统与共和党政府却表现了犹豫、妥协的态度，致使叛乱的范围日益扩大。为了粉碎法西斯军事叛乱，共产党发出了保卫共和国的号召，并要求成立一个肯于武装人民的政府。这一号召得到了人民群众广泛的响应。在人民群众压力下，以共和党人希拉里为首的政府成立了。它开始把共和国拥有的有限的武器提供给了人民群众。在共产党号召下，武装起来的人民群众展开了对法西斯叛军猛烈的反击。

佛朗哥的军事叛乱从开始起便得到了德、意法西斯的大力支持。因为德、意法西斯一向认为西班牙是他们夺取世界霸权的主要据点之一。在叛军节节败退的情况下，德意法西斯便借口保护本国侨民，开始了公开的武装干涉。他们不仅运送了大量的武器装备支援佛朗哥叛军，而且派遣了法西斯军队开入西境，调遣军舰开往西班牙海面。同时，德军侵占了共和国的西北部和西属摩洛哥，意军侵占了共和国的西南部和巴利阿利群岛。德意法西斯的这种侵略行径对一切民主国家来说，都是一种严重的挑战。但是，英、法政府却于1936年8月宣布了所谓"不干涉"政策，并于9月成立一个由二十七国组成的"不干涉西班牙事务委员会"。从表面上看，英法的"不干涉"政策好像是要阻止任何国家干预西班牙内战，但

① 威廉·福斯特："三个国际的历史"，人民出版社1958年版，第416页。

实质上却是纵容侵略者的政策。根据"不干涉委员会"的决定，英法联合舰队封锁了西班牙海岸线，宣布了禁止把武器运往西班牙。但葡萄牙的海岸线却未在封锁范围之内，以致德意法西斯得以把武器与军队源源不断地由葡萄牙运入，支援佛朗哥叛军。美国政府也于 1937 年通过了"中立法"补充法案，借此来鼓励侵略者。这一补充法案使西班牙共和国丧失了从美国购买武器的可能性，而法西斯侵略国却能在美国任意购买武器，并用它们来武装西班牙叛军。因此，英、法、美"不干涉"政策的实质乃在于假德、意法西斯之手消灭西班牙革命运动和西班牙人民阵线，并进而与法西斯侵略国家相勾结以挑起反苏战争。

只有苏联是一贯地坚决地维护了西班牙人民的利益，并为保卫西班牙的民主、自由进行了一系列的斗争。在被邀请参加的"不干涉委员会"里，苏联代表一面谴责了德、意两国对西班牙的武装干涉，一面揭穿了英、法、美纵容侵略者扼杀西班牙共和国的罪恶政策。同时，苏联在国联中也为承认西班牙共和国的交战权利而斗争。根据"不干涉委员会"的决定，西班牙共和国政府事实上已被置于不平等的地位，因此苏联在给予西班牙共和国援助的问题上，保留了行动的自由，并且不断给予西班牙人民以各种道义上和物质上的援助。西班牙人民之所以能够抗击法西斯干涉者和叛军达三年之久，是和苏联这种大公无私的国际主义援助分不开的。

尽管西方帝国主义者采取了"不干涉"政策，但他们不能削弱西班牙民主力量的斗争意志。共和国军队继续不断发动对叛军的反击，固守自由的阵地。西班牙人民的英勇斗争博得了各国人民深厚的同情与支持。全世界反法西斯人士都展开了支援西班牙共和国的运动，他们纷纷举行群众性集会和游行示威，抗议德、意法西斯对西班牙内战的武装干涉，坚决要求英、法、美国政府放弃"不干涉"政策，并为西班牙共和国募集了粮食和医药品等。欧洲、美洲各国工人阶级和民主人士在共产党倡议下组织了国际纵队，前往西班牙参加反法西斯的战斗。这支国际纵队是由五十多个国家的反法西斯战士组成的，共有三四万人，其中包括有英国、法国、意大利、苏联、波兰、保加利亚、美国和加拿大等国的分队。国际纵队后来成为西班牙共和国军队的重要部分，并且在保卫民主西班牙的各次战役中做出了卓越的贡献。

但是，资本主义国家的工人阶级未能给予民主西班牙以必要规模的援助，这主要是由于受到工人阶级叛徒——第二国际领袖们的阻挠。第二国际领袖们一再拒绝了共产国际关于建立工人阶级统一战线以保卫民主西班牙的建议，各国右翼社会党都步本国统治阶级的后尘，推行了纵容法西斯干涉者的叛卖性政策。

当时，西班牙内战实际上已超出其本国界线，而具有进步力量与反动势力在国际规模上进行决斗的性质。关于这一点，斯大林同志于 1936 年 10 月 17 日在致西班牙共产党书记霍赛·迪亚士的电报中曾明确指出："……将西班牙从法西斯反动派的压迫下解放出来不是西班牙的私事，而是整个先进和进步人类的共同事业。"[①]

三

西班牙人民反抗法西斯反动派和外国干涉者的战争，既是捍卫西班牙人民所取得的民主成果的战争，也是保卫西班牙的主权和独立的战争。因此，这一战争具有民族革命战争的性质。

战争开始后，法西斯叛军的主要目的是夺取共和国首都马德里。他们在 1936 年 10 月到 1937 年春季期间发动了三次对马德里的攻势。当时共和国既缺乏经过训练的正规军队，也没有必要的武器装备，加以共和党政府所表现的失败情绪与托洛茨基派、无政府主义派的背叛活动，因此共和国的情况是十分困难的，马德里的局势也是非常危险的。只是由于共产党进行了一系列的艰巨工作，才克服了政府的失败政策和托洛茨基派的叛卖活动，建立了一支由共产党领导的正规部队——有名的第五团队，马德里的局势因而也转危为安。在保卫马德里的战役中，组成了一支新的共和国人民军队。这支军队在与国际纵队并肩作战下，击退了叛军对马德里的进攻，并在马德里东北的瓜达拉哈附近击溃了法西斯叛军与外国干涉者，获得了巨大的胜利。在瓜达拉哈战役中，共和国人民军俘虏了敌军数千人，缴获了大量的武器和装备。

为了粉碎法西斯叛军的进攻，共产党在战争开始时便拟定了动员全国人力物力以保卫共和国的纲领，其中除要求组织一支纪律严明指挥统一的正规军队外，还强调发展军需工业、肃清前后方的间谍特务、在敌人占领地区中组织游击战、实行彻底的土地改革以保证前线的供应等。但实现这些措施却遭遇到很大的阻碍。这种阻碍主要来自两个方面：一方面是执政的社会党人和共和党领袖都力图阻挠把反法西斯的民族革命战争继续下去；另一方面是托派匪帮和无政府主义集团进行反革命的破坏活动。比如，1937 年 5 月初，正当北方巴斯克前线情况非

---

① 列·库达科夫："现代国际关系史"，世界知识社1958年版，第399页。

常危急时，无政府主义分子和托派分子却把他们指挥的一部分军队由阿拉贡战线调往巴塞罗那，并在那里掀起了反共和国政府的骚动。为改变这一局势而做出极大努力的共产党人要求卡巴勒洛政府采取果断措施，制止无政府主义派和托派匪帮的破坏活动，但却遭到卡巴勒洛的拒绝，结果共产党人退出政府，以示抗议。在人民群众的压力下，卡巴勒洛被迫辞职，由社会党人涅格林继任总理。以涅格林为首的政府执行了共产党纲领中各项紧急措施的一部分，但它并未彻底实行抗战政策，也没有采取坚决措施来清除国家机关和军队中的叛徒和敌对分子。这自然不能不影响到前线的局势。

1937 年夏季，叛军在德、意海空军配合下，在北方战线发动了巨大攻势，并于 7 月下旬占据了巴斯克地区的首府毕尔巴鄂市。尽管敌人在实力、装备上占有绝对优势，巴斯克地区人民军和人民群众仍然进行了顽强的抵抗。只是由于巴斯克地区自治政府内资产阶级民族主义者采取了投降政策，巴斯克地区与阿斯杜里亚才最后被敌人占据了。北方工业地区的丧失是对共和国的一个沉重打击。

接着叛军与外国干涉者于 1937 秋季在东方战线（阿拉贡战线）上发动了猛烈的攻势，他们的主要目的在于冲击到地中海沿岸，以便割断加泰罗尼亚和共和国的联系。敌人的攻势在得卢尔附近遭到了共和国军的有力阻击，但因指挥这一地区作战的社会党将领奉行了投降政策，共和国军被削弱了，敌人于 1938 年春季实现了把共和国的领土分为两个部分的作战计划。1938 年夏，敌人复集中兵力大举进攻瓦稜西亚。为了保卫瓦稜西亚，共和国在厄布罗河附近展开了英勇的反击战，并坚守河南阵地达三个月之久。厄布罗河战役表现了共和国军队的英勇抗战精种，他们不仅善于防守，而且掌握了现代战争的进攻艺术。

在反法西斯的民族革命战争中，西班牙共产党人站在斗争的最前列，担负着最艰巨的任务。他们在共和国艰难的岁月中制定了正确的政策并进行了英勇的斗争，因而取得了人民群众的爱戴与信任；他们在战争中所付出的重大牺牲更博得了一切爱国人士的崇敬。在共产党的影响和威信日益增长的情况下，实现进一步社会民主改革成为西班牙人民的迫切要求了。在共产党的支持下，共和国政府在它所控制的地区内实行了进一步的民主改革：没收了反对共和国的大地主和教会的土地，并把它们无偿地分配给贫民和农业工人；接管了银行和法西斯分子的企业，由工人和政府共同加以监督；承认民族自治权，建立了各少数民族地区的自治政府；广泛吸收妇女参加工厂工作，确定了同工同酬的制度；向工农群众敞开了学校和大学的大门，组织文化团体进行了扫盲工作。

在反法西斯的民族革命战争中，西班牙人民阵线不仅在维护与扩大民主自由的共同斗争中巩固了工人阶级与民主力量，而且表明了它本身是一个能够解决国家主要问题的政府的政治形式，是民主制度的发展和创造向社会主义和平过渡的条件的道路之一。[①]

西班牙实行的各项革命的民主措施，引起了国内外反动派对共和国更大的仇视。英、法、德、美统治集团在与德、意进行慕尼黑勾结后，便把西班牙共和国的继续抵抗看成是阻碍发动反苏战争的因素，因而转向公开干涉的道路。法国反动政府于1938年6月封锁了法西国界。西班牙国内各种类型的叛徒也加紧了反共反人民的阴谋活动，准备从内部来瓦解共和国。在这种情况下，叛军与干涉者于1938年底又发动了对加泰罗尼亚的进攻。共和国军队在共产党组织下进行了英勇的抵抗。但是，由于双方实力过于悬殊和共和国参谋部中叛徒的卖国活动，共和国军被迫于1939年1月放弃巴塞罗那。加泰罗尼亚因而全部为敌人占据了。

1939年2月，叛军与国外干涉者在英国巡洋舰"得翁希尔号"直接帮助下占领了共和国的密诺卡岛。接着，英、法政府正式承认了佛朗哥为西班牙政府的首领，并要求共和国政府无条件投降。共和国政府拒绝了这个最后通牒。当时，共和国仍具有进行持久抗战的条件——人民群众觉悟的提高与国际声援西班牙人民运动的加强等，但是由于托洛茨基分子、无政府主义分子与加萨多分子进行了一系列的叛国活动，西班牙的英雄首都马德里终于3月底陷落了。西班牙人民的民族革命战争在国内外反动派攻击下，最后失败了。

四

西班牙人民进行三年之久的民族革命战争虽然最后失败了，但是它具有重大的历史意义。

首先，西班牙人民的英勇斗争，牵制了德、意法西斯对其他国家的侵略，加强了德国和意大利人民反法西斯反战的斗争，延缓了第二次世界大战的爆发。

其次，西班牙人民反法西斯的英勇斗争给当时受法西斯侵略威胁的各国人民以巨大的影响。这些国家的人民加强了对法西斯主义威胁的戒备，巩固了保卫民族独立与自由的信心和决心。在许多国家里，法西斯分子的阴谋，还在萌芽期间

[①] 参看陶劳列斯·伊巴露丽："共产国际与统一战线"，苏联"国际生活"月刊，1959年第2期，第33页。

就被粉碎了。在法国，卡古略尔分子的阴谋，还在其准备阶段中就被打破了。在墨西哥，塞弟略发动的法西斯政变，很快地就被依靠人民力量的卡丁纳斯政府粉碎了。其他国家也有类似的情况。

第三，西班牙人民的民族革命战争是现代西班牙历史中一个重要的发展阶段。在这反对法西斯叛军与外国干涉者的三年战争中，西班牙的社会有了巨大的跃进。它不再是个充满乞丐和贵族的西班牙，而是一个年青的、进步的西班牙，是工人阶级、农民和民族资产阶级一起享有民主自由的西班牙①。三年的民族革命战争虽然暂时失败了，但西班牙社会在战争年代中的巨大进步却在人民群众中留下了深刻的记忆和怀念，这种记忆和怀念无疑地将在目前西班牙人民反对法西斯专政，反对美英帝国主义奴役者与争取和平、民主和独立的斗争中，起着推动和鼓舞作用。

原文载于《历史教学》1959 年第 6 期

---

① 参看陶劳列斯·伊巴露丽："共产国际与统一战线"，苏联"国际生活"月刊，1959年第2期，第33页。

1899—1902年
美帝国主义对古巴的第一次军事占领

　　美国历史学家 S. 尼林和 G. 弗里曼在《金元外交》一书中论述美国和古巴的历史关系时写道："美国并吞古巴的欲望，和美国本身的历史一样长久。"[1] 早在1805 年，美国总统杰斐逊就表示过，一旦英国同西班牙发生战争，美国就要占领古巴。他认为古巴是北美大陆的延长部分，并且一直把它"看作是对我们（指美国——作者）各州体系所能做到的最有利害关系的补充。"[2] 1823 年，美国国务卿约翰·昆西·亚当士（约翰·昆西·亚当斯——编者）在致美国驻西班牙公使的信件中宣称，美国政府将保持古巴关系的现状，反对企图夺取古巴的任何强国。[3] 同年宣布的门罗宣言就是美国把这种政策应用到整个美洲的体现。1826 年，美国就统治集团竭力阻止了墨西哥和哥伦比亚两国为支援古巴民族解放斗争而组织的远征，因为他们"不希望改变古巴岛的所有权和政治地位，……不希望把它（指古巴岛——作者）合并于新兴的美洲国家。"[4]

　　19 世纪中叶，当美国东北部各州的资本家和居民向西部移殖的时候，南部各州的奴隶主也力图夺取古巴，以扩大蓄奴区域，增强他们在国内的政治地位。美国内战结束后，美国虽忙于南部的重建和西部的开发，但是，它并未放弃兼并古巴的念头，而是通过经济渗透逐渐使古巴在经济上从属于它。19 世纪后半期，美国加强了对拉丁美洲的经济扩张。在对待古巴的策略上，扩大贸易和保护投资提到了首要地位。在 19 世纪 50 年代，古巴同美国的贸易约占它的贸易总额的 1/3，超过了它同西班牙的贸易额；90% 以上的古巴糖运往美国销售。到 80 年

---

① Scott Nearing and Joseph Freeman, "Dollar Diplomacy, A Study in American Imperialism," New York, 1925, p.249.

② Charles E. Chapman, "A History of the Cuban Republie, A Study in Hispanie American Polities," New York, 1927, p.51.

③ U. Vega Cabielles, "Nuestra America yla evolucion de Cuba," La Habana, 1944, P.144; 见A.M."Эорина Иэ Героического Црошлого Кубинского НароДа," москва, 1961, CTP.219.

④ Ефимов и Григулеич, "КУВА, Историкоэтнографические Очерки," Москва, 1961, CTP. 306.

代，美国对古巴进行了大量的投资，进一步控制了它的蔗糖业，把它变为单纯供应美国所需蔗糖的"糖碗"。这样，古巴"尽管政治上保持从属于西班牙的地位，但在商业关系上却处于从属于美国的地位。"① 到 1896 年，美国对古巴的投资已达5000 万美元，其中对蔗糖业的投资为 3000 万美元。

在古巴爆发反对西班牙殖民统治、争取民族独立的"十年战争"（1868—1878）期间，美国统治集团采取了帮助西班牙反对古巴人民解放斗争的政策。西班牙对古巴残暴的殖民统治日益变本加厉了。1895 年，古巴人民在民族英雄何塞·马蒂等人领导下，掀起了大规模的独立战争。在这次战争中，古巴组织了以马克西莫·戈麦斯为首的解放军，建立了共和国临时政府。到 1898 年，西班牙殖民者在起义者强有力的打击下节节败退，全岛的乡村地区和交通要道均为解放军所控制。这时，美国统治集团认为时机已告成熟，于是，1898 年 4 月美国政府便在"帮助"古巴人民争取民族解放的幌子下，发动了旨在夺取西班牙殖民地的帝国主义战争。在这次战争中，美帝国主义利用古巴人民的解放斗争击败了岛上的西班牙军队。但是，西班牙失败后，美帝国主义者却违背了它所作的关于帮助古巴争取独立的诺言②，在岛上建立了军事占领制度，并运用各种阴险手段绞杀了古巴民族解放运动。

美西战争结束后，怎样确定古巴同美国的关系以及古巴的地位问题成为美国政治舞台上的重要议题之一。美国人民主张实现美国宣战时所作的诺言；而美国扩张主义者却认为，解决这一问题的最好办法是公开兼并这个"加勒比海的明珠"③，实现他们怀抱了一个世纪的野心。但是，美帝国主义在准备兼并古巴时，却遇到了一些难以克服的"困难"。首先，古巴人民为争取民族解放进行了卅年之久的浴血斗争，迫切要求民族独立，因此在古巴建立殖民地的直接统治是非常困难的，而当时美帝国主义在征服菲律宾过程中所遭到的剧烈反抗也证实了这一

---

① F. Ortiz，Cuban Counterpoint：Tobacco and Sugar，New York，1949，p.64.

② 1898年4月，美国国会对西班牙宣战的联合决议中宣称："……美国绝无在该岛（指古巴，下同——作者）行使主权、统治权或控制权之任何意图或野心，并宣布决定，一旦和平实现，就把该岛的管理和控制交还当地人民。"参看Samuel Flagg Bemis，"A Diplomatic History of the United States，"New York，1950，p.449.

③ 参看Thomas A. Baily，"A Diplomatic History of the American People，"Third edition，New York，1947，p.548.

点。① 其次，美国人民群众广泛同情和支持古巴的民族解放运动，坚决反对美国的殖民主义兼并。② 再次，美国对西班牙的战争是在"解放古巴"的口号下进行的，如果它在战争结束后公然兼并古巴，那么它的帝国主义狰狞面目就要在拉丁美洲各国人民面前完全暴露，而这对以后它在拉丁美洲的扩张是极其不利的。尽管如此，美帝国主义者仍毫无把该岛交还给古巴人民的意图③。他们认为古巴对美国控制加勒比海地区和保护即将开凿的洋际运河的交通线都有着极其重要的战略意义。但是，在当时的具体条件下，他们不得不采取欺骗手法：在"帮助"古巴建立"独立"共和国的同时，迫使它带上一副枷锁，以便从军事、政治和经济等方面加强控制，把它置于美国的殖民统治之下。1899—1902 年美帝国主义对古巴的第一次军事占领便是它在拉丁美洲实行殖民统治的开端。

美西战争结束后，美帝国主义竟把古巴共和国临时政府撇在一边，单独同西班牙签订和约。1899 年 1 月 1 日，美帝国主义在古巴建立了军事占领制度，由约翰·布鲁克将军担任军事总督。在占领初期，美帝国主义一方面派遣一支比美国干涉西班牙——古巴战争时的全部兵力还要庞大的军队④ 前往古巴，镇压民族解放运动；一方面尽力吸收古巴地主和资产阶级上层人物参加军政府工作，要求他们在"重建古巴工作方面予以合作"。在新建的军政府中，90% 以上的官员是古巴人，但他们只不过是美国军事总督统治古巴的工具而已。⑤ 为了加强地方统治，占领当局把全岛分为七个军区，委任军事长官分别治理。⑥ 美国的军事占领政策激起了古巴解放军和人民群众的巨大愤怒。当时，戈麦斯在一次演说中号召古巴人要像美国宣布独立时对付英国一样地对付美国占领者；在马坦萨斯省广泛

---

① 参看 Агрессия сша на куба（1898—1912），载于 Исгорический Архив，No3，1961，CTP.38；Baily，前引书，p.548.

② 参看 Philip S. Foner，"History of the Labor movement in the United States，" New York，1955，Vol. 2，Chap.26，27.

③ 参看 Robert F.Smith，"The United States and Cuba，Business and Diplomacy，1917—1960，" New York，1960，p.22.

④ 美国政府在1898年12月至1899年2月期间，派往古巴的占领军有15个志愿步兵团、1个志愿工兵团和4个炮兵营，约有45,000人。参看 Leland H.Jenks，"Our Cuban Colony，A Study in Sugar，" New York，1928，p.320；Агрессия сша на куба（1898—1912гг.）载于 Исгорический Архив，No3，crp.40.

⑤ 参看 Chapman，前引书，p.100.

⑥ Welliam S.Robertson，"History of the Latin American Nation，" New York，1929，p.432.

流传一份爱国者宣言，其中要求古巴人民在摆脱"西班牙的狮子"统治的同时，准备同"阴险的鹰"（指美国，因鹰系美国国徽的标记）做斗争。[①] 其他各地也不断出现类似的宣言和传单。对此，美国统治集团——特别是负责处理古巴事务的美国陆军部长芦特非常焦虑，因为他们害怕古巴人民将效法菲律宾人民的榜样，掀起反对美国占领者的武装斗争。[②]1899 年 1 月，美国总统的特使罗伯特·波尔特尔急忙前往古巴，宣布美国政府准备不久以后撤退军队，允许古巴独立，借以缓和古巴人民的反抗情绪。当时，同美国垄断资本有密切联系的古巴大地主和买办资产阶级已倒向占领者一边，反对古巴革命，认为美国占领制度是维护他们的利益的保证。古巴的资产阶级虽不满于美国占领制度，但更怕人民革命的发展"损害"他们的利益。他们在经济上依附于美国资本的程度是很大的，并对美帝国主义抱有幻想，认为他们在美国统治下的活动范围总比西班牙专制统治时期要大一些。因此，在占领者的威胁利诱下，他们最后走上妥协投降的道路，成为镇压革命的美、古反动派的同盟者。[③] 古巴人民群众主要是各自分散的农民，他们既没有无产阶级的领导，又受已占领一切重要据点的美国军队的严密控制，以致无法组织起来，展开反抗美国占领者的斗争。[④] 这样，由于美帝国主义的分化和镇压，也由于古巴地主资产阶级的叛卖，古巴人民的革命斗争被破坏了。

在分化和破坏古巴民族解放运动的同时，美国占领当局积极致力于建立古巴的"秩序"，并把解散古巴解放军、解除他们的武装看成是建立岛上"秩序"的首要任务。当时，古巴临时政府虽然解体了，但是约有 3 万多人的古巴解放军仍保有它的武装和组织，分驻全岛各地。因此，美帝国主义把他们看成是眼中钉，认为：只有解除这支军队的武装，占领当局才"能够更安全地完成它的目标。"[⑤]

于是，布鲁克便以对西战争已告结束为借口，要求古巴解放军复员。最初戈麦斯拒绝了这一要求，认为在古巴获得独立的保证以前不能解散这支军队。[⑥] 古

---

① 参看Л. С. Владимиров，"Дипломатия сша В Период американо-испанской Войны，"Москва，1957，crp.247.

② 参看Philip C. Jessup，"Elihu Root，"New York，1938，Vol.1，1845—1909，pp.286—287.

③ 参看Ефимов и Григулеич，前引书，crp. 325；Эорина，前引书，crp. 235—236；尤·斯辽兹金，《1898年的美西战争》，三联书店中译本，1959年，北京，第129—130页。

④ 斯辽兹金，前引书，第130—131页。

⑤ Chapman，前引书，第102—103页。

⑥ 参看斯辽兹金，前引书，第128页。

巴解放军的官兵也不同意在他们领到战争期间服役的津贴以前解散自己的队伍。后来，在占领当局的利诱下，戈麦斯要求付给必需的复员款项，作为解放军放下武器的条件。但是，美帝国主义者复以戈麦斯要求的复员经费过大为理由进行威胁，说这将需要一笔超过古巴现有财源所能支付的大量贷款，其结果势将无限期地延长美国的占领期限。[1] 同时，他们对解放军领袖同下级军官的关系进行挑拨离间，破坏了他们之间的团结。最后，在美帝国主义者的威胁利诱下，古巴解放军领袖接受美国政府提供的 300 万美元，作为复员津贴，解散了自己的队伍。这样，建立一个独立自主的共和国的最后机会也就丧失了。

随着古巴解放军的解散，布鲁克把奥连特省军事长官里奥纳德·伍德[2] 在该省建立的"自卫队"的制度推广到全岛，组织了一支由 1600 名古巴人组成的"乡村自卫队"[3]，借以帮助占领军推持农村地区的"秩序"，实现"用古巴人镇压古巴人"的阴谋。

1899 年 12 月，伍德接替布鲁克，继任军事总督。他宣称，美帝国主义在古巴的使命是"由盎格罗—萨克逊（盎格鲁—撒克逊——编者）人在一个约有 70% 人民是文盲的拉丁国家里，建立一个共和国。……总之，要在稍多于三年的时期在一个拉丁军事殖民地建立……一个仿效我们伟大共和国（指美国——作者）的榜样的共和国。"[4]

伍德上任后，除"改革"古巴司法系统，加强占领当局的统治机构外，特别注意在文化教育方面建立新的"秩序"，以便消灭他们的民族意识和革命传统。为了推行奴化教育，伍德于 1901—1902 年派遣大批古巴教师前往美国哈佛大学受短期"训练"，以便日后由他们接替所谓"不称职"的教师；委派美国官员为古巴拟订一项学校法规，以加强占领当局对古巴教育系统的控制。根据这一法规，古巴学校广泛改组了，学校的课程和教育方法都沿用美国的一套，教科书也一律采用美国教科书的西班牙文译本。[5] 这种奴化教育的毒辣手法，不仅激起了古巴教师的愤怒，而且遭到社会舆论的严正谴责。于是，伍德采取种种措施来压制古

---

① 参看 Chapman，前引书，第 102 页。

② 伍德是一个十足的兼并主义者，主张美国最后必须兼并古巴。参看 Chapman，，前引书，p.97.

③ 参看 Edwin Lieuwen，"Arms and Polities in Latin America," New York，1960，p.177.

④ "Report of Governor General Wood for 1902," 1，p.471；见 Jenks，前引书，p.63.

⑤ 参看 Carleton Beals，"The Crime of Cuba," Philadelphia，U.S.A.，1933，p.169.

巴的反美言论和迫害具有爱国思想的教师和记者。[①]

美国占领当局在岛上建立的"秩序"为美国资本对古巴经济的广泛渗透铺平了道路。随着美国占领军蜂拥而来的是大批美国资本家和形形色色的商人。他们的人数和占领军不相上下，其中有急于"恢复"和扩大他们在古巴的财产的大企业主和种植场主，渴望开辟新的市场的贸易商以及设法猎取特许权、掠夺古巴资源的政客和冒险家。他们都把古巴看成是发财致富的乐园。1901 年，美国"联合果品公司"在古巴购买了 175000 英亩的大片土地，建立了两家工厂。[②] 其他美国公司也纷纷在岛上抢购土地，建立蔗糖种植场。随着美国资本家和商人的到来，岛上"成立了新的和无穷无尽的股票公司"[③]，展开了争夺各种特许权的剧烈斗争。1899 年初，有 7 家美国公司为争夺控制哈瓦那市内铁路的特许权展开了疯狂的竞争，最后这项特许权为属于哈维财团的纽约一家公司所取得。[④] 美国资本家争夺特许权的激烈争吵和互相攻讦的丑态不仅引起古巴人民的愤怒，而且受到美国人民的谴责。在古巴人民和美国进步舆论不断指责下，美国国会于 1899 年 3 月通过了附于该年度军事预算法案之内的《福瑞克尔修正案》，规定"在美国占领古巴时期，美国和古巴岛的军事当局或任何其他当局，均不得授予任何种类的财产和特许权。"[⑤] 但是实际上，它并没有能够阻止占领当局帮助美国资本家获得特许权。在芦特的授意下，伍德宣布颁发购买土地、修建穿越公路和河流的铁路线的许可证都不在《福瑞克尔修正案》规定的禁限范围之内。这一决定后来也得到了美国国会的同意。[⑥] 因此，美国大资本家威廉·郝尔恩在芦特与伍德支持下，修建了从圣克拉拉到圣第亚哥的"古巴铁路"，为日后美国资本掠夺古巴东部的丰富资源开辟了道路。[⑦] 其他美国资本家也在占领当局协助下，攫取了古巴最肥沃的土地，获得了许多经营矿业和公用事业的特许权，控制了利润优厚的蔗糖业。

美国占领当局控制了全岛局势后，就着手扶植一个听命于美帝国主义的政

① 同上书，p.170.

② 参看 Leo Huberman and Paul M.Sweezy, "Cuba, Anatomy of a revolution," New York, 1961, p.18.

③ Beals，前引书，p.170.

④ 参看 Jenks，前引书，p.67.

⑤ Beals，前引书，p.504.

⑥ 参看 Jessup，前引书，pp.296—298.

⑦ Beals，前引书，p.171.

府，以完成"帮助"古巴建立共和国的使命。但是，美帝国主义对"帮助"古巴建立"独立"国家却附有一个苛刻的条件。这个条件，用麦金莱总统的话来说，就是古巴必须"通过特殊的、密切的和强有力的纽带"和"我们（指美国——作者）联结在一起。"①

1900 年 9 月，在美国占领当局的监视下，古巴组成了制宪会议，以制定古巴宪法，建立共和国政府。根据伍德的"训令"，古巴制宪会议除订制宪法外，还应确定古巴同美国关系的性质，并把它列入宪法。②美帝国主义企图通过法律程序把古巴从属于美国的地位固定下来，从而达到长期控制它的目的。11 月 5日，制宪会议开始草拟以美国宪法为蓝本的古巴宪法，但对古巴和美国应建立何种关系的问题一直保持沉默。③11 月 9 日，芦特开始了他对古巴的两周"访问"。在"访问"期间，他和伍德以及古巴地主资产阶级领袖举行会谈，确定了两国关系的原则——即古巴必须受美国保护的原则。他在 1901 年 1 月 9 日致伍德的信件中阐述了这种原则："……目前我们（指美国，下同——作者）因占领古巴和西班牙放弃（对古巴的）主权的条款而享有世界各国承认（我们）保护它（指古巴——作者）的权利。……当我们把现在行使的权利移交给他们（指古巴人——作者）时，这种权利决不应告终而应根据得到古巴人同意的保留条件加以继续。"④芦特为了迫使古巴制宪会议考虑两国关系问题，他提出了一系列损害古巴主权和独立的条款，要求制宪会议把它们编入宪法。这些条款的主要内容是：古巴政府（一）不得签订任何损害古巴独立的条约或未经美国同意不得给予任何强权以任何权利；（二）不得举借任何超过其正常收入支付利息的能力的债务；（三）必须同意美国为维护古巴独立和一个稳定的政府而保有干涉的权利；（四）必须承认和继续执行（美国）军政府的法令；（五）必须给予美国取得和维持一个海军根据地的权利。⑤在拟订这些条款时，芦特考虑的主要问题是：一旦占领军撤离古巴，美国必须从政治、经济和军事等方面加强控制，以"防止

---

① Beals，前引书，p.174.

② "Foreign Relations of the United States," 1902，p.358；见Graham H. Stuart，"Latin America and the United States," New York，1922，p.169.

③ U.S.War Department，"Annual Report," 1902，Vol.1，Part1，P.84；见Nearing and Freeman，前引书，p.174.

④ Jessup，前引书，pp.308—309.

⑤ "House Documents," No. 2，57th Congress，1st，Session，pp.43—47；见Stuart，前引书，p.169.

外国侵犯者染指该岛。"①

芦特提出的这些条款引起制宪会议和古巴人民的极大愤慨。古巴许多爱国人士纷纷谴责伍德和芦特等帝国主义者关于"独立"的谈论是虚伪的。2 月 21 日，制宪会议完成了宪法的制定工作，但仍未考虑古巴同美国的关系问题。于是，伍德使用了威胁利诱手段。他一方面警告制宪会议领袖，说芦特所提出的条款，特别是第三条是"不能修改的，因为它是美国根据条约（指《巴黎和约》——作者）业已承担义务的体现"②；一方面暗中拉拢制宪会议的亲美分子，指使他们出面赞同美国的要求。同时，伍德还向芦特献策：除上述五条"必须全部予以坚持"外，建议另加一项侵犯古巴主权的条款，即古巴必须保持良好的卫生状况。

在美帝国主义的高压政策下，制宪会议被迫讨论了两国关系的问题，表示愿就上述条款第一条和第四条的要求做出某些让步，但反对其他各条，并且认为美国把古巴变为它的保护国的要求显然是和古巴主权不能相容的。③

在这种情况下，伍德于 2 月 27 日建议华盛顿使用武力，认为古巴人民"仅知道一桩事，那就是当局的威力，如果必要的话，我们一定要显示一下。"④

美国政府没有采纳伍德的这个建议，但于 3 月 2 日向古巴提出了一项强硬的最后通牒，即臭名昭彰的《普拉特修正案》。这个修正案是美国参议员奥尔维尔·普拉特在综合芦特和伍德所提出的条款的基础上，向国会提出的一些规定古巴同美国关系的原则，最后被列入国会通过的 1901—1902 年军事预算法案之内的。它对两国关系做了以下的主要规定：古巴政府（一）不得与外国签订任何有损古巴独立或允许旨在控制陆军或海军据点以进行殖民的条约；（二）不得缔结超过其合理加以估量的资力的国家债务协定；（三）美国"为保卫古巴独立，为推持一个足以保障公民生命、财产和个人自由的政府，……应有权对古巴进行干涉；（四）古巴政府应承认美国在军事占领时期的一切法令均属有效；（五）古巴应执行美国所业已采取的各项卫生措施，以保证"古巴人民和商业以及美国南部各港商业和它们的居民免受各种传染病的侵袭"；（六）皮诺斯岛的主权有待将来调处；（七）美国为防卫自身和古巴起见，有权购买或租借两处海军基地；

---

① 参看 Jessup，前引书，p.314.

② Chapman，前引书，p.139，140.

③ 参看 Beals，前引书，p.176.

④ 参看 Beals，前引书，p.177.

（八）上述各款应包括在古巴同美国签订的永久条约之内。①

《普拉特修正案》除综合芦特和伍德提出的条款外，还增加了第六、第八两条。② 第三条和第七条是这个修正案最重要的条款，也是古巴人民和制宪会议强烈反对的条款。第三条赋予美国任意干涉古巴内政的权利，从而也就剥夺了古巴的独立和主权。当时，古巴制宪会议议员，黑人政治家胡安·G.戈麦斯对这一条作了深刻的分析。他说："给美国保留它自己决定什么时候（古巴的）独立受到威胁就什么时候进行干涉以保卫（古巴）独立的特权，就等于交出我们房舍的钥匙，因此，当他们愿意的时候，他们就能不论白天或黑夜随时怀着善意和恶意进到房里去……"③20世纪以来，美国侵略古巴的历史表明，这种预见是完全正确的。后来，美国参议员摩根在讨论《普拉特修正案》时也供认说，这一条给予美国干涉古巴内政的权利，以便撤换为它所"不中意"的（古巴）政府，使美国对古巴的控制具有和英国对特兰斯瓦尔的控制相类似的性质④。第七条使美国得以租借或购买古巴的良港，作为它的海军基地⑤，而这种海军基地的建立就更便于它对古巴的经常威胁。

《普拉特修正案》主要目的在于通过"法律程序"巩固美国控制古巴的独占地位，以镇压古巴民族解放运动和排除欧洲列强的竞争。从19世纪20年代以来，美国扩张主义者就一直利用门罗主义作为武器，粗暴干涉拉丁美洲各国的内政；但到20世纪初，随着帝国主义争夺殖民地的剧烈化和殖民地民族解放运动的增长，芦特认为在推行对拉丁美洲的扩张政策方面，"门罗主义是不够的"了，因为"它没有国际法的地位"⑥。因此，美帝国主义者力图通过"国际协定"取得控制古巴的"法律权利"。

《普拉特修正案》和美国的最后通牒在古巴引起了强烈的反应。哈瓦那和圣福恩哥斯等大城市都展开了汹涌的反美运动，各阶层的居民纷纷集会，一致反对

① 参看Bemis，前引书，pp.504—505.

② Chapman，前引书，p.141.

③ Jenks，前引书，pp.80—81.

④ "Congressional Record，" 56th congress，Lnd Session，Vol. 34，Part 4，p.3039；见Бфимов и Григу девич，前引书，crp. 329.

⑤ 1903年2月，美国利用这项条款，迫使古巴签订了一项协议，强租关塔那摩和另一港口，作为它的海军基地。关塔那摩海军基地一直被它霸占到现在，没有归还古巴。

⑥ James Fred Rippy，"The Caribbean Danzer Zone，" New York，1940，p.153.

《普拉特修正案》和美国的无理要求。古巴各报也声援这一运动，连续发表许多谴责麦金莱、伍德和芦特等帝国主义头子的讽刺漫画。[①] 在制宪会议上，许多议员对美国政府把《普拉特修正案》强加于古巴的做法，非常愤慨，要求立刻退回这一文件，建议会议无限期休会。在反美怒潮日益增长的情况下，制宪会议以24 票对 2 票的绝大多数拒绝了这个修正案。这时，伍德竟命令制宪会议的"关系委员会"离开"哈瓦那阴郁的政治气氛"，前往巴坦勃附近的一艘渔船上开会，并且告诫委员会的成员应怎样对待这一最后通牒。[②]

为了缓和古巴人民的反美情绪和迫使制宪会议接受《普拉特修正案》，伍德把 4 月 3 日芦特的一项"训令"转交给制宪会议主席多明哥·卡波特，其中硬说修正案第三条"并非干涉或干预古巴政府事务的同义语，而其目的仅在于保卫古巴独立和维持一个适于保护生命、财产和个人自由的政府。"[③] 但是，这种诡辩并不能说服古巴人民。制宪会议在人民群众的推动下，派遣了一个以卡波特为首的代表团，前往华盛顿抗议美国的无理要求。在代表团与芦特会谈中，后者除坚持普拉特修正案不能修改外，还假惺惺地向代表团保证说，只有古巴一旦陷入无政府状态或发生一次外国威胁时，美国才考虑进行干涉，除此之外，古巴对它自身的外交和国内事务有完全控制的权利。[④] 但是，芦特这种伪善的保证也不能使代表团信服。[⑤] 于是，芦特施展了威胁利诱的伎俩：一方面暗示代表团在古巴完全屈服以前，美国占领军不会撤退；另一方面表示，《普拉特修正案》如被接受，美国将考虑与古巴签订一个"有利于后者"的互惠商约[⑥]，以促进古巴经济的"繁荣"。这样，古巴代表团的抗议就完全被拒绝了。

在哈瓦那，伍德根据华盛顿的指示，也对制宪会议施加了压力。5 月 26 日，制宪会议重新讨论这一关系问题时，伍德发出了措辞异常蛮横的警告，说接受最后通牒的时间已到，对它只有表示"接受"或"不接受"，根本没有讨论的必要

---

① 参看 Beals，前引书，p.178.

② 参看 Beals，前引书，p.179.

③ "House Documents,"No.2，57th Congress，Lnd Session，P.48；见 Stuart，前引书，p.172.

④ 参看 Beals，前引书，p.179，180.

⑤ 参看 Агрессия сша на куба（1898—1912），载于 Исгорический Архив，No3，1961，CTP.39.

⑥ 参看 Chapman，前引书，p.142.1902年12月，美国同古巴签订一个"互惠商约"，但它"主要是有利于美国制糖商"的条约。

了。① 在美帝国主义的高压政策下，制宪会议除了接受这个修正案外别无选择，而且那种"认为名义上半共和国也比继续被军事占领要好"的论点逐渐在会议中"占了上风"。② 因此，6 月 12 日制宪会议以 16 票对 11 票的表决被迫接受了普拉特修正案，并且一字不改地把它的全文作为一项附录列入古巴宪法。

接着，美国占领当局积极策划了古巴的选举。在占领当局严密控制下，美国垄断资本的忠实奴仆艾斯特拉达·帕尔玛"当选"为古巴总统。"独立"的古巴共和国于 1902 年 5 月 20 日宣告成立。在伍德"胜利地"完成美帝国主义交给他的使命后，美国军队也从古巴撤退了。1903 年 5 月，这个修正案又原封不动地被列入古巴同美国签订的"永久条约"。从此，只要古巴国内稍有任何政治变动，美帝国主义便利用普拉特修正案恣意进行干涉：除 1899—1902 年的军事占领外，它连续不断地在 1906—1909 年、1912 年、1917—1922 年和 1933 年对古巴进行了军事占领或武装干涉，以加紧控制古巴。

美国占领军撤退后，美国资本家加强了攻势，"开始了对古巴的广泛渗透。"③ 据统计，1902 年，美国资本控制了古巴全部蔗糖生产的 3/4，美国烟草托拉斯掌握了哈瓦那雪茄出口总额的 90%。"南方果品公司"在古巴收买了 19 万亩的土地；同时，古巴也出现了一些为美国人创设的或控制的新的银行，如"北美托拉斯公司"和"哈瓦那国家银行"等。④

美帝国主义在它对古巴的第一次军事占领时期，依靠经济渗透和把《普拉特修正案》强加于古巴的方式，取得了任意干涉古巴内政的权利，使古巴名义上独立而实际上处于美国殖民统治之下。当时，美帝国主义之所以采取伪装形式，固由于古巴人民的英勇反抗和美国人民的普遍反对，也和拉丁美洲各国民族解放运动日益发展的具体情况是分不开的。在 19 世纪和 20 世纪之交，拉丁美洲已有许多独立国家，有些则正处于形成独立国家的过程中，它们的民族解放运动日益增长，因此，帝国主义不得不利用各种伪装形式来实现它的殖民统治。美帝国主义这种形式的殖民统治不仅限于古巴，而且逐渐扩大到加勒比海地区，成为"美国对加勒比海的政策的基石"。从此，美帝国主义逐渐发展了它在经济上和政治上

---

① 参看 Bemis，前引书，p.180.

② 参看安·努·希门尼斯，《美帝国主义对拉丁美洲的侵略》，世界知识出版社中译本，1962 年，北京，第 84 页。

③ 参看 A. Нуньес Хименес，"Аграрная Реформа на Кубе，" Москва，1960，стр. 24.

④ 参看 Ефимов и Григулеич，前引书，стр. 332.

控制拉丁美洲国家的一套办法：即利用"大棒政策"和"金元外交"加紧侵略拉丁美洲各国，使它们成为"在政治上和表面上是独立的，其实在财政和外交方面却处处依赖他国"①的殖民地。因此，列宁在分析美帝国主义殖民统治的特点时指出，美帝国主义"掠夺它们，而且掠夺得非常巧妙。它没有殖民地。"②这种掠夺的巧妙性就在于它没有公开兼并某些弱小国家，把它们变为直属的殖民地，而是采取经济渗透和武装干涉的方式，使许多独立国家逐渐处于殖民隶属地位。

　　尽管美帝国主义利用各种伪装形式来实现其殖民统治，使用多么巧妙的手段进行掠夺，但它永远是以各国人民为压迫和奴役对象的。随着美帝国主义掠夺和侵略活动的扩大，越来越多的人们、特别是长期身受美国佬压迫、奴役的拉丁美洲的人们已逐渐认清了美帝国主义的狰狞面目及其本质，认识到"美帝国主义是全世界人民的死敌"的这一真理。

原文载于《文史哲》1963 年第 6 期

---

① 《列宁全集》，人民出版社，第22卷，第255页。

② 同上书，第31卷，第409页。

1899—1923年美帝国主义对古巴的侵略政策

长期以来，有些美国资产阶级御用学者竭力宣扬，似乎美国不是一个殖民主义国家，因为它没有在美西战争后兼并古巴，而是"忠实地"履行它"解放"古巴的"庄重的诺言"——把该岛的"政府交还当地人民"，并且"帮助"他们建立"一个自由和独立的国家"。[①] 实际上，这是一种完全歪曲历史的谎言，也是一种企图以形式来掩饰本质的诡计。

众所周知，1898年美国统治集团发动对西班牙的战争的主要目的之一就是夺取古巴，实现他们一个多世纪的野心。但是，美西战争结束后，美帝国主义没有兼并古巴，而是采取"统治而不兼并"的办法，使形式上独立的古巴处于殖民隶属地位。为什么美帝国主义在美西战争后没有兼并古巴，像在波多黎各和菲律宾一样地建立殖民地的直接统治，而却把古巴变为名义上"独立"实际上从属于它的保护国？它通过什么方式建立它对古巴的保护制度？它采取哪些侵略政策来掠夺古巴财富和奴役古巴人民，进而在二十年代初期实现它对古巴政治、经济的全面控制？本文拟对这些问题，作初步的探索，从而揭穿美国资产阶级御用学者关于美帝国主义"帮助"古巴人建立"一个自由和独立的国家"的无耻谎言。

《普拉特修正案》使古巴沦为"被保护的独立国"

在1898年美国日益浓厚的扩张气氛中，"一个公开的帝国主义扩张计划已经摆在美国人民的面前了。美国无法逃避资本主义的不扩张则死亡的大定律这个命题，也第一次在美国历史上被提出来作为公开的辩论。"[②] 美西战争结束后，怎样处理古巴的地位问题也成为这次"公开的辩论"的重要议题之一。当时，美国人

---

① 参看Randoph G. Adams，《A History of the Foreign Policy of the United States》，New York，1925，pp.277—278；Charles E.Chapman，《A History of the Cuban Republic，A Study in Hispanic American Politics》，New York，1927，p.151；Edwin Lieuwen，《Arms and Politics in Latin America》，New York，1961，p.177.

② G. 马立昂，《美帝国主义的扩张》，人民出版社1950年版，第83页。

民坚决主张履行美国对西班牙宣战时所作的诺言①，无条件地承认古巴的主权和独立；美国资产阶级"反帝国主义者"也反对占有殖民地，认为"兼并异国领土是违背（美国）宪法的"精神。② 但是，他们既不敢正视美帝国主义殖民扩张的根本原因，又不敢同美国工农群众运动建立联系，因而不能制止美国垄断集团的扩张野心。正像列宁所指出的："既然这全部批评（指美国资产阶级'反帝国主义者'的全部批评——作者）都不敢承认帝国主义同托拉斯——也就是同资本主义的基础——有不可分割的联系，不敢同大资本主义及其发展所造成的那支力量汇合在一起，那么这种批评也就不过是一种'幼稚的愿望'而已"。③ 代表美国垄断集团利益的扩张主义者则认为，解决这个问题的最好办法是公开兼并这个"加勒比海的明珠"，以履行"天定命运"的旨意。④ 在他们看来，古巴不仅是美国最近便的重要市场和投资场所，而且对美国控制加勒比海地区和保护即将开凿的洋际运河的航线都有着极其重要的战略意义。但是，美帝国主义没有能够实现兼并古巴的阴谋，因为它遇到了一些难以克服的困难。首先，古巴人民要求民族独立，反对异国的殖民统治，并且已为此进行了卅年之久的浴血斗争，因此在古巴建立殖民地的直接统治是非常困难的。在美国和西班牙签订休战协定后，以 M. 戈麦斯为首的古巴解放军继续进行反对西班牙殖民者的战争。戈麦斯曾警告美国政府说，它必须履行《联合决议》中所作的诺言，给予古巴真正的独立，"不然的话，我将开始以美国人为敌人，像过去以西班牙人为敌人一样"。⑤ 古巴人民对美帝国主义夺取他们的胜利果实和接管西班牙殖民者在岛上的军政大权非常愤怒，而这种愤怒情绪很可能演变成为反抗新的奴役者的起义。当时，跟随美国军队进入古巴的德国资产阶级记者黑尔林斯报道说："大家都预料古巴人将举行起

---

① 1898年4月，美国国会对西班牙宣战的联合决议中宣称："美国绝无在该岛（指古巴，下同——作者）行使主权、统治权或控制权之任何意图或野心，并宣布决定，一旦和平实现，就把该岛的政府和控制权交还当地人民。"参看Samuel F. Bemis,《A Diplomatic History of the United States》, New York，1950，p.449.

②《列宁全集》第22卷，人民出版社1961年版，第280页。

③《列宁全集》第22卷，第280页。

④ 参看Thomas A · Baily,《A Diplomatic History of the American People》, Third edition, New York, 1947, p.548.

⑤ 转引自 A · M · Зорина,《Из героиуеского прошпого кубинского народа》, Москва, 1961, стр.238.

义，反对新的主子"。① 对此，美国统治集团非常焦虑，他们害怕古巴人民将效法菲律宾人民的榜样，掀起反对美国侵略者的武装斗争。② 因此，当时美帝国主义之所以没有兼并古巴，在那里建立殖民地的直接统治，绝非出自它的"善心"，而是古巴人民的严重斗争迫使它不得不暂时放弃兼并古巴的阴谋。其次，美国侵略军正在菲律宾遭到当地人民的顽强反抗，如再发生美古之间的军事冲突，美帝国主义就要应付两个方面的殖民战争，而这在当时是它所"力不胜任的"。③ 同时，这种征服古巴的殖民战争不仅要在拉丁美洲人民面前完全暴露它的帝国主义狰狞面目，而且要遭到本国人民更剧烈的反对。尽管如此，美帝国主义仍毫无把该岛交还古巴人的打算④，古巴的美国投资集团也坚决反对把政权交还古巴起义者⑤，因为他们担心，一旦美国军队撤退，"岛上美国商人的利益……将处于严重危险的状态"。⑥ 所以，在当时的具体条件下，美帝国主义不得不暂时放弃兼并古巴的阴谋，转而采取"统治而不兼并"的形式，实现它对古巴的殖民统治。

1899 年 1 月初，美帝国主义不顾古巴人民的反对，在岛上建立了以美国军事总督为首的军事占领制度。占领初期，美帝国主义一方面使用威胁利诱的手段解散了古巴解放军，并且组织一支由古巴人组成的"乡村自卫队"，借以帮助占领军维持农村地区的"秩序"；另一方面尽力吸收古巴地主资产阶级上层分子参加军政府工作，要求他们在"重建古巴工作方面予以合作"。

美国占领当局控制了全岛局势后，就着手策划古巴的制宪工作，以便通过制宪的程序确定古巴对美国的从属地位，从而达到长期控制古巴的目的。根据美国总督伍德的"命令"，古巴于 1900 年 9 月组成了制宪会议，其任务除制订古巴宪法外，还应确定古巴同美国关系的性质，并把它载入宪法。到 1901 年 2 月，制

---

① Зорина，前引书，стр. 239.

② 参看 Philip C·Jessup，《Elihu Root》，New York，1938，vol.1，pp.286—287.

③ 参看 Л.С.Владимиров，《Дипломатия Сща в период американо-испанской войны 1898 Г.》，Москова，1957，стр. 247.

④ 参看 Robert F. Smith，《The United States and Cuba, Business and Diplomacy, 1917—1960》，New York，1960，p.22.

⑤ 古巴的美国投资集团领袖，糖业巨商艾德温·阿特金斯从1896年以来一直反对这一步骤。参看 Edwin F. Atkins，《Sixty Years in Cuba, Reminiscences》，Cambridge，1926，p.209，288，306.

⑥ 参看 Charles A. Beard and Mary R. Beard，《The Rise of American Civilization》，New York，1947，vol. Ⅱ，p.482.

宪会议拟订了以美国宪法为蓝本的古巴宪法草案，但对古巴同美国应建立何种关系的问题一直保持沉默。[①] 这时，直辖古巴事务的美国陆军部长艾里护·芦特竟提出了一系列损害古巴主权的条款，要求制宪会议把它们编入宪法。这些条款规定：依照宪法组成的古巴政府（一）不得签订任何损害古巴"独立"的条约或未经美国同意不得给予任何强权以任何权利；（二）不得举借任何超过其正常收入支付利息的能力的债务；（三）必须同意美国为维护古巴"独立"和一个稳定的政府而保有干涉的权利；（四）必须承认和继续执行（美国）军政府的法令；（五）必须给予美国取得和保持一个海军根据地的权利。[②] 这五条就是后来的《普拉特修正案》第一、二、三、四款和第七款的前身。

芦特提出的这些条款引起了古巴人民极大的愤慨。制宪会议也拒绝加以讨论。于是，伍德一面对制宪会议施加压力，坚持这些条款不能修改；另一面向芦特献策，建议附加一项对古巴人民表示"善意"的条款，即古巴港口必须"维持良好的卫生环境"[③]，其实他所"关怀"的只是美国商务和资本家而已。这是《普拉特修正案》第五款的由来。

3 月 2 日，美国政府向古巴提出了一项强硬的最后通牒，即臭名昭彰的"普拉特修正案"。这个修正案是美国参议员 O.普拉特在综合芦特和伍德所提出的条款的基础上，向国会提出一系列规定古巴同美国关系的原则，最后被列为国会通过的 1901—1902 年度军事预算法案的补充条款。它除包括芦特和伍德提出的上述条款外，还增加了第六、第八两款。第六款规定原属古巴的"皮诺斯岛的主权有待将来调处"。[④] 第八款规定，上述七款应包括在古巴与美国签订的"永久条约"之内。增加这一款的目的在于为《普拉特修正案》的实施提供多一层保障，即便古巴从宪法中删除了这个修正案，它仍然有效。

《普拉特修正案》第一、二款剥夺了古巴同美国以外的其他国家签订条约

---

① 参看 Scott Nearing and Joseph Freeman，《Dollar Diplomacy，A Study in American Imperialism》，New York，1925，p.174.

② 转引 Graham H. Stuart，《Latin America and the United States》，New York，1922，p.169.

③ 参看 Chapman，前引书，p.140.

④ 根据古巴制宪会议议员、后来的古巴驻美公使德·克萨达的解释，增加第六款的原因是美帝国主义"认为皮诺斯岛能够用来作为保卫美国在加勒比海的利益的基地，或者如果发现（犹如后来所证明）它不适合于加煤和海军的目的，那么它能够用来作为取得其他地点的谈判的基础。"参看 Chapman，前引书，p.141.

和贷款协定的主权，从而确保美国对古巴的独占地位，"防止外国侵犯者染指该岛"①。第三款和第七款是这个修正案最重要的对古巴人民来说致命的条款。第三款赋予美国干涉古巴内政的权利，从而剥夺了古巴的独立和主权。因为判断什么时候"古巴独立"受到威胁和决定什么样情况就算是古巴政府不"足以保障公民生命、财产和个人自由"的大权完全操在美帝国主义者手中。当时，古巴制宪会议议员、黑人政治家胡安·G.戈麦斯对这一款做了深刻的分析。他说："给美国保留它自己决定什么时候（古巴的）独立受到威胁就什么时候进行干涉以保卫（古巴）独立的特权，就等于交出我们房舍的钥匙，因此，当他们愿意的时候，他们就能不论白天或黑夜随时怀着善意和恶意进到房里去……"②20世纪以来，美帝国主义侵略古巴的历史记录表明，这种预见是完全正确的。第七款使美帝国主义得以租借或购买古巴的港口，作为它控制加勒比海和镇压古巴民族解放运动的军事基地。

《普拉特修正案》的主要目的在于通过"法律程序"确立美国"保护"古巴的地位，以镇压古巴民族解放运动和排除欧洲列强的竞争。当时，美帝国主义者特别害怕德国可能在古巴取得一个据点，因为他们认为这将"危及"中美"地峡生命线"甚至"美国本身的海岸"。③由于帝国主义争夺殖民地的剧烈斗争和拉丁美洲民族解放运动的增长，芦特认为美国要实现独霸西半球的计划，"门罗主义是不够的"了，因为"它没有国际法的地位"。④因此，美帝国主义者力图通过他们强加于古巴的"国际协定"，取得控制它的"法律地位"。

美国的最后通牒和《普拉特修正案》引起了古巴人民的强烈抗议，他们坚决反对美帝国主义蛮横无理的要求。在古巴人民反美浪潮日益增长的情况下，制宪会议于4月初派遣一个代表团前往华盛顿交涉。芦特在同古巴代表团会谈中，坚持《普拉特修正案》不能修改，并且解释说，第三款"是门罗主义，但它是具有国际意义的（门罗）主义。由于这一款，欧洲国家不能阻止美国为保卫古巴独立而组织干涉的权利"。⑤接着，他还假惺惺地向代表团保证说，只有古巴一旦陷

---

① Jessup，前引书，vol.1，p.314.

② Leland H. Jenks，《Our Cuban Colony, A Study in Sugar》，New York，1928，pp.80—81.

③ 芦特在1934年写道："除非你知道一些关于德国威廉第二的性格,你不能理解普拉特修正案"。参看Baily，前引书，p.548.

④ 参看James F. Rippy，《The Caribbean Danger Zone》，New York，1940，p.153.

⑤ 转引《Foreign Policy Association Information Service》，vol.5，No.3，pp.48—49.

入无政府状态或发生一次外国威胁时，美国才考虑进行干涉，除此之外，古巴对它自身的外交和国内事务有完全控制的权利。[①] 但是，芦特的解释和"保证"都没有能够使代表团信服。于是，芦特使用了威胁利诱手段：一方面逼迫他们在接受《普拉特修正案》和美国军队继续占领古巴两者间做出抉择；另一方面表示，这个修正案如被接受，美国将与古巴签订一个"有利于后者"的互惠商约。

在美帝国主义高压政策下，古巴制宪会议被迫于 6 月里接受了《普拉特修正案》，并把它列入宪法。接着，在占领当局积极策划下，美国垄断集团的走卒 E. 帕尔玛"当选"为古巴总统。1902 年 5 月，古巴共和国宣告"独立"，美国占领军也从古巴撤退了。但是，这个新诞生的共和国，并不是个自由独立的国家，而是个"被保护的独立国"。[②] 因为它"诞生的时候，就带着《普拉特修正案》这个枷锁"。[③] 这个"被保护的独立国"享有多大的独立性呢？有位资产阶级历史学家回答了这个问题，他说："古巴享有的独立并不比长岛大多少"。[④] 著名的古巴律师布斯塔曼特也说："我们古巴人一致认为，《普拉特修正案》把古巴变为美国的殖民地和白宫的一种保护国"。[⑤]

1903 年 2 月，美帝国主义迫使古巴签订一项协定，将关塔那摩和翁达湾两处租给美国作为它的海军基地。[⑥] 3 个月后，《普拉特修正案》又被列入古巴同美国签订的"永久条约"。从此，只要古巴国内稍有任何政治变动，美帝国主义便利用这个修正案恣意进行武装干涉，以镇压古巴人民的反抗。

《普拉特修正案》是美帝国主义者"推广门罗主义的应用"，也是美国统治集团"百年来野心勃勃地想吞并古巴岛的企图的代替方式"。[⑦] 这种代替方式即建立保护国的方式不仅限于古巴，而且逐渐扩大到加勒比海地区，成为"美国对

---

① 参看 Carleton Beals，《The Crime of Cuba》，Philadelphia，1933，pp.179—180.

② 根据1919年1月10日美国国务院发出的一项标有"秘密：仅供官方使用"的文件，古巴特定的法定地位是个"被保护的独立国"。参看 Nearing and Freeman，前引书，p.260.

③《古巴人民社会党的纲领》（1957年12月），载《古巴人民的英勇斗争》，世界知识出版社1959年版，第5页。

④ 参看 Nearing and Freeman，前引书，p.124.

⑤ 转引 R. Fitzgibbon，《Cuba and the United States，1900—1935》，Wisconsin，1935，p.91.

⑥ 1934年美国被迫废除"普拉特修正案"后，仍继续霸占关塔那摩海军基地，作为它经常威胁古巴的工具。

⑦ 安·努·希门尼斯，《美帝国主义对拉丁美洲的侵略》，世界知识出版社1962年版，第83—84页。

加勒比海的政策的基石"。① 在美帝国主义者看来,《普拉特修正案》和以它为基础的美古两国间的"永久条约"是剥夺邻国独立和主权的有效方式之一,因此他们不断运用这种方式把多数的加勒比海国家变为美国的保护国。

"互惠条约"是把古巴纳入美国经济体系的工具

第一次军事占领和《普拉特修正案》为美国资本对古巴的渗透开辟了道路。到 1902 年,美国资本控制了古巴蔗糖生产的四分之三,美国烟草托拉斯控制了哈瓦那雪茄出口的总额的 90%。② 该年,美国对古巴的投资超过了它对其他西半球国家投资的总和。③

为了进一步扩大美国对古巴的贸易和投资,排挤它在古巴的欧洲竞争者,以糖业托拉斯为首的某些美国垄断集团要求美国政府同古巴缔结一个"互惠条约",即"互相减低关税"的条约。它们认为这是在古巴"扩大贸易"和"保护投资"的最好手段。④ 代表这些垄断集团利益的芦特和伍德等美国政客也大力鼓吹缔结这一条约对繁荣美国经济的重要性。芦特在 1901 年美国陆军部工作报告中,力主削减美国对进口的古巴蔗糖和烟草的关税,并把古巴描绘为销售美国商品的一个潜在的广大市场。他说:"这(指"互惠条约"——作者)对我们(指美国,下同——作者)的繁荣的贡献比要求我们对现行关税让步的部分大得多。"⑤ 当时的总统老罗斯福也认为这个条约既有利于美国控制古巴市场和建立它在加勒比海的优势地位,又可用来作为拉拢和欺骗美洲国家的工具。⑥

但是,他们关于同古巴缔结"互惠条约"的主张遭到美国甜菜糖集团和农业资本集团猛烈的反对,因为它们害怕便宜的古巴原料在美国市场上的竞争,并且担心这个条约将导致美国减少从夏威夷群岛和波多黎各进口蔗糖的数量,从而损害它们在那些地方投资的利益。

---

① Fitzgibbon,前引书,p. 81.

② 参看 Ефимов и Григулевич,《КУба,Историко-Этнографичекие Очерки》,Москва,1961,стр. 332.

③ 参看 М. Окунева,《Империалистчекая Интервенция Сща На Кубе В 1899—1901 и 1906—1909 годах》载《Вопросы истории》,No. 5,1951,стр. 57.

④ 参看 Atkins,前引书,p. 323.

⑤ 转引 Smith,前引书,p. 23.

⑥ 参看《Messages and Papers of the Presidents》,vol. XIV,New York,new edition,p. 6717.

　　因此，在 1902 年初老罗斯福把缔结"互惠条约"的议案提交国会讨论后，美国垄断集团的代理人之间展开了剧烈的争吵。后来，由于甜菜糖集团的代理人揭露了大肆鼓吹"互惠主义"的宣传鼓动者 F·B. 祖伯尔 ① 受雇于美国炼糖公司和古巴军事总督伍德的丑剧，这个缔结"互惠条约"的议案终于被否决了。

　　于是，老罗斯福不顾甜菜糖集团的反对，派遣 T. 布利斯前往哈瓦那进行谈判，并于同年 12 月同古巴政府缔结了"互惠条约"。老罗斯福一直坚持缔结这个条约，因为他认为美国已利用《普拉特修正案》把古巴变为"它的政治体系的一部分"，现应借助这个"互惠条约"使古巴成为它的经济体系的一部分。② 一年后，这个条约得到了国会的批准。

　　这个条约之所以在 1903 年得到美国国会的批准，是有其国际和国内原因的。1902 年，正当敌对的美国垄断集团的代理人围绕这个"互惠条约"的问题争吵不休的时候，欧洲各国在布鲁塞尔召开会议，决定从 1903 年 9 月起结束各国的出口津贴制度。布鲁塞尔会议的这一决定将使古巴获得美国以外的市场、特别是英国市场的机会。古巴商业界也准备为英国做出特惠的安排。因此，美国统治集团非常焦急，力图抓紧时机同古巴缔结"互惠条约"，以防止它同其他国家做出特惠的安排，从而避免削弱它同美国业已建立的"密切的政治联系"。③

　　同时，美国糖业集团间的关系也发生了重要的变化：糖业托拉斯购买了甜菜糖公司大量的股票，因而在这两个原先敌对的集团间出现了双方利益互相交错的局面，终于导致它们的休战。④ 这样，国会批准这个条约的主要障碍——甜菜糖集团的反对就消除了。

　　根据这个"互惠条约"，美国对进口的古巴产品的关税比 1867 年"丁莱关税率"削减 20%，但它可以根据它的利益随时修订这种"特惠"关税；古巴对进口的美国工、农业产品的关税比现行关税率削减 20% 到 40%。

　　这个"互惠条约"绝不像美帝国主义者所宣扬的那样，说什么它是个"促

---

① 祖伯尔是美国出口协会总经理，曾在美国广泛散发有关"互惠主义"的传单。同年7月，伍德向美国陆军部供认，他为在美国宣传"互惠主义"从古巴国库挪用了一万五千美元。参看 Nearing and Freeman，前引书，p.189.
② 参看《Foreign Relations of the United States》（以下简称《Foreign Relations》），1902，p.ⅩⅩ.
③ 参看Jenks，前引书，p.136.
④ 比如，在密歇根州，糖业托拉斯首脑亨利·黑佛麦耶尔于1902年4月买进甜菜糖公司的全部股票后，该州的国会议员就立刻改变了反对"互惠条件"的态度。参看Jenks，前引书，p.138.

进"古巴经济繁荣的条约，而是个主要有利于美国糖业托拉斯和出口商集团的条约。根据条约，美国糖业托拉斯得以低于世界市场的价格大量买进它所需要的古巴粗糖，从而保证它在生产精制糖方面获得更高额的利润。因此，"互惠条约"缔结后，美国进口的古巴蔗糖大大增加了。在1901—1904年到1905—1909年间，美国进口糖的总额几乎没有什么变化，但它从古巴进口的蔗糖数量却增加了将近50%[①]。这是因为古巴粗糖的价格便宜得多，所以美国减少了从其他地区进口粗糖的数量。同时，美国出口商集团也取得了一系列在古巴推销产品的特权，逐渐把它们的欧洲竞争者排挤出古巴，实现独占古巴市场的目的。"互惠条约"缔结后，古巴的对外贸易发生了显著的变化。在1900—1903年间，美国只占古巴输出总值的75%，而在1904—1909年间就增加到86.2%。同一时期，欧洲国家在古巴输出总值中所占的份额却显著下降：英国从9.5%降为5%，德国从7.6%降为3.5%，法国从2%降为1.3%。[②]这样，古巴对外贸易就几乎完全为美国所控制了。

随着古美贸易的增长，古巴单一作物经济日益依赖于美国市场。古巴要向美国销售几乎它全部的蔗糖收成，才能从那里换取它所需要的工业品、粮食和日用品。它的蔗糖生产和销售也在很大程度上受到美国关税政策的制约，因为美国是古巴蔗糖最大的买主，而且有权根据它的利益片面修改它对古巴的"特惠"关税。在"互惠条约"缔结后廿多年间，美国政府根据美国垄断集团的利益曾多次片面修改它对古巴的"特惠"关税，而这种片面修改"特惠"关税的做法却给古巴经济造成了严重的后果。关于这种情况，菲德尔·卡斯特罗同志曾做了全面深入的分析，他指出："只要他们（指美帝国主义者，下同——作者）认为对自己更有利的时候，他们就提高关税，我们（指古巴人，下同——作者）的糖就进不了美国市场，或者是在吃亏的条件下才能进美国市场。每当战争快要到来的时候，他们就降低关税。很明显，古巴是离他们最近的食糖供应地，必须保证这个供应地。关税是降低了，生产受到了刺激，在战争年代里，当全世界的糖价像天文数字那样高涨时，我们尽管是美国唯一的食糖供应地，还是廉价向美国销糖。战争将近结束和结束时，我们的经济就崩溃了"。[③]

因此，这个"互惠条约"绝不是两个平等国家间的互惠条约，而是个帝国主

---

① 参看Ефимов и Григулевич，前引书，CTP. 335—336.

② 同上。

③《卡斯特罗言论集》第1册，人民出版社1963年版，第195—196页。

义奴役弱小国家的工具。美帝国主义利用这一工具，逐渐控制了古巴经济命脉，把古巴纳入美国经济体系。

第二次军事占领和美帝国主义兼并古巴阴谋的破产

尽管美帝国主义通过《普拉特修正案》和"互惠条约"建立了它同古巴"最紧密的联系"，但是，代表美国垄断集团利益的扩张主义分子[1]并未放弃兼并古巴的野心。在古巴共和国宣告"独立"后，他们仍然坚持兼并古巴是保证美国垄断资本在该岛的利益最好的办法，并且认为，必须从两个方面为美国兼并古巴准备条件。第一，迅速地大量地向古巴移民，实现该岛的"美国化"。当时，美国国会充满了希望涌向西部的移民浪潮转向古巴的"呼声"。1903 年 12 月 12 日，参议员卓恩塞·戴佩犹在国会演说中集中表达了兼并主义者的这种野心。他说："由于古巴提供的机会，我希望来自美国的移民……从现在起五年内在那个岛（指古巴——作者）上将有二百万到三百万美国人"，"当古巴在它的宪法、法律和自由方面仿效美国，并且将有五百万到六百万人按照美国方针受教育从而适于享有美国公民一切权利的时候，日子就不太远了。于是，随着来自古巴的倡议，我们（指美国，下同——作者）就能够欢迎我们国旗上另一颗星了"。[2] 第二，大肆收买和掠夺古巴土地，积极"开发"古巴资源，进一步把该岛纳入美国的经济体系。"互惠条约"缔结后，美国对古巴的投资大为增加。涌入古巴的美国资本家不仅购买了大量的土地，建立了许多美国移民聚居的村落，而且依靠贿赂和非法手段获得了许多开采矿山和经营城市公用事业的特权。据 F·G.卡尔彭特尔统计，到 1905 年，"古巴整个地区约有 7% 到 17% 的土地完全为美国人所占有"。[3] 对此，当时一家美国南部杂志的编辑"满怀信心地"写道："全岛（指古巴——作者）正在逐渐转入美国公民的手中，这是达到（它）同美国合并最简便的最可靠的方法"[4]。有些美国资产阶级报纸也不断发出兼并主义的叫嚣。印第安那波里斯新闻写道："一个国家占有这个同它的海岸毗邻的岛屿（指古巴——作

---

① 比如，伍德就是个十足的兼并主义者，他认为古巴注定要合并于美国。在古巴被迫接受"普拉特修正案"后，他仍私下认为这个修正案将在实际上导致美国兼并古巴。参看Bemis，前引书，p.505.

② 转引Jenks，前引书，p.329（note）.

③《Cuba Review》，Nov.1905，pp.11—14；见Jenks，前引书，p.144.

④《Louisiana Planter》，vol，XXX，p.366.

者）是天定的命运"[①]；另一家南部报纸宣称："我们（指美国——作者）没有保有古巴和让菲律宾群岛找到另外一位主人，实在可惜。"[②]

正当美国的兼并主义叫嚣日益增强的时候，古巴于1906年爆发了人民群众的八月起义，反对帕尔玛政府在选举中的舞弊活动及其亲美卖国政策。这次自发的起义逐渐发展成为一次反美运动。各地起义者袭击和烧毁了美国人的甘蔗和烟草种植场，破坏了美国公司经营的铁路。[③] 于是，美帝国主义利用《普拉特修正案》进行武装干涉，残酷镇压了八月起义，并在古巴建立了第二次军事占领制度（1906—1909年）。这次武装干涉的积极策动者是以美国驻哈瓦那总领事佛朗克·斯坦因哈特为代表的、在古巴拥有大量投资的美国资本家集团。[④] 这个集团生怕他们在古巴的利益和财产遭到更大的损害和破坏，所以力主美国进行干涉。起义被镇压后，美国殖民主义者查尔斯·麦刚被任命为古巴"临时政府"总督，接管古巴事务。麦刚就任后，一方面致力于改组和扩大"乡村自卫队"，建立一支"职业化"的古巴常备陆军，借以实现"用古巴人镇压古巴人"的阴谋；另一方面采取"安插职务"等各种手段来收买、拉拢古巴地主资产阶级政客，以取得他们的支持，实现"保持古巴平静"的政策。同时，他还通过"修筑公路"的方式，同美国公司和承包商订立了许多非法的合同，从而使他们攫取了巨大的非法利润。美国垄断集团也从麦刚政府获得了大量的"优惠"特权。因此，在第二次军事占领期间，美国资本家因获得大量的非法合同和"优惠"特权而发财暴富，古巴国家和人民则遭受了最惨重的浩劫。但是，美国垄断集团及其代理人并不以在古巴建立临时占领制度为满足，仍然要求兼并古巴，建立殖民地的直接统治，以防止八月起义的重演和"充分保护他们在古巴的利益和财产"。

在美国垄断集团及其代理人策动下，美国资产阶级报纸掀起了一个兼并古巴的宣传运动。从1907年年初起，共和党机关报——《纽约先驱报》连续发表社论[⑤]，开始了这一宣传运动。该报社论宣称，《普拉特修正案》并不能充分保障美国投资集团的利益，因为根据该修正案，美国只有在古巴发生"秩序紊乱"和

---

① 转引Baily，前引书，p.549.

② 转引Baily，前引书，p.549.

③ 参看Ефимов и Григулевич，前引书，стр.3 38.

④ 参看拙文《美帝国主义对古巴的第二次军事占领（1906—1909）》，载《历史教学》，1963年第5期，第29页。

⑤《New York Herald》，January 4，February 28，March 3，April 27，1907.

"财产遭到破坏"的情况下才能进行干涉。因此，它要求美国政府采取"一种预防革命的形式"统治古巴。这一宣传运动得到民主党机关报——《纽约时报》的积极支持。其他资产阶级报刊也纷纷起而响应，对统治古巴的形式提出一些大同小异的建议：《费城纪事报》建议先在古巴建立保护国，而后加以兼并；《芝加哥日报》等主张立即兼并古巴，把它变为类似波多黎各和菲律宾的美国殖民地；《纽约先驱报》等要求在古巴建立类似英国对埃及的保护形式。[1] 美国国会的一些有影响的反动领袖也积极支持兼并古巴的阴谋。参议院外交委员会主席卡洛姆和参议员贝韦利治在他们的演说中都直言不讳地宣称，应给古巴准备菲律宾的命运。[2]

依附美国垄断集团的古巴地主资产阶级及其政党采取了背叛国家民族的立场，公开支持美国兼并古巴的阴谋。当时，有二百个古巴大种植场主和四十个古巴资本家竟联合签署了要求美国保护古巴的申请书。[3]

但是，征服古巴，把它变为类似波多黎各或菲律宾的美国殖民地，并非轻而易举的事情，特别是在古巴民族解放运动日趋高涨的情况下，公开兼并古巴更是加倍困难。关于征服古巴的问题，老罗斯福在 1906 年 10 月致贝韦利治的书信中曾做了显然低估困难的估计，他说，这不是"用少于两万五千人的军队所能承担的事情"，"它或者将需要至少一年的时间"。[4]

当时，古巴民族解放运动的高涨迫使美帝国主义暂时放弃兼并古巴的阴谋。从 1907 年年初起，古巴工人、农民和黑人群众不断掀起罢工和起义浪潮，反对美国占领制度和它兼并古巴的阴谋。在反对美国佬的斗争中，黑人群众和新成立的黑人独立党起了重要的作用。他们不断举行起义，反对美国种植场主，要求美国给予古巴"立刻的和完全的独立"。[5]

在古巴反美运动日益扩大的情况下，美国陆军部长塔夫脱不得不于 1907 年4 月前往古巴，宣布美国军队将在一年半内撤退。[6] 在这之后，美国资产阶级报纸关于兼并古巴的叫嚣也日趋沉寂。

---

① 参看 Ефимов и Григулевич，前引书，стр.341.

② 参看《New York Herald》，January 3，1907.

③ 参看 Ефимов и Григулевич，前引书，стр.341.

④ 参看《The Letters of Theodore Roosevelt》，selected and edited by Elating E. Morison，Cambridge，Massachusetts，1952，Vol. 5：《The Big Stick，1905—1907》，pp. 444—445.

⑤ 参看 Ефимов и Григулевич，前引书，стр.342.

⑥ 同上。

美帝国主义兼并古巴的阴谋破产后，仍力图采取其他手法来加强控制古巴。1908 年 4—6 月，老罗斯福同他的内阁主要成员反复商讨了在撤退美国占领军前加强控制古巴的问题。结果，他们认为在军事占领结束前必对古巴采取下列的措施：（一）建立一个听命于华盛顿的古巴政府；（二）选派一位"非常强有力的"美国公使，由他负责监督古巴政府的一切措施；（三）要求古巴政府确认和执行美国占领期间制订和批准的一切法令。[①]

美帝国主义在实现这些措施后，于 1909 年 1 月底撤出了它的占领军。第二次军事占领也宣告结束。

加紧控制古巴的"先发制人的政策"

第二次军事占领结束后，继任美国总统的塔夫脱根据迅速膨胀的美国金融资本的需要，倡导所谓"金元外交"，对加勒比海和中美各国推行更加肆无忌惮的侵略政策。这种侵略政策的特征是把经济渗透和武装干涉结合起来，并在保护美国公司利益和防止欧洲列强干涉美洲事务的借口下，对加勒比海和中美各国推行"先发制人的政策"。根据这一政策，美帝国主义认为它有权干涉加勒比海和中美各国的内政，以"防止可能引起武装干涉的政治纠纷或其他纠纷"。1912 年 3 月，塔夫脱在接见古巴公使 A. 马丁—李韦尔恩时阐述了"先发制人的政策"。他说，美国"在它的权利范围内将尽力促使古巴在任何时候避免（产生）可能招致干涉的各种原因"。[②] 实际上，这意味着它对该地区各国内政的经常干涉，而美国驻各国的使节或代表则成为支配各国政治、经济生活的主宰。他们对当地政府的一切措施，如认为与美帝国主义的利益相抵触者，均有权加以否决。

美国之所以对加勒比海和中美各国采取"先发制人的政策"，也同当时国际形势和列强在拉丁美洲的激烈竞争是分不开的。第一，在第一次世界大战爆发的前夕，两个敌对的帝国主义集团都在摩拳擦掌，准备为重新分割世界而互相厮杀。在国际形势日趋紧张的情况下，美帝国主义除采取待机而动的立场外，还力图加强巩固它在拉丁美洲——特别是加勒比海地区的阵地。第二，欧洲列强竞相扩大它们对拉丁美洲的贸易和投资，因而同美帝国主义展开了剧烈的竞争。据统计，1913 年英国对加勒比海地区的投资为 11 亿 4800 万美元，比美国对这一地区的

---

① 参看《The Letters of Theodore Roosevelt》，Vol. Ⅵ，p.993.

② 转引 Jenks，前引书，p.325（note）.

投资尚多 7900 万美元。[①] 德国也在向拉丁美洲积极进行经济扩张，"从 1896 年至 1913 年这段时期中它在拉丁美洲增加投资几达 10 亿美元，贸易额从 1 亿 4500 万美元增至 4 亿 7000 万美元"。[②] 因此，美帝国主义感到它在拉丁美洲特别是在加勒比海和中美地区的地位受到严重的威胁，必须采取有效的政策来对付它的竞争者。第三，巴拿马运河工程已接近完成，加勒比海地区的战略意义因而更加重要。为了"保卫"这条即将开航的洋际运河，美帝国主义采取了加紧控制加勒比海和中美各国的政策，以镇压各国民族解放运动和防止欧洲列强的可能干涉。

塔夫脱政府开始推行的"先发制人的政策"持续了十多年之久，"至少在 1923 年以前支配了美国和古巴的政治关系"。[③] 在这段时期，美帝国主义更加频繁地干涉古巴内政，监督和干预古巴政府的各项措施，以阻止古巴革命和加强美国金融资本对古巴的控制。

美帝国主义对萨帕塔沼泽地区开垦权的授予决定的粗暴干涉就是它运用"先发制人的政策"的典型事例之一。据称，位于古巴南部的萨帕塔沼泽地区拥有大量的优质的木材和木炭。1912 年 6 月，古巴总统戈麦斯决定把这一地区的森林和公有土地授予古巴人经营的萨帕塔农业公司，由它在八年内完成开垦工作。美国国务卿诺克斯获悉这一决定后，立即对古巴政府提出抗议，指责这项授予"是个显然没有头脑的计划，是一种对（古巴）财源和自然资源如此不经济的和轻率的浪费"[④]，坚决反对这项授予。最初，戈麦斯根据古巴资本家的要求，拒绝了这种无理抗议。尽管戈麦斯指出，《普拉特修正案》并没有授权美国"干涉（古巴）内部事务以及把（古巴）政府的法令置于（美国）的控制和监护之下"，但是，诺克斯在复信中却蛮不讲理地硬说，《普拉特修正案》第三款授权美国"谨防古巴政府采取一种缺乏远见的或易受反对的财政政策"，并且以公开干涉相威胁[⑤]。在美帝国主义的压力下，戈麦斯被迫在 8 月下旬撤销了这项授予。但是，不久以后查明，萨帕塔沼泽地区既没有什么经济价值，也不适于开垦。奉命前往"视察"的美国总领事罗德吉尔斯也向国务院报告说，该沼泽地区"是完全没有价值的"，

---

① 参看古柏尔等著，《殖民地·保护国新历史》，上卷，第四册，三联书店1950年版，第255—256页。

② 福斯特著，《美洲政治史纲》，人民出版社1956年版，第345页。

③ Jenks，前引书，p.105.

④《Foreign Relations》，1912，p.311.

⑤《Foreign Relations》，1912，p.315，321—322.

"除非使用大量的金钱，它是不能加以开垦的"①。真相大白后，美国政府才撤回它的抗议。

当时，美国政府之所以迫不及待地反对戈麦斯的这项授予，据说是因为美国承包商伊·尚毕昂看中了这片沼泽地区，力图取得开垦它的特许权。为了满足美国资本家贪婪的欲望，美国政府竟任意解释《普拉特修正案》，甚至不惜以公开干涉进行威胁！

美帝国主义不仅粗暴干涉古巴政府关于把萨帕塔沼泽地区的开垦权授予本国资本家的决定，而且更反对它把某些特许权授予欧洲列强的资本家。在这方面，美国政府坚决反对古巴国会把修筑从努埃维塔斯到卡巴利恩铁路的特许权授予英国资本家的计划就是个突出的事例。1913 年 3 月，美国代理国务卿威尔逊竟要求古巴总统搁置关于这项特许权的法案，并且强调说，这项计划"将增加古巴国库的负担，而赢得利益的既非美国也非古巴的资本"②。接着，美国国务院干脆表示，它不同意这项"现有形式的铁路计划"。但是，在古巴国会被迫改变计划，把这项特许权授予两位纽约资本家后，它便不反对了。美帝国主义对古巴内政的经常干涉还表现在它对古巴政府关于大赦、特赦的决定以及关于改善古巴港口的合同等一系列问题的干预。篇幅所限，这里不能一一加以阐述。

上述事例表明：为了鼓励美国金融资本对古巴的渗透和掠夺，塔夫脱政府不顾 1901 年芦特代表美国政府对《普拉特修正案》所作的解释，片面赋予这个修正案以新的含义：即美帝国主义有权干涉古巴内政，以防止发生引起武装干涉的各种事态。这样就使《普拉特修正案》不仅成为美国经常干涉古巴内政的"合法"工具，而且成为它排挤欧洲列强在古巴的势力的有力武器。

尽管塔夫脱政府宣扬"先发制人的政策"的目的在于促使古巴避免武装干涉，但这并不排除它在必要时进行武装干涉。实际上，它对古巴内政的经常干涉是同武装干涉相辅而行的。1912 年 5 月，古巴爆发了黑人起义，要求废除一项禁止黑人建立政党的法律，给予黑人以政治平等的权利。起义爆发后，古巴政府立即派兵前往镇压，但是，美国政府仍派出军舰进行恫吓，并且威胁说，如果古巴政府"不能保护美国公民的生命和财产"，它将派遣军队登陆"予以必要的保

---

① 《Foreign Relations》，1912，p.315，321—322.

② 《Foreign Relations》，1913，p.381.

护"，最后还硬说："这不是干涉。"① 在古巴政府提出抗议后，塔夫脱政府还为美国的干涉辩解说："这些通常的预防措施同干涉的问题毫无共同之处"，因此美国采取这种措施，没有"预先同古巴政府磋商"的必要②。这简直是公然把古巴看作是美国的一州，它的一切重要问题都得听从联邦政府的决定。

在美国海军陆战队侵占关塔那摩谷地并且进攻起义者后，古巴外交部长桑吉莱在国内反美舆论日益增强的情况下，对美国政府提出了严重抗议，指出它进行武装干涉的借口是根本站不住脚的，"因为众所周知的事实是在美国海军陆战队登陆以前，美国的财产并未遭到破坏，美国公民的生命也未受到威胁"③。但是，美国政府仍然拒绝了这一抗议。它的干涉军继续留驻古巴，并以最残酷的方式镇压了黑人起义。

这次武装干涉具有新的特点。第一，在"美国公民的生命和财产"没有受到任何"威胁和损害"前，美帝国主义便以先发制人的手段，公开进行军事威胁和武装干涉，并且还竭力为它的干涉行动辩解，硬说"这不是干涉"。第二，美帝国主义在古巴政府连续提出强烈抗议后，仍然坚持武装干涉，这同1906年老罗斯福在帕尔玛总统提出正式《请求书》前不敢贸然派兵镇压古巴八月起义的情况④形成鲜明的对照。实际上，这种赤裸裸的武装干涉是同当时美国金融资本加紧控制古巴的要求相适应的。

威尔逊就任总统后，对古巴继续推行"先发制人的政策"。最初，他是通过美国驻古巴公使冈萨雷斯"非正式的干涉"来实现这一政策的。冈萨雷斯用"个人谈话的建议和暗示代替了不吉祥的照会"，并把这种方式作为"取得古巴和华盛顿意愿相一致的行动的一种手段"。⑤

但是，到1917年2月，古巴人民群众举行起义，反对梅诺卡尔政权的亲美卖国政策时，威尔逊政府同样地发动了公开的武装干涉，占领了几乎整个奥连特省。在这次武装干涉期间，它一面给予梅诺卡尔政权以一切可能的支持来镇压起义，一面利用古、美共同对德宣战的形势，宣扬起义者是"美国和古巴的共同敌人"，诬蔑起义者反抗美国种植场主的斗争为"背叛"行为。7月间，起义被

① 《Foreign Relations》，1912，pp.248，249—250，258.

② 同上。

③ 《Foreign Relations》，1912，p.258.

④ 参看拙文《美帝国主义对古巴的第二次军事占领（1906—1909）》。

⑤ 参看Jenks，前引书，p.187.

镇压后，美国干涉军仍赖在古巴，直到 1922 年 1 月才被迫撤出。在 1917—1922 年武装干涉和占领期间，美国政府一方面利用第一次世界大战和 1920—1921 年资本主义经济危机的时机大力支持美国金融资本对古巴蔗糖业的疯狂掠夺，从而控制了古巴经济命脉；另方面利用战后古巴因糖价暴跌而出现严重的财政困难，加紧干涉古巴内政，使"美国总统的特别代表"成为古巴一切事务的"实际独裁者"。①

美国金融资本通过渗透和掠夺控制古巴经济命脉

第一次世界大战期间，由于世界各国对食糖的需求大大增加，古巴蔗糖的生产和价格都不断增长。1918—1919 年，古巴蔗糖的产量超过四百万吨，占世界糖总产量的 25%。② 从 1914 年 7 月到 1917 年 8 月期间，每磅古巴粗糖价格由 1.93 分（美元）上升到 6.75 分（美元），达到了美国内战以来糖价的最高峰。在古巴经济日趋"繁荣"的情况下，美国"联合果品公司"和其他糖业公司竞相对古巴投资，纷纷在古巴新建和扩建了许多制糖厂和种植场，并且通过收购产品和出售机器设备等方式控制了许多古巴人经营的制糖厂和种植场，组成了许多"现代综合制糖企业"。③1915 年，一些美国银行家同古巴糖业巨商 M·李翁达互相勾结，把他们控制下的 14 家制糖厂合并组成"古巴糖辛迪加"，对古巴蔗糖业投资 5000 万美元。④纽约花旗银行和大通银行也给予致力扩大蔗糖生产的古巴企业主以大量贷款。这样，第一次世界大战期间，古巴的蔗糖业就逐渐为美国垄断集团所控制。

同时，其他美国垄断集团也扩大了对古巴矿业和烟草业等经济部门的投资。1916 年，美国伯利恒铁公司以 3200 万美元收买西班牙美洲铁公司后，又把它和两家古巴钢公司合并，因而控制了两万英亩的土地和三亿吨铁矿蕴藏量。⑤美国烟草托拉斯对古巴烟草业的投资也在迅速增长。

古巴对德宣战后，美国垄断集团对古巴蔗糖业的渗透和掠夺更加紧了。它们

---

① 参看 Dexter Perkins，《The United States and the Caribbean》，Cambridge，Massachusetts，1947，p.129.

② 参看 Jenks，前引书，p.204.

③ "现代综合制糖企业"是西班牙语"Central"一字的意译，即同好几个甘蔗种植场有密切联系的制糖厂。

④ 参看 Jenks，前引书，pp.179—180.

⑤ 同上，P.292.

除通过扩大投资控制古巴蔗糖业外，还依靠美国政府的行政措施来夺取古巴人由于糖价上涨而获得日益增长的收益。1917 年 8 月，美国政府增设了以 H. 胡佛为首的食品管理局，开始控制小麦、肉类和糖等食品的价格和供应。胡佛就任后的主要措施之一就是运用一切可能的手段来压低古巴糖价，以便使美国糖业托拉斯在转手交易中获得最大限度的利润。为此，他勾结英国政府，共同拟订了一个控制糖价的计划，成立了"国际糖业委员会"，由它规定收购糖的价格并在购买国间分配古巴糖的收成。① 显然，这个计划的目的在于利用美英的联合力量迫使古巴接受它们共同规定的价格，从而消除古巴在出售蔗糖方面讨价还价的力量。在"国际糖业委员会"规定古巴粗糖价格为每磅 4.6 分（美元）、外加运往纽约的运费后，古巴糖商和种植场主迟迟不肯签订合同，因为这个规定价格低于他们在自由糖市场的出售价格。于是，美国政府利用不准古巴预订的煤炭和食品装船起运的办法，迫使古巴屈服。

在古巴糖商被迫按照规定的糖价签订合同后，美国各糖业公司纷纷扩充设备，扩大精糖生产，以攫取更多的高额利润。但是，贪婪成性的美国垄断集团并不以此为满足，它们又和威尔逊政府勾结，成立一家资本雄厚的糖业公司，由胡佛担任董事长，而威尔逊本人也是它的大股东。这家公司的主要任务就是直接收购古巴的全部蔗糖，并根据适当的比例转售给美国制糖商和消费者。实际上，它是个买卖古巴糖的大经纪人。根据 1926 年美国财政部出纳局的统计，这家公司在 1918—1919 年度买卖古巴糖收成的交易中获得了 4200 万美元的惊人利润，约占该年度古巴糖收成总值的 10%。这项巨额利润主要是用来补偿该年度每磅糖不能获得一分（美元）利润的美国糖业种植场主。② 这种榨取古巴人民血汗以增加美国资本家的利润的掠夺手法充分暴露了威尔逊政府竭力为华尔街效劳的真面目。

在战后，美国政府取消了食品价格的控制，糖价因而迅速上涨。从 1920 年 3 月初到 5 月 19 日，纽约的每磅粗糖价格由 10 分（美元）猛涨到 22.5 分（美元），达到空前的高峰。在糖价暴涨过程中，美国资本家和投机商大量囤积古巴粗糖和竞相抢购各大糖业公司的股票，古巴制糖厂主和种植场主也获得了巨大的利润。这样，古巴就开始了以"巨万狂舞"著称的"繁荣"时期。但是，这种畸形的"繁荣"是短暂的。在 1920—1921 年资本主义世界经济危机爆发后，糖市

---

① 参看 Smith，前引书，p.20.

② 参看 Jenks，前引书，p.203；Bemis，前引书，p.407.

场也日趋萧条。从 5 月末起，古巴糖价开始下跌，在不到半年里，每磅粗糖价格由 22.5 分（美元）惨跌到 4 分（美元）。① 结果，许多制糖公司和"现代综合制糖企业"因无力偿付债务纷纷破产，其他企业和银行也相继倒闭。为了解救债务人的困境，古巴政府于 10 月 10 日宣布"延期偿付令"。但这并不能制止经济危机的发展。到 1921 年夏季，古巴两家大银行——古巴国民银行和西班牙商业银行也先后破产了。纽约花旗银行和加拿大皇家银行的古巴分行代替了它们的地位，成为古巴的主要银行。

在古巴经济危机日益加深的过程中，美国金融集团不仅以低价收买了许多破产的制糖厂，而且通过提供信贷的方式接管了许多规模巨大的糖业公司，其中包括美国资本经营的"古巴甘蔗糖公司"。纽约花旗银行除对许多濒于破产的"现代综合制糖企业"发出大量贷款外，还接收了五六十家被抵押的制糖厂。1922 年，它在清理这些糖业资产的基础上，把"真正可靠的资产"集中起来，组成"通用糖业公司"。② 这是一家受花旗银行控制的控股公司，它所控制的 11 家制糖厂在 1923 年加工的蔗糖占古巴糖收成的 5.1%。③ 这样，在古巴蔗糖业中，就开始了"（美国）银行控制（糖业）公司"的时期。④ 古巴各糖业公司分别从属于花旗、大通和摩根公司等几家美国大银行，并且依靠它们的资助实现了生产现代化和改组计划。⑤ 随着古巴糖业资本的迅速集中，独立经营的蔗糖企业日益减少。关于这种情况，阿特金斯在 1926 年写道："虽然许多个人和家族集团仍存在，一般说来，他们正在被有组织的所有权所吸收"。⑥

同时，美国金融集团也加强了对古巴电信、交通等企业的渗透和控制。1921 年，属于摩根财团的"电力债券和股票公司"开始收买古巴电业资产，美国"国际电话电报公司"通过它的子公司——"古巴电话公司"控制了全岛的电讯网。⑦1923 年，古巴的塔拉法集团经营的"古巴北部铁路公司"同美国资本控制

---

① 参看 Smith，前引书，p.30.

② 参看 Smith，前引书，pp.30—31.

③ 参看 Robert W. Dunn，《American Foreign Investments》，New York，1926，pp.122—123.

④ 参看 Smith，前引书，pp.30—31.

⑤ 参看 Smith，前引书，pp.30—31.

⑥ 参看 Smith，前引书，pp.30—31.

⑦ 参看 Max Winkler，《Investments of United States Capital in Latin America》（World Peace Foundation Pamphlet，vol.XI，No，6）Boston，1928，pp.189—190.

的"古巴铁路公司"合并，组成以"古巴统一铁路公司"著称的控股公司。它受以美国大财阀洛克菲勒为首的"古巴公司"的控制。① 这样，除英国资本经营的少数铁路外，古巴的铁路系统就完全为美国金融集团所控制。

在古巴经济日益恶化的情况下，美国政府却连续地提高了"特惠"关税，以限制古巴蔗糖进入美国市场，从而保持美国国内糖的垄断价格。1921 年 5 月，美国国会通过了《紧急关税法案》，把进口古巴糖的税率由每磅 1.0048 分（美元）提高到每磅 1.6 分（美元）。这是对古巴经济的严重打击，因为它使得古巴大量积存的蔗糖无法销售出去，而提高古巴糖价的前景也更加暗淡。在古巴政府拒绝美国统治集团关于限制古巴蔗糖生产的计划后，美国国会复于 1922 年 9 月通过了福德内—墨堪伯尔关税法案，其中把进口古巴糖的税率进一步提高到每磅 1.7648 分（美元）。② 这是 1890 年美国对西班牙"贸易战争"以来最高的糖税率。结果，造成了更多的古巴糖企业的破产，从而为美国金融集团对古巴蔗糖业的掠夺创造了方便的条件。

总之，在第一次世界大战爆发后十年期间，美国金融集团在美国政府的积极支持下，加紧了它对古巴蔗糖业的渗透和掠夺，并把它的势力伸到古巴各个经济部门，从而控制了古巴经济命脉。③

"美国总统的特别代表"成为古巴的"实际独裁者"

随着美国金融资本对古巴的广泛渗透，美国政府对古巴政治、经济生活的控制也日益加强。1920 年 11 月，古巴由于地主资产阶级政党在总统竞选中的互相攻讦，出现了政治危机。这次政治危机因古巴经济日趋恶化而加剧了。于是，美帝国主义决定进行干涉。1921 年初，威尔逊政府在事先没有通知古巴当局的情况下，派遣恩诺赫·克劳德尔作为"美国总统的特别代表"前往古巴，并授权他同梅诺卡尔政权"商讨古巴政治和财政局势"，以防止古巴人民起义和实现古巴的"财政改革"。实际上，他接管了古巴政府，成为古巴一切事务的"实际独裁者"。

克劳德尔抵达后，首先着手调解古巴的"选举争端"。他建议某些地区举行

① 参看 Smith，前引书，p.31.

② 参看 Smith，前引书，p.48.

③ 据统计，在这十年期间，美国对古巴的投资由 2 亿美元猛增到 12 亿美元，美国公司掌握了四分之三的古巴蔗糖企业。参看 Jenks，前引书，p.176.

补选，并且要求竞选双方签订一项"遵守选举结果"的"忠诚公约"。为了保证当选的总统符合美帝国主义的要求，他还拟订了古巴总统必须具备的六项条件，其中"第一，他（指古巴总统，下同——作者）充分认识这个政府（指美国政府——作者）的愿望，……第六，他听从美国公使馆可能对他提出的建议和忠告"。[①] 结果，由于自由党拒绝参加补选，萨亚斯"当选"总统。

接着，克劳德尔致力于迫使古巴实行"财政改革"。当时，古巴财政处于入不敷出的严重困难局面，无力偿付国际国内债务。萨亚斯上台后，力图从美国获得贷款，以应急需。于是，美国国务院利用古巴请求的贷款作为干涉的工具，要求古巴在获得贷款前实行以下的"改革"：第一，削减1921—1922年度预算，以"稳定"古巴财政；第二，建立一个财政委员会，负责监督贷款的使用和本利的偿还。[②] 同时，克劳德尔向国务院献策，建议给予古巴贷款还应附加一个条件：即美国公使有权对提交古巴国会批准的年度预算和修订税则等草案加以审查[③]。

1921年9月，摩根公司同国务院磋商后，同意给古巴一项500万美元的贷款，作为双方即将谈判的5000万美元贷款的一部分，但以古巴实行上述的"改革"为条件。萨亚斯接受了这项贷款的条件，但由于他作出有关"改革"的约许未能满足克劳德尔和古巴的美国投资集团的要求，美国国务院迟至1922年1月才批准这项贷款。

1922年2月，克劳德尔复利用古巴请求的贷款进行讹诈，硬说美国享有了解和检查古巴政府各部会工作的权利。[④] 他不顾古巴的强烈抗议，竟要求古巴政府各部会不断提供它们的工作报告、统计材料和各种情报等。同时，一批未经邀请的所谓"美国专家"涌入古巴，开始"研究"古巴关税制度、银行条例和公共工程合同等，并以"帮助"古巴改革立法为名，制订了诸如销售总额税法和银行法等。

接着，从2月24日起，克劳德尔陆续对古巴政府提出了强制性的、秘密的"15件备忘录"[⑤]，要求古巴实行广泛的"政治改革和财政改革"。其中，已公开发表的只有1922年7月21日提出的《第13号备忘录》，它的标题是"批准一项

---

① 参看Smith，前引书，pp.87—88.

② 参看Smith，前引书，pp.87—88.

③ 参看Jenks，前引书，p.251.

④ 参看Jenks，前引书，p.258.

⑤ 参看David A. Lockmiller，《Enoch H.Crowder, Soldier, Lawyer and States-man》，Columbia，Missouri，1955，p.233.

贷款的先决条件"①。这个备忘录在阐述古巴严重的财政局势和强调偿付一切债务的必要性后，要求古巴实行各方面的"改革"：由古巴国会批准一项 5000 万美元的外国贷款，把国家预算削减为 5500 万美元；实行销售总额税，以增加国库收入，保证偿付债务和利息；裁减公务人员，废止文官法；建立一个由美国股东和美国联邦储备局控制的国家银行系统；改组市政机构、特别是审查哈瓦那市的自治形式，等等。②

这是对古巴内政的全面干涉，实施摩根公司的所谓"教化计划"的正式开端。③ 在第 13 号备忘录列举的各项"改革"中，削减预算和修订税则特别是实施销售总额税是"教化计划"的中心部分，也是批准 5000 万美元贷款的主要先决条件④。在美国国务院和银行家看来，削减预算是达到古巴财政稳定的重要手段，而财政稳定又是他们投资安全的必要保证；修订税则特别是实施销售总额税法既可为古巴政府支付利息的需要提供充足资金，又能为建议发行的公债提供还债基金。因此，美国国务院一再强调，削减预算和修订税则是两项"最重要的改革要求"⑤，必须付诸实施。在古巴政府接受这两项要求后，美国才同意开始关于贷款的谈判。

为了实现"教化计划"，克劳德尔认为仅仅提出改革要求是不够的，必须建立一个俯首听命的傀儡政府。为此，他要求萨亚斯改组内阁，撤换一些"不称职"的部长。1922 年 6 月，一些经他审核同意的所谓的"正直的人士"参加了萨亚斯政府，组成所谓"忠诚内阁"。这个内阁在克劳德尔亲自指挥下，积极实行美国金融集团所要求的"改革"。因此，这个内阁被认为是"克劳德尔内阁"，而非"萨亚斯内阁"。⑥

"忠诚内阁"的建立和《第 13 号备忘录》的发表引起了古巴人民的极大愤慨，他们纷纷对克劳德尔粗暴干涉古巴内政的行动提出强烈抗议。哈瓦那一家报纸发表了一篇以《以对北美人的仇恨将是古巴人的宗教》为题的专论，其中警告美国干涉者说："我们（指古巴人，下同——作者）将把……消灭我们遇到的

① Smith，前引书，p.92.

② 参看Beals，前引书，p.230；Jenks，前引书，p.261.

③ 参看Smith，前引书，pp.91—92，93.

④ 同上。

⑤ 参看Smith，前引书，pp.91—92，93.

⑥ 参看Jenks，前引书，p.259.

第一个美国人看作是我们生活的神圣职责的日子将要来临"。①《第13号备忘录》发表后，许多报纸发表评论，抨击克劳德尔蹂躏古巴主权的专横行为。《古巴论坛报》在以《比普拉特修正案还坏》为题的社论中，指出这项贷款将使古巴处于"海地的地位"。②其他报纸刊载了许多谴责克劳德尔这个"干涉暴君"的讽刺画。在反美情绪日益增长的情况下，古巴参议院也对美帝国主义蹂躏古巴主权的专横行为表示不满。

尽管如此，古巴国会在克劳德尔的高压下，仍不得不批准美国金融集团所坚持的"改革"。8月里，古巴国会被迫把1922—1923年度预算削减为5500万美元。接着，它又批准了关于5000万美元的外国贷款和销售总额税法。但是，摩根财团仍不放心，要求萨亚斯保证"忠诚内阁"继续执政，借以维护业已实施的"改革"。③这个要求被接受后，它才于1923年初签订贷款协定。

克劳德尔在完成美国金融集团所交给的任务后，于1922年10月回国了。三个月后，他又以第一任美国大使的身份来到古巴。这时，由于蔗糖价格逐渐回升，古巴经济开始好转，古巴人民憎恨美国干涉的情绪也更加强烈。在这种情况下，萨亚斯于1923年4月解散了"忠诚内阁"，另组新阁。对此，美国政府虽然提出了"抗议"，但是没有采取进一步的行动。这标志着"教化计划"的终结，也预示着美国侵略古巴的策略的转变，即由"先发制人的政策"过渡到所谓"友好邻邦"政策。④当时，美帝国主义之所以改变它侵略古巴的策略，是有着多方面原因的，其中主要的是：在伟大十月社会主义革命的影响下，古巴和拉丁美洲各国的民族解放运动都日趋高涨。在这种形势下，美帝国主义不得不做出某些暂时"让步"的姿态，借以麻痹古巴人民反美斗争的意志，缓和拉丁美洲各国人民对它肆无忌惮的侵略活动的谴责。其次，经过第一次世界大战和1920—1921年经济危机时期，美帝国主义已控制了古巴经济命脉，操纵了古巴政治生活，只要在那里扶植一个听从指挥的亲美政权，便没有坚持经常的露骨的干涉的必要了。再

① 转引Smith，前引书，p.103.

② 参看Chapman，前引书，p.437，440.

③ 同上。

④ 许多美国资产阶级历史学家都断言，1923年美国"放弃了它对古巴的'先发制人的政策'"，转而采取一个新的政策。参看Jenks，前引书，p.265；Fitzgibbon，前引书，p.180；Lockmiller，前引书，p.244.实际上，这只是美帝国主义侵略古巴的策略的改变，而且它也未完全放弃"先发制人的政策"，因为它仍在不断干涉古巴内政，只不过干涉的形式较以前隐蔽罢了。

次，第一次世界大战结束后，西欧帝国主义卷土重来，在拉丁美洲市场上同美帝国主义展开了剧烈的竞争。在这场剧烈的竞争中，美帝国主义为了避免使自己处于不利的地位，也不得不改变它奴役拉丁美洲国家特别是奴役古巴的策略，以缓和它同拉丁美洲国家的紧张关系，从而保持和巩固它在这一地区的既得阵地。

古巴是美帝国主义在加勒比海地区首先建立的保护国，也是美国殖民主义在拉丁美洲较早的试验场之一。在这里，它发展了一套从政治、经济和军事等方面控制和奴役弱小国家的办法，作为扩大美国殖民帝国的重要手段。首先，它通过强加于古巴的《普拉特修正案》，取得了恣意干涉古巴内政和强租海军基地的权利，确立了古巴对美国的从属地位。这就为美国对古巴的经济渗透和政治干涉开辟了道路。接着，它利用签订"互惠条约"、扩大贸易和投资、控制糖价、片面修订"特惠"关税和给予贷款等一系列方式，掠夺古巴的财富，榨取古巴人民的血汗，把古巴变为它的商品销售市场、原料供应地和资本输出场所。当它不能用"和平"的手段维持它对古巴的殖民统治时，就肆无忌惮地进行武装干涉和军事占领。在不到四分之一的世纪（1899—1923）里，美国军队就四次侵入古巴，占领期达 12 年之久。[①] 最后，它还借口保护美国公司的利益和防止欧洲列强干涉美洲事务，公开推行"先发制人的政策"，以加紧控制古巴，使"美国总统的特别代表"成为古巴的"实际独裁者"。

美帝国主义利用这些侵略手法逐渐把它的势力伸进到古巴政治、经济和军事等各个领域。到 1922—1923 年，它已掌握了古巴经济命脉，把古巴变为完全受它控制的保护国。关于这种情况，《金元外交》一书的作者曾做了概括的总结。他们写道："理论上，古巴是个主权国家。实际上该岛的经济和政治生活是由纽约和华盛顿来控制的。……古巴的所有权差不多完全落到花旗银行的手中。这家银行直接控制了"通用糖业公司"。它的董事们控制了"统一铁路公司"和"古巴公司"的巨大糖业资产以及许多其他的古巴公司。此外，花旗银行在古巴设立的 24 个支行贷款给拿糖作抵押的当地种植场主，利息是 10%……古巴的政治生活是受（美国）国务院的代表的指导。美国对这个岛的统治是严密的"。[②]

---

① 这还没有把无数次小批美国海军陆战队侵入古巴领土的事件计算在内。据美国资产阶级历史学家C·俾尔斯的统计，在二十世纪最初的二十多年里，美国干涉军驻扎在古巴的期间在15年以上。参看Bemis，前引书，pp.323—324.

② Nearing and Freeman，前引书，pp.193—194.

美帝国主义这种"统治而不兼并"的殖民形式不仅限于古巴，而且逐渐扩大到加勒比海地区和中、南美各国。在巴拿马运河建成后，它更以"保卫"这条洋际运河的航线为名，连续不断地对尼加拉瓜、巴拿马、海地和多米尼加等中美和加勒比海国家实行财政监督、政治控制和军事占领等一系列的侵略活动，把它们置于美国保护之下。同时，它还利用这套经济渗透和政治干涉的手法，加紧侵略南美各国，使它们成为"在政治上和表面上是独立的，其实在财政和外交方面却处处依赖于他国"[①]的半殖民地。因此，列宁在分析美帝国主义殖民扩张的特点时指出，美国对于其他国家，不采用直接殖民统治形式，"它掠夺它们，而且掠夺得非常巧妙"。[②]列宁又说，美国资产阶级的代表绞杀弱小民族时，"善于绞杀，而且绞杀得彻底"。[③]

第二次世界大战以后，美帝国主义采取了新的方式，推行新的殖民主义。美国的新殖民主义除沿用"掠夺得非常巧妙"和"绞杀得彻底"的老手法外，还利用组织军事集团、建立军事基地或者制造军事政变，进行颠覆活动，把殖民地国家或已经宣布独立的国家，置于它的控制和奴役之下。此外，美帝国主义还把联合国作为一个重要工具，干涉亚洲、非洲和拉丁美洲国家的内政，对这些国家进行军事的、经济的和文化的侵略。它完全无视别国的主权，到处进行军事侵略和疯狂挑衅。但是，它的侵略和挑衅却激起了全世界人民的义愤，起了动员全世界人民反对美帝国主义的作用。正像毛泽东同志所指出的："美帝国主义的手伸得太长了。它每侵略一个地方，就把一条新的绞索套在自己的脖子上"。[④]它的侵略范围越是扩大，套在它脖子上的绞索就越多；它的挑衅活动越是疯狂，抓在人民手里的绞索也就越被拉紧。目前，它已陷入全世界人民同声讨伐的重重包围之中。它的寿命不会太长了，不管它怎样疯狂挣扎，也将难逃覆灭的历史结局。

原文载于《吉林师大学报》1964年第4期

---

① 《列宁全集》第22卷，第255页。

② 《列宁全集》第31卷，第407页。

③ 《列宁全集》第30卷，第186页。

④ 《毛泽东主席关于支持刚果（利）人民反对美国侵略的声明》，载《人民日报》1964年11月28日。

1868—1878年
古巴人民争取独立的"十年战争"

一

古巴是 1492 年哥伦布西航首先发现的岛屿，也是后来西班牙征服中、南美洲的根据地。16 世纪初，西班牙殖民者侵占古巴，建立了残暴的殖民统治。他们到处霸占土地，奴役和屠杀土著居民——印第安人。到 16 世纪中期，由于印第安人被杀戮殆尽，西班牙殖民者开始把非洲黑人运进古巴，驱使他们在矿山和种植园中从事奴隶劳动。

西班牙殖民当局竭力限制古巴种植那些同殖民者竞争的农产品，要它生产那些可供输出和赚取优厚利润的农产品。由于这种殖民主义政策的结果，古巴在 18 世纪期间广泛种植咖啡、烟草和甘蔗，发展了以奴隶劳动为基础的大种植园经济，而岛上居民所需的粮食则要从外国进口。古巴的大种植园几乎完全属于来自西班牙的贵族、天主教会的高级僧侣和大商人所有。他们一方面对种植园的黑人奴隶和为数不多的佃农进行残酷的奴役和剥削；一方面通过产品收购和加工控制来榨取古巴小种植园主。

随着世界市场的扩大，古巴迅速发展了甘蔗生产，使蔗糖逐渐成为其输出的主要产品。但是，古巴由于蔗糖输出而增加的国民收入却大部分为殖民统治集团所攫取。据估计，古巴每年国民收入的 40—50% 流入西班牙国库。同时，古巴的对外贸易也为殖民者所垄断。为了独占古巴市场，西班牙规定：古巴不得同其他国家进行贸易，只能把它的产品运往指定的西班牙港口出售或由那里转销欧洲市场。到 19 世纪初期，西班牙对古巴贸易的控制虽稍有放松，但对输入古巴的外国商品却征收非常高的关税，以致进口的粮食的价格非常高昂，成为真正的"奢侈品"，劳动人民根本无法问津。

西班牙对古巴贸易的垄断和古巴资金大量流向西班牙，不仅使岛上劳动人民的生活日益贫困化，而且剥夺了古巴资产阶级积累资本、发展民族工业和贸易的可能，从而严重阻挠了古巴生产力的发展。

由西班牙国王任命的古巴都督是岛上的"专制魔王"，握有民政和军事大权。都督府的一切高级职务只有在西班牙出生的西班牙人才能担任。来自西班牙的贵族、官僚、高级僧侣和为数不多的大种植园主、大商人在社会中享有特权地位，构成了岛上的统治阶级。土生的西班牙人——即克利奥尔人大部分是拥有奴隶的种植园主和牧畜场主，只有少数从事工商业活动。他们在名义上同来自半岛的西班牙人是平等的，但实际上受到歧视：只能担任殖民政府的低级职务，在各种政治、经济活动中受到限制和排挤。人数众多的贫苦白人、自由黑人和黑白混血儿——即慕拉图人则属于被剥削、被压迫的小资产阶级，他们的职业主要是农民、小手工业者和小商贩。处于社会底层的是受苦最深、遭遇最惨的黑人奴隶、华侨劳动者和印第安人。黑人构成岛上居民的主要部分。据1817年统计，黑人占古巴全部人口一半以上。①

西班牙残暴的殖民统治引起了被压迫阶级，特别是黑人奴隶的剧烈反抗。印第安人和黑人奴隶先后掀起暴动，反对殖民者的屠杀和奴役。克利奥尔人的分立主义者也不断展开反对西班牙殖民统治的斗争。在19世纪初拉丁美洲各国独立战争开始后，古巴人民反对西班牙殖民统治的斗争也日益高涨。1812年，古巴爆发了大规模的黑人起义，反对奴隶制度和西班牙的暴虐统治。古巴爱国人士组成秘密团体，准备于1823年举行起义，但为内奸泄露，许多领袖被捕。拉丁美洲各国取得独立后，古巴和波多黎各成了西班牙在美洲仅有的殖民地。为了加紧控制古巴，西班牙统治集团一方面对克利奥尔的地主资产阶级做出某些让步，以分化争取独立运动的队伍；一方面加强恐怖统治，残酷镇压人民群众的反抗。但是，由于殖民当局的横征暴敛和贪污腐化，人民群众的不满情绪日益加剧，克利奥尔人的分立主义者也在展开反对西班牙专制统治的斗争，要求废除奴隶制度和建立独立的资产阶级共和国。而由西班牙殖民官吏、大商人和古巴种植园主组成的"半岛党"人则坚决反对释放黑奴和古巴独立，他们在殖民当局支持下，组成反动军团，恣意镇压人民运动。这种不可调和的矛盾因古巴经济的恶化而日益加剧。1867年在欧洲爆发的经济危机给古巴以严重的打击，许多古巴种植园主因蔗糖价格猛跌和贸易萎缩纷纷破产，广大劳动人民更陷于贫困、饥饿的境地。在这种情况下，古巴爆发了反对西班牙殖民统治、争

---

① 参看Charles F. Chapman, *A History of the Cuban Republic*, *A Study in Hispanic American Politic*, New York, 1927, P.31.

取民族独立的"十年战争"（1868—1878）。

二

1867 年 8 月，古巴东部许多地主和种植园主处于破产的边缘，而西班牙殖民当局又拒绝采取任何措施来解救他们的困难，因此他们决定准备起义，并且在奥连特省的曼萨尼罗、图纳斯和巴雅莫等地建立一些委员会，以保卫自身的利益。

1868 年 10 月 10 日，奥连特省的地主、著名律师卡洛斯·曼努埃尔·德·塞斯佩德斯，在他的德米哈瓜庄园首先举行武装起义，反对西班牙殖民统治。他释放了自己的黑人奴隶，并且用旧式步枪和梭镖等把他们武装起来，作为起义的基本队伍。接着，他和起义者在雅拉召开群众大会，发表宣言，宣布古巴独立，开始了古巴人民争取独立的"十年战争"。

"雅拉宣言"宣布起义的目的在于摆脱西班牙的殖民统治，建立一个"自由的古巴"，实现"平等、秩序和公正"的原则，维护"一切公民的生命和财产"。它还宣布"逐渐解放奴隶的希望"，并准备付给奴隶主补偿金。

雅拉起义的烽火很快地扩展到其他庄园，席卷奥连特省的主要地区。《雅拉宣言》表达了古巴人民反对殖民统治、争取民族独立的意志。它不仅得到白种劳动人民的热烈拥护，而且获得奥连特省八万五千名的慕拉图人和自由黑人的坚决支持。[①] 塞斯佩德斯释放奴隶的行动也促使黑人、慕拉图人和白人一道积极投入这一争取自由和独立的斗争。当时法国记者伊帕里特·瓦泰马尔曾报道雅拉起义得到古巴人民普遍支持的情况，他写道："起义者领袖塞斯佩德斯能够指望国内一切青年的同情。……在古巴没有人能够对起义者所举起的旗帜袖手旁观"。[②]

奥连特省的起义运动也得到东部其他地区爱国人士的响应。1868 年 11 月，卡马圭省的爱国人士举行起义，建立革命委员会[③]，其中的成员有萨尔瓦多·西斯内佩斯——贝坦库尔和青年律师伊格纳西奥·阿格拉蒙特这样著名的革命活动家，后者是卡马圭杰出的军事指挥官，也是"十年战争"中最激进的革命领袖之一。

---

① 参看 R.Guerra y Sanchez，Guerra de los DiezAos，1868—1878，La Habana，1950，p.31.

② Revue contemporaine，V.2，Paris，mars 1869，p.147.

③ 参看 F.Portuondo de Prado，Historia de cuba，La Habana，1957，p.414.

随着起义斗争的发展，后来革命委员会扩大为中央代表大会。[①]1869年2月，拉斯维利亚的三分之一地区爆发了起义。尽管那里的起义者缺少武器和弹药，但他们不畏强暴，同西班牙殖民军展开了英勇的斗争。

当时，西班牙的殖民官员和军警队伍主要盘踞在古巴西部，那里是开发较早、经济较发达的地区。东部各省虽亦驻有西班牙官员和军队，但为数很少。起义爆发后，他们处于具有敌对情绪的地方居民包围之中，同西部的联系已告断绝。东南部地势崎岖，交通不便，因而派往镇压起义的西班牙殖民军进展非常迟缓。同时，古巴东部，特别是奥连特省是小农经济占优势的地区，而占居民绝大多数的贫苦白人、慕拉图人和黑人又具有革命斗争的传统。这一切因素都使古巴东部，特别是奥连特省成为独立运动的中心和"自由的古巴"的根据地。

在广大人民积极参加和支持下，起义的爱国者军队迅速成长壮大。雅拉起义时，爱国的武装部队只有147人，到1868年底，已扩大到两万六千人。[②]古巴爱国者军队的士兵主要是农民、佃农和奴隶；他们中既有白人也有黑人和慕拉图人。他们不仅要求推翻西班牙在岛上建立的殖民统治，而且要求废除奴隶制度，获得土地以及摆脱贫困和饥饿的命运。因此，他们是反对西班牙殖民统治和奴隶制度的坚决战士，给予"十年战争"进程以重大的影响。但是，他们都是分散的小生产者，缺乏组织性和纪律性，因而不能成为革命战争的领导力量。当时，古巴无产阶级尚处于萌芽状态，仅在西部少数小型蔗糖、烟草加工厂中有为数不多的工人。[③]他们力量微弱，政治上很不成熟，因而也不可能成为独立运动的领导者。因此，古巴劳动人民虽是争取独立的"十年战争"的主力，然而这次革命战争的领导权却落到古巴地主资产阶级及其知识分子的手中。

古巴爱国者军队同西班牙殖民军之间，实力悬殊。后者拥有庞大的兵力和精良的装备，而前者只有两万多人，武器也很简陋。但是，由于人民群众的积极支持，爱国者军队在东部地区展开了游击战。他们运用巧妙的游击战术，以寡敌众，以弱胜强，不断给予殖民军及其走卒以沉重的打击。东部地区交通不便，居民反抗情绪又极强烈，所以殖民军的调动和军需补给都非常困难。在爱国者部队

---

① 参看Portuondo de Prado，前引书，p.415.

② 参看Chapman，前引书，p.41.

③ А.М.Зорина，《Начиалъно—освбо.лигелъное явижение на куое в 1895—1898 гг.》，载于《Учиные Заниски ю новой иновейшей исгорни》，ваъгц.Ц.москчва，1957，сгр.110.

声东击西的袭击下，他们到处被动挨打，兵员和武器的损失越来越大。东部殖民官员和亲西班牙叛国分子的生命和财产也不断遭到袭击和破坏。为了挽救他们的失败，西班牙殖民当局采取了坚壁清野的恐怖政策，割断他们同爱国者军队的联系。根据殖民当局的命令，凡没有"正当"理由离开家园的 15 岁以上的东部居民，如被发现，一律处以死刑；无人居住的宅舍以及不按规定竖起白旗的村庄将被纵火焚毁。[①] 但是，这并不能吓倒英勇顽强的古巴人民。许多家园宅舍被毁的居民纷纷加入爱国者军队，并对殖民当局的烧杀政策进行猛烈的反击，他们不断地袭击殖民军的营地，夺取亲西班牙叛国分子的财产和纵火烧毁他们的庄园。

古巴东部人民展开游击战争后，西部工人也起而响应。例如，雅拉起义后，哈瓦那烟草加工厂的一些工人组成小组，密谋反抗活动。由于缺乏斗争经验，密谋活动不久即被破获，小组成员也被逮捕。他们在殖民当局严刑拷打审讯中，表现出坚强不屈的高贵品质，最后为祖国独立的神圣事业英勇就义。

在古巴人民独立战争广泛展开的情况下，加强革命力量的团结和建立集中统一的领导成为当时的首要任务。经过各省起义代表的充分酝酿，他们一致同意成立古巴共和国政府，加强对东部战争的领导。1869 年 4 月 10 日，各省起义代表在位于卡马圭和奥连特两省交界的山城瓜依莫洛召开大会，制订古巴共和国第一部资产阶级宪法，宣布"自由的古巴"政府的成立。塞斯佩德斯当选为共和国第一任总统。

在制定宪法的过程中，以阿格拉蒙特为首的小资产阶级民主派和塞斯佩德斯领导的地主资产阶级温和派之间的分歧更加明显了。阿格拉蒙特是资产阶级民主自由的坚决拥护者，他主张废除奴隶制度、建立资产阶级民主政治和限制总统的权力。温和派要求建立中央集权政府，借以保障地主资产阶级的利益和特权地位，反对在政治、经济和社会方面进行激进的改革。他们对美国统治集团抱有幻想，希望借助美国的力量把西班牙殖民者赶走，甚至"请求美国政府兼并古巴"。[②] 他们害怕人民群众力量的迅速增长，在反对殖民者的斗争中不断表现妥协和动摇。因此，塞斯佩德斯和温和派领袖在《雅拉宣言》中提出的一些原则，特别是关于"逐渐解放奴隶"的原则遭到民主派的反对和严厉的批评。民主派在古巴广大人民支持下，逐渐在制宪大会中占有优势。在他们的直接影响下，大会通过有利于

---

① 参看 Carleton Heals, The Crime of Cuba, Philadelphia, 1933, p.102；Chapman, 前引书，p.41.
② Chapman, 前引书，p.40.

古巴独立运动的共和国宪法。尽管这部宪法仍有相当大的局限性：没有触及大庄园制度和地主阶级的特权，因而也没有解决农民的土地问题。但是，它在某些方面比《雅拉宣言》前进了一步。第一，它明确规定废除奴隶制度，宣布"共和国的一切居民都是完全自由的"，他们可以"毫无区别地""根据自己的才能"向共和国提供"各种的效劳"。① 第二，它宣布古巴公民享有言论、出版、集会、教育和文化等资产阶级民主权利。第三，议会是共和国最高权力机关，具有任免总统和总司令的权力。这就限制了总统的权力，消除了全部政权集中在一人手中的倾向。②

宪法关于废除奴隶制的规定是古巴劳动人民广泛展开民主斗争的结果。它鼓舞了劳动人民的斗争意志，动员了更多的黑人和慕拉图人参加战争，从而扩大了爱国的武装部队。他们同白人并肩作战，并在反对共同敌人的战斗过程中结成兄弟的友谊。古巴民族英雄何塞·马蒂在总结"十年战争"时写道："在战争中，……黑人和白人间没有区别，战争促使他们平等并结成亲谊。"③

古巴共和国成立后，得到了秘鲁、墨西哥、委内瑞拉、萨尔瓦多、哥伦比亚和圣多明各等拉丁美洲国家的承认。墨西哥总统胡阿累滋还派遣两个曾参加反法战争的退伍军人前往古巴，帮助塞斯佩德斯策划反对西班牙殖民统治的斗争。④ 美国人民也同情和支持古巴起义者的政权，但美国统治集团却采取了帮助西班牙反对古巴人民解放斗争的政策。以格兰特总统为首的美国政府不仅拒绝承认古巴共和国政府，而且采取各种措施阻挠古巴起义者获取为赢得胜利所需要的军火、物资，甚至在公海上和美国境内追捕和迫害古巴爱国者。⑤

席卷东部的独立战争一直没有扩展到古巴西部，那里仍旧是西班牙殖民当局完全控制的地区。为了进一步镇压东部的独立斗争，殖民当局从西班牙运进大量的武器和人员。同时，殖民军在东部变本加厉地推行烧杀恐怖政策，对爱国者军队展开了更加频繁的"扫荡"。在殖民军"扫荡"下，东部地区遭到惨重的浩劫，到处呈现疮痍满目的景象。为了挫败敌人的攻势，戈麦斯于1871年提出了进军

---

① Guerra y Sanchez，前引书，p.254.

② 参看Historia de La Nacion，Cubana，t.v，LaHabana，1952，pp.83—85.

③ X. Марти，《Иэбанное》，Москва，сгр.269.

④ 参看Bemis，前引书，p.102.

⑤ 参看安·努·希门尼斯，《美帝国主义对拉丁美洲的侵略》，世界知识出版社1962年版，第74—75页。

西部的计划，主张在敌人后方发动群众，展开游击战，以分散殖民军的兵力，打乱他们的军事部署。但是，这一计划由于某些地主资产阶级领袖的坚决反对，没有能够实现。

1875 年，戈麦斯率领的爱国者军队在卡马圭的普林西培港口附近的战役中，由于双方实力悬殊，遭到了严重的损失。① 从此，古巴的独立斗争转入更加艰苦的阶段。1876 年 11 月到 1877 年 3 月，拉斯维利亚的爱国者军队经过较长时间的顽强抵抗和浴血战斗，也失败了。在爱国者军队节节失利的情况下，地主资产阶级领导集团更加动摇起来，许多克利奥尔人纷纷放下武器、脱离革命。爱国的武装力量也日益削弱，他们既缺乏武器和弹药，也受到粮食不足的威胁。旅美的古巴爱国人士支持起义的军火物资，由于美国政府的阻挠政策，往往不能装船起运。最后，在殖民当局的和平攻势下，古巴地主资产阶级领袖不顾劳动人民的反对，走上了妥协投降的道路。1878 年 2 月 8 日，共和国议会的一批代表在圣·奥古斯丁·德尔·布拉索举行会议，竟宣布解散议会，成立所谓"中央委员会"，由它负责同西班牙殖民军总司令马尔丁内滋·康波斯议和。这样，"自由的古巴"政府就瓦解了。

1878 年 2 月 10 日，双方签署了妥协性的《桑洪条约》。根据这个条约，古巴必须停止武装斗争，西班牙答应在古巴实行政治改革、大赦政治犯和解放参加"十年战争"的奴隶。② 但是，古巴仍是西班牙的殖民地，在政治、经济和社会生活方面完全受西班牙的控制。参加独立战争的奴隶获得了自由，但其余的奴隶仍未得到解放。后来，经过古巴人民一系列的坚决斗争，西班牙政府才于 1886 年被迫宣布完全废除奴隶制度。

奥连特省爱国者军队领袖安东尼奥·马塞奥、希莱尔莫·蒙卡达和卡利斯托·加西亚坚决反对这个妥协条约，继续进行战斗。1878 年 2 月 19 日，马塞奥在致康波斯的信中宣称，尽管卡马圭方面投降，"奥连特和图纳斯决定继续斗争，并且不同意中央委员会的决定"。③ 于是，康波斯企图利用金钱和地位进行收买，并建议举行会谈，以便实现他的诱降计划。马塞奥等同意于 3 月 15 日在巴拉科阿举行会谈，这是因为他们想借以赢得暂息时机，以重整队伍，准备战斗。在会

---

① 参看 Chapman，前引书，p.42.

② 参看 Chapman，前引书，p.42.

③ La vida heroic de Antonio maceo，La Habana，1945，p.67.

谈中，以马塞奥为首的爱国者军队领袖表现了爱国主义的坚定立场和坚强不屈的意志。他们坚决抗议《桑洪条约》，并且宣布，古巴革命力量决不同意任何不以立即除奴隶制和承认古巴独立为基础的和平条约。马塞奥义正词严地对康波斯说："如果自由和耻辱联结在一起的话，我不要自由"。① 结果，康波斯的诱降计划彻底破产。巴拉科阿的抗议是古巴民族解放运动史上光辉的篇章之一，它表现了古巴人民坚决斗争，决不投降的光荣革命传统。后来，妥协动摇分子把持的奥连特临时政府竟以"建立同海外爱国侨民的联系"为借口，派遣马塞奥前往牙买加，从而使爱国者军队失去了坚强的领导。这样，奥连特的革命斗争也终于失败了。

三

"十年战争"是古巴第一次有组织有领导的争取独立的革命战争，也是古巴历史上一次规模空前的武装斗争。古巴劳动人民是这次革命战争的主力。古巴地主资产阶级领导了这次革命战争，但是由于他们在战争后期不敢发动群众，依靠群众，终于在敌人的和平攻势下，走上了妥协投降的道路。

尽管这次革命战争没有解决古巴民族独立的任务，但古巴人民的鲜血并没有白流。废除奴隶制是"十年战争"的巨大成果。它引起了古巴社会经济的深刻变化，推动了古巴资本主义关系的发展，从而加速了古巴无产阶级这个争取民族解放的最坚决力量的诞生和成长。

"十年战争"加强了古巴各族、各阶层人民群众（克利奥尔人、慕拉图人和黑人等）的团结，密切了各地区居民间的经济联系，从而提高了民族觉悟，促进古巴民族的形成。

"十年战争"坚定了古巴人民争取自由的信心。尽管爱国者军队同西班牙殖民军之间，力量悬殊，但后者在这次战争中却被打得筋疲力尽，最后不得不用休战的方式结束战争。这个事实表明，武装斗争是打击殖民主义统治最有效的方式之一，只要坚持武装斗争，加强革命领导，貌似强大、实际虚弱的敌人是完全可以被打倒的。在这次战争中，从古巴劳动人民队伍里涌现出许多杰出的军事领袖。他们既精于游击战争的战略战术，也善于同敌人展开斗争，不断挫败敌人的军事攻势和和平攻势。其中像马塞奥这样坚定、英勇的战士不仅在 1895—1898 年第

---

① M. G. kobly，Grandes hombres de cuba，madrid，1930，p.125.

二次独立战争中起了巨大的作用，而且成为古巴历史上伟大的军事领袖之一。

"十年战争"是 19 世纪后期古巴人民争取民族独立的伟大斗争的序幕，它为 1895—1898 年第二次独立战争准备了思想基础和干部条件。

原文载于《历史教学》1964 年第 7 期

1933—1934 年
古巴民族民主革命运动的高涨

　　1898 年美西战争后，美帝国主义占领了古巴，把它变为名义独立实际依附于美国的半殖民地。为了加紧控制古巴，美帝国主义一方面不断派遣军队恣意干涉古巴内政，镇压革命运动；一方面竭力扶持亲美政权，作为它奴役古巴人民的工具。1925 年成立的以捷拉尔多·马查多总统为首的古巴政府便是依附美国垄断资本的反动独裁政权。这个政权推行亲美卖国政策，积极支持美国垄断资本控制古巴经济的掠夺活动；对内实行血腥的恐怖统治，残酷镇压人民的反抗运动。马查多政府的恐怖统治激起了古巴人民的愤怒，这种愤怒情绪到 1929—1933 年经济危机时期更激烈，终于爆发了席卷全岛的革命风暴，使古巴在 30 年代初期成为拉丁美洲反帝反独裁斗争最剧烈的国家之一。

　　1929—1933 年资本主义世界经济危机给予古巴这样完全依赖国外市场的单一作物国家以特别严重的打击，在 1929—1932 年，古巴蔗糖价格几乎下降四分之三，对美国输出蔗糖总值由 1 亿 3800 万美元锐减到 3800 万美元[1]。这使古巴不得不大大削减为人民必需的工业品和农产品的进口。随着蔗糖价格的暴跌和贸易萎缩，古巴经济的其他部门也处于崩溃状态。几百家企业关门了，成千上万的小企业主和小商人都纷纷破产；失业人数高达 60 万，约占全国劳动力的三分之一，比当时拉丁美洲各个国家的失业人数都多。由于美国和古巴的资本家转嫁经济危机的恶果，在业工人（包括农业工人）的工资也大大削减，往往不及原有工资的五分之一到六分之一[2]。广大劳动人民陷于贫困和饥饿的境地。一般公务员和知识分子的生活也非常困苦。

　　在社会阶级矛盾日益剧烈的情况下，古巴出现了罢工和农民运动的巨大浪潮。1930 年 3 月 20 日，在古巴工人联合会（受古巴共产党领导的工会组织）的

---

① 参看 А.В.Ефимов И Тригудевмч, "Куъа, историко—этнографпчеёкче очерки", Москча, 1961, CTP.362.

② 参看"Problems of the New Cuba, Report of the Commussion on Cuban Affairs,"New York, 1935, p.4.

组织下，全国爆发了有 20 万人参加的总罢工，要求解决失业问题，反对削减工资。1931 年 3 月，哈瓦那 6 万工人举行罢工。由哈瓦那国立大学学生建立的秘密组织——"大学生指挥部"代表了不满现状的中小资产阶级的利益。它在"古巴属于古巴人"的口号下，展开了反对美国资本和马查多暴政的斗争。

马查多政府在美帝国主义支持下，宣布全国处于"战时状态"，加紧迫害以古巴共产党为首的爱国民主力量。因为古巴共产党在人民群众运动中的影响日益增长：它不仅在古巴全国工人联合会、反帝联盟和激进妇女联盟等进步组织中起领导作用，而且在各省都建立了党的组织，积极支持和领导农业工人反对种植场主的斗争。尽管马查多政府采取了各种恐怖措施，但它们并不能阻止群众革命运动的发展。1933 年 3 月，夺取地主土地的农民运动席卷了卡马圭和奥连特等东部各省。中部地区掀起了巨大的罢工浪潮，许多地方的工人夺取和接管工厂，并且组织了自卫队。哈瓦那的大企业和运输业的工人也起而响应，宣布罢工。各地失业工人和政府机关职员纷纷举行示威，要求解决就业问题和发给拖欠数月之久的工薪；商人和小店主因营业萧条拒绝纳税。4 月，人民群众运动更趋高涨，日益具有明显的反帝性质。

古巴人民运动的高涨引起了美帝国主义的惶恐不安。因为古巴革命的发展不仅会直接打击美国在古巴的利益，而且将给予加勒比海各国以巨大的影响。由于马查多恐怖专政已不能阻止古巴革命的发展，美国执政集团逐渐倾向于起用更适当的人选来代替马查多，以"调整"古巴局势，从而"保卫"它在古巴的巨大利益[1]。在 F. 罗斯福就任总统、宣布对拉丁美洲的"睦邻"政策后，美国统治集团决定首先通过实施"宪政的"方式摆脱马查多，然后逐步实现政权"自由化"，以转移人民群众斗争的目标，进而"缓和"古巴革命的紧张局势[2]。为了实现这一计划，1933 年 5 月罗斯福任命他的亲信、萨穆尔·威尔斯为驻古巴大使，并且指示威尔斯在处理古巴政权问题时不要超出"宪法的"范围，必须保持美国对下届古巴政府的控制。

在威尔斯的直接压力下，马查多被迫同意实行一些"改革"，并准备在威尔斯"调停"下同反对党进行谈判。6 月间，多数反对党接受了威尔斯"调停"，

---

[1] 参看 "Congressional record, 73 congress, 1 Session", vol.77, Part 2, P. 1854, 2139, 2891—2893, 2896；见 Ефимов И Тригудевмч，前引书，CTP.365.

[2] 参看 "Foreign relations of the Nnited States", 1933, V.5, pp.282—286.

准备参加谈判。"大学生指挥部"虽答应届时停止反对政府的武装斗争，但拒绝参加任何同独裁者的谈判。[①] 谈判开始后，马查多估计当时已形成的局势，认定美国政府不会进行武装干涉，因而拒绝在他的总统任期届满（1935 年 5 月）前辞职。于是，华盛顿利用马查多政府的财政困难又施加了新的压力：宣布要重新审查美国对进口蔗糖削减关税的问题，在解决马查多辞职问题以前，美国不会给予古巴"经济援助"。[②]

当时，古巴革命形势正在迅速发展，以致华盛顿的原定计划有完全破产的危险。在古巴经济日益恶化的情况下，人民群众反暴政的斗争更加剧烈。7 月间，各大城市掀起了罢工浪潮，失业工人、学生和小商人纷纷举行反对马查多暴政的示威和集会，教师和公务员也卷入这一斗争，要求发给拖欠达 10~11 个月之久的工薪。同时，哈瓦那公共汽车司机举行罢工，其他企业工人也起而响应。8 月 1 日，哈瓦那各界人民举行了一次声势浩大的反暴政示威游行，独裁者竟命令警察开枪扫射游行队伍，以致死伤多人。接着，各地示威群众与警察也发生冲突，酿成流血事件。4 日，在"打倒马查多！"和"美国佬滚出古巴去！"的口号下，爆发了全国总罢工，一切企业、商业和运输业的活动均告停顿[③]。总罢工期间，古巴共产党中央委员会和全国工人联合会发表宣言，揭露威尔斯对古巴事务的干涉，提出民主政府和废除《普拉特修正案》[④]的要求[⑤]。8 月 7 日，独裁者的军队又开枪射击罢工工人，结果死伤 150 余人。这种血腥的暴行激起了人民群众更大的愤怒。"打倒马查多！"的口号响彻全岛，古巴革命大有一触即发之势。在这种形势下，威尔斯根据华盛顿的指示，决定牺牲举国一致痛恨的独裁者，以防止总罢工发展为革命的武装斗争。8 月 11 日，古巴首都卫戍司令在美国大使指使下，逮捕了马查多，逼迫他辞职。当日午夜，这个血腥的独裁者在全国人民一致声讨下，狼狈逃往国外，马查多的恐怖专政终于垮台了。共产党和进步工会等民主组

---

① 参看 "Foreign relations," 1933，V.5，pp.287—316.

② 同上，pp.317—332.

③ 参看 R.Guerra y Sanchez, "Historia de la Nacion Cubana", La Habana, 1952, t.VII, p.79.

④ 1898年美西战争后，美国非正式地占领古巴，并迫使古巴在1901年接受《普拉特修正案》，（由美国参议院O.普拉特提出）作为古巴宪法的一部分。根据这个"修正案"，古巴未经美国允许，不得签订国际条约，不得举借外债，美国可以任意干涉古巴内政；这就使得古巴实际上成为依附美国的半殖民地。

⑤ 参看 "Daily Worker"，（New york，U.S.A），August 8，15，1933.

织都获得了合法地位。这是古巴人民的重大胜利。

但是，马查多被迫放弃的政权，并没有为古巴人民所掌握，而是转移到为美帝国主义所支持的古巴大地主买办资产阶级的代表的手中。8 月 12 日，古巴成立了以美国傀儡卡尔洛斯·塞斯佩蒂斯为首的政府。多数在野的地主资产阶级政党的代表都参加了政府，并且得到了威尔斯的赞同。美帝国主义原企图通过塞斯佩蒂斯政府控制古巴的局势，恢复岛上"秩序"，但它的打算完全落空了。反动的塞斯佩蒂斯政府不仅无视古巴人民的要求，根本没有采取任何措施改善他们处境，而是竭力保持古巴的半封建半殖民地制度，给予罪大恶极的马查多分子种种庇护。对此，人民群众和士兵都非常愤恨。8 月下旬，新的罢工运动又开始了。各地工人在共产党和进步工会领导下，纷纷占领和接管制糖厂和铁路公司的港口，逮捕、惩处血债累累的马查多分子。在圣福恩哥斯，罢工委员会夺取了政权，建立民兵组织，没收马查多分子的庄园和财产，并把它们分配给失业工人和贫农[①]。人民群众进一步革命化了，共产党在群众中的影响大为增强。这种情况连后来美国对外政策协会调查古巴情况委员会的报告书都不得不承认。它指出：古巴"共产主义运动的巨大影响通过成千上万多少明显地同情共产主义思想和目的的人们实现了"，"他们拥护共产主义，把它看成是能够使他们摆脱惊人的痛苦和贫困的解放力量。"[②]

同时，古巴军队的士兵——多半出身于小资产阶级的士兵也受到群众革命运动的影响，他们对控制军队的马查多分子军官的专横行为非常愤恨，而塞斯佩蒂斯政府企图实行限制士兵晋升和削减他们薪饷的新条例更加剧了这种愤恨情绪。9 月 4 日到 5 日，以中士 F. 巴蒂斯塔为首的士兵在首都哥伦比亚区军营举行起义，宣布免除将近 500 名军官的职务，逮捕了其中一部分。这时，反对塞斯佩蒂斯政府的"大学生指挥部"同起义的士兵建立了联系。起义士兵在"大学生指挥部"的支持下，推翻了塞斯佩蒂斯政府。起义士兵把政权交给以"大学生指挥部"为主体的"革命委员会"。接着，以"革命委员会"领袖格劳·圣马丁为首的新政府在 9 月初宣告成立。巴蒂斯塔被任命为古巴军队总司令。

"革命委员会"代表古巴民族资产阶级和小资产阶级的利益，依靠中、小资产阶级、士兵和部分劳动人民的支持。它在"古巴人民"宣言所阐明的纲领是非

---

① 参看 "Forlign Relations," 1933, V.5, pp.365—366, 371—373, 376—378.

② "Problems of the New Cuba," pp.195, 199.

常模糊的，其中规定它所承担的两项具体义务是：惩办恶名昭彰的马查多分子以及保证支付欠美国资本家的债款和履行同美国签订的条约。[①]

"革命委员会"宣布它所承担的义务并不能取得威尔斯的"谅解"，因为他对由他一手扶持的傀儡政权被推翻非常恼火，所以公然要求美国政府进行干涉。

当时，罗斯福政府一方面指责格劳·圣马丁政府"不能够维持秩序"，拒绝予以承认；另一方面借口"保护古巴的美国公民"派遣大批军舰前往古巴进行威胁。到9月9日，开往古巴港口的美国军舰已达30艘之多，美国海军部长斯万逊也乘"印第安纳波里斯"号巡洋舰前往古巴领海巡视，做出备战姿态。美国不承认格劳·圣马丁政府，但威尔斯仍以"美国大使"的资格留驻古巴，便进一步勾结古巴反动势力，策划推翻新政府的阴谋活动。

美帝国主义的公开威胁和露骨的干涉引起了古巴广大人民的愤怒。他们在共产党和进步组织的号召下，展开了保卫祖国的坚决斗争。各地在"打倒美帝国主义！"的口号下举行群众性的集会和示威，抗议美国军舰威胁古巴的侵略活动，反对威尔斯干涉古巴内政。9月14日，根据共产党、全国工人联合会和反帝联盟的倡议，数千哈瓦那市民在国民大戏院举行集会，高呼"打倒美国佬干涉""一分钱也不给美国银行家！"等口号。在人民反美运动的推动下，"革命委员会"把军队和炮兵集中于首都附近的战略据点，大学生也组织起来，准备抵抗美国干涉者。

接着，各省也展开了反帝的民族民主运动，要求民主权利和改善生活物质条件，反对美帝国主义对古巴的威胁和干涉。9月中旬，各省工人先后举行声势浩大的罢工，到9月18日，工人占领和接管了37家制糖厂。种植场的农业工人、矿工以及码头工人和铁路职工也起而响应，纷纷举行罢工。罢工工人向政府提出下列要求：承认工会、增加工资、实行八小时工作日制和免费医疗、发给失业工人50%的工资以及同企业主签订集体合同等。[②]罢工运动不仅限于提出经济要求，而且很快地发展为反对美帝国主义及其走卒的政治运动。在共产党和全国工人联合会的号召下，许多地方举行了群众性的示威，要求美国撤退军舰和停止威尔斯对古巴内政的干涉。圣福恩哥斯的示威群众占领了军火库；马贝伊和塞纳多等地群众夺取了地方政权，建立了苏维埃。有些地区的农民在惨遭压榨、忍无可忍的

---

① 参看"Forlign Relations," 1933, V.5, pp.381—382.

② 参看Ефимов И Тригудевмч，前引书，СТР.375.

情况下，开始夺取和分配地主的土地和牲口。① 总之，全岛从东到西，人民群众运动空前高涨，形成一个波澜壮阔的反对美帝国主义、争取民主的怒潮。

古巴反美运动的巨大规模、人民群众准备反击的决心以及美洲各国人民对古巴争取民族解放斗争的广泛支持，迫使华盛顿放弃了武装干涉的企图。

在汹涌澎湃的古巴群众运动的推动下，格劳·圣马丁政府实行了一些民主措施：实行八小时工作日制、提高部分工人的工资、把某些外国企业收归国有、规定企业和商业机构优先雇用古巴人、解散支持马查多的政党和恢复哈瓦那大学自治等。② 格劳·圣马丁执政后，曾多次宣布，他将推行"古巴属于古巴人"的政策，主张废除《普拉特修正案》，借以取得人民群众的支持，从而巩固他的政权。但是，这个政府从开头起，便采取各种措施打击共产党和进步工会，破坏它们在群众中的影响，力图把群众运动导入资产阶级的轨道。为此，它曾建立黄色工会、颁布法令，规定一切工人组织必须登记，禁止外国人担任工人组织的领导职务等。

格劳·圣马丁政府推行的某些民主措施招致了美帝国主义者的仇视。他们力图搞垮这个政府，扶植一个完全听命于华盛顿的傀儡政权。为此，他们除拒绝承认格劳·圣马丁政府外，还对它加了经济压力：削减古巴糖输入美国的限额、拒绝给予货币贷款和终止两国间商约谈判等。同时，他们勾结古巴反动势力，策划、煽动古巴军官反政府的叛乱，支持古巴大地主、买办资产阶级及政府的怠工。这些大地主、大企业主既不按政府规定缴纳税款，也拒绝提供任何信用贷款。9月下旬，37个古巴大资本家公然发表声明，指责格劳·圣马丁政府无力镇压革命运动。③

在美帝国主义多方面的干涉和压力下，格劳·圣马丁政府开始向右转。9月下旬，它竟命令各地军队驱逐占领大种植场的农业工人，把土地交还外国和本国的场主。接着，几百名工人领袖被逮捕入狱。

为了反对政府的这些反动措施，奥连特省爆发了总罢工。9月24日到26日，全岛各地举行示威，悼念古巴共产党创始人胡利奥·A.梅拉。29日，哈瓦那数

① 参看Ефимов И Тригудевмч，前引书，CTP.375—376.

② 参看Fernando Portuondo del Prado, "Historia de Cuba," La Habana, 1957, p.630; "Problems of the New Cuba," pp.13—14, 210—212.

③ 参看 "La Prensa"（Buenos Aires），18, 20IV, 2I, 1933；见Ефимов И Тригудевмч前引书，CTP.377.

千群众为安葬从墨西哥运回的梅拉尸体举行送葬游行时,竟遭到政府军队的扫射。接着,格劳·圣马丁政府宣告全国处于"战时状态",宣布古巴共产党和全国工人联合会为非法,逮捕了它们的许多领袖,捣毁了它们的办事机关。[1]

10月下旬,政府更加强了对民主力量的镇压。它一面大举搜捕共产党人、工会领袖和积极分子,一面派遣大批军队把守首都的许多战略据点和大街,俨若大敌当前。但是,哈瓦那和各省群众不顾政府的禁令和恫吓,仍然在11月6日和7日举行纪念性集会和示威。[2]

格劳·圣马丁政府对群众运动的镇压并没有使美帝国主义改变对它的敌视政策。古巴仍处于美国军舰包围之中。11月8日,哈瓦那又爆发了反政府的军事叛乱。这次叛乱是受美国大使指使的ABC右翼领袖和梅诺卡尔将军的追随者策动的。经过两昼夜激战后,叛乱才被压下去。军事叛乱失败后,威尔斯决定利用格劳·圣马丁政府内部各政派间的摩擦和矛盾,竭力拉拢军事集团首脑巴蒂斯塔,支持他反对以内政部长安东尼奥·吉特拉斯为首的资产阶级左翼的斗争,以便从内部瓦解恰劳·圣马丁政府。巴蒂斯塔在美帝国主义积极支持下,逐渐独揽大权,并于1934年1月逼迫格劳·圣马丁辞职。结果,政权落到受巴蒂斯塔支持的美国傀儡孟迪埃塔手中。

国民联盟领导人孟迪埃塔是古巴大制糖厂厂主,美国垄断资本的忠实走卒。以孟迪埃塔为首的所谓"集中政府"于1934年1月18日组成了,它得到美帝国主义、巴蒂斯塔、ABC右翼领袖以及古巴一切反动势力的支持。因此,古巴共产党把孟迪埃塔——巴蒂斯塔——ABC政府称为"反革命的集中政府"。[3]这个政府成立后第五天,就得到美国的承认。不久,罗斯福总统宣布,美国准备同它"开始关于修改永久条约(如1903年美国古巴条约——作者)的谈判,重新修改两国的商务公约"。[4]

孟迪埃塔—巴蒂斯塔政府组成后,立即镇压罢工,残酷迫害共产党和其他民主组织。同时,它在军事集团支持下,总揽行政立法大权,着手"整顿岛上秩

---

① 参看Ефимов И Тригудевмч,前引书,CTP. 378,379.

② 参看Ефимов И Тригудевмч,前引书,CTP. 378,739.

③ "Communist" V.13,September 1934,NO.9 p.879;见Ефимов И Тригудевмч前引书,CTP. 384—385.

④ "Press Releases"(Department of State of the Unite States of America),Washington27.1,1934,pp.49—50,II,1934,PP.60—70;见Ефимов И Тригудевмч,前引书,CTP.385.

序"。这样，古巴重新又建立了军事独裁，其残暴程度更甚于马查多的恐怖统治。

但是，英勇的古巴人民并没有被这个政权的残酷镇压所吓倒，他们进行了前仆后继的顽强斗争，给予美帝国主义和古巴反动派以有力的打击。1月末，首都烟草工人和公共汽车司机首先举行罢工，制糖工人者起而响应，罢工迅速波及全岛各地。2月7日，根据全国工人联合会的号召，全国爆发了15万人的罢工。①

反动政府在美国大使支持下，调动全部军警镇压罢工运动后，颁布了法西斯的《第三号法令》，宣布总罢工为非法，解散违反这一法令的一切工人组织。2月中旬，它动员军警和工贼的全部力量，残酷镇压了约100次罢工，逮捕了几十个工会领袖。

但是，反动政府的恐怖镇压并不能扑灭人民的反抗。3月初，声势浩大的罢工浪潮又席卷全岛。3月5日，首都烟草工人举行罢工，抗议工贼的破坏活动。这次罢工不仅得到码头工人、汽车司机、印刷工人和电话工人的支持，而且得到学生和小商人的响应。总罢工又有一触即发之势。甚至美国对外政策协会调查古巴情况的委员会报告书都不能不承认当时古巴形势的"危急"，它写道，当时古巴"全国工人联合会组织了包括将近20万人的运动，有推翻孟迪埃塔政府的危险"。②

当时，美帝国主义者非常惊慌。他们生怕1933年8月全国总罢工的重演，要求孟迪埃塔政府立即采取"果断"措施。3月5日，反动政府逮捕了80名工人领袖，调集大量军队在哈瓦那的各条大街上昼夜巡逻。6日，反动政府颁布了《保卫共和国法令》，规定违犯该法令者送交"特别法庭"审讯，处以长达20年的监禁。接着，它又动员大批工贼强行接管船坞和电话局，在军队保护下"复工"。在反动政府的恐怖镇压和工贼的破坏下，罢工运动暂时受到挫折。

为了控制古巴，美国政府，于1934年5月29日，同古巴签订了"永久条约"。由于担心古巴爆发新的革命运动，它不得不同意废除了《普拉特修正案》。但是，《普拉特修正案》的废除，并不意味着美帝国主义者放弃对古巴的干涉政策。美帝国主义仍旧不断干预古巴内政，保有它在古巴的关塔那摩海军基地。新的"永久条约"还规定在"（古巴）共和国建立前的占领期间美国在古巴实施的

---

① 参看 "Daily worker," January 26，February 6—10，1934.

② "Problems the New Cuba," pp.184—186.

一切法令"均属有效。^①因此，1934年的"永久条约"实际上并没有消除，也没有削弱美国对古巴的控制，只不过是控制形式的变化而已。此后，美帝国主义更加致力于扶植古巴亲美卖国政权，以便通过它加紧控制古巴经济命脉，奴役古巴人民。

《普拉特修正案》的废除并没有使古巴人民"平静"下来，因为他们切身体验到美帝国主义仍在干涉古巴内政，美国大使在古巴的一切事务上仍享有至高无上的权利。因此，美帝国主义所玩弄的手法——即企图通过改变控制形式来缓和古巴人民反美反独裁斗争的手法是枉费心机的。

1934年6月底，"古巴号"炮舰的全体员工举行起义，反对孟迪埃塔—巴蒂斯塔的反动统治。7月初，首都电报、电话的职工和运输工人举行罢工，要求提高工资。7月10日，在共产党和全国工人联合会的领导下，5万工人举行24小时罢工，要求承认罢工权利，释放"古巴号"炮舰起义员工和一切政治犯。8月，两万五千名公共汽车司机和售票员举行罢工，铁路员工拒绝运送前往镇压罢工的士兵和工贼。10月8日，全岛又爆发了有20万人参加的总罢工。^②

农民争取土地的武装斗争也在增长。1934年夏季，奥连特省的雷阿连果—18区农民发动武装起义，反对外国公司霸占他们土地的阴谋。这个地区的土地非常肥沃，适于种植甘蔗。因此，长期以来，它为外国资本家的垂涎，他们力图霸占这片肥沃的土地。1929年，马查多政府的最高军事法庭不顾人民的死活，竟决定把这片土地授予隶属加拿大皇家银行的"寇拉利欧"糖业公司。后来，由于经济危机的爆发，这个决定没有付诸实施。到孟迪埃塔执政后，他根据加拿大资本家的要求，曾两度派遣官员在大批军队保护下前往该区丈量土地，但都遭到当地农民的武装反抗。

到1934年秋季，3万起义农民在距美国霸占的关塔那摩海军基地仅40公里左右的雷阿连果—18区组织了以青年黑人里诺·阿利瓦尔雷斯为首的人民政权，建立了武装自卫队。雷阿连果—18区的人民政权除反对孟迪埃塔政府的命令，拒绝纳税外，还派遣代表团前往哈瓦那和其他城市，同全国工人联合会建了联系。

---

① 参看 "Treaty Series," NO.866, Relations, Treaty Between U.S. of America and Cuba, Washington, 1934.

② 参看 "Daily Worker", July7, 12, 13, August14, September4, 15, 18, October2, 3, 8, 9, 1934.

古巴工人阶级及其先锋队共产党为支援雷阿连果—18 区农民起义展开了广泛的斗争。10 月全国总罢工的主要口号之一就是"支持雷阿连果—18 区的农民！"[①]

孟迪埃塔政府镇压这个起义的一切军事活动都遭到了可耻的失败。为了"避免"激起古巴人民更大的反抗，它最后被迫宣告"休战"一年[②]。

20 世纪以来，美帝国主义者一直把古巴看成是他们"最接近和最特殊的地盘"[③]之一，因而对这个岛国的摧残和蹂躏也最严重。但是，英勇的古巴人民在美国佬残暴的压迫下并没有屈服，而是进行了前仆后继的顽强斗争。到 30 年代初期，这一斗争空前高涨，使古巴成为拉丁美洲反美反独裁斗争最剧烈的国家之一。领导这一斗争的是古巴工人阶级及其先锋队共产党。

30 年代初期的古巴民族民主革命运动虽然没有能够推翻美国佬在古巴建立的半殖民地制度，实现民族解放的革命任务；但却朝着民族解放的目标迈进了一大步，并且给予美国佬及其走卒以强有力的打击。经过这次革命运动，"不但推翻了马查多暴政，而且也取消了《普拉特修正案》，规定了八小时工作制，得到了古巴人在本国优先获得工作的权利，农民在几个地方占据了土地……在民主方面有了重大的进步"[④]。

古巴人民在这次民族民主革命运动中所获得的成功经验和失败教训都具有重大意义。它们不仅对古巴民族民主革命斗争的进一步发展起了重要作用，而且给予拉丁美洲特别是加勒比海各国人民以巨大的影响。

原文载于《史学月刊》1964 年第 7 期

[①] 参看见Ефимов И Тригудевмч前引书，CTP.393—394.

[②] 同上。

[③] 福斯特，"美洲政治史纲"，中译本，1956年，北京，第343页。

[④] "古巴人民社会党的纲领"（1957年12月），载"古巴人民的英勇斗争"，世界知识出版社，1959年北京，第14页。

一百多年来美国对多米尼加的干涉和侵略

目前，美帝国主义正在疯狂地侵略多米尼加共和国。美国总统约翰逊派出大批武装部队，血腥镇压多米尼加爱国军民反独裁、反暴政的斗争。美帝国主义对多米尼加共和国的侵略，是它犯下的侵略亚洲、非洲和拉丁美洲各国的又一严重罪行。多米尼加共和国的爱国军民，正在为保卫他们祖国的独立和尊严，为把美帝国主义及其走狗赶出他们的国土而坚决战斗。全世界人民，特别是亚、非、拉各国人民坚决支持多米尼加人民的反美爱国正义斗争，同声声讨美帝国主义。

美帝国主义武装干涉多米尼加，打的是"保卫自由""反共"的旗号，其实这都不过是它任意侵占别国领土，蹂躏别国主权，镇压民族独立运动，屠杀别国人民的无耻借口。揭开一百多年来的历史，美帝国主义从来就是多米尼加人民的死敌。从 1844 年多米尼加共和国诞生那一天起，美国资产阶级扩张主义者就一直想吞并这个年轻的共和国，把它变成美国的一个州，从而在加勒比海地区建立一个战略基地。

十九世纪六十年代美国吞并多米尼加的野心和阴谋

早在多米尼加共和国独立以前，美国扩张主义者就想吞并圣多明各及加勒比海地区的其他岛屿。门罗主义的主要策划人国务卿约翰·亚当姆斯于 1823 年就公开表示过，古巴和圣多明各等加勒比海地区诸岛屿应该归属于美国。他在 1823 年给美国驻西班牙大使的信中说："这些岛屿按其地理形势来说乃是美国大陆的自然属国。"并且表示"这些岛屿应该像被风暴吹离母枝的苹果掉下地面一样，将来都应该并入美国。"

当美国使用武力侵占墨西哥的大片领土和反动的"天定命运说"①喧嚣一时的时候，美国也把它的扩张矛头指向加勒比海地区，提出要购买古巴，吞并多米尼加共和国。

---

① 反动的"天定命运说"是十九世纪中叶纽约晨报编辑约翰·奥苏里万提出的，他鼓吹美国的领土扩张是"天定命运"，是"上帝的旨意"。

在多米尼加共和国获得独立的第二年，美国总统波尔克这个十足的扩张主义者，就派约翰·霍冈作为美国的"特别代表"，前往多米尼加共和国调查它的资源和情况。[①] 约翰·霍冈在多米尼加共和国进行五个月调查后，写了一个专门的《调查报告》。不过当时美国正忙于发动侵略墨西哥的战争，又值同英国闹"奥勒冈纠纷"（俄勒冈——编者），还无暇把吞并多米尼加的问题提上行动日程。

但是，美国扩张主义者并没有放弃对多米尼加共和国的侵略。1855年，美国驻多米尼加共和国的使节威廉·L.卡兹内要求多米尼加共和国把沙马纳湾租给美国，作为它的海军基地。但是，这项租借沙马纳湾的谈判由于英法两国的坚决反对未获成功。

1861年，西班牙趁美国忙于内战无暇外顾的机会，宣布重新占领多米尼加，并且派了两万八千多军队驻守。

在美国扩张主义者看来，西班牙的行动严重侵犯了由美国独霸美洲的门罗主义原则。美国国务卿西华德虽然向西班牙政府提出抗议，认为西班牙重新占领多米尼加"是对美国的不友好表示"；但实际上它无力采取更有效措施。他在写给美国驻西班牙大使的信中无可奈何地供认，他正忙于注意许多其他问题，使他不能去充分考虑这个问题。[②]

从1863年开始，多米尼加人民掀起反对西班牙殖民者的革命战争，经过两年的战斗终于把西班牙殖民者赶出他们的国土。

美国内战结束以后，北部工业资产阶级代替奴隶主掌握了国家政权，积极推行对外扩张政策。当时美国众议员万纳德就叫嚣说："扩张的精神，或者，如果你愿意的话，侵略的精神，它……在未来将使这个共和国（即美国——引者）成为世界的主人。"[③]内战后几年当中，美国对外扩张政策的积极执行者是国务卿西华德。

1866年，西华德派遣助理国务卿和海军少将波特尔作为全权代表，前往多米尼加共和国，企图用两百万美元诱使它签订一个租借或割让沙马纳半岛和海湾的协定。多米尼加政府虽然同意给予美国某些租借地，但严正指出，国家宪法绝对禁止出卖国家领土。谈判遂未获成功。

但是，西华德的侵略野心不死。1869年1月29日，西华德在写给班克斯将

---

① 参见格拉海姆·H.斯图亚特著：《拉丁美洲和美国》，纽约1928年英文版，第247页。

② 见斯图亚特，前引书，第250页。

③ 转引自叶菲莫夫：《美国史纲》，三联书店版，第370页。

军的信中认为："合并时机已经成熟"。① 同时，印第安纳州的奥尔兹向国会提出一项联合决议案，说："由于多米尼加共和国人民和政府的请求，同意多米尼加作为美国领土加入联邦，并在该地最后建立州政府"。② 但是，在西华德任职国务卿时期，这个议案没有获得国会的通过。

1869 年格兰特继任美国总统，费施代替西华德出任国务卿。格兰特和费施都是积极的扩张主义者，力图把多米尼加并入美国版图。同时，一部分美国资产阶级也认为，占有多米尼加共和国，将给美国提供一个移植黑人的殖民地，以解决美国国内的黑人问题。③

接着，格兰特派遣他的军事助理奥维拉·B. 巴布库克将军作为特别代表，去多米尼加共和国进行广泛的调查，特别是调查当地人民对"并入美国，割让或租借沙马纳湾"的意见。④ 巴布库克前往多米尼加时，美国海军部长还指示侵入多米尼加领海的美国巡洋舰舰长，要他在巴布库克访问期间加以协助，甚至公开露骨地说："用你的大炮，给他以道义上的支持"。⑤

这位以武力作后盾的总统特使，不仅完成了"调查任务"，而且还迫使多米尼加总统贝兹签订一项把多米尼加共和国并入美国的协定。

但是，这个协定还不是以美国全权代表的资格签订的，还不是正式的合并条约。因而，巴布库克回国不久，格兰特一方面再次派他和 R.H. 彼里作为美国的全权代表，重返多米尼加，签订正式的合并条约，另一方面授权他们在必要时命令美国海军占领该共和国或沙马纳湾的加煤站。

就在这种武装的威胁之下，贝兹政府被迫于 1869 年 11 月 29 日签订一个把多米尼加合并于美国的条约和美国立即占领沙马纳半岛和海湾的协定。条约规定，多米尼加共和国合并于美国，美国为此须付出现金 150 万美元。条约还进一步规定，如果该约被拒绝，美国仍然有权占领沙马纳半岛和海湾五十年，其代价是美国得付出 200 万美元的款项。

条约刚刚签订，美国海军加煤站就在沙马纳湾建立起来了。

在美国海军威逼之下，亲美的贝兹政府还于 1870 年 2 月导演了一幕"国民

---

① 见斯图亚特，前引书，第252页。

② 见斯图亚特，前引书，第252页。

③ 贝米斯主编：《美国国务卿及其外交》第7卷，纽约1963年英文版，第142页。

④ 贝米斯主编：《美国国务卿及其外交》第7卷，纽约1963年英文版，第142页。

⑤ 贝米斯主编：《美国国务卿及其外交》第7卷，纽约1963年英文版，第142页。

投票"的把戏，据说取得了"赞成合并"的多数票。

但是，美国扩张主义者在19世纪60年代还没有能够实现他们吞并多米尼加的野心。首先是由于多米尼加人民的反对，使美国统治阶级感到吞并的时机还不够成熟。众议员加隆谟在国会的一次发言中道出了美国统治阶级的心里话，他说："我以为，命运已经注定我们要去占有和支配从巴芬湾到加勒比安海的整个西部大陆。但是，先生们，请不要着忙。当果实成熟了的时候，它自己会落到我们的手中的。"①

其次，美国统治阶级内部对当时美国应该先向那个方向扩张也有分歧。当时参议院外交委员会主席查理斯·苏纳尔积极主张购买阿拉斯加，进而吞并整个加拿大。②因而在参院外交委员会中，多数也主张先不合并多米尼加。另外，几年内战，使美国经济力量有了很大的消耗。因而美国资产阶级认为，当前美国政府应该把资金用于补助工业的发展，而不是花钱去获得新的领土；他们主张，美国资本主义应该首先开发已有的土地，巩固它在国内的地位，然后再去实现扩张计划。

正是在上述的情况下，格兰特签订把多米尼加并入美国的条约在参议院被否决了。但是，格兰特并未就此罢休。他在1870年12月5日致国会咨文中再次强调，国会应该重新考虑合并多米尼加的问题。他提出的理由是："占领这块领土将在战略上、经济上和商业上对美国具有不可估量的裨益"。③他不顾苏纳尔的反对，建议国会任命一个三人小组再次去多米尼加进行调查。为了扫清实现吞并多米尼加的阻碍，他和国务卿费施一方面迫使苏纳尔辞去参议院外交委员会主席的职务；另方面还想沿用泰勒总统吞并得克萨斯的办法，即用参众两院联合决议的办法来实现吞并多米尼加的阴谋。三人小组经过一番"调查"后，提出了一份赞成合并的报告。于是，格兰特在他最后的一次年度咨文中再次提出兼并多米尼加的问题。但是，所有这些努力，都没有获得国会多数议员的支持，采用联合决议的办法也未获成功。

对多米尼加的财政控制

19世纪末，美国垄断资本利用多米尼加财政困难和无力偿付外债的时机，

---

① 叶菲莫夫，前引书，第370页。

② 参见贝米斯：《美国外交史》，纽约1953年英文版，第395页。

③ 斯图亚特，前引书，第253页。

加强了对多米尼加的渗透。1892年，纽约的"圣多明各改进公司"代多米尼加政府偿还它所欠一家荷兰公司约170万美元的债务，条件是它接管了多米尼加的某些海关，并以筹措"还债基金"为名发行了一笔公债。接着，它控制了多米尼加中央铁路的修建工程，接管了一直受法国公司控制的"国民银行"。美国资本家通过这些活动获得了巨大的利益，而多米尼加人民则遭受了残酷的压榨，多米尼加的财政也更趋恶化。不久，多米尼加政府废止了这个对它不利的安排，免除了这家公司代理人在某些海关中的职务。于是，美国国务院进行干涉，要求多米尼加政府与该公司直接谈判。1903年1月底，多米尼加政府被迫同美国签订一项议定书，其中规定多米尼加政府应分期赎回该公司持有的450万美元的债券，并以关税和北部各港口收入作为担保。同时还规定，一旦多米尼加不能偿付必需款项，美国将任命一位财政代理人，对某些海关的收入实行监督。这是美帝国主义第一次公开对多米尼加内政的干涉，其目的在于实现它对该共和国的财政控制。

当时，多米尼加所欠的外债已达3230万美元之巨，光是每年应付利息就达到260万美元。在这种高利贷的重利盘剥下，多米尼加的财政很快就破产了。欧洲各国债权人纷纷以接管多米尼加的某些海关进行威胁。于是，美帝国主义决定抢先一步。1904年10月，美国政府以保护"圣多明各改进公司"的利益为名，派遣了一位财政代表接管了普拉塔港口的海关。老罗斯福也在1904年12月致国会的一项咨文中叫嚣说："如果一个国家表明它知道在社会与政治事务中怎样有效而适当地采取合理的行动，如果它遵守秩序和偿付它的债务，那么它无须担心美国的干涉。可是，长期的错误行为，或者是有了足以使文明社会的团结产生了一般松弛的无能行为，就终于会在美洲或其他地区引起某些文明国家的干涉。在西半球内，如因上述错误的或软弱无力的行为而引起十分严重的局面，则在此等场合下，奉行门罗主义的美国可能出于无奈地被迫行使国际警察的权力"。[1] 这就是所谓门罗主义的"罗斯福式推论"，也就是恶名昭彰的"老罗斯福主义"。在这种凶恶的强盗哲学指导下，美国政府一方面指示多米尼加的美国公使道逊，要他劝告多米尼加政府"请求"美国接管它的全部海关，以便把关税的收入"公平分配"给各债权人[2]；另一方面命令美国军舰开入圣多明各港，进行威胁。多米

①《美国对外关系文件集》（以下引用简称《对外关系》），1904年英文版，第12页。
② 参看《对外关系》，1905年，第298页。

尼加政府在欧洲各国债权人不断恫吓和美帝国主义武力威胁的情况下，被迫接受了上述的"劝告"。结果，双方于 1905 年 2 月签订了一项议定书，其中规定美国政府接管多米尼加的全部关税，并把美国所收税款的 55% 直接用于偿还债务，只将剩下的 45% 交给多米尼加政府做日常开支。到 1907 年 2 月，美国政府更以条约的形式逼迫多米尼加同意以下的规定：（一）美国总统任命多米尼加的海关总监及其助理；（二）美国政府给予他们以必要的保护；（三）非经美国同意，多米尼加政府不得增加它的债务或减少它的税收。[①]同时，条约还规定，美国保有"征收（多米尼加）关税五十年"的权利。接着，一位由美国总统任命的总监开始在"美国海军保护下"征收税款，发行债券以"清偿"国外债务。美国金融公司——罗比司在它同多米尼加海关总监勾结下，以奴役性条件贷给多米尼加 2000 万美元，以"便利"它偿还国债。这样，美帝国主义就霸占了多米尼加的海关，建立了它对多米尼加的财政控制。

连续不断地干涉多米尼加内政

随着美帝国主义对多米尼加的财政控制而来的是它对多米尼加内政连续不断的干涉。1911 年，多米尼加发生了反政府的起义。塔夫脱总统竟于次年派遣两位"特派官员"前往"视察"多米尼加局势，并向多米尼加政府提出镇压起义的措施。这两位官员乘一艘载有 750 名海军陆战队的炮舰到达圣多明各港，而这些海军陆战队是准备用来"保护"海关的。[②] 在这两位官员的压力下，多米尼加政府被迫辞职，国会另选出一位新总统，但他的政府也无力镇压起义。于是，美国政府公开对起义者进行威胁。1913 年 9 月，美国国务卿布利安宣称，美国"将运用它的影响"来支持"合法的当局"，阻止一切的"叛乱"；如果起义者获得成功，美国政府决不承认他们，并将"扣留海关税款归属多米尼加的部分"。[③] 驻多米尼加的美国公使也以不久将举行一次"公平的选举"为饵，诱使起义者放下武器。选举开始时，美国政府不顾多米尼加人民的严重抗议，竟派出三位官员来"监督"选举。

在美帝国主义残酷的压榨下，多米尼加人民不断地掀起了反美斗争。1914

---

① 参看《对外关系》，1907 年，是 307—309 页。

② 参看《对外关系》，1912 年，第 366 页。

③ 参看《对外关系》，1913 年，第 425—427 页。

年，多米尼加爆发了一次反美运动，而停泊在普拉塔港的"南卡罗来纳"号美国军舰竟开炮轰击当地群众，造成了一些伤亡；另一美国军舰"马恰斯"号也开炮轰击了多米尼加的村庄和居民。这简直是不宣而战的海盗行径。1915 年 7 月，多米尼加北部和圣彼得罗·德·马克里斯附近的起义人民袭击了罗曼纳的美国税务所，俘获了一艘美国征税汽艇。于是，美国甘蔗种植园主惊慌失措地请求美国政府予以"保护"。

1916 年春季，多米尼加人民再度掀起了反美斗争。于是，美帝国主义以"保护美国公使馆和美国公民"为借口，决定进行武装干涉。5 月 4 日，"美国军舰偷偷地开入圣多明各港口的抛锚处，美国舰队指挥官在廿多台或更多台长射程和大口径的大炮掩护下，率领着大批海军陆战队在多米尼加领土登陆"。[1] 他们对多米尼加爱国军民进行了血腥镇压，并于 5 月 13 日占领了首都圣多明各市，强迫多米尼加政府军解除了武装。在美国武装干涉的情况下，多米尼加总统希门尼斯被迫辞职，国会推选亨利开斯·卡尔瓦华尔为临时总统。美国政府复以 1907 年的条约"屡遭破坏"为理由，要求临时总统缔结一个新的奴役性条约，否则拒绝予以承认。这个条约比 1907 年条约具有更大的奴役性，它要求多米尼加把关税征收置于美国监督之下，任命一位美国财政顾问和建立一支由美国官员统率的警察队伍。[2] 亨利开斯拒绝这种蛮横无理的要求后，美国政府立即命令海关总监督，停付多米尼加政府应得的税收部分。[3] 这样，多米尼加政府的经费来源即告断绝，公务人员及其家属也因工薪停发而忍饥挨饿。美帝国主义这种卑鄙无耻的要挟激起了多米尼加举国上下的义愤，他们广泛地展开了坚决支持亨利开斯总统反对美国佬蛮横无理要求的斗争。连一位美国资产阶级历史学家也不得不承认：这次"多米尼加对美国要求的抗拒……是普遍的"。[4]

1916—1924 年的军事占领

1916 年 11 月 26 日，美帝国主义头子威尔逊总统正式发表公告，声称由于多米尼加政府拒绝采取美国所坚持的"必要措施"，美国政府决定在多米尼加建

---

① S.尼林和J.弗利曼：《金元外交》，纽约1925年英文版，第128页。

② 参看斯图亚特，前引书，第129页。

③ 参看尼林和弗里曼，前引书，第129页。

④ G.H.布莱克斯利：《墨西哥和加勒比海》，纽约1920年英文版，第208页。

立军事占领政府，并宣布戒严令，以保证"维持平静"和"履行"1907 年条约的条款。接着，就任命海军陆战队司令官纳普为首的美国军政府。

在以纳普为首的美国军政府的暴虐统治下，多米尼加人民处于水深火热的悲惨境地。纳普下令解散了多米尼加的国会，建立了军事法庭，任命美国海军军官担任多米尼加政府部门的一切重要官职，并且狂妄地宣布他自己为"最高立法者、最高裁判官和最高行政长官"。为了防止多米尼加人民的反抗，美国军政府下令禁止当地人民保有武器和枪支，并对新闻、出版、邮政和电报实行严格的检查，规定多米尼加的报纸不得评论美国军政府的任何措施和活动。任何反对新闻检查和其他法令的行为，均被视为是反对美国军政府的行动，都要遭到美国军事法庭的审讯。

在海军陆战队分散到多米尼加各地后，占领当局着手改组地方政权，建立由美国官员统率的警备队，作为它维持地方"治安和秩序"的工具。在起义者继续反抗的地区，占领军派遣飞机滥施轰炸，烧毁了许多城市和乡村，杀害了成千上万无辜的居民。公众集会被禁止，选举也被废止。凡对军政府的措施表示不满者，经常遭受审讯、拷打和监禁。全国到处建立"屠夫"魏勒（西班牙镇压古巴独立革命的刽子手）式的集中营。许多被关进集中营的爱国志士横遭中世纪式的酷刑。这样，以暴力为基础的军事独裁统治就在多米尼加建立了，它一直持续到1924 年。

军事占领期间，美国垄断集团大肆掠夺多米尼加的土地和资源，对多米尼加人民进行了敲骨吸髓的压榨。军事占领当局颁布了一系列关于土地和土地税的法令，建立一个所谓"土地委员会"来解决土地纠纷，实际上是帮助美国垄断组织大肆夺取多米尼加农民的土地。它们在占领当局支持下，强行"收买"大量的土地，兼并了共和国最大的甘蔗种植园，侵占了广大森林地带，垄断了它的对外贸易。据统计，在 1913 到 1918 年期间，多米尼加输入的美国商品在它的进口总额中所占比重由 62% 激增到 93%。美国的摩根财团和库恩·罗比金融公司等攫取了多米尼加三分之一的制糖工业和其他一些重要资源。同时，美国斯皮耶尔和李·希津逊等金融公司受占领当局的"委托"，先后以多米尼加共和国的名义发行了巨额公债，而多米尼加人民却被迫履行这些公司规定的奴役性条件，偿付从年利九厘到十九厘不等的高额利息。[①] 这些奴役性条件主要是：多米尼加共和国

---

① 参看尼林和弗里曼，前引书，第 132—133 页。

在清偿所有这些公债以前，不得增发公债；未经美国政府的事先同意，不得修订它的关税；同意由美国总统任命的海关总监继续征收它的关税。[①] 总之，在美国军政府的殖民统治下，美国垄断集团通过掠夺和获取优惠特权的方式而大发横财，但多米尼加人民却纷纷破产、流离失所，在饥饿和死亡线上挣扎。

美帝国主义对多米尼加的军事占领和疯狂掠夺引起了当地人民日益增强的反抗和拉丁美洲各国人民普遍的谴责。美国军事占领的初期，多米尼加东部的爱国军民，继续展开了反对侵略者的英勇斗争。尽管多米尼加爱国军民遭到了美国侵略军的血腥镇压，他们始终没有放下自己的武器，并且在各地爱国人士的配合下，掀起了一个迫使占领军撤退的广泛的群众运动。1920 年 7 月，多米尼加人民举行了"爱国周"活动，许多爱国人士不顾军政府的威胁和迫害，发表了大量的反对美国占领的文章和演说。同时，拉丁美洲各国人民也普遍谴责美国对多米尼加的侵略，要求美国占领当局释放多米尼加的爱国军民，并从多米尼加撤退。在多米尼加人民反美斗争日趋高涨和拉丁美洲各国舆论同声谴责的情况下，美国政府不得不宣布它准备从多米尼加撤退占领军，但对结束军事占领却提出以下的主要条件：多米尼加共和国必须（一）确认和执行军政府的一切法令；（二）批准一项用于"完成公用事业"的 2400 万美元的新贷款；（三）把美国任命的海关总监的职责扩大到这项新贷款的使用，如果关税不足以偿外债的话也扩大到一部分租税的征集和支付；（四）在一个"美国军事委员会"指导下组织一支拥有实力的"国民警备队"。[②]

这些奴役性条件遭到多米尼加人民的剧烈反对。但是，在美国军事占领当局高压下，新组成的多米尼加政府被迫于 1924 年 6 月接受了这些条件。不久以后，美国占领军陆续撤退了，但却留下了一支由他们训练出来的为美帝国主义效劳的警备队。从此，多米尼加沦为名义独立实际从属于美帝国主义的保护国。

扶植特鲁希略家族建立恐怖独裁统治

美帝国主义被迫撤退占领军后，开始扶植它的代理人，作为它掠夺和统治多米尼加的工具。拉斐尔·莱·特鲁希略这个警备队的头子就是美帝国主义选中的对象。1930 年，他在美帝国主义支持下，用逼宫形式夺得了总统的宝座，从此

---

① 参看尼林和弗里曼，前引书，第131页。
② 参看斯图亚特，前引书，第269页。

在多米尼加建立了恐怖的独裁政权，开始了残暴和血腥的"特鲁希略时代"。美帝国主义通过它的这个代理人统治多米尼加达三十一年之久。

"特鲁希略时代是多米尼加历史上最黑暗和最悲惨的时期，这一时期充满了政治罪行、人权遭到侵犯以及政府的反对者受到最残酷的刑罚而闻名"。[①] 在他统治时期，多米尼加只有一个"合法的政党，即他自己的多米尼加党（后改为特鲁希略党），其他政党均被取缔。一切敢于表示与他意见不合的爱国人士不是被驱逐出境和拘禁，便是横遭拷打和杀害。他恬不知耻地自封为"大元帅"和"祖国的恩人"。他的家族成员纷纷担任国家的重要职务，并且利用"官商合办"的名义控制了多米尼加主要企业和公用事业，充当美国垄断集团奴役多米尼加人民的工具。

在特鲁希略的残暴统治和美国资本的长期奴役的情况下，多米尼加的经济已完全殖民化了。为了符合于美国垄断资本的利益，多米尼加像其他拉丁美洲国家一样，被人为地造成一个以蔗糖为主的单一经济的国家。1950—1951年度，多米尼加约产糖五十万吨，其中80%的蔗糖生产是受美国佬控制的。他们占据了全国耕地面积的三分之一。在工业方面，除特鲁希略家族的官僚买办资本外，60%的工业为美国资本所控制，而这些资本主要是投在糖业方面。该国现有的十九家大糖厂中，有十六家是美国佬的。这些美国资本家拥有广大优良的蔗田，并设有他们自己的港口、铁路、电灯和电话公司等。这样，美国垄断资本就在它和特鲁希略家族勾结下，进一步渗入到多米尼加金融财政、对外贸易和制糖等重要经济部门，从而完全控制了多米尼加的经济命脉。

在美帝国主义支持怂恿下，特鲁希略积极推行扩军备战政策，建立了一支约有25000人的常备军和一支小型的现代化的舰队，形成对加勒比海地区和平的威胁。1951年，美国政府与特鲁希略订立了一项为期十年的协定，获得在多米尼加北部装置无线电控制炮弹的设备的权利；接着，它从特鲁希略政权获得在多米尼加建立导弹追踪基地的权利。

在五十年代，当拉丁美洲各国人民对特鲁希略血腥的罪行的揭露和抗议达到高潮时，美国统治阶级及其御用学者却仍然为他们在"加勒比海的忠实警犬"特鲁希略吹捧辩护，胡说什么他以一种开明方式统治多米尼加，值得其他拉丁美洲国家领袖的效仿[②]。1952年6月，多米尼加的美国大使腊·阿克曼在美国获得

---

① 安·努·希门尼斯：《美帝国主对拉丁美洲的侵略》，世界知识出版社1962年版，第64页。
② 参看约翰·法格：《拉丁美洲通史》，纽约1963年英文版，第779页。

在多米尼加建立导弹追踪基地的权利时，公开颂扬特鲁希略的所谓"政绩"，他说"你们（指多米尼加人民）杰出的总统……特鲁希略……几天以前刚做了一次讲演，重申了他以往经常提出的愿望，要提高多米尼加共和国的生活水平，使人民能从更美满的生活中得到好处。……他已经带来的巨大福利是没有人能否认的"。① 这种歪曲事实、颠倒黑白的说法充分暴露了美帝国主义竭力维持它的走狗特鲁希略在多米尼加的反动统治的丑恶面目。1961 年，特鲁希略独裁政权被多米尼加人民推翻后，美帝国主义更加紧了对多米尼加的干涉，先后策动政变，换了七个走狗，并三番五次派军舰到多米尼加海岸，公开干涉多米尼加内政，威胁多米尼加人民的反美反独裁斗争。

一个多世纪以来，美帝国主义残酷地剥削和奴役了多米尼加人民，贪得无厌地掠夺了多米尼加的资源，粗暴地侵犯了多米尼加共和国的主权。事实证明，美帝国主义是多米尼加人民的死敌。现在，约翰逊政府又以"维护法律和秩序"为借口，派出大批海军陆战队和伞兵侵入多米尼加，对多米尼加爱国军民进行血腥屠杀，这使人们再一次看到这个世界人民的死敌的狰狞面目。正像中国人民伟大领袖毛泽东主席在 5 月 12 日支持多米尼加人民反对美国武装侵略的声明中所说："美帝国主义一直没有停止过对拉丁美洲国家进行控制、干涉、颠覆和侵略。这一次，美国政府把什么'睦邻政策'，'不干涉原则'等等骗人的鬼话一股脑儿摔在一边，对多米尼加共和国进行了赤裸裸的干涉和侵略，这就更加暴露了美帝国主义强盗的原形"。②

一个多世纪以来，美帝国主义侵略多米尼加的历史表明：美帝国主义为了实现掠夺和奴役弱小国家的目的，从来就不择手段，从财政控制、外交压力到策动政变以至公开的武装干涉和军事占领，什么卑鄙凶恶的勾当和罪行都干得出来。但是，物极必反。美帝国主义越是加强它对多米尼加的控制和压迫，多米尼加人民的反美斗争就越发高涨，拉丁美洲人民支援多米尼加人民反美爱国的斗争也越汹涌。正如毛泽东主席在上述声明中所说："美国对多米尼加共和国的侵略，使多米尼加人民和拉丁美洲各国人民进一步认识到，为了维护民族独立和国家主权，必须同侵略成性的美帝国主义进行针锋相对的斗争"。③ 我们深信，在全世界人

---

① 《美国国务院公报》，1952年7月14日。

② 见《人民日报》，1965年5月12日。

③ 见《人民日报》，1965年5月12日。

民的支持下，多米尼加人民的反美爱国斗争一定会取得最后胜利，而遭到全世界人民反对的美帝国主义必将失败。

本文第二作者是姜德昌，原文载于《吉林师范大学学报》1965 年第 1 期

美国的"自由土地"与特纳的边疆学说

一

弗雷德里克·J. 特纳（Frederick Jackson Turner，1861—1932年）是美国"中西部学派"的创始人。他是个写作较少但对美国史学影响很大的资产阶级历史学家。他一生中，写了总共不超过卅篇论文，其中有些收集在《美国历史的边疆问题》一书（1920年），其他一些篇收集在《地域在美国历史上的意义》一书（1932年）。1906年，他的第一本题为《新西部的兴起，1819—1829年》的著作出版了。此后，他就集中力量编写他的第二本著作，企图把美国边疆史继续写到1850年，但这本著作没有完成，他就在1932年逝世了。三年以后，这本未完成的原稿由他的学生艾弗里·克雷文教授编辑校订，并以《1830—1850年美国：这个国家和它的地域》为书名出版了。

在特纳这些论文和著作中，最重要的、影响最大的一篇是1893年他在芝加哥召开的美国历史学会上宣读的题为《美国历史的边疆问题》的论文。这篇论文系统阐述了西部在美国历史上的重大作用，奠定了他的"边疆学说"的基础。因此，他对美国史学的影响大都是用这篇论文来衡量的。这篇论文发表后，引起美国资产阶级学术界极大的反响。当时有的听众把特纳这位不大出名的威斯康星大学教授对美国历史的见解比喻为在美国史学领域里点燃了一颗炸弹①，而这颗炸弹就指的是特纳著名的"边疆学说"。他在这篇论文中就是用下述的话来概括这一学说的："一片自由土地的存在及其不断向后退缩和美国殖民人群向西进展表明了美国的发展"。②后来，有的评论家指出，特纳"已经完全支配了美国历史

---

① 特纳的这篇论文，在27年后，即1920年再版时，一个字都没有更改。1963年，汉斯·库恩（Hans Kohn）等主编的《思想史上思想的里程碑》丛书中，把它收入作为一单行本出版，书名是《美国历史的边疆问题》（The Significance of The Frontier in American History），附有一篇哈罗德·西蒙森（Harold P Simonson）写的绪论，第1页。本文就是根据这个版本以及他的其他论文加以评述的。

②《美国历史的边疆问题》，第27页。

写作达四十年之久""所以几乎没有一本（历史）著作没有他的影响的痕迹"。^①
另一位评论家说，"美国历史已经因他（指特纳——作者）而予以重新解释或改写"。^② 直到近年，以研究美国史著名的英国资产阶级历史学家黑尔·贝洛特还指出："在 1893 年到他（指特纳——作者）1932 年逝世期间，没有人对研究和编写美国历史发生了像他这样深远的影响"。^③

　　特纳的这篇论文和他的"边疆学说"之所以获得这样广泛的赞誉和产生这样深远的影响，固有其当时的美国历史背景，也由于它们适应了美国资产阶级关于"学术独立"的需要。美国在十八世纪独立战争中推翻英国殖民统治，取得政治独立后，直到十九世纪中叶它在经济方面仍是欧洲的殖民地^④，它的思想、文化也没有摆脱依附于欧洲的地位。在独立战争后将近百年期间，美国资产阶级历史学家，除了少数例外，主要是注意政治问题和宪法问题，写了不少有关美国政治史和宪法史的书籍。他们认为美国制度只不过是欧洲制度的延续，因此一般都用"原种论"来阐明美国历史的发展，用远溯到中世纪条顿部落时期的欧洲影响来解释美国制度的演变，经常把美国的发展与盎格鲁—萨克逊的遗产联系起来；而本国的社会经济基础和某些特殊条件则大都被忽视了。对于这种情况，特纳从史学角度提出了怀疑和异议，认为很难用欧洲"原种论"来说明他所居住的威斯康星州的历史，而必须结合本国的具体环境加以阐述。1891 年，他在一篇题为"历史的意义"的论文中写道："每个时代都参照它自己时代最主要的形势重新写过去的历史"。^⑤ 因此，他关于美国历史的独立见解使他的 1893 年那篇论文与美国著名的资产阶级文学作家拉尔夫·爱默生（Ralph W. Emerson）的作品《美国的学者》并列。两者都强调美国制度的独特性，因而被称为思想文化领域

---

① 路易斯·哈克（Louis M. Hacker）"区域还是阶级？"载《民族》周刊，1933年7月26日；转引自"敬献给马库斯·杰尼根（Marcus W. Jernegan）"的《美国历史编纂学论文集》，（Essays In American Historiography），芝加哥，1937年，第252页。

② 默尔·科蒂（Merle E. Curti），《社会科学的方法》，（Methods In Social Science），芝加哥，1931年，第367页。

③ 黑尔·贝洛特（H. Hale Bellot），《美国历史与美国历史学家——对解释美国历史的新贡献的评论》，（American History and American Historians, A Review of Recent Contributions to the Interpretation of the History of the United States），伦敦大学出版，1952年，第24页。

④ 马克思：《资本论》，第1卷，人民出版社，1963年版，第485页，注234；第843页，注253。

⑤ 特纳：《美国历史的边疆问题》，绪论，第7页。

的"独立宣言"。1837年，爱默生在堪布里奇的哈佛大学一次大学生联谊会上宣称："我们依附的时代，我们长期当其他国家的学问的学徒期限，即将结束了"。①五十六年后，特纳从史学角度进一步提出了同样的看法。他认为美国制度的独特性大部分是从国家本身的经验演化而来的，而不是来自继承欧洲的传统。②所以，有人把特纳的这篇论文称为"美国历史写作的门罗宣言"绝非偶然，而是当时美国思想文化界这种思潮的反映。

二

1892年，特纳写了一篇题为"美国历史的主要问题"的论文，认为美国历史的基本事实不是清教徒的新英格兰、北部企业家与南部农业改革者的冲突，也不是当时企业与劳工之间的经济斗争，而是文明从阿列根尼山到太平洋沿岸的进展。因此，他从社会发展的地理决定论出发，说美国"这条一直向后退缩的自由土地的边疆是美国发展的关键"。③第二年，他在那篇《美国历史的边疆问题》论文中，进一步阐述这种地理决定论的观点，认为这条由于殖民人群不断向西拓殖而不断移动的边疆"是原始与文明、自然状态和制度、野蛮与教化、初步与复杂的会合点"。在两者遭遇的地方，边疆就对双方起了使它们发生新陈代谢的变化。可是，前者不可避免地让位于后者，虽然起初荒野控制了开拓者，但开拓者慢慢地使荒野发生了变化，从而逐渐征服了荒野，各个荒野地区都轮流代表了"自由土地的内地边缘"。"这种连续不断的再生，美国生活的这种流动性，随着这种向西扩张而来的新的机会以及不断与原始社会的质朴相接触，都提供了支配美国人性格的力量"。因此，美国历史的"真正的立脚点不是大西洋沿岸，而是伟大的西部"。④

根据特纳的观点，殖民人群先后从定居较早的东部涌入这些自然状态不同的荒野地区，然后慢慢地沿着为新的环境、带入的生活方式和拓殖过程中各种事态所决定的路线回升到复杂状态。在特纳看来，美国的边疆远远不只是地图上的一条线，而是殖民人群在其中首先遭遇而后征服自然环境的一个进程。随着多次接

---

① 查尔斯·比尔德（Charles A. Beard）等，《美国文明的兴起》，（The Rise of American Civilization），纽约，1947年，两卷合订版，第1卷，第766页。

②《美国历史的边疆问题》，绪论，第2页。

③《美国历史的边疆问题》，绪论，第7页。

④《美国历史的边疆问题》，第28页。

连不断的移民浪潮的到来，这个进程越来越复杂了。在猎人和皮货商之后来了牧牛人，接着又来了耕种土地的农民和企业工人们。每一集团都有它自身需要征服的边疆，整个拓殖进程需要征服连绵不断的边疆。特纳把（美国）人与自然间的斗争比喻为"一首重演过去和现在人类历史的史诗"。[1]他很形象地写道："站在昆布兰山峡，注视着文明的进程，一列单行纵队——踏着羊肠小道去盐井的水牛、印第安人、皮货商人和猎人，牲畜饲养员和拓殖的农民——在前进"。[2]这种"文明的进程"戏剧式地表现为人征服了自然和文明的到来。[3]这样，就在原来仅是个"单纯的和无生气的大陆"上，不断向前推进的边疆留下了"一个复杂的神经系统"[4]，逐渐成长为一个社会、一个民族和一种文明。[5]这整个进程不仅使人和制度摆脱了对欧洲的依附，而且促进人和制度"美国化"了。用特纳自己的话来说，美国就是"经济、政治和社会力量与独特的地理因素接触"后相互作用的产物。[6]同时，特纳还强调指出美国边疆的特点，认为它明显地有别于欧洲的边疆，后者是一条穿越稠密人口的设防边界线，而前者在十九世纪末以前一直处于一片"自由土地"的边缘。[7]因此，他认为，"自由土地"的存在及其开发——"西进运动"在美国历史中有着独特的决定性意义。它说明了美国历史的发展，这种历史发展的主要特征就是扩张，因为征服自然已成为美国人"天定的命运"。[8]

综合特纳上述的观点，这里提出三个需要探讨的问题：第一，由于美国边疆的特点，美国资本主义发展被描述为有其不同于欧洲各国资本主义的独特性，成为世界文明史上不同寻常的现象，因而它似乎不受马克思列宁主义科学所发现的资本主义发展规律的制约。第二，美国向西部的领土扩张被描绘为一种"和平"的"西进运动"，并且用它来证明西部荒野地区由"原始"上升到"文明"的进程，也就是美国资本主义发展进程是"和平"实现的。第三，美国西部的"自由土地"被渲染为移民可以自由获得的土地，它给予任何强壮的移民一个机会来实

---

[1]《美国历史的边疆问题》，第9页。

[2]《美国历史的边疆问题》，第35页。

[3]《美国历史的边疆问题》，第9页。

[4]《美国历史的边疆问题》，第37页。

[5]《美国历史的边疆问题》，第10页。

[6] 参看《美国历史编纂学论文集》，第253页。

[7]《美国历史的边疆问题》，第28页。

[8]《美国历史的边疆问题》，绪论，第9页。

现其梦寐以求的理想。

事实果真是这样吗？

首先，美国边疆的不断西移和西部广大土地的开发是美国资本主义发展最大的特点，对促进美国资本主义的发展确实起了重要作用。这种作用的具体表现是：（一）源源不断的移民洪流，特别是接踵而来的国外大量移民提供了无限的劳动力，促进美国农业的巨大发展；（二）西部土地资源丰富、地域广阔，对美国工业提供了丰富的原料资源和广大市场，因而促进资本主义的蓬勃发展，为美国提供了比其他资本主义国家都要优越的发展条件。美国资本主义发展的特点虽然使美国社会有其与欧洲不同之处，但是它们都同样不可避免地受资本主义发展规律的制约。在美国，大量未开垦的西部土地促成资本主义在农业中扩大耕地面积的发展，但是农业中资本主义的发展不可避免地引起农村中的两极分化，大多数农民群众因被大土地所有者的剥夺而破产，沦为城市或乡村的无产阶级。因此，资本主义在美国农业中的发展，虽得以在较广阔的土地上进行，那只意味着农业小生产之被大生产所排挤具有长期性，而绝不意味着小农经济的稳定。对于美国农业中资本主义的发展，列宁曾做过精辟的分析，他说美国资本主义在十九世纪、特别是美国内战后，不但能"深入"而且能"广泛"地发展起来，这是因为中西部和远西的土地不断被垦殖了。列宁指出，这就使美国国内形成一种不同于欧洲资本主义国家的状态，在这种状态下"矛盾的尖锐化和小生产的受排挤并没有消除，而是转到更广阔的场所去了。资本主义的火灾似乎被'阻止住'了，可是所花的代价是为它准备下新的、大量的更厉害的燃料"。[①] 二十世纪以来，美国经济危机愈演愈烈、破坏性愈来愈大，国内无产阶级和资产阶级之间的阶级矛盾日益加剧，劳动农民的破产以及经常大量的失业现象等等，都说明了列宁科学预见的正确性。

其次，美国向西部土地的扩张决不像特纳所说的，是什么"和平"的"西进运动"，而是一个不断地驱逐和杀戮印第安人、侵占印第安人土地的血腥的侵略过程，也是排除敌对的资本主义国家、夺取墨西哥人和西班牙人的土地的侵略过程。因篇幅所限，这里仅就美国统治集团对待土著居民的凶狠残暴来揭露所谓"和平"的"西进运动"的真相。为了侵占印第安人的土地，美国历届政府不仅采用威胁利诱、强迫订约的手段把他们赶走，而且经常发动灭绝人性的战争。1832 年，杰克逊担任总统期间，与伊利诺斯和威斯康星两州印第安人爆发了"黑

---

① 《列宁全集》，人民出版社1961年版，第22卷，第78页。

鹰战争",残酷战斗的结果,把印第安人驱逐到密西西比河以西的地区。从独立战争起到美国内战为止,美国从印第安人手中夺取了阿巴契安山脉(阿巴拉契亚山脉——编者)与密西西比河之间的大片土地,并把这片土地划分成十二个州。

美国内战后,在修建铁路和开采矿山的资本家强烈要求土地的情况下,美国政府继续执行驱逐印第安人的传统政策,"因而发动了进攻印第安人的军事行动,这种行动经过了二十多年,结果根本解决了存在已久的问题。这种军事行动包括一千多次武装冲突,其中有些次是非常激烈的,美国政府的军队在某些战争中吃了大亏,但是这些武装冲突都一致针对着要把印第安人从农人、寻矿者和铁道建筑者所垂涎的土地上赶走"。[1] 当美国统治集团对印第安人进行掠夺战争时,他们一方面疯狂叫嚣"野蛮人必须滚蛋!""只有死的印第安人才是好的印第安人!"[2];另一方面对印第安和平居民实行惨无人道的大屠杀,使许多村落人烟绝灭,夷为平地。这就是特纳的"边疆学说"所宣扬的"和平"和"文明"的内幕。因此,美国向西部土地扩张的"西进运动",正和近代其他资本主义列强侵略扩张一样,是用同样灭绝人性的暴力和卑劣的欺骗、血污等掠夺方法来实现的。

印第安人被驱逐和消灭的历史是美国历史上最大的悲剧,因此,印第安人把他们向西退却的道路,叫作"眼泪的道路"。[3]

再次,西部土地并不像特纳所渲染的那样可以自由获得的。无论殖民时期的英国统治集团,还是后来的美国政府都是为剥削阶级的利益服务的,都对渴望得到土地不断涌向西部的劳动人民设下了种种障碍和限制,使得他们无法也无力获得所谓"自由土地"。他们只有不断进行斗争,才迫使统治集团不得不在一定时期作出某些让步。但是,他们胼手胝足,用自己的血汗在西部土地上开拓出来的劳动果实却往往被土地投机商和资本家所攫取了。

在美国独立战争前,英国统治集团认为北美殖民地的土地属于英国所有,因此一再颁布法令,禁止殖民地人民向阿巴拉契安山脉以西迁徙,以便于维护其统治和发展与边区印第安人的皮货贸易。但是,殖民地的劳动人民多是来自欧洲的贫苦劳动者,他们则认为北美的土地是全体人民的财产,因此不顾英国殖民当局颁布的禁令,不断向西涌进强占印第安人的猎场、荒地进行耕种,使

---

[1] 比尔德,前揭书,第2卷,第131页。

[2] 福斯特:《美洲政治史纲》,中译文,人民出版社,1956年,第281页。

[3] 福斯特,前揭书,第279页。

西部边疆的非法"占地"形式成为较普遍的现象。实际上，这种非法"占地"运动是殖民地劳动人民在殖民主义制度下的一种求生运动，也是对英国统治阶级压迫的一种抗议。

美国独立后，美国政府废除了英国殖民时期所有禁止向西部移民的法律，陆续颁布了一些土地法令，其中1785年土地法令规定任何人购买西部土地必须以一段（即640英亩）为最小的单位。这样，一般劳动人民和贫穷的移民根本无力购买，相反地却鼓励了土地投机。1787年，一家土地投机公司——俄亥俄公司就垄断了二百万英亩的土地。

1802年美国政府购买路易斯安那广大领土后，又颁布新的土地法，规定缩小按段出售西部土地的面积——由640英亩减为160英亩，每英亩仍售二美元，允许人们购买较小的田产，但这仍不是小生产者和贫困移民力所能及。不久以后，资产阶级和土地投机商掀起了购买西部土地的狂热投机活动，从而使西部土地日益集中于少数地主和资本家手里，真正从事耕种并以此为生的劳动农民却没有土地甚至得不到土地来耕种，以致无法生活。

美国内战时期，林肯政府在全国人民推动下，于1862年颁布了《宅地法》，允许耕种西部无主的土地连续五年的农民，可以免费获得160英亩的土地。《宅地法》使农民们获得了一些土地，但是西部广大土地仍然为资本家和土地投机商所攫取，因为铁路公司和土地投机公司都派了大批挂名职员和代理人冒充自耕农或移民去领取分地。所有这些分地均转归公司，然后再按投机价格零售给农民，从中获取暴利。据统计，1868年，美国政府拨给真正的和冒充的住户的土地达两亿一千多万英亩，但同时滥拨给铁路矿山公司和各州州政府套购的土地竟达6亿多英亩，其中仅北太平洋铁路公司一家就获得四千万英亩。所以美国内战的结果之一，正如马克思指出："……极大部分的公共土地，被滥送给建设铁道开采矿山等等的投机家公司了……。这个大共和国（指美国——作者），也已经不是迁出的劳动者的天国了"。①

此外，特纳还把他的"边疆学说"推而广之，认为边疆不仅导致美国人民形成一个"混成的民族"，而且对促进美国民主制度起了重大作用。他坚持说，"民族主义的成长和美国政治制度的演化都取决于边疆的进展"。②他指出，殖民时

---

① 《资本论》，第1卷，第978页。
② 《美国历史的边疆问题》，第46页。

期北美沿海一带是英国人占优势，但是后来涌入"自由土地"的大量移民和契约奴大都是非英国人的血统。在边疆的严峻的考验中，这些移民"美国化"了，并且融合成为一个"混成的民族"。① 在这里，特纳充分表现了他对民族形成这一历史现象的无知，他完全忽视美国内部日益加强的经济联系和表现于民族文化上的共同心理状态和精神面貌在民族形成方面的作用，而单纯强调地理环境的作用，并且把这个地理环境仅限于边疆地区。试问，前往边疆地区的这些移民，如果与早期定居的沿海地带没有日益加强的经济联系和表现于民族文化上的共同心理状态，那么能够把沿海地带的东部、南部和西部的居民联结起来成为一个经济上的整体，融合成一个"混合的民族"吗？

事实上，特纳关于"混成的民族"的说法若是与他后来的地域理论② 并列时，也发生了严重的矛盾。他一方面在阐述"边疆的民族趋势"时强调说"边疆的社会和经济特征反对地域主义"和"人口的流动性是消灭地方主义的原因"③，另方面又根据移民不同成分来描述地域文学的地域——中大西洋、新英格兰、中西和远西等地域。

特纳还着重强调边疆对促进美国民主制度的重大作用，认为边疆在这方面的贡献有二：一是边疆个人主义，"它产生了对控制的反感"。④ 二是边疆各州在十八世纪末十九世纪初参加联邦时"带来了民主的选举条款，并对较早的各州起了极其重要引起反应的影响"⑤，迫使东部各州扩大了选举权，从而使边疆区域与潮水区的对比"更加接近于比例代表制"。⑥ 因此，他认为美国"民主制度的兴起是与杰克逊和哈里森领导下的西部优势一起到来的，它意味着边疆的胜利"。⑦ 他一生始终认为"自由土地"和"西进运动"说明了"美国的发展"。他在1896年发表一篇为《西部的问题》的论文，断言森林地带居民的"森林哲学就是美国

---

① 《美国历史的边疆问题》，第44页。

② 有些美国资产阶级历史学家认为特纳后来的地域理论比他的"边疆学说"更为重要．关于他的地域理论，作者将另写专文评述。

③ 《美国历史的边疆问题》，第48页。

④ 《美国历史的边疆问题》，第48页。

⑤ 《美国历史的边疆问题》，第48页。

⑥ 《美国历史的边疆问题》，第51页。

⑦ 《美国历史的边疆问题》，第52页。

民主制度的哲学"。①在特纳看来，"森林哲学"就是边疆社会起初"以家庭为基础的原始组织"所滋生的个人主义，其表现是"反对外界压力以至于干涉"。在1914年发表的《西部与美国的理想》的论文中，他更进一步强调说，美国的民主制度不是苏珊·康斯坦特号（Sarah Constant）带到弗吉尼亚的，也不是由五月花号（May Flower）带到普里第斯（普利茅斯——编者）的，而是诞生于"美国的森林"。②因为他认为边疆对美国民主制度的贡献"都出于美国的森林，每次接触到一条新的边疆它就获得了新的力量"。③

　　这种用"森林哲学"来阐明美国资产阶级民主制度诞生的论点不仅是荒谬的，而且是超阶级的。实际上，在边疆开发与"森林哲学"产生之前，英国的北美殖民地便已在不同程度上存在着资产阶级民主制度的雏形，美国独立后，日益成长的资产阶级民主制度便以宪法的形式固定下来，西部边疆农民不断争取土地和民主权利的斗争当然也对美国资产阶级民主制度起了促进作用。但是，众所周知，美国资产阶级民主制度是有其欧洲的来源的，特别是欧洲资产阶级启蒙思想对美国建国时期政治、经济和社会都有其不可忽视的影响。比如，《美国独立宣言》的起草人杰斐逊没有芦梭（现译为卢梭——编者）的影响，那将是不可思议的事情。特纳之所以不顾历史事实，硬说美国资产阶级民主制度诞生于"美国的森林"，主要是出于他始终反对那种说遗传包含一种比环境更强烈影响的概念。④至于说边疆个人主义不断"表现出反对外界压力以至于干涉"的论点，更是超阶级的和不科学的。边疆移民是分为不同阶级和阶层的：既有拥有奴隶的种植园主、土地投机商和企业主，也有不甘心受剥削压迫的东部农民和工人，服役期满的契约奴以及来自欧洲的贫苦劳动者。因此，边疆"反对外界压迫以至于干涉"的个人主义也是有其阶级性的。正是那些受剥削压迫的劳动人民——他们是西部移民的主体——先是不顾英国殖民当局的禁令，涌向边疆，展开了有如前面所说非法"占地"运动，作为对统治阶级的一种抗议，而后他们掀起的争取民主权利和反对美国铁路公司垄断西部土地的斗争也不断给予统治阶级以一定的威胁，迫使他们不得不采取一些措施和在政治民主化方面做出一些让步。因此，促进美国资产

①《美国历史的边疆问题》，绪论，第18—19页。
②《美国历史的边疆问题》，绪论，第18—19页。
③《美国历史编纂学论文集》，第257页。
④《美国历史的边疆问题》，绪论，第4页。

阶级民主制度的正是这些西部边疆劳动人民所展开的斗争，而绝不是什么超阶级的"森林哲学"。

特纳 1893 年论文中另一重要概念也必须加以分析批判。那就是他的"安全阀"的理论。特纳宣称，自从哥伦布发现美洲后，"美洲一直是机会的别名""各种边疆确实提供了一种新的机会的领域，一扇逃脱过去束缚的大门"。[①] 又说："只要自由土地的存在，就有足以使人过安乐生活的相当收入的机会"[②]，在边疆，"习惯的约束被打破了，无限制得到了胜利"。[③] 这些活的含义自然是明显的，即边疆曾用来作为对所有不满的人的一个安全阀。一个人如果不甘受压迫或失败了，那就可以去西部边疆和重新开始。在那里，所有的人都有同等的机会，他们可以在"自由土地"上用自己的汗水谋得一个新的生计，而成功则属于最强有力的人。[④]

可惜的是这种美妙的神话并没有为现实所证实。有位美国资产阶级历史学家曾针对这种美妙的神话说，原先所期望的一座花园结果往往是一片沙漠；大平原的干旱又使许多自耕农返回中西部和东部；贪婪的土地投机商和铁路大老板又把他们的要求强加于无组织的农民身上。这种情况下，西部农民的处境并不比分文莫名的东部工人强些，两者都处于"狮子的巨爪"之下。[⑤]

这种安全阀的理论不仅是转移被剥削压迫的人民对美国现实的不满，而且积极宣扬了"社会达尔文主义"，用生物界适者生存的观点进行蛊惑，以麻痹劳动人民的斗争意志。就连一位资产阶级历史学家都承认说，这种安全阀的理论是特纳"富有想象力的解释"，其目的在于"遮掩"当时"贫穷与企业的冲突"。[⑥] 还应当指出的是：特纳提出这种理论时，也完全无视当时下述的事实，即西部农民债台高筑，不得不纷纷将农场抵押出去，1880 年耕种美国全部农田 25% 的是佃农，到二十世纪这个数字上升到 35%。[⑦] 这就清楚地表明了小农日益被剥夺的事实。

应当特别指出的是：在特纳的"边疆学说"中明显地贯穿了一种扩张主义

① 《美国历史的边疆问题》，第57页。

② 《美国历史的边疆问题》第57页。

③ 《美国历史的边疆问题》，第52页。

④ 《美国历史的边疆问题》，绪论，第12页。

⑤ 《美国历史的边疆问题》，绪论，第18页。

⑥ 亨利·史密斯（Henry N. Smith）：《处女地：作为象征和神话的美国西部》，（*Virgin Land: The American West as Symbol and Myth*），哈佛大学出版社，1950年，第254页。

⑦ 比尔德，前揭书，第2卷，275页。

的思想。他在1893年那篇论文中描述"西进运动"时宣称:"美国人民已经从不断扩张中形成他们的气质,这种不断扩张不仅是无限制的,而且还一直是强加于他们的"。[①] 他的这种说法实际上是美国扩张主义者起初大肆鼓吹的"天定命运"的翻版,它竭力颠倒黑白,把美国不断以战争来扩充疆土、夺取西班牙人、墨西哥人和印第安人的广大土地的事实掩盖起来了。按照"天定命运"的说法,美国人的命运注定要控制整个北美洲和南美洲的一大部分。十九世纪初期,美国国务卿亨利·克莱就曾大肆宣扬扩大"新的合众国"计划。"假如整个计划能够实现的话,克莱所说的'新的合众国'将包括北美洲整个大陆在内"。[②] 在美国的边疆不断西移,资本主义终于十九世纪八十年代吞没整个美国后,西部的边疆也就消逝了。在西部边疆消失后,特纳断言"美国生活的扩张特征"并没有"完全中断","美国的活力将继续为它的活动要求一个更加广阔的领域"。[③] 这就是说,特纳认定美国之向新的领土扩张乃美国历史发展的"天定命运",从而宣告美国扩张政策是美国过去的和将来的发展的基本规律之一,因此,特纳不仅同鼓吹"天定命运"的扩张主义者是一丘之貉,而且还为他们提供了扩张主义的理论根据。这一伙"耀武扬威提倡'天定命运'的人们就是今天美帝国主义者的直接祖先"[④],而特纳也就是今天美帝国主义者最早的主要谋士之一。

从上述的简要的评述看来,特纳的"边疆学说"的核心基本有三个方面。第一,强调美国资本主义社会的独特性,把美国的社会描述为一种不同于欧洲资本主义的事物,描写成世界文明上不同寻常的现象,因而它似乎不受马克思列宁主义所发现的资本主义历史发展规律的制约。第二,决定美国历史发展的不是阶级和阶级斗争,而是地理环境(或地域)。他强调说,十九世纪"一般美国人的地域意识仍然远比他的阶级意识为多"[⑤];"西进运动"不仅使移民"成为一个更加自觉的美国人",而且"成为一个更加自觉的西部人"。[⑥] 第三,美国之向新的领土扩张乃它的"天定命运",所以在美国霸占西部"自由土地"和边疆消失后,向海外扩张、控制拉丁美洲以至独霸世界也是美国发展的必然规律。

---

① 《美国历史的边疆问题》,第57页。

② 比尔德,前揭书,第1卷,第413页。

③ 《美国历史的边疆问题》,第57页。

④ 福斯特,前揭书,第263页。

⑤ 《美国历史编纂学论文集》,第258页,注13。

⑥ 《美国历史的边疆问题》,绪论,第9页。

三

从上述的简要评述中，我们可以看出特纳的"边疆学说"不仅反对马克思列宁主义关于社会发展取决于阶级和阶级斗争的理论，而且在内容方面也是错误不少、矛盾重重。那么为什么这个学说在三十多年里会在美国产生那么大的影响，甚而那段期间在美国史学界占有统治地位呢？造成这种情况的原因，除上述 19 世纪美国资产阶级学术界盛行鼓吹"学术独立"的思潮外，主要是由于它适应了当时美国帝国主义对内对外政策的需要。

特纳"边疆学说"的出笼和盛行时间正处于十九世纪末期和二十世纪初期。这个时间是美国资本主义在工农业中迅速发展的时期，也是美国资本主义向垄断阶段过渡、开始向海外大肆扩张的时期。

美国内战结束后，工业中资本主义有了迅速的发展。1860 年美国工业生产居世界第四位，到 1894 年已跃居世界第一位，生产全世界制造品的三分之一。随着美国资本主义在工业中的迅速发展，资本的集积日益加速，资产阶级对无产阶级的残酷剥削和压迫也日益加剧。1873 年、1883 年和 1893 年连续发生的经济危机更加重了无产阶级的苦难。

农业资本主义化的进程，也以急速步伐前进，从而改变了广大农村的面貌。1860—1900 年期间，美国农场数目增加了二倍，耕地面积也增加了二倍。由于西部土地的不断开拓，耕地面积的增加更迅速。但是农业资本主义的发展，也促进了农业人口分化的过程，一部分变为日益富有的农业资本家，大部分则沦为日趋破产的贫困的佃农。

在工人遭受的苦难日益加深、农民急剧贫困化的情况下，美国工人运动和农民运动空前高涨，汇成了一股汹涌澎湃的巨流，给美国资本主义制度以猛烈的冲击。1886 年 5 月 1 日，全美国四十万工人举行了争取八小时工作日的总罢工，使得火车停驶，主要工业部门瘫痪，给美国资产阶级统治以沉重的打击。这次总罢工在国际工人运动史上也具有重大意义。恩格斯在致一位美国人的信中指出："我们的（以及你们的）资产者曾经以为，美国是凌驾于阶级对抗和阶级斗争之上的。这种幻想现在破灭了"。[①]1894 年，芝加哥普尔曼公司工人举行罢工，不久即扩大为美国铁路工人声势浩大的罢工，从而使美国北部铁路交通完全断绝。

---

① 《恩格斯致费·凯利——威士涅威茨基夫人》（1886年6月3日），载《马克思、恩格斯全集》，第36卷，第482页。

随着工人运动的广泛开展，美国各地农民运动也空前高涨起来。他们于十九世纪七十年代纷纷组织农民协进会，掀起了保卫生存权利、反对银行家和铁路公司的压榨的巨大斗争。1892年，成立了以工农为骨干的强大的第三党——平民党，要求实行征收所得税，将土地投机商和铁路公司控制过多的土地重新分配和彻底实行八小时工作日制等。

波澜壮阔的工农运动使美国资产阶级统治集团大为惊慌，他们采用"两种保护自己的利益和捍卫自己的统治的斗争方法"[1]：除了派遣军警部队残酷镇压工农运动，监禁、杀害工农运动的领袖外，也采用了"自由主义的"方法，即"趋向于扩大政治权利，实行改良、让步等等的方法"[2]，借以进行蛊惑，麻痹工农群众的斗争意志，瓦解工农运动的队伍。资产阶级统治集团采取"自由主义的"方法来维护其统治的时候，除了在政治上和经济上实行某些改良和让步外，也需要用资产阶级意识形态来进行配合。特纳提出的"边疆学说"就正好适应当时资产阶级统治集团的这种需要，因为他是第一个提出美国资本主义发展的特殊性问题的资产阶级历史学家，他的"边疆学说"大力宣扬美国资本主义发展的"特殊道路"，这就为"美国例外论"提供了理论根据。

随着西部边疆的消失，美国资本主义向垄断阶段的过渡，美帝国主义开始了向海外积极扩张。当时美帝国主义的侵略矛头主要指向东亚和拉丁美洲，妄图把太平洋变成它的"内海"，把加勒比海变成它的"内湖"，进而把整个西半球纳入它的势力范围。第一次世界大战前，美帝国主义一方面对中国提出了"门户开放"政策，把它作为加强对中国的侵略的一把利刃；另一方面交替使用"金元外交"和"大棒政策"，把许多中美洲国家纳入自己的势力范围，实现其独霸西半球的第一步。正是在西部边疆的消失和美帝国主义开始把它"新的边疆"推向太平洋彼岸和拉丁美洲的时刻，特纳提出了他的"边疆学说"，大力鼓吹扩张乃美国的"天定命运"，这不正切合美帝国主义开始向海外大肆扩张侵略的需要吗？

当时臭名远扬的美国扩张主义者伍德罗·威尔逊和西奥多·罗斯福与特纳间关系之密切，也是个有力的证据。特纳在发表1893年那篇论文之前，曾私下读给威尔逊听，得到了后者的赞赏和支持。[3]西奥多·罗斯福和特纳的关系也很密切，

①《列宁全集》，第16卷，人民出版社，1959年版，第349页。
②《列宁全集》，第16卷，人民出版社，1959年版，第349页。
③参看贝洛特《美国历史与历史学家》，第20页。

经常互相通信，在罗斯福担任总统后，特纳曾被请去华盛顿，作为白宫的上宾。[①]

四

特纳的"边疆学说"在他的 1893 年论文发表后三十多年期间，一直未受到挑战。他在威斯康星大学和哈佛大学的许多学生以及其他追随者依据他关于西部土地殖民化和"边疆学说"的理论继续阐明美国资产阶级民主制度及其特点，写了不少的论文和著作[②]，从而扩大了他的影响。有些属于"中西部学派"的资产阶级历史学家写了不少关于西部各州的历史，论述移民的民族成分和交通运输史等方面的著作，但是这些著作都不能正确地阐明西部各州的历史在整个美国社会发展中的地位与作用，因而它们不是一些关于个别、局部问题的探讨，便是西部各州某一方面的资料汇编而已。还有一些追随者写了不少西部地方史、地域史，他们的著作大都具有历史地理和历史风俗的性质。

第一次世界大战后，特纳的"边疆学说"逐渐失去了它对人们的吸引力，有些资产阶级历史学家开始对他关于西部的理论提出了怀疑和批评，但仍有不少资产阶级历史学家继续坚持特纳的"边疆学说"，并且发挥了他的"边疆学说"和"地域理论"的个别论点。[③]尽管如此，但他们也不得不承认特纳的学说毕竟是过时了。到了二十世纪三十年代，他的学说开始遭到猛烈的抨击，其中最突出的抨击是来自路易斯·H·海克尔。海克尔在资产阶级自由主义杂志《民族》周刊上以"区域还是阶级"为题抨击了特纳的"边疆学说"后，强调指出："下一代历史学者需要来摧毁特纳的捏造，这些捏造不仅是'虚构'的而且是绝对有害的"[④]。其他资产阶级历史学家也纷纷写文章批评或非难特纳学说的某一方面。比如，赖特就批判了特纳关于美国民主制度产生于西部这一论点，指出西部各州的

---

① 参看《美国历史编纂学论文集》，第250页。

② 其中特纳的主要追随者及其著作有克拉伦斯·奥尔沃德：《美国政治中的密西西比河流域》（Clarence W. Alvord, *The Mississippi Valley in British Politics*）2卷，克利夫兰，1917年；罗伯特·斯凯勒：《伊利诺斯地区之从英国政府过渡到美国政府》，（Robert L. Schuyler, *The Transition in Illinois from British to American Gov't*），纽约，1909年。

③ 其中主要有艾弗里·克雷文《美国生活中的民主，一种历史的看法》（Avery Craven, *Democracy in American Life, A Historical View*），芝加哥，1941年；F.帕克森：《1763—1893年美国边疆史》（F. Paxson, *History of The American Frontier, 1763—1893*），纽约，1937年。

④《民族》周刊，1933年7月26日，第108页。

宪法本身就是美国东部州宪法的复制品，其中包括了东部各州宪法中反民主的观点。① 也有的批评他的"安全阀"的理论，非难他的"森林启学"和指责特纳的"边疆学说"根本抹杀了美国内战反对奴隶制这一斗争影响美国历史进程的重大意义等。

直到最近，反对和拥护特纳学说的双方仍在继续辩论，反对派认为特纳的学说早已过时和行不通了；而拥护他的人们认为他的"边疆学说"仍然透彻地说明了十九世纪美国的发展和理想。②

在评论特纳的"边疆学说"的过程中，出现了这样一个尖锐的问题：既然特纳坚持美国民主制度产生于边疆。那么随着西部边疆的消失，美国是否已失去了民主制度的源泉？对于这种逻辑推理的问题，特纳从未做出也不可能作出令人满意的回答。1903 年，他写了一篇题为"西部对美国民主制度的贡献"的论文，企图说明他关于边疆的消失并不意味着民主制度的终结这种看法。他认为"近代文明——工业社会制度的精华实际上巩固了民主制度的原则"，甚至进而把"新兴的实业家"称作"民主制度的探路者"和"伟大的天才"。③ 他说这些"实业家"继承了过去的边疆精神，并且表明他们具有边疆的理想。他还列举了这些"民主制度的探路者"和"伟大的天才"的名单，其中包括石油大王约翰·洛克菲勒、俄亥俄州最大的垄断资本家和政治阴谋老手马库斯·汉纳和钢铁大王安德鲁·卡尔内基这样一些垄断资本巨头，并且援引美国资产阶级作家霍雷肖·阿尔杰斯对这些垄断资本巨头的赞誉说："感谢上帝，这些财富是掌握在有智力的人们，即民主制度的手中"。④ 对于美国资产阶级民主制度往何处去的问题，他竟作出这样歪曲事实的荒谬回答："让我们留心拓荒者在木屋中的理想将扩大成为民主制度的精神生活，那里民政当局将支配和利用个人的成就以促进公益"。⑤ 这就十分清楚地表明，他竟把垄断资本巨头看成是西部拓荒者的直接继承人，把当代垄断资本巨头一手操纵的腐朽的帝国主义政治制度说成是"美国民主制度"的根源之一。这就使他为"美国例外论"提供的理论根据——"边疆学说"原形

① 参看B.赖特：《政治制度和边疆，中西部文化史料》（B. Wright, *Political Institutions and The Frontier, Source and Culture in The Middle West*）。
② 参看《美国历史的边疆问题》，绪论，第17页。
③《美国历史的边疆问题》，绪论，第15页。
④《美国历史的边疆问题》，绪论，第15页。
⑤《美国历史的边疆问题》，绪论，第15页。

毕露，遭到了彻底的破产。

　　甚至连有些资产阶级历史学家都认为特纳盛赞垄断资本巨头，称他们是"美国民主制度的探路者"的反动史观太露骨了，不能再起欺骗和麻痹人们思想的作用，因而力图建立一种新的学说，来代替特纳为"美国例外论"所提供的过时陈腐论点。继"中西部学派"兴起的"经济学派"的主要代表人物之一阿瑟·施莱辛格宣称："特纳的'边疆论'产生自土地制度大变动的气氛中，而现在对于这些问题需要有另一种提法，这种提法应当表明'城市变动'是解释历史发展进程的中心"，因而他建议不要再把"美国民主制度"与"自由土地"的存在联系起来，而应当与工业发展联系起来。①

　　尽管施莱辛格不同意特纳的"边疆学说"，企图用"城市变动"来代替"边疆学说"，但是他们的目的是一致的，那就是坚决反对马克思列宁主义历史唯物主义，千方百计地妄图为"美国例外论"提供理论根据。不过他们这种挖空心思的臆想都是枉费心机的，因为美国人民和世界人民勇往直前的步伐是任何力量也阻挡不住的。

原文载于《吉林师大学报》1978 年第 3 期

---

① 参看E.戈德曼：《历史编纂学和都市化》（E. Goldman, *Historiography and Urbanization*），巴尔的摩，1941年，第94页。

特纳的"地域理论"评介

　　弗雷德里克·J. 特纳是美国"中西部学派"的创始人，也是个美国最著名、最有影响的资产阶级历史学家之一。他除创立了著名的"边疆学说"，系统阐述"活动边疆"在美国历史上的重大作用外，还发表一些著作和论文①，提出了"地域理论"，认为各地域间的斗争以及西进运动是十八—十九世纪美国历史的主要内容。特纳的"地域理论"宣扬哪些基本论点？它的来源及其核心思想是什么？结合美国历史发展的实际，对这一理论应怎样评价？本文试图对上述三个方面的问题做一初步的评价。

一

　　构成特纳历史观的组成部分，除了著名的"边疆学说"外，还有"地域理论"。1914 年，他在一次题为《美国政治史中的地理影响》的演讲中指出："边疆和地域是美国历史中两个最基本因素。边疆是活动的地域，或者更确切地说是一种社会形式，它是由荒野与日益扩展新拓居地的边缘之间相互作用来决定的；地域是由来已久的地理环境与拓殖于该区的人群互相作用的产物。在构成美国历史的基础力量方面，地域比各州更为重要"。② 按照特纳的说法，地域是一种自然地理的区域，它具有一定的经济结构和居民的特殊心理状态，而这种经济结构和居民的心理状态，主要是由地理环境来决定的。比如，他在 1907 年美国社会

----

① 特纳研究美国地域史的第一本著作《新西部的兴起，1819—1829年》(*The Rise of New West, 1819—1829*) 于1906年出版，它论述了1819—1829年期间美国的地域力量所起的作用。他发表有关边疆和地域问题的一些演讲和论文收集在《地域在美国历史中的意义》(*The Significance of Sections in American History*) 一书（1932年）。他关于地域史的第二本著作尚未完成，就去世了。这本未完成的手稿后来由他的学生艾弗里·克雷文（Avery Craven）教授编辑校订，并以《1830—1850年美国：这个国家和它的地域》(*The United States. 1830—1850, The Nation and Its Sections*) 为书名出版（1935年）。这本书不仅对美国各地域做了分析，而且还对这些地域产生的社会力量及其相互作用进行了研究。

② 特纳：《地域在美国历史中的意义》(*The Significance of Sections in American History*)（以下引用简称《地域》），格洛斯特，马萨诸塞，1959年，第183页。

学学会上宣读一篇题为《地域主义正在美国消失了吗？》论文中就指出："形成地域主义的最基本因素"是"地理环境和居民所来自的种族"，"其中地理影响在形成美国这样的一个社会方面是特别重要的，因为它包括了影响经济利益和环境条件，从而影响一个民族的心理的那些因素"①。

　　由于地理环境的不同以及经济结构和居民心理状态的悬殊，各个地域都有其不同的利益和要求，有时彼此间不可避免地会发生矛盾和斗争。特纳认为，这种有时缓和有时激烈的矛盾斗争是美国历史各个时期都存在的普遍现象，但除了个别突出的事件外，一直为人们所忽略。他说，对一般美国人、甚至多数美国历史学家来说，"地域"这个词"仅用于南部在奴隶制……以及终于导致分裂等问题上反对北部的斗争"，因为美国内战是地域间斗争"最激烈的最悲剧性的表现"②。在他看来，美国的地域主义不仅表现于南部和北部之间的矛盾斗争，而且也表现于东部与西部之间的矛盾斗争。这种地域主义可以上溯到英国殖民北美时期，那时，它是"由大西洋滨海地区的自然地理以及不同的居民和社会类型形成的殖民地这种实际情况而产生的"③。根据各殖民地形成的不同因素，他沿用习惯的分法，把殖民时期大西洋滨海地区划分为新英格兰、中部殖民地和南部殖民地三个地区。但是，他认为，随着"活动边疆"不断向西扩展，逐渐形成了东部与西部两个地域：东部即原有的大西洋滨海地区；西部"是个迁移的地区"④，亦即所谓"活动边疆"的地区，那里人口稀少，但开拓者在开发边疆的过程中不断积累了"独特的"生活经验，因而逐渐形成他们的理想和传统。西部既是个不断"迁移的地区"，因而它也包括毗邻边疆、人口较稠密的"过渡地区"，那里仍受开拓者的理想和传统的影响，在社会经济生活方面与新开发的边疆地区有较多的共同点。这个无论在什么不同年代和在哪里形成的"西部"都是"以不同于东部的方式来考虑自身和国家的"。西部"需要资本，是个负债的地区，而东部则拥有资本，是个债权人的地区。西部是乡村和农村的地区，而东部则正成为越来越多都市和工业的地区"⑤。"西部需要便宜的或自由的土地,把它作为民主主义的务农人口的根据地"；"东部统治集团却害怕西部便宜的土地将把东部农场主引入荒野，

---

① 《地域》，第288—289页。
② 《地域》，第26页。
③ 同上，第22页。
④ 同上，第23页。
⑤ 同上，第23—24页。

破坏正常社会的契约，妨碍对不满的人们的有效控制，将使日益成长的工业城镇的劳工供应逐渐枯竭，因而使工资提高"。① 西部生活条件艰苦，多数移民得辛勤劳动来开发新的土地，因而西部"强调人的权利"，而东部的代言人则"强调财产的权利"②。

因此，特纳认为，从殖民时期开头起，东部和西部都一直表现出一种地域的姿态。滨海地区看不起高地的人们；而西部的人们在政治经济等方面都与滨海地区有着明显的对立情绪。他们在越过阿勒根尼山后，逐渐自觉起来，甚至反抗东部的统治。他说，"通讨反垄断者、农业协进会会员、平民党人、反抗者、进步党人、农业集团③和拉福莱特运动的历史"，就可以了解西部地域主义长期反对东部的持续性。

随着"活动边疆"的不断西移，美国领土日益扩大；在领土扩张的过程中形成的地域也越来越多。特纳根据他的"地域理论"，把"活动边疆"消失后的美国划分为新英格兰、中部诸州、东南部、西南部、中西部、大平原、山区诸州和太平洋滨海区诸地域，并且强调它们"各有其特殊的地理特点，各有其自身的资源和经济力量以及竞争的利益，而这些不同的因素在奠定地理基础的时代就部分地确定了的"④。在他看来，地域是以地理为基础形成的，而各州则是人为的划分。在国家政治事务方面，州经常以集团而非以联邦的个别成员资格进行活动，各州的政党代表经常分别响应他们所在地域的要求和号召，在党派代表大会和国会中代表地域的利益，协调地域间的分歧或组成地域的联合，以达成该党派的一项全国性政策或谋求国会通过一项符合他们共同利益的立法。因此，特纳认为，党派的政策和国会的立法都是从地域间争议或地域间讨价还价的进程中产生的，它们主要是地域间协调的结果，以适应党派和国家的需要。这些情况使特纳认为：第一，美国与其说是由各州组成的联邦，不如说实际上是诸地域组成的联邦⑤；第二，在西进运动开始后的美国历史"主要是地域冲突，

① 同上，第24—25页。

② 同上，第24页。

③ 美国国会中由各农业州议员组成的团体。

④《地域》，第316页。

⑤《地域》，第321页。

地域联合和地域妥协"的历史[①]。比如，他认为，北部的利益与南部的利益背道而驰；采矿业和制造业的要求与农业的要求相对立；较新的地域要求联邦政府制定处理公有土地、实现内部改进、管理财政和促进市场贸易的立法，而较老的地域则要求提高关税、实行保护贸易和由国家资助资本家修筑铁路和运河等。在这种情况下，作为地域的代言人的资产阶级政治家经常采取"妥协"和"让步"的办法与其他地域的代言人联合起来，在全国范围内展开争夺立法权力的斗争。因此，特纳强调指出，资产阶级"政治家的才能不仅在于代表领袖自己地域的特殊利益，而在于找出一种把不同的地域聚集于共同政策的方案"，"最伟大的政治家都经常抱有这样的目标"[②]。在他看来，约翰·昆西·亚当斯、范·布伦和约翰·卡尔洪就是这样政治家的典型[③]。

特纳还认为，地域间经济利益的冲突赋予美国政治生活以类似欧洲国际间关系的特色。到十九世纪八十年代"活动边疆"消失后，美国的版图大致与整个欧洲相等，美国的"地域越来越变为欧洲国家的美国翻版"[④]。他指出，在某种意义上，美国"与其说像个国家，不如说像个帝国"[⑤]，它是"一些地域的联合，一些潜在的国家的联邦"[⑥]。这些"潜在国家"间虽然经常发生矛盾和斗争，但是除了一次"悲剧性的"例外（指美国内战），并没有像欧洲国家间那样频繁地诉诸武力，爆发连绵不断的战争，美利坚合众国也没有成为另一个欧洲。根据这种情况，他做了进一步分析，说美国之所以能在较长时期保持国家的统一与和平，固由于它没有欧洲那样多的民族、语言和文化类型，也没有承受像欧洲国家那么沉重的"历史负担"和国民赖以生存的"经济需要的压力"，而主要在于美国的"地域比起欧洲国家来所经历的不同进程"，即"用地域的联盟和立法的调节代替了靠武力解决的进程"[⑦]。他还解释说"我们（指美国人，下同——作者）学会了怎样

① 威廉·哈钦森（William Hutchinson）编辑，"敬献给马库斯·杰尼根（Marcus W. Jernegan）的《美国历史编纂学论文集》"（Eassys in American Historiography），芝加哥，1937年，第262页。
②《地域》，第50页。
③ 同上，约翰·昆西·亚当斯密是美国第六任总统（1825—1829年），范·布伦是美国第八任总统（1837—1841年），约翰·C.卡尔洪在1825—1833年担任两次副总统。
④ 同上，第23页。
⑤ 哈维·威什（Harvey Wish），《美国历史学家》（American Historian），纽约，1960年，第198页.
⑥《地域》，第37页。
⑦《地域》，第318页。

讨论、怎样让步和怎样调协分歧，以及怎样把对穿越地域界线的党派的忠诚与对地方利益的忠诚两者结合起来"①。因此，他把美国之所以能长期保持统一与和平归结为"共同的民族感情和党派的纽带"，说它们"像一条有弹性的带子一样把一些地域聚拢起来"，"但与此同时，在民族感情和党派的纽带受到严重威胁时，国家便在某种程度上屈从于地域的利益"②。

特纳在详细探讨了美国"地域冲突和妥协的经验"之后，大肆鼓吹"美国的精神""美国的理想"和"美国的制度"，说什么美国取得这种经验的背后，"有一种美国精神"，"有一些美国的理想"。接着，他对美国发展的"独特性"做了进一步阐述：尽管美国经济随着时代的进展已经发生了许多深刻的变化，但"我们将不放弃来源于我们自己拓荒经验的我们美国的理想"，"我们将从我们的过去找到力量来建设一个更加宏伟的结构，在这个结构里各个地域将在一所很好的住宅里找到适合于它的位置"。"我们将勇敢地维护由一些全国性的党派所体现的美国制度，而这些党派是根据地域的和阶级的妥协行事的"③。这就是特纳认为美国不同于欧洲，并且在处理矛盾争端方面优于欧洲之所在。因此，他说美国处理地域间矛盾斗争的历史经验是欧洲的样板，把"构成美国基础"的精神和理想作为解决第一次世界大战后欧洲的困难问题的指导思想。最后，他洋洋得意地夸耀说："我们将显示出美国统治下的和平（Pax Americana），并在地球上为善良的人们寻求和平的途径"④。

在"活动边疆"已经消失、移民已经定居下来的条件下，地域主义在美国的影响是否日益削弱以至消失了呢？特纳对此的回答是否定的。他在1907年发表《美国的地域主义正在消失吗？》那篇论文中指出："东部和西部的地域主义一直是移动的地域主义，因为一度是典型的西部地区后来在同化的条件下已变成具有东部特色的地区，在经济和社会方面具有复杂和发达的社会的一切现象。因此，由于美国进入荒野的开拓运动而形成的地域主义是种日益衰落的地域主义。但它并不会立刻消灭的，并且由于社会习惯和理想的持续影响，作为一种地域的影响的这个进程在美国社会本身的西进运动已经停止很长时间以

① 《地域》，第318页。
② 《地域》，第318页。
③ 同上，第339页。
④ 同上，第339页。

后仍将是有影响的"①。所以，联邦政府仍不得不承认这些不同地域的存在，并使自身"适应这些冲突的地域利益"②。他还认为，在美国社会经济日趋现代化的条件下，地域仍像过去一样反映了美国大陆的差别，而交通和联系工具的迅速改进，比如汽车、电话和无线电广播等的广泛应用只会使地方主义而非地域主义减少了③。

在二十世纪二十年代期间，特纳对他的"地域理论"做了某些修改，这可能是由于这一"理论"受到了批评和诘难。他在 1922 年发表《地域与国家》的论文中，表明他并不是一个极端的环境主义者，而是考虑到人类动机的多样性。他写道："没有单独的因素是决定性因素。人们不是绝对为气候、地理、土壤或经济利益所支配。他们所来自的种族的影响，继承的理想和精神的因素经常战胜物质利益，也有人物的影响"④，这里，尽管他没有把人物的影响和精神因素统统排除在外，但他又认为资产阶级政治家必须从根本上代表地域的利益，因为"理想常常产生于利益"⑤，而利益又主要决定于地理环境。这样，理想和精神因素在地理环境决定论的前提下又变得无足轻重了。

二

特纳的"地域理论"的主要来源有二：一是帝国主义时代初期盛行于欧洲的地理决定论；一是十九世纪后期资产阶级学术界风行一时的"社会进化论"，即社会达尔文主义。

近代初期出现的社会学中的"地理学派"就企图用各民族居住的地理条件的差别来解释各民族间以及各民族的社会制度间的差别。这一学派的创始人之一孟德斯鸠认为民族的道德面貌，其法律的性质及其政体都是由自然环境决定的，把民族特征看成是地理环境、特别是气候的产物。英国资产阶级历史学家享利·T. 巴克尔也认为地理环境对于社会发展具有决定的意义，并且企图创立"地理决定论"的这门"科学"。到帝国主义时代初期，即十九世纪末和二十世纪初，地理决定论在一些欧洲国家中盛行起来。德国资产阶级政治地理学的创

---

① 同上，第289—290页。
② 同上，第313—314页。
③ 同上，第338页。
④《地域》，第337页。
⑤《地域》，第337页。

始人弗雷德里赫·拉采尔和英国反动的地理学家马金德等人都广泛宣扬了地理决定论的思想，认为地理环境对社会发展起决定性作用。其中对特纳有较大影响的是拉采尔，他曾任教于德国慕尼黑大学和莱比锡大学，以研究"人文地理学"而闻名于世，著有《人类的历史》①一书。但是他并不认为地理单独地决定社会的发展，因为他强调了"文化传播"的概念，认为社会的发展是通过河流、贸易路线和人口的移动实现的。他还提出了"文化地区"的概念，这种概念与后来特纳提出的"地域理论"颇为相似。1896年，特纳在美国历史协会宣读题为《西部是历史研究的一个领域》的论文中，盛赞了拉采尔所著《美国地理》的新版，特别是其中标题为《空间是美国一个重要因素》的一章。在这一章中，拉采尔指出"西部对美国人的性格和制度的影响"和"土地的广阔给美国精神提供了其自身巨大的东西"，强调"西部开拓问题、土地耕种和资源利用以及这些进程（在美国历史中——作者）的政治重要性"②。拉采尔的这些论述为特纳的"边疆学说"和"地域理论"提供了思想基础。当然，只是在特纳系统地提出了"地域理论"后，地域问题才在美国资产阶级史学中引起了广泛的注意和研究。特纳一直认为美国已往的（直到十九世纪九十年代）全部的历史在很大程度上是开拓"西部"的历史，而移民在西进运动中所处的新条件即"地理环境"的影响，乃是把由旧世界带来的旧思想、旧传统和旧制度改造为新的、美国的思想、传统和制度的主要因素③。特纳强调地理环境对美国历史的重大影响得到了拉采尔在美国主要门徒艾伦·C.森普尔的附和。森普尔在她有影响的著作《美国的历史及其地理条件》中得出部分与特纳的"边疆学说"相一致的结论，其中最主要的是"新西部的获得大大延长了美国人文地理的条件最显著的特征——充足的自由土地"④。

特纳认为，美国地理环境与移民的互相作用不仅形成美国不同于欧洲的独特性，而且也揭示了世界历史进程。他在1893年发表的《边疆在美国历史中的意

---

① 弗雷德里赫·拉采尔（Frederich Ratzel）：《人类的历史》（The History of Mankind），麦克米伦出版社，1896年，三卷。

②《美国历史协会的年度报告》（Annual Report of the American Historical Association）. 1896年第一卷第281—296页；转引自威什《美国历史学家》，第186页。

③《地域》，第5页。

④ 威什：《美国历史学家》，第187页。

义》那篇著名论文中,就援引意大利资产阶级经济学家 A. 罗利阿①关于殖民地经济发展的论述来阐明他的观点。罗利阿认为"殖民地之对于经济科学就好比山岳之对于揭露原始成层作用的地质学",因此他强调殖民地生活的研究有助于了解欧洲发展的阶段。他写道:"欧洲枉费了好几个世纪的功夫来寻找一把揭开历史之谜的钥匙,原来这把钥匙在美国;没有历史的国家却辉煌地揭示了世界历史的进程"②。

特纳在他的"地域理论"形成过程中不仅受到拉采尔和罗利阿等资产阶级地理学家和经济学家的启示,而且也受到其他一些资产阶级哲学家和历史学家的影响。其中许多人都充满了"社会进化论"的思想,他们力图用达尔文关于动植物界的生存斗争和自然选择的学说来解释社会发展的规律和人们间的互相关系。到十九世纪末和二十世纪初,尽管一些资产阶级学者运用达尔文主义解释社会进化的反动理论已经破绽百出而站不住脚,特纳仍然坚持 1893 年他那篇著名论文的基本论点,没有做任何修改。因为他认为采取那些类似自然科学的方法可能使历史成为一门科学,只要"研究未被糟蹋的新世界的人民群众",就能发现类似自然科学家发现的事物③。他和他的追随者都把美国历史看作是在特殊的地理环境中人类社会的进化",而研究这种进化"不仅包括对许多种类的边疆的研究,而且也包括各地域间的互相影响,这些地域因时代、拓殖人群的来源和环境影响的不同而各异"④。为了达到这种研究的目的,他力图使达尔文主义成为他的思想体系的主要动力,达尔文在生物学方面的学说因而"构成他著名的边疆和地域的概

---

① 为了说明特纳可能以罗利阿为知音的情况,有必要引用这位意大利资产阶级经济学家所著《社会的经济基础》一书中的一段话:"有了自由土地就自然而然地……使暴政……受到一种约束;在奴隶制度尚未产生时,自由土地的存在,本身就使真正暴虐的政府不能为所欲为;原因是臣民们常采用抛弃君主、到无主的领土上去安家立业的方法来逃避他的压迫"。引自 A.罗利阿原著的英译本(译者林德利·基斯贝伊),《社会的经济基础》(The Economic Foundations of Society),纽约,1899年,第23页。
② 特纳从罗利阿著的《资本家财产的分析》(Analisi della Proporieta Capitalisti, 2 vols, Turin, 1889)第2卷第15页引用了这句话,见特纳著的《边疆在美国历史中的意义》(The Significance of Frontier in American History),载汉斯·库恩等主编的《思想史上思想的里程碑》丛书的单行本,纽约,1963年,第34页。
③ 威什:《美国历史学家》,第181页。
④ 特纳:《1830—1850年美国:这个国家和它的地域》(The United States, 1830—1850, The Nation and Its Sections),格洛斯特,马萨诸塞,1958年,序言,第Ⅵ页。

念的基础"。① 特纳的"社会进化论"是以这样的比喻——即把文明成长和社会继承比作作物遗传——为基础的。在他看来，那些新产生的边疆特征会像法国生物学家让·拉马克所说的进化物种一样遗传下去的。根据拉马克的进化理论，外部环境的影响是有机体发生变化的直接原因，并且有机体的变化也通过获得性遗传而继续下去。因此，特纳认为，边疆特征将以适应环境的刺激的拉马克方式而进化，在这种进化过程中所获得新的特征也会持续下去，甚至在"活动边疆"消失后这些特征的痕迹仍将保留下来。在1896年《大西洋月刊》发表特纳所写的一篇题为《西部的问题》的论文中，这种拉马克进化论的观点是非常明显的。他写道：

> 我们的政治制度和我们的民主制度的历史不是模仿的历史或简单借用的历史；它是进化和一些机构适应一种变化的环境而相应变化的历史，是一种新的政治种类的历史。所以，在这种意义上，西部一直是在我们生活中具有极大意义的建设力量。②

同时，这种社会进化思想也是他的"地域理论"的核心。在他看来，地域是地理环境与拓殖于该地区的人群互相作用的产物，而它也是像进化论者著名的重演思想一样发展起来的。这种被广泛引用来支持达尔文主义的重演思想表明，个体发育（一个单独的有机体的生活史）概括了种系发育（种族的历史）。把这种思想应用于社会的发展，将意味着各种边疆地域将重演由原始状态到现代社会——由狩猎阶段经牧畜阶段而达到农业阶段和制造业阶段——的社会进程。③而这样的社会进程正是特纳在他的"边疆学说"和"地域理论"中所反复阐述的。他在1904年发表一篇题为《美国历史的一些问题》的论文中，就做了比较系统的表述：

"可以把美国自然地图看成是一幅潜在的国家和帝国的地图，各个潜在的国家和帝国将被征服和拓殖，各自经过一些发展的阶段而兴起，各自达成一定

---

① 特纳：《1830—1850年美国：这个国家和它的地域》（The United States，1830—1850，The Nation and Its Sections），格洛斯特，马萨诸塞，1958年，序言，第Vi页。

② 威什：《美国历史学家》，第181页。

③ 威什：《美国历史学家》，第194页。

的社会和产业的整体，各自具有某些人基本设想和心理特性，彼此间互相影响，并且形成那个合众国（指美国——作者），而解释合众国的发展就是历史学家的任务了"。①

根据特纳的意见，美国各地域都是按照上述社会进化的进程发展的，只有新英格兰是个例外。在这个问题上，他依据"传播主义"的思想，认为"新英格兰的文化制度和观念都是从海外借用来的"。②

三

特纳根据移民所处的地理环境的不同，将美国划分为若干地域，而且由于自然条件的不同，各个地域在经济发展上有其不同的特点。在这一点上，他是以美国的实际情况为依据的。他要求历史学家注意研究地域和地区的历史以及它们之间的矛盾和斗争，也是必要的。但是，特纳走得太远了。因为他断言，是地理环境决定着社会的经济结构和居民的心理状态。这种由地理环境决定社会发展的地理决定论显然是错误的，反马克思列宁主义的。众所周知，地理环境是社会物质生活的必需的和经常的条件之一，但它对社会的发展只起一定的作用。如果地理环境良好，自然资源富饶，它就会加速社会的发展；反之，如果没有良好的地理环境，缺乏富饶的资源，它也会妨碍社会的发展。但是，地理环境对社会发展不能起决定作用，因为地理环境在很长时期内是相对不变的，它的改变是极其缓慢的，而社会生活的改变却快得多。在很长时间几乎没有变化的地理条件，不能成为在短时间发生根本变化的社会发展的主要原因。由此可见，社会发展的决定性原因不是外部自然界，不是地理环境，而是物质资料的生产方式的变化，亦即社会经济制度的变革。

十九世纪中叶爆发的美国内战，从表面上看，好像是特纳所说的南部和北部两个地域之间的斗争；但实际上，它"是两种社会制度之间的斗争，在奴隶制度与自由劳动制度之间的斗争"。③它是以奴隶制问题为中心的一场严重的阶级斗争，即以北部资产阶级为领导的包括工人、农民和奴隶为一方与南部奴隶主阶级

① 《地域》，第8—9页。
② 威什：《美国历史学家》，第195页。
③ 马克思："美国内战"，载于马克思、恩格斯，《论美国内战》，人民出版社，1975年，第79页。

为另一方的阶级斗争。参加反对奴隶制度斗争的不仅有北部资本家和劳动人民，而且也有南部工人、农民和广大的黑人奴隶。他们的共同目标就是反对维护奴隶制度的南部奴隶主阶级，为资本主义发展扫除障碍。但是，特纳却单纯从地域概念出发，认为美国内战"在一个重要方面，在大湖（区）和草原平原的居民为一方与濒临墨西哥湾的平原居民为另一方之间为控制密西西比流域的冲突"①而爆发的。这样，他就把美国内战这样一场严重的阶级斗争歪曲为地域之间的斗争，同时也模糊了反对奴隶制度的阶级战线，从而抹杀了美国内战的阶级实质。

美国内战是美国历史上划时代的大事，是两种敌对势力之间的斗争。这两种敌对势力之间的矛盾斗争，用马克思的话来说，是"已历半世纪之久"的"美国历史的动力。"②可是，特纳却在他的著作中竭力贬低南北战争在美国历史发展上的重大意义，说什么"当把美国历史正确地加以观察时，将看到奴隶制问题是一个偶然事件"③，并且认为有的历史著作无须用那么大的篇幅来阐述奴隶制问题④。

特纳还从他的"地域理论"出发，与其他反动的资产阶级历史学家一样，极力鼓吹内战是不必要的，在美国历史上毫无意义的论调，并且对南北双方没能用"地域调节"和"地域妥协"的办法来解决这场冲突表示惋惜和惊讶。比如，在他1922年发表《地域与国家》的论文中就写道："内战也不一定是不可避免的。北部和南部的大多数美国人很可能宁愿选择一种不同的解决办法，并且当随分裂而来的战争代替了分歧的和解的时候都感到吃惊"⑤。这也就是为什么他把美国内战看成是美国史中"最悲剧性的"事件的原因。

随着边疆向西扩展，美国东部沿海地区与西部边疆地区的矛盾和斗争也日趋剧烈。这种地区间的矛盾和斗争表现于西部农场主和移民与东部资产阶级和投机商人对待印第安人政策、土地政策、立法机关代表权分配比例问题以及经济利益

---

① 《地域》，第15页。

② 马克思、恩格斯：《论美国内战》，第15页。

③ 特纳：《边疆在美国历史中的意义》，46页。

④ 这里指的是赫尔曼·冯·侯尔斯特所著七卷的《美国宪法和政治的历史》（Constitutional and Political History of the United States）。他用六卷的篇幅阐述1826—1861奴隶制问题，因而被特纳及其追随者称之为"纯粹的奴隶制度史"。侯尔斯特出生于沙皇俄国，由于痛恨沙皇专制后来逃往美国，从事历史著述工作。他这部著作充满对奴隶制度的强烈仇恨，并认为美国内战是奴隶主阴谋发动的。参看威什，前揭书，第192页。

⑤ 《地域》，第319页。

的冲突等方面的分歧。但是，特纳在他的著作和论文中既根本不谈地域之间矛盾斗争的阶级实质，也很少谈到西部边疆社会内的阶级矛盾和斗争①，好像那里各阶级的利益和要求是完全一致似的。不仅如此，他还把西部社会经济关系加以理想化。他追随罗利阿和法国贵族托克维尔的说法②，宣扬西部边疆是美国民主制度的发祥地，似乎西部地区的小生产者也享有充分的民主和平等的权利。他在这里完全无视这样一个无可辩驳的事实：涌往西部边疆的不仅有大量贫困的劳动人民和欧洲移民，还有拥有奴隶的种植园主、土地投机商和企业资本家等，因此那里早在殖民时代就已存在了剧烈的社会不平等关系，而资本主义的剥削在十九世纪时每隔十年就必加剧一次③。

特纳及其追随者不仅把美国西部边疆的拓殖描绘成一种田园式的过程，而且借用进化论的重演思想来阐明他的"社会进化论"。在他们看来，边疆地域的社会发展重演了人类历史的进程，各个边疆地域的社会都是从原始的狩猎阶段，经过牧畜阶段，上升发展到农业阶段和制造业阶段。因此，特纳认为罗利阿关于美国"辉煌地揭示了世界历史的进程"的论断是非常有道理的，说"美国的情况，就像社会史里面的一大页，我们一行一行地读着这个大陆的一页；从西部到东部，我们都能找到社会进化的记载"④。但是，应当强调指出，美国边疆各地域社会发展阶段的条件根本不同于欧洲社会发展阶段（这里指的是资本主义以前社会发展的各阶段）的条件，因为前者是在资本主义制度下发展起来的，而后者是在前资本主义的制度发展起来的。这种在不同条件下的社会发展情况很容易使我们联想到美国南部种植园的奴隶制度，它也不同于古代的奴隶制度，因为前者存在于资本主义工厂工业的时代，而后者存在于非但没有大规模的资本主义工厂工业，而

① 特纳虽然在个别论文里也承认边疆地区存在着债务人与债权人、小农与种植园主之间的阶级对抗，说了"边疆居民与种植园主之间利益之不相容"之类的话，但他这种简单的阶级分析经常为他的地理决定论所埋没，变得模糊不清。参看特纳：《地域在美国历史中的意义》，第137页；威什：《美国历史学家》，第159页。

② 托克维尔曾指出美国西部——特别是密西西比河流域——移民的开始，乃"美洲的第二次发现"。他还认为在美国西部"民主制的发展达到了登峰造极的地步"。参看托克维尔：《论美国民主政治》，俄文译本，莫斯科，1897年，第39页。

③ 列宁："关于农业中资本主义发展规律的新材料：第一编，美国的资本主义和农业"，载《列宁全集》，人民出版社，1961年，第22卷，第90—92页。

④ 特纳：《边疆在美国历史中的意义》，第34页。

且也没有手工工场的时代。正由于这种时代条件的不同，马克思曾指出，美国南部种植园主"是用黑奴经营事业的资本家"，在这种种植园制度下，"资本家和土地所有者是同一个人。"[①] 因此，美国南部奴隶制是世界资本主义经济的一个组成部分，它为资本主义工业提供原料，并为资本主义经济服务。正由于美国边疆地域也是在资本主义制度下发展起来的特殊情况，它的社会发展阶段就不能概括为"重演人类历史的进程"，更不能"揭示世界历史的进程"。

特纳不仅认为各边疆地域社会因适应环境的刺激而进化，在进化过程中所形成的地域特征会像进化的物种一样继续下去，而且强调具有不同特征的地域会彼此影响互相补充，因而"促进了那种合情合理的竞争与合作"，形成一种"更加丰富多彩的生活方式"[②]。这实际上是把生物学规律机械地搬用到社会现象的领域中来，认为人类社会的历史，有如自然界中所发生的一样，是根据生存斗争的适应、遗传和完善化这些生物学的原则演进的。特纳这样做的目的显然是在于宣扬美国历史发展的"独特性"，鼓吹美国生活方式的"优越性"。应当指出，人类社会发展是有其自己的特殊规律的，决不能用自然规律代替这些规律，也不可能用自然规律来阐明人类社会发展的真相。因此，用生物学的概念来解释社会现象，是一种反动的、反科学的勾当。对于这种勾当，列宁曾予以无情的揭露和批判："……依靠这些概念是不能对社会现象做任何研究，不能对社会科学的方法作任何说明的。再没有什么事情比在危机、革命、阶级斗争等等现象上贴上……'生物社会学'的标签更容易了，然而，也再没有什么事情比这种勾当更无益、更烦琐和更呆板了"[③]。

依据进化论的重演思想，特纳还认为边疆地域"是因不同的社会类型、政治制度和理想的成长发展进行试验的场地"[④]，好像边疆地域社会的发展是以人们的主观意志为转移似的。在这方面，特纳的追随者之一阿尔吉·西蒙斯在其所著的《美国历史中的社会力量》一书中做了颇为典型的表述：在存在"活动边疆地带"的时期，美国人"能够随心所欲地生活在社会发展的任何一个历史阶段中"，"在竞争中失败了的失业者……迁往西部，退回到小本的、竞争的个体经营的阶

---

① 马克思：《剩余价值学说史》，人民出版社中译本，1978年，第2卷，第339页，莫斯科。

②《地域》，第338页。

③ 列宁：《唯物主义和经验批判主义》，载《列宁全集》，第14卷，第346页。

④《地域》，第338页。

段"①。在西蒙斯看来，在"活动边疆"存在的时代，一切美国人，只要"扛起步枪"就能随心所欲地"重返野蛮和洪荒之境"。但是应该指出，那时任何美国人都不能"扛起步枪"重返石器时代。这倒不是因为扛步枪比打磨粗糙的石块具有无比大的威力，而是因为扛步枪的人是另一时代的产物，是与原始的土著居民完全不同的物质力量和精神力量的体现者。因此，实际情况与特纳的追随者所描述的情况大相径庭。"扛步枪"的美国人事实上绝不可能成为原始社会的成员，倒是很可能成为某家皮货公司的职员、某个探险队的成员或某个农场的场主或他的佃农，等等。特纳及其追随者之所以信口雌黄，发表这样荒诞的谬论，主要是因为他光从主观意念出发，根本不考虑支配当时社会发展的生产方式，而这种生产方式才是影响开拓性质的决定因素。

美国在其边疆达到太平洋沿岸时，它的面积大致与整个欧洲相等。但是，美国却基本上始终保持统一，没有分裂成像欧洲那样多的国家。关于这个问题，特纳把美国之所以能长期保持统一与和平，而没有成为另一个欧洲的原因，归结为它有"共同的民族感情和党派的纽带"，而"这两者像一条有弹性的带子把一些地域聚拢在一起"。其实，这样的类比是很不恰当的：第一，欧洲之所以形成许多民族国家，而美国却成为单一的民族国家，是各有其不同的历史渊源和历史条件的；第二，既然美国只是一个民族国家，而欧洲却有许多民族国家，那么怎能把一个国家国内的问题与许多国家国际间的问题相提并论呢？特纳做了这样不恰当的类比后，还大谈特谈美国在处理矛盾和问题方面优于欧洲之处，那就是它"主要靠讨论和妥协的方式避免了暴力"②，因而把构成美国基础的"美国精神"和"美国理想"作为解决战后欧洲问题的较好方式。然而，历史实践表明，美国在依靠武力解决它的国际争端方面与欧洲国家并没有什么两样，一个最突出的例子就是1846—1848年美国武装侵略墨西哥，夺取墨西哥全国领土的一半以上，至于美国利用种种借口干涉拉丁美洲各国内政的军事侵略活动更是层出不穷。据不完全统计，仅在十九世纪内，美国凭借武力侵略拉丁美洲国家的活动就在二十次以上。不仅如此，美国因内部矛盾斗争而诉诸武力的行动也决不像特纳所宣扬的仅限于南北战争，而是连续不断的。姑且撇开美国统治集团所发动的残害印第

---

① 阿尔吉·M.西蒙斯（Algie M. Simons）：《美国历史中的社会力量》（Social Forces in American History），纽约，1926年版，第140页。

② 哈钦森编辑：《美国历史编纂学论文集》，第263页。

安人的多次血腥的战争不谈，就是对本国劳动人民起义的武装镇压也是不可胜数的，其中联邦政府对自行移居西部地区的"非法占地者"的讨伐，其残酷程度也不亚于对该地区土著居民——印第安人的摧残。

特纳的"地域理论"是从地理决定论出发，以"社会进化论"为基础的资产阶级反动理论。这个理论是与马克思列宁主义针锋相对的，因为它宣扬决定社会发展的主要原因不是阶级和阶级斗争，而是地域与地域间矛盾和协调。它出笼于二十世纪初期，那时正是美国资本主义向垄断阶段过渡的时期，也是美国国内阶级斗争日趋剧烈的时期。美国统治集团为了对付当时汹涌澎湃的工农群众运动，除采取残酷镇压的手段外，也需要资产阶级意识形态来配合，以便施展它的欺骗手段，来麻痹工农群众的斗争意志，从而瓦解工农运动的队伍。特纳提出的"地域理论"正好适应当时美国统治集团的这种需要，因为它一方面极力宣扬阶级调和与阶级妥协，认为这是解决各种矛盾的最好办法；另方面大肆鼓吹构成美国社会基础的"美国精神""美国理想"和"美国制度"，强调美国在历史发展、政治制度和生活方式等方面都不同于欧洲的"独特性"，为"美国例外论"提供理论根据。

原文载于《吉林师大学报》1979 年第 3 期

"边疆学说"与美国对外扩张政策（上）

　　弗雷德里克·杰克逊·特纳是美国中西部学派的创始人，他创立的"边疆学说"不仅对美国史学界有巨大的影响，而且对美国对外扩张政策的制订也有深远的影响。因为特纳的"边疆学说"中贯穿了一种扩张主义思想，宣告美国之向新领土扩张乃美国历史发展的基本规律。随着美国的进一步扩张，美国一些著名的历史学家也不断对这一基本规律加以阐述和引申。自从十九世纪末和二十世纪初以来，"边疆学说"究竟有哪些发展演变，它对美国对外扩张政策有哪些深远的影响，这是本文试图做初步探讨的问题。

一

　　谈到"边疆学说"或"活动边疆"的问题，人们便会联想到特纳，因为他是这一学说的创始人。他认为，"自由土地"的存在及其开发——"西进运动"在美国历史中有着独特的决定意义，进而宣称美国"这条一直向后退缩的自由土地的边疆是美国发展的关键"。[①] 因此，他断言美国历史的"真正立脚点不是大西洋沿岸，而是伟大的西部"。[②] 这便是特纳于1893年在美国历史协会宣读《边疆在美国历史中的意义》那篇著名论文的主题思想。那篇论文对美国学术界产生了巨大的影响。从此，许多学者的研究重点开始从北美大陆东部转向西部，逐渐把"活动边疆"看成是理解美国历史和解释美国发展的独特性的钥匙。

　　其实，关于"自由土地"的存在及其开拓对美国历史发展的作用，在特纳之前很早就有不少资产阶级学者论述过。较早的有黑格尔、亚当·斯密、穆勒等人，稍后的则有意大利社会经济学家A.罗利阿和法国贵族政论家A.托克维尔以及美国经济学家E.G.韦克菲尔德等人。较早的资产阶级学者的著作中虽然没有

[①] 参看特纳的《边疆在美国历史中的意义》（The Significance of The Frontier in American History），载汉斯·库恩（Hans Kohn）等主编的《思想史上思想的里程碑》丛书的单行本，纽约1963年版，第7页。

[②] 同上书，第28页。

使用"自由土地"这样明确的术语，但却都论述了这一问题。比如亚当·斯密在其名著《原富》（今译为《国富论》）中就曾写道："（未经耕作的土地）……是在北美几乎免费为人们所取得，或以一种远低于野生产品价值的价格（为人们所取得）……"。① 黑格尔在强调世界历史的地理原则时写道："美国没有受到'紧张状况'的威胁，因为存在着殖民地，人口可以找到西部的'出路'，这样便消除了不满的主要根源，保证了现在资产阶级制度的生存"。② 稍后的法国政论家托克维尔不仅指出美国西部——特别是密西西比河流域——移民的开始，乃"美洲的第二次发现"，而且认为西部边疆乃美国民主制度的发祥地，宣扬那里"民主制度的发展达到了登峰造极的地步"。③ 罗利阿则以明确的"自由的"或"便宜的"土地的措辞阐述了美国历史发展的趋向，探讨了"自由土地"与暴政的关系。他写道："有了自由土地就自然而然地……使暴政……受到一种约束；在奴隶制尚未产生时，自由土地的存在，本身就使真正的暴虐的政府不能为所欲为；原因是臣民们常常采用抛弃君主、到无主的领土上去安家立业的方法来逃避他的压迫"。④ 韦克菲尔德在其所著《英国与美国》一书中除了"发现关于母国资本主义关系的真理"⑤ 外，也阐述了"自由土地"与殖民地繁荣的关系。马克思在引用韦克菲尔德的论述时指出："韦克菲尔德关于殖民地本质的几许明见，早就由重商主义者米拉波，甚至在更早以前，就由英国经济学者们提示了"。⑥

尽管在特纳之前已有不少学者注意到"自由土地"的存在和西部开拓对美国历史发展的影响，但是，对这一问题做系统的调查研究，并加以综合上升到理论，从而创立"边疆学说"的却是特纳。他的"边疆学说"虽然有不少值得探讨的问题⑦，但是他结合美国本土的实际，指出西部开发在美国历史上的重大意义，从而使他抓着了美国历史发展的这个关键问题。"边疆学说"的出现及其获得广泛的

---

① 亚当·斯密：《原富》（The Wealth of Nations），纽约1937年版，第359、392—393页。
② 黑格尔：《历史哲学》，载《黑格尔全集》第8卷，莫斯科—列宁格勒1957年俄文译本，第82页。
③ 参看A.托克维尔：《论美国民主政治》，俄文译本，莫斯科1897年版，第39页。
④ 引自罗利阿（Achille Loria）原著的英文译本（译者林德利·基斯贝伊），《社会的经济基础》（The Economic Foundations of Society），纽约1899年版，第23页。
⑤ 马克思，《资本论》第1卷，人民出版社1957年版，弟967页。
⑥ 马克思，《资本论》第1卷，人民出版社1957年版，弟967页。
⑦ 参看拙作《美国的"自由土地"与特纳的边疆学说》，载《吉林师大学报》，1978年3期，第13—24页。

赞誉，绝非偶然，而是有其社会历史背景的。众所周知，十九世纪末期和二十世纪初期，是美国资本主义在工、农业中迅速发展、向垄断过渡的时期，也是美国社会阶级斗争非常剧烈的时期。在十九世纪最后二十五年间，美国冶金工业与铁路修筑都取得了巨大的发展，到一八九四年美国工业生产已跃居世界第一位。但是，在这以后，美国国民经济的增长率开始下降；同时，美国人口调查局宣布按人口密度的标准计算，美国"已不存在边疆了"。这意味着美国不再有广泛的土地供应了。于是，一些垄断资本集团开始把它们的主要注意力从开发自然资源转向互相倾轧和进一步压榨工人和农民。这样，在资本集中和集聚的过程中，大鱼吃小鱼的现象层出不穷；劳动人民的生活日益贫困，而连续不断发生的经济危机更加重了劳动人民的苦难。失业者和移民们不再能去西部成为土地所有者或充当农业雇工了，十八万人从堪萨斯州又撤回东部的事例就说明西部谋生的艰难。工人们为了反抗资本家的残酷压榨，不断掀起了规模巨大的罢工浪潮。爱达荷、科罗拉多和弗吉尼亚等州的矿工们先后走出矿井，纷纷举行罢工，要求提高工资和改善劳动条件；芝加哥普尔曼公司工人举行的罢工，不久即扩大为美国铁路工人声势浩大的罢工，从而使美国北部铁路交通完全断绝。但是这些罢工都不断遭到政府军警的镇压。失业工人及其家属更是悲惨，他们到处游荡，寻找职业，而他们的妻子则走街串巷，从垃圾筒中搜寻可以利用或出卖的废物，借以糊口。

在这种社会危机日趋严重的形势下，特纳发表了他那篇著名的论文，借以从历史的角度来阐明美国正在发生的事态，而且他的解释也含有一种采取行动的含蓄建议。① 一八九三年发表的那篇论文充分体现了特纳的历史哲学。在他看来，历史如果不是功利主义的，那便毫无意义。他在一篇论文中就曾强调说："每个时代都根据各该时代最主要的形势重新编写过去的历史"。② 他所处的时代是资本主义向垄断阶段过渡的时代，也是美国社会动荡的时代。因此，他力图从十八世纪和十九世纪美国历史发展中寻求一种生气勃勃的解释。到1891年，他找到了他所需要的答案，那就是"这条一直向后退缩的自由土地的边疆乃是美国发展的关键"。③ 两年以后，他改变了这一答案的提法，即从消极的解释改为积极的解释，

---

① 威廉·A.威廉斯：《边疆学说与美国对外政策》，载《太平洋历史评论》，第24卷，1955年，第382页。以下引用简称威廉斯的论文。

② 特纳：《边疆在美国历史中的意义》，第6—7页。

③ 同上条注释。

并在这个改变的进程中使用了一个强有力的动词——扩张。他写道："这种连续不断的再生，美国生活的流动性，这种具有新机会的向西扩张，以及这种扩张继续不断地与原始社会的质朴相接触，都提供了支配美国人性格的力量"①。因此，他总结说，扩张促进了个人主义，而个人主义"从头起就促进了民主制度"②。

扩张、个人主义和民主制度就是这位宣扬美国独特性的历史学家在其"边疆学说"中所提出的主要之点。他强调说，边疆是个"有奇异魔力的青春源泉，而美国就在其中继续不断地沐浴和恢复活力"。没有这个源泉"思想分歧就开始在一些阶级间展开了，而思想分歧就可能扩大造成分裂"③。但是，他深信这种危险是能够而且将会加以避免的，因为他断言在西部边疆消失后，"美国生活的扩张特征"并没有"完全中断"，"美国的活力将继续为它的活动要求一个更加广阔的领域"④。换句话说，那就是特纳认定美国之向新领土的扩张乃美国历史发展的"天定命运"，从而宣告扩张政策是美国过去、现在和将来发展的基本规律之一。在这里，他不仅阐述了过去，而且也暗示了现在和将来的行动纲领。那就是"实利主义的个人主义能够与民主政治的理想主义密切结合，并且靠对外扩张政策来加以保持"⑤。因此，特纳的"边疆学说"对美国推行对外扩张政策方面起了重要作用，因为它不仅为美国的扩张主义提供了理论根据，而且也在制造舆论，似乎美国的扩张是正当的和不可避免的，从而借对外扩张来转移人们的视线，缓和国内的阶级矛盾。

在十九世纪末和二十世纪初，为美国对外扩张政策奠定思想基础的除了特纳的"边疆学说"外，还有布鲁克斯·亚当斯⑥的假说。前者认为美国独特的真正的民主制度是一种不断扩展的边疆的产物；后者强调美国独特的真正的民主制度只有靠对外扩张政策才能维持。特纳的"边疆学说"旨在阐明一种已告结束的美国历史经验，并提示了克服当时"社会动乱"的对策；亚当斯的假说除基本同意特纳关于美国历史经验的论述外，还侧重于把他的假说运用于未来。这两个人的

---

① 特纳：《边疆在美国历史中的意义》，第28页。

② 同上书，第55页。

③ 转引自威廉斯的论文，第383页。

④ 特纳：《边疆在美国历史中的意义》，第57页。

⑤ 参看威廉斯的论文，第383页。

⑥ 布鲁克斯·亚当斯（Brooks Adams 1848—1927）是美国著名的历史学家亨利·亚当斯的弟弟，著有《文明与衰退的规律》（1895年版）一书。

思想实际上构成了一种互为补充的整体，它为美国帝国的建立者提供了指导思想，也为我们了解二十世纪美国对外扩张的演变提供了线索。

在特纳于 1893 年 7 月在美国历史协会宣读那篇著名论文的同时，另一位研究边疆问题的资产阶级学者以不同的方式阐述了同一主题，并且得出与特纳所达成的同样结论，这个学者就是布鲁克斯·亚当斯。他的论文题目是《文明和衰退的规律》。他写出论文手稿后，没有公开发表，只向他的哥哥亨利·亚当斯与少数新英格兰同乡的重要人物诸如亨利·洛奇、约翰·海和西奥多·罗斯福等人宣读过，因此当时他既不出名，美国公众也根本不知道他的作品。亚当斯像特纳一样，也是从历史研究中探索边疆对现实的重要意义。他说："历史的价值不在于所搜集的大量事实，而在于（探讨）它们互相之间的关系"。① 他与特纳不同之处是他把世界作为论述的主题，并且借助心理学和经济学来研究它。他断言，世界文明的一些中心都是随着经济财富和边疆提供的机会环绕地球向西伸展，并且这条伸展的路线是显而易见的：从地中海沿岸地区通过西欧到大不列颠，然后横越大西洋到北美大陆。1890 年美国人口调查局总监发表的报告和西部边疆的消失对他提出的假说是个不利的实际情况。当时，他写信给他的哥哥亨利·亚当斯说，他的那篇论文是"在那样一种非常令人不快的和挫伤我的傲气的情况下"写出的。但是，他没有回避这个实际，而是超越美国本土，提出了一个更富于侵略性的扩张政策，因为他设想使亚洲成为美国的殖民地。他认为，在亚洲竞争中，俄国是个最危险的对手，而日本也需要加以监视；美国应采取的战略是在它们之间进行挑拨并从中渔利，这将使美国在广阔的亚洲边疆居于支配的地位。这个明目张胆的美国扩张主义鼓吹者曾对一位波士顿新闻记者说："你看怪不怪，我就是扩张主义者、帝国主义者，我敢说我愿意在这条路线上比马萨诸塞的任何人（可能只有少数例外）走得更远些"。② 亚当斯虽然在鼓吹扩张主义思想方面更加露骨，但他对学术界的影响远不及特纳。直到本世纪（注：20 世纪）四十年代，《文明与衰退的规律》一书重新出版后，他的声誉才日益增长。美国著名的历史学家查尔斯·A.比尔德为重版的《文明与衰退的规律》写了一篇较长的绪

① 转引自威廉斯的论文，第384页。
② 转引自安得逊（T.Anderson）：《布鲁克斯·亚当斯，建设性的稳健派》（Brooks Adams, Constructive Conservative），伊萨卡1951年版，第61、75页；参看《布鲁克斯·亚当斯和美国的扩张》，载《新英格兰季刊》，第25卷第2期（1952年6月），第217—232页。

言，盛赞亚当斯是位深刻的和有独到见解的思想家。不久以后，亚当斯又为制定政策的一些权威人物所发现和欣赏。国务院官员们、报纸的专栏作家和评论家都开始在他们的报告和作品中引用他的话，不断阐述他的思想。

随着时代的进展，"边疆学说"的解释与运用也发生了变化，无论在它研究对象的范围或是在探讨的问题方面都有了发展变化。这种变化当然是同美国社会经济的发展及其在世界范围内的地位分不开的。美国自建国以来，就不断在北美大陆上向西部扩张，到十九世纪末，美国西部的广大土地都已有人居住，陆续建立了许多新州。这样，西部的边疆就消失了。与此同时，随着美国资本主义在工农业中的进一步发展，它迫切需要更加广阔的市场和投资场所，而美国本土的市场由于工人、农民的贫困化也显得狭窄了。于是，美国帝国主义便开始了向海外扩张的进程，首先把它的主要矛头指向亚洲太平洋地区和拉丁美洲，接着参加了两次世界大战并从中获得了巨大的利益，使它得以在第二次世界大战后一跃而为最富强的资本主义国家，力图称霸世界。在这种形势下，特纳的"边疆学说"得到了广泛的发挥，它所研究的对象的范围已由美国西部的边疆转向整个西方世界的边疆，它所探讨的问题不仅限于用来解释美国的历史，而且也用来解释其他国家、其他大陆、"大西洋共同体"以及全世界的历史。

在扩大边疆的概念和发挥"边疆学说"方面起重要作用的是著名的历史学家卡尔顿·海斯。他于一九四五年当选为美国历史协会的主席，并在该协会年会上做了题为《美国的边疆——什么样的边疆？》的演说。[1] 他在这次演说中指出，一提到"边疆"，一般美国人便习以为常地认为是美国西部的边疆，"它被看成是一种特殊的美国现象"，决定美国的"社会和文明的独特性质"。[2] 但是，有些美国历史学家 [3] 却认为，把边疆问题单纯看成是特殊的美国现象已是不够了，而应当从整个西方的范畴来观察边疆问题。他们认为："北美向前推进的边疆，就像南美洲、澳大利西亚和南非的类似的边疆一样，是欧洲的边疆"。[4] 这些学者"既

---

[1] 卡尔顿·J.H.海斯作的题为《美国的边疆——什么样的边疆？》的演说，载于《美国历史评论》，第51卷第2期（1946年1月），第199—216页，以下引用简称海斯的演说。

[2] 海斯的演说，第201页。

[3] 比如，美国历史学家狄克逊·R.福克斯、威廉·R.谢泼德和赫伯特．博尔顿的加利福尼亚学派等。

[4] 参看狄克逊·R.福克斯（Dixon R. Fox）的《行动中的思想》（Ideas in Motion），纽约1935年版；威廉·R.谢泼德（William R·Shepherd）在《政治科学季刊》发表的论文，第32卷（1919年），第43—60、210—225、392—412页。

关心于来自欧洲的文明或来自已经欧洲化的海外地区的文明，也关心于边疆倒转文明的影响”。① 海斯不仅同意上述学者们关于边疆的看法，而且称赞他们具有"广阔的远见"。②

海斯承认边疆一直是美国独特的历史发展中的主要因素，但是他却提出了一个问题，那就是美国的边疆在北美大陆上消失之后，还留下了一个巨大的并且与当今最有关联的问题：它是个什么样的边疆？对于这个问题，他认为美国的边疆已为一些新的和非常不同的边疆——即为遥远的太平洋岛屿、亚速尔群岛以及莱茵河和多瑙河畔的边疆所代替。③ 因此，他认为必须扩大边疆的概念。"从较大范围来看，整个美洲是个边疆：拉丁美洲是西班牙和葡萄牙的边疆；魁北克是法国的边疆；美国是大不列颠和荷兰、西班牙和法国、德国和爱尔兰、斯堪的那维亚和意大利以及波兰的边疆"。④ 换句话说，整个美洲是欧洲的边疆，而美国只不过是欧洲边疆的一部分。在他看来，美国固然是欧洲的移民同印第安人和黑人在北美大陆这个"熔化炉"里融合的结果，但它的文明却主要来源于欧洲。他指出："我们（指美国人，下同——作者）的语言，我们的宗教，我们的文明都来源于欧洲，我们自由的理想和按宪法组成的政府都是一种欧洲的遗产"。⑤ 所以他认为，欧洲不单纯指的是另一个大陆或"旧世界"，而更重要的是它体现了"一种伟大的历史文化，即'西方的'文明"。⑥ 这种文明发源于地中海周围，接着逐渐深入欧洲和非洲海岸一带，而后横越大西洋向美洲大陆伸展，包括了大西洋两岸从南到北的广大地区，终于形成"大西洋共同体"。⑦ 这种文明"具有一种来源于基督教的传统，即一种扩张的、传教士和讨伐热忱的传统"。这种"传统鼓舞了……一种稳定地向欧洲边疆以外推进——从地中海推进到北冰洋，越过大西洋……遍及南北美洲大陆的整个范围，并且更远地达到菲律宾和澳大利西亚（注：

---

① 参看海斯的演说，第200页。

② 参看海斯的演说，第200页。

③ 参看海斯的演说，第214页。

④ 参看海斯的演说，第207页。

⑤ 参看海斯的演说，第204页。

⑥ 参看海斯的演说，第208页。

⑦ "大西洋共同体"是美国外交政论家瓦尔特·李普曼首先提出的名称，参看李普曼，《美国的战争目的》，波士顿1944年版，第63—68页。

澳大利亚）以及进入非洲"。① 至于"西方的"文明与美国的关系，他认为"西方的"文明"制约了我们的过去。并且不管我们意识到它与否，它决定我们的现在和将来"。②

这个以"西方的"文明为基础的"大西洋共同体"在第二次世界大战后对重建与维护国际和平与安全具有"一种决定性的非常实际的重要性"③，因为他认为"大西洋共同体的团结是未来世界和平和我们本身作为一个国家的安全与幸福最可靠的保证"。④ 他断言，现在的"大西洋共同体是现代史的一个显著事实和主要因素，正如它的先辈'地中海共同体'，是古代（史）的主要因素一样"。⑤ 正是由于美国在第一次世界大战前后曾无视现代史的这一主要因素，因而后来不得不在第二次世界大战中付出沉重的代价。⑥ 因此，他从过去的历史教训中得出结论说："如果美国要避免另一次大战的悲剧，保证给予后代以自由和民主制度的幸福，那么我们就必须重视大西洋共同体并加强我们同它的联系"。⑦ 同时，他还强调指出："我们美国人是这样一个大西洋共同体及其基础的欧洲文明的共同继承人和共同发展者，将来可能是领袖"。⑧ 因此，只有美国成功地履行它的"战后责任"，才能加强"这个文明共同体的……结合力"。⑨ 根据第二次世界大战后的现实，他大声疾呼地号召，要理解这样的美国和这样的"活动边疆"，一方面就必须扩大研究范围，研究从"古代希腊人和最初基督教徒"以来的美国历史；另方面就应广泛运用比较的方法，着重研究历史的连续性，把文明史和社会史的研究置于与政治史和经济史的研究同等重要的地位。只有如此，美国历史学家"才能够做出不可估量的贡献"。

---

① 海斯的演说，第209页。
② 海斯的演说，第208页。
③ 海斯的演说，第210页。
④ 海斯的演说，第210页。
⑤ 海斯的演说，第210页。
⑥ 海斯说美国曾因目光短浅，没有认识到它参加第一次世界大战后的任务就是防止这个"大西洋共同体"的解体，也没有认识到它战后的任务就是批准威尔逊与克里孟梭、劳合·乔治的军事保证条约并保证在国际联盟中与英、法联合，因而不得不在后来（指第二次世界大战）流了大量的"血、汗、泪"。见海斯的演说，第210页。
⑦ 海斯的演说，第216页。
⑧ 海斯的演说，第208页。
⑨ 海斯的演说，第208页。

海斯的呼吁得到了许多历史学家的响应。比如 P.L. 马金德利克运用"活动边疆"的学说解释罗马的殖民开拓，阐明这一学说对深刻了解古代世界史的重要意义；R.L. 瑞诺兹回顾了中世纪，研究了 1000—1400 年的"地中海边疆"；墨西哥学者 S·查瓦拉研究了"西班牙美洲"的活动边疆，论述西班牙人与摩尔人作战的长期传统怎样构成他们征服和剥削拉丁美洲土著居民的社会制度；A. 罗班诺夫 – 罗斯托夫斯基则根据特纳的学说观察俄国人在远东的扩张，谈到哥萨克人使用火力武器在扩张中的重要性。[①] 保罗·F. 夏普还对加拿大、美国和澳大利亚的三种边疆做了比较研究，并提出了进一步研究的设想。[②]

第二次世界大战后，美国著名的历史学家瓦尔特·W. 韦勃在其著作中也进一步发挥了特纳的"边疆学说"。[③] 他和海斯一样，也把边疆的概念加以扩大，从"西方的"文明的角度来研究边疆问题。这当然是与美国在第二次世界大战后的国际地位及其夺取世界霸权的斗争有着密切联系的。韦勃著的《伟大的边疆》一书所涉及的范围比特纳要大得多，但是他们阐述的主题思想是一致的。特纳以研究密西西比河流域为出发点，探讨西部边疆在美国历史发展中的作用；而韦勃则以研究西得克萨斯为出发点，探讨哥伦布及其同伙于 1500 年前后发现的新土地对西方文明所起的作用。[④] 韦勃指出，自从哥伦布的地理大发现以来，欧洲人不仅大量涌往移居现在美国的领土，而且也陆续移居加拿大、拉丁美洲和非洲等地。无论欧洲人往哪里移居开拓，都有它的"东部"（即宗主国）和"西部"

---

① 参看沃克·D. 怀曼和克利夫顿·B.克罗伯编辑：《边疆的前途》（The Frontier in Perspective），麦迪逊1957年版。

② 参看保罗·F. 夏普：《三种边疆：对加拿大人、美国人和澳大利亚人的拓居地的一些比较研究》，载《太平洋历史评论》，第24卷，1955年，第369—377页。

③ 瓦尔特·W.韦勃著有《大平原》（The Great Plains），1931年；《得克萨斯突击队》（The Texas Rangers），1935年；《我们立场的分歧》（Divided We Stand），1937年；《伟大的边疆》（The Great Frontier），1952年；《西方世界的活动边疆》（The Moving Frontier of the Western World），1957年，等书．1958年，他当选为美国历史协会主席，在该会年会上做了题为《作为高级冒险事业的历史学》的演讲；载于《美国历史评论》，第64卷第2期（1959年1月），第265—281页．以下引用简称韦勃的演说。

④ 厄尔·波麦罗（Earl Pomeroy）曾对韦勒与特纳所研究的边疆问题做了比较和评论，认为韦勃研究的问题"在范围方面超过了特纳，而在处理论点和事实的关系方面则不如特纳；特纳研究的西部和整个密西西比河流域相合的程度，比韦勃研究的西得克萨斯和全世界相合的程度几乎要接近得多。"参看《美国历史评论》，第64卷第1期（1958年10月），第65页。

（即"活动边疆"）。根据这种连续不断的移居的发展情况，韦勃一方面把散在各地的"小西部"归拢成为一个大整体，称之为"大活动边疆"。另方面把西欧看成是它们的"东部"的综合体。他管这个"大活动边疆"叫作"伟大的边疆"。这个"大活动边疆"不仅对西方文明产生了巨大的影响，而且从1500年以来的四百年间大大促进了西欧的繁荣。韦勃便是在探讨"大活动边疆"与西欧关系的基础上，提出了"繁荣的假说"，成为他的《伟大的边疆》一书的主题。关于"繁荣的假说"，韦勃在1958年美国历史协会年会的主席演说中曾做了扼要的阐述。他说："伟大的边疆促使西欧的大都市繁荣起来，这种规模很大的繁荣在哥伦布第一次航海回国时开始，以后逐渐加速，直到所有新土地被分配完毕为止。这种繁荣伴随着现代文化的兴起，促使一套为这个繁荣社会而服务的新制度和新思想产生出来，其中最重要的有现代民主政治、资本主义和人类进步的思想。我们知道的那些以石油、黄金和农业为基础的小繁荣，一旦作为基础的物资枯竭时，繁荣也就没有了。这种繁荣是暂时的，其存在的时间被认为是不正常的。可是，那个以伟大的边疆的一切资源为基础的大繁荣却持续这么久，以致我们都认为这种繁荣是正常的，其制度是永恒的。到了1900年前后，这个伟大的边疆——美国边疆是其中的一部分——开始闭关自守，这以后，人类进步的思想、民主政治和资本主义的功效，便都成为疑问，而且在逐渐变形"。①

因此，韦勃认为，"大活动边疆"与西欧的关系乃是理解西方文明最重要的关键之一，"把伟大的边疆这个观点同西方大都市对照来看，现代史中的许多方面也就井井有条了，不必强记就可以理解"。②同时，他以为体现西方文明的民主主义、贸易自由、国际法和财富流通等问题都可以在他的"大活动边疆"理论中，加以阐明。这里特别需要指出的是他关于"财富双重流通的理论"。根据这种理论，他认为过去的经济学家只研究财富（例如土地）在个人之间的转移，他把这种转移叫作"横式的流通"。但是，"事实上，自从美洲被发现以来，就有两种流通的办法"：除了人民之间作"横式的流通"，还有一种在君主与人民之间的"直式的流通"。他认为，这种"直式的流通"不但在"大活动边疆"存在的时期财富转移中占有绝对优势，而且"对近代的制度发生了深刻的影响"。③在"大

---

① 引自韦勃的演说，第277页。

② 参看韦勃的演说，第277—278页。

③ 参看韦勃的演说，第277—278页。

活动边疆"存在的将近四百年期间，欧洲君主获得了"伟大的边疆"之内的一切土地所有权，但他们无法利用这么多的土地，开始把土地分散给贵族、公司和个人，财富因而从君主垂直地流入社会各阶层人们的手中，这就使他们"获得了经济上的独立和政治上的自由"。[1]但是到了二十世纪初，随着"大活动边疆"的消失，这种自上而下的"直式的流通"也就停止了。在韦勃看来，这种情况必然导致"西方世界的危机"。[2]

韦勃虽然与特纳没有交往，但他承认自己是特纳学派的一员，并且强调他与特纳所研究的主题有着共同基础。因此，他说：特纳"只看到边疆的一小部分，而我则试图看到边疆的全貌。如果特纳的主题正确，我的也正确；他的错了，我的也错了"。[3]

实际上，韦勃所阐述的"大活动边疆"就是西方资本主义列强通过暴力和欺骗的方式在南、北美洲和非洲、亚洲等地掠夺的广大领土；"大活动边疆"存在的时期也就是西方资本主义列强不断争夺、瓜分上述各洲领土，建立殖民地和实行殖民统治的时期。因此，韦勃所大事渲染的西欧"正常"的"繁荣"正是建立在残酷剥削和奴役殖民地人民的基础之上的。随着整个世界的领土被瓜分完毕，殖民地人民争取民族独立和民族解放运动的不断高涨，西欧的"大繁荣"也就日益衰颓了。这是历史发展的必然趋势，任何力量也是阻挡不住的。

原文载于《世界历史》1980年第3期

---

[1] 参看韦勃的演说，第277—278页。

[2] 参看韦勃：《西方世界的活动边疆》，麦迪逊1957年版，第111—126页。

[3] 引自韦勃的演说，第279页。

"边疆学说"与美国对外扩张政策（下）

一

自从特纳于 1893 年发表那篇著名的论文后，他的"边疆学说""几乎未经批评的检验就为美国的一些历史学家迅速地、几乎一致同意地所接受"。[①] 从那以后，这个学说不断地为历史学家、社会学家、文学家和报纸专栏作家等所引用和引申，因而它不仅对学术界有深远的影响，而且也为舆论界所普遍接受。这种情况自然对政府政策的制定不能不产生影响。但是，"边疆学说"对美国对外政策的直接影响主要通过两种途径：一种是这一学说创始人及其追随者与美国当政人物的个人关系，给予后者以直接的影响；另一种途径是这一学说创始人及其追随者直接参与政府制定政策的机构或是当政人物把这一学说具体运用到政策中去。

特纳与亚当斯都同西奥多·罗斯福总统有着私人交往，在对外扩张政策方面给予老罗斯福以直接影响。特纳的那篇著名论文发表后，老罗斯福受到"很大的感动"，认为那篇论文含有"第一流的思想"，而且这些思想发表的"正是时候"。他感到那篇论文具有"非常有趣味和启发性的"思想，以致他写了一封无法投递的信件来开始他们之间的通信关系。[②] 老罗斯福最初是在一个大学研究讨论班认识亚当斯的，并且非常赏识后者写的《文明与衰退的规律》一书。老罗斯福就任总统后，亚当斯成为一个非正式的政策设计部门的主持人，不断地对老罗斯福政府外交的战略和策略提出建议。当然，老罗斯福在对外扩张政策方面，并非仅仅受到亚当斯的影响，更重要的是为美国垄断资本集团所推动。当时，棉花、煤油和资本的输出集团都要求政府打开世界各消费者的大门，以便他们攫取更大的利

---

① 弗雷德里克·L.帕克森在《社会科学百科全书》（Encyclopaedia of the Social Sciences）中所写的项目，第15卷，1935年版，第132—133页。

② E.E.莫利逊等人编《西奥多·罗斯福书信集》（The Letters of Theodore Roosevelt）中"罗斯福致特纳的信件"，坎布里奇，1951—1954年版，I，第440、363和438页。

润。亚当斯知道这一情况后，甚至比艾尔弗雷德·T.马汉 ① 还积极，为老罗斯福政府拟定了一个利用这些输出集团控制亚洲的计划。有一次，老罗斯福向国会提出的国情咨文有关外交政策的部分就借用了亚当斯写的一篇杂志文章的题目并按照该文的主旨加以阐述：即用经济和军事力量把美国的边疆向西扩展到中国内地。② 在 1905 年日俄战争中，美国政府采取了支持日本反对俄国的政策。对于美国采取的这一政策，亚当斯与老罗斯福的意见是完全一致的。美国的这一政策虽然帮助日本打败了俄国，但俄国却爆发了革命，这是亚当斯所害怕的，他担心这次革命所产生的连锁反应将阻碍美国扩张的进展。因此，俄国 1905 年革命期间，他和老罗斯福一样，尽其所能支持了沙皇专制制度。

伍德罗·威尔逊是个道貌岸然的帝国主义者。他同特纳既是亲密的朋友，又在一所大学里有师生关系。③ 课后，他们经常一起散步，做长时间的交谈：既谈论他们各自熟悉的南部和西部，也谈论"领导的权力"和有学识的人在外交领域中所能发挥的作用。威尔逊写了一些关于美国史的书籍，但他对美国史的解释很多是以特纳的"边疆学说"为依据的。他承认自己所写关于美国扩张的问题"都来源于"特纳。关于 1896 年以后美国的扩张，威尔逊就是这样写的："他们（指美国人，下同——作者）自己大陆的空间都被占据了并用以供文明的用途。他们没有边疆了。……东印度群岛和西太平洋的这些新边疆好像由于他们面临的新生涯的真正需要而出现了"。④ 在"边疆学说"的影响下，威尔逊在 1902 年就做着美国称霸世界的美梦。他认为美国已达到"完全的成熟"阶段，"孤立主义时代已告终结"。他写道："我们面对着一个新的世纪，在这个世纪中，显然我们将统治世界"。⑤ 他既有统治世界的野心，因而极力为垄断资本集团的海外掠夺辩护，认为全世界各个角落都是美国的边疆。1907 年，他在一篇文章中写道："因为贸易是不讲国界的，一个工业家总希望把全世界作为自己的市场，国旗应该跟着他

① 艾尔弗雷德·T.马汉（1840—1914年）是美国海军少将和历史学家，著有《制海权对历史的影响》等书。

② 参看威廉斯的论文，第387页。

③ 威尔逊在十九世纪八十年代应约翰·霍普金斯大学的聘请，担任访问教授，而特纳是该校的学生。

④ 转引自威廉斯的论文，第388页。

⑤ R.S.贝克，《威尔逊之生平和书信集》（Woodrow Wilson，Life and Letters）八卷集，纽约，1927—1934年版，第4卷，第85页。

走，其他国家里阻碍他的道路的大门应该打开。金融家所取得的特许权，应由他们国家的使节予以保护，即令因此侵犯那不听命的国家的主权，亦在所不惜。必需取得和建立殖民地，使地球上每一个有用的角落都不致被忽略或遗弃不用"。①

威尔逊于1913年就任总统后，他在对外政策方面所作所为没有不是按照"边疆学说"的经济含义行事的。他本是个十足的扩张主义者，但却以和平、民主和自由的伪善辞令来掩饰其扩张野心，所以有人称他是"特纳式讨伐的民主主义者的真正典型"。②第一次世界大战前夕，他曾对墨西哥进行了武装干涉，借以"教训"墨西哥人理解"侵犯"美国在墨西哥的利益所引起的严重后果。这种"教训"方式虽然是极其粗暴、野蛮的，但特纳还含蓄地批评威尔逊，说什么"我没有他对墨西哥的耐心"。

第一次世界大战爆发后，美国一方面利用它的"中立"地位，对交战国双方大做军火生意，从而获得了巨大的利润；另一方面乘双方互相厮杀的时机，毫不费力地把一些重要市场和原料产地攫为己有。因此，威尔逊政府的战略就是在"争取和平"口号的掩饰下，尽量使交战国在战争过程中互相削弱，直到双方打得筋疲力尽的时候，再出台活动，从而使美国居于仲裁者的支配地位。这就是为什么美国直到1917年才参战的原因。当然，美国人民普遍的反战情绪也是美国参加帝国主义大战的严重障碍。但是，特纳却认为威尔逊"反对德国的行动有点太迟缓了"。尽管如此，他对威尔逊在美国参战时所做出"保卫和平、民主和自由"的伪善姿态仍大加赞扬，而且认为威尔逊为"重建战后和平"而提出的"十四点"原则以及建立国际联盟的倡议是绝对必要的。因为特纳一直认为美国的责任就是在世界上"保存民主主义的制度和理想"。③所以，威尔逊推行的对外扩张政策可以说是"典型的特纳主义"的。

有些美国历史学家认为富兰克林·D.罗斯福总统初期的政策也是受特纳影响的。④这种看法的根据就是罗斯福于1932年竞选期间在旧金山共和国俱乐部

① 威廉·戴蒙德：《威尔逊的经济思想》（The Economic Thought Of Woodrow Wilson），巴尔的摩，1943年版，第141页。

② 参看威尔斯的论文，第388页。

③ 参看威尔斯的论文，第388页。

④ 比如C.P.内特尔和G.C.马林都持有这种看法．参看内特尔："弗雷德里克·杰克逊·特纳与新政"，载《威斯康星历史杂志》第17卷，第3期（1934年3月），第257—265页；马林：《历史编纂学论文集》，劳伦斯，堪萨斯，1953年，第36—37页。

所发表的演说。他在这次演说中着重指出："很久以前（我们）就达到了我们最后的边疆。以西部草原的形式出现的安全阀不存在了。……我们所熟知的机会均等不存在了……我们现在的任务不是对自然资源的发现或开发，或是需要生产更多的东西。而是管理已经掌握的资源和工厂，寻求为我们过剩生产重建国外市场……以及更公平地分配财富和产品这样较少戏剧性的事务了"。①

罗斯福总统在其"新政"初期所制定的一些重要法案，如国家产业复兴法案和农村经济调整法案都确实是以美国边疆已消失这一思想为基础的。但是罗斯福在那次演说中有一种更重要的特纳主义，那就是关于"寻求为我们过剩生产重建国外市场"的思想。在"新政"推行者当中确实有一些特纳的忠实信徒，他们把特纳关于领土扩张的学说改变为关于工业扩张的学说，也就是大力扩展对外贸易的思想。当时担任国务卿的科德尔·赫尔在发展美国的对外贸易方面就表现得最为积极。

第二次世界大战爆发后，美国因不断扩大军事工业的生产而成为反法西斯的"民主国家的兵工厂"。在此期间，罗斯福和他的同僚开始公开地把特纳学说应用于新的经济局面。"一种日益扩展的经济变成了工业美国的信条"。②随着美国经济的迅速扩展，罗斯福本人在对外政策上也日益成为一个特纳信徒，因为他深信除去两次大战之间短暂间歇外，美国的边疆就是世界。③正是由于罗斯福扩大美国边疆的这种信念并加以运用，他遭到了美国著名的历史学家查尔斯·比尔德的抨击。后者认为"在一个互相接近的世界中，企图维持一个不断扩展的国家的边疆，无论它是意识形态的、政治的或经济的，都将导致战争和专制暴政。民主制度也将被否定"。④

应该指出的是罗斯福对外政策的特纳主义是与亚当斯的强权政治混为一体的。他虽然主张美国的边疆是世界，但他也不得不面对当时世界形势的现实。随着法西斯德国军队在苏欧战场的溃败，苏联的力量日趋增强，成为战胜希特勒德国的主要力量之一。因此，罗斯福于1944年10月不得不重申他的强权政治政策：

---

① 转引自威廉斯的论文，第389页。

② 同上，第390页。

③ 参看R.E.奥斯古德：《美国对外政策的理想与利己主义》，芝加哥，1953年版，第410页；F.弗雷德尔：《富兰克林·D.罗斯福严峻的考验》，波士顿，1954年版，第238—241页。

④ 参看查尔斯·比尔德为布鲁克斯·亚当斯的《文明与衰退的规律》一书重版所写的绪言，纽约，1943年版，第3—53页。

一方面含蓄地承认苏联在东欧的优势地位，从而重新划定了美国的边疆；另方面又强调美国未来的"行动的完全自由"。[①] 美国这种单方面坚持"边疆学说"的政策自然遭到苏联的反对。这就导致了战后冷战的开端。

在冷战初期，亚当斯的声望突然增长，他为美国帝国创立者所写的老手册《美国的经济霸权》重新出版，广为畅销。战后初期曾任国务院政策计划处负责人的乔治·凯南在阐明美国对社会主义国家所采取的遏制政策时，认为亚当斯是理解美国对外政策的固有基础的少数美国人之一。同时，凯南在他所著的《美国对外政策的现实》一书中，有许多分析与论断同亚当斯的判断非常相似。[②]

与此同时，特纳的"边疆学说"在美国推行冷战外交期间也有较大的影响。杜鲁门主义实际上就是这个学说在战后的典型体现：即美国的安全与幸福有赖于不断实现美国独特的使命，以捍卫和扩展"整个世界民主制度的边疆"。杜鲁门总统在另一次演说中，详细阐述了美国所负有独特的使命和义务，而这次演说正是以"美国的边疆"为标题。[③] 但是，一个以约翰·杜勒斯为首的更加疯狂的美国扩张主义集团却感到杜鲁门这种阐述太保守了，他们认为杜勒斯"解放一切未根据个人民主主义的箴规而受统治的人民"的计划乃是这个学说最明确的表述。如果按照杜勒斯这个计划行事，那么美国就可以任意干涉别国内政，奴役别国人民，把他们纳入美国边疆的范畴了。

在战后初期，美国统治集团不仅继续坚持经济扩张的理论，积极推行"欧洲复兴方案"，使美国经济势力得以渗入欧洲各受援国；而且根据"大西洋共同体"的精神，建立北大西洋公约组织，以"捍卫美国的边疆"。在美国统治集团看来，战后美国日益扩展的经济需要"建设一个成功运行的政治和经济体系"，而"欧洲复兴方案"和"北大西洋公约组织"正是这样的政治和经济体系的一部分。1950年，美国国务卿艾奇逊就曾直言不讳地说："我的意思不是说，继续推行欧洲复兴方案的唯一理由是苏联进一步扩张的威胁。恰恰相反，即使这种威胁

---

① 参看W. S.丘吉尔：《胜利的悲剧》，波士顿，1953年版，第73—79页，第208—209 页；第215—216页，第227—228页）；R.E.舍伍德：《罗斯福与霍普金斯：密切关系的历史》，纽约，1948年，第834页。

② 参看亚当斯：《美国的经济霸权》，第168页，第173—174页与凯南：《美国对外政策的现实》，普林斯顿，1954年，第27页，第64页。

③ 参看哈里·S.杜鲁门：《美国的边疆》，华盛顿，1952年版。

不存在，自由世界同样将面临建立一个成功运行体系的艰巨任务"。① 监督"欧洲复兴方案"实施的美国官员纳尔逊·洛克菲勒更把这个方案与"边疆学说"联系起来了。他指出，"随着我们边疆的终结，有在这个世界仍然存在着其他边疆的希望"。执行这一方案的另一美国官员艾里尔·哈里曼持有同样的看法。当他被问及美国对欧洲各国的援助与那些国家致力于加强维护它们在非洲、近东和亚洲的地位的关系时，他解释说："在一种意义上说，那是它们的边疆，就像西部过去与我们的关系一样"。而且他还认为，美国为了维持它日益扩张的经济，就必须支持欧洲各国的行动并发展、巩固它自己在那些地区的地位。因此，杜鲁门政府制定的"第四点计划"被描述为在美国的边疆范围内"绝对必要的"。在凯南不断策划和指引之下，美国统治集团得出一个更加坦率的总结看法，即美国在各殖民地的利益"是与（它们）的欧洲宗主国的利益相一致的……最好的可能局面是一系列'得当的'殖民关系……我们不应该让我们对外界嘲讽的敏感来支配与国家关系重大并且不存在明显的道义上'正确'和'错误'的决定"。② 这种坦率的总结看法上是与韦勃的概括相一致的。韦勃的概括是把边疆看成"不是一条停留下来的边疆，而是个吸引（美国）进入的区域"。③ 持有这种看法的，无论他们是历史学家，或是当政人物，基本上都是来源于特纳的"活动边疆"的学说和亚当斯的强权政治的理论。

自从十九世纪末二十世纪初以来，特纳的"边疆学说"和亚当斯关于强权政治的理论之所以那样盛行、发展和得到广泛运用，主要是由于它们都具有一种扩张主义思想，而这种扩张主义思想既适应美国资本主义经济发展的需要，也适应美国历届政府对外扩张政策的需要。随着时代的进展以及美国在世界的地位的变化，这种扩张主义思想也在不断得到发挥和引申。"边疆学说"创始人和追随者不仅为美国的对外扩张提供了理论根据，而且还协助美国统治集团制定对外扩张政策，探讨推行这一政策所遇到的种种问题和困难。尽管他们绞尽脑汁，提出各

① 引自A.D.艾奇逊1950年2月21日的演说，载《众议院外交委员会就修订1948年经济合作法案的意见听取会》，华盛顿，1950年，第一部分，第15—16页、第29页；1950年2月21日的演说，载《美国参议院对外关系委员会就1950年欧洲复兴（方案）延长的意见听取会》，华盛顿，1950年，第14页。

② 参看P.W.贝尔，"作为美国对外政中一个问题的殖民主义"，载《世界政治》，第5卷，第1期（1952年10月），第86页，101—102页、109页。

③ 韦勃：《伟大的边疆》，第2页。

种各样克服困难的办法，但是这种扩张主义政策却遭到了日益剧烈的反对，而且注定是要失败的。因为当前正处于世界各国人民普遍觉醒的时代：国家要独立，民族要解放，人民要革命。在这种形势下，如果仍然坚持扩张主义政策，其必然后果就是韦勃所害怕发生的"西方世界的危机"。

原文载于《世界历史》1980 年第 4 期

关于十八世纪美国革命的史学评介

十八世纪美国革命是第一次大规模的殖民地争取民族独立的革命，也是一次资产阶级民主革命。这次革命开始于 1776 年美国独立战争，经过五年多浴血奋战，美国人民终于推翻了英国在北美的殖民统治，建立了美利坚合众国。但是，美国人民争取民主的斗争并未因独立战争的胜利停顿下来，而是持续到 1787 年宪法的制定才大体告一段落。因此，许多历史著作都把从独立战争到 1787 年宪法的制定这一时期的斗争列入革命的范畴。这场革命是美国历史中最重要的问题之一。美国研究这一问题的著作和论文历来很多，可谓卷帙浩繁。近年来，特别是第二次世界大战后，随着有关美国革命的历史文献的不断发表以及美国开国元勋们的多卷本著作和传记的相继出版，美国史学界关于这次革命的著作和论文更是层出不穷。美国史学界对这次革命的研究有哪些主要的不同看法和争论？近年来它们的发展演变情况怎样？本文试图就这次革命的起因、革命期间社会阶级的矛盾斗争以及 1787 年宪法与革命的关系三个问题做一简要评介[①]。

（一）关于美国革命的起因

美国史学早期学派的主要代表乔治·班克罗夫特（1800—1891 年）是第一个全面而广泛地论述美国革命的历史学家，著有十卷的《合众国历史》[②]，该书出版后曾在十九世纪七八十年代风行一时，被誉为美国历史的重要著作。他把美国历史看作是一部争取自由的历史，认为英国为压制北美殖民地人民的自由而采取的种种措施是美国革命爆发的原因。他说，美国革命发动者的目的就是"谋取人类幸福，并且相信他们是在为自己和后代人服务"。因此，他把英国在北美殖民地行使的任何权力都看作是对美国的侵犯。他在论述十六世纪弗吉尼亚的探险

[①] 本文的主要依据是威廉·H.卡特赖特和小理查德·L.沃森合编的《解释和讲授美国历史》（华盛顿D.C.，1961 年）和《美国历史和文明的重新解释》（华盛顿D.C.，1973 年）两书中有关美国革命的章节以及其他有关的著作。

[②] 乔治·班克罗夫特：《美洲大陆发现以来的合众国历史》，十卷，波士顿，1834—1875年。

时，就使用了"英国对合众国的占领"这样标题。在他看来，英国的航海法令所体现的重商主义也是对美国主权的侵犯。通读班克罗夫特著作的头几卷后，就会感到英王乔治三世乃英国实行暴政、扼杀自由的那帮坏家伙中的最后一个，而1776年美国人却是在斯图亚特王朝统治下奋起反抗人们中最优秀者。他对独立战争抱有民族主义热忱，从而肯定了这次战争的正义性，这无疑是正确的。但是，他对美国独立战争的阐述，主要集中于政治和外交方面，而忽视了北美殖民地反英斗争的经济背景，以致不能把殖民地人民争取自由的政治斗争与殖民地经济发展的因素结合起来，说明美国独立战争乃殖民地社会经济发展不可避免的结果。

以乔治·L.比尔（1872—1920）[1]为主要代表的帝国学派不同意班克罗夫特关于美国革命起因的阐述。他们提出质问说：古老的不列颠帝国真的像班克罗夫特所描述的那样糟糕吗？它对殖民地居民施加的限制难道是不公平的吗？对于这些问题，他们的答案当然是否定的。比尔在《1754—1765年不列颠的殖民政策》一书中论述七年战争时，认为北美殖民地居民的行为是忘恩负义的，而大不列颠的政策却是"建设性的和负责的"。他的理由是不列颠帝国在七年战争中对殖民地人民提供了保护，以防来自法国和西班牙的威胁，可是一旦法国的威胁消除后，他们并不感恩戴德，而是迅速采取行动，要求独立。在他看来，殖民地人民采取这种行动并不是为了维护什么"公民自由和政治自由"，而是因为"他们继续留在帝国内部已无利可图了"。因此，他把美国革命看成是"两个同源民族的暂时分离"，而造成这种分离的原因是"这两个民族固有的同一性为不同的经济和社会所造成的分歧所掩盖了"。

帝国学派另一著名的美国历史学家是查尔斯·M.安德鲁斯（1863—1943）[2]，他的著作《美国历史的殖民地时期》主要阐述各殖民地的建立问题，只是在最后一卷才附带涉及革命的问题。他对英国推行的殖民政策抱有同情、谅解的态度。在他看来，航海条例不再像是种经济压制性政策，而是英国真诚期望建立帝国管理体制的一种尝试；海事法庭不再是个专制的工具，而成为一种保证商业和贸易流通的有益手段。他认为，当时在英国与北美殖民地的关系上存在着两种倾向：

---

[1] 乔治·L.比尔著有《1754—1765年不列颠的殖民政策》(纽约，1907年，1933年再版) 和《1660—1754年旧殖民制度》，两卷，(纽约，1912年，1933年再版) 等书。

[2] 查尔斯·M.安德鲁斯著有《美国历史的殖民地时期》，四卷，(纽黑文，1934—1938年) 和《美国革命的殖民地背景；四篇关于美国的殖民地时期历史的论文》(纽黑文，1924年，1931年再版)。

一种倾向是宗主国要求把权力集中到自己手中，另一种倾向是殖民地力求得到有效的自治权。这两种对立的倾向终于导致了独立战争的爆发。

安德鲁斯的学生劳伦斯·H.吉普森继续研究了不列颠的殖民政策。他的著作①以帝国学派的观点全面考察了导致《独立宣言》的一些历史事件。他认为"七年战争"已扩大到帝国的范围，因而把它命名为"保卫帝国的战争"。这次战争的胜利是靠英国人倾泻在美洲土地的金钱和鲜血而取得的。因此，他断言，英国政府在战后向殖民地征税，是公平合理的措施，因为当时殖民地人民的赋税负担与英国人相比是极其轻微的，何况他们还是使英国国债增加一倍的这次战争的主要受益者②。从这种帝国的观点出发，他竭力贬低殖民地人民反对英国征税的斗争，说什么殖民地人民对据以反对英国征税的宪法原则并无诚意，而且他们往往随着形势的变化而改变他们的论点。

综上所述，帝国学派学者们既否认了美国独立战争的正义性，也没有对美国革命的起因提出一个完备的论述。实际上，他们也不可能做出符合实际的论述。因为他们既然肯定英国对北美殖民地所采取的许多措施是"公平合理的"和"有益的"，那么殖民地人民还有什么理由来摆脱英国的殖民统治呢？可是，事实上，北美殖民地人民却掀起了前赴后继的英勇斗争，终于推翻了英国的殖民统治，取得了民族独立。这是帝国学派所不愿理解的，也是他们所不能理解的。帝国学派的观点盛行于十九世纪末和二十世纪初，亦即资本主义进入帝国主义阶段的时期。因此，这一学派的兴起和它的观点的广泛流传，决非偶然，而是适应美国帝国主义政策的需要。

北美殖民地究竟为什么"会背叛英国"，爆发革命呢？"进步学派"③学者们试图阐明这一问题。卡尔·贝克尔（1873—1945年）在《1760—1776年纽约殖民地政党史》④一书中指出，革命期间纽约的政治主要围绕两个问题：即地方自治和谁应治理地方。其实，这两个问题不仅是纽约集中注意的问题，而且也是其他北美殖民地所关心的共同问题。前者是北美殖民地反英斗争的目标：摆脱英国的殖民统治，争取民族独立。后者则是殖民地内部矛盾斗争的问题。贝克尔在阐述

① 劳伦斯·H.吉普森：《美国革命前的不列颠帝国；美国危机之前年代的一些地方特点和地域趋势》，第一至三卷（卡德威尔，印第安纳），第四卷（纽约），到1956年出版了九卷。
② 吉普森：《1763—1775年革命的来临》，它是《新美国国家丛书》的一种，纽约，1954年。
③ 凡以社会经济观点来阐述美国历史的学者们被称为"进步学派"。
④ 卡尔·L.贝克尔：《1760—1776年纽约殖民地政党史》，麦迪逊，1909年，1959年再版。

纽约殖民地反英斗争的起因时，除了重复早期学派关于自由的观点外，还列举了一系列的经济矛盾作为它的补充，如宗主国的赋税压迫，殖民地工场的生产和活动受到种种限制等。但是，"进步学派"的一些著作①都把注意力集中于革命时期殖民地内部的矛盾斗争，而对殖民地与宗主国的矛盾斗争则阐述得不够。

还有一些历史学家，把美国革命的起因单纯归诸宣传鼓动的作用。②有的历史学家甚至认为这场革命，就其争取地方自治而言，乃由于像萨姆·亚当斯和帕特里克·亨利那样的宣传鼓动家的煽动性活动所造成的。这种看法自然是本末倒置的，美国革命之所以爆发是有其社会根源和经济基础的，而宣传鼓动只不过起推动作用罢了。

第二次世界大战后，美国上升到资本主义世界霸主的地位，到处进行侵略和掠夺，国内政治也由于麦卡锡主义的猖獗而日趋反动。在这种形势下，美国史学界也发生了很大的变化，其主要特点是完全忽视美国人民的革命传统，竭力否认美国社会存在着对立阶级的斗争，强调用无冲突的"利益一致论"来阐述和改写美国历史。持这种观点的主要是第二次世界大战以后成长起来的历史学家，他们形成了新保守派。这一派的主要人物有罗伯特·布朗和丹尼尔·布尔斯廷等。③也有些历史学家对导致美国革命的某些事件进行了较深入细致的研究，提出了一些"新的见解"④。但是，他们却把这种个别事件看作是美国之所以"会背叛英国"的根本原因。在这方面，奥利弗·迪克森所著《航海条例与美国革命》一书⑤就是个典型的例证。作者首先论述了当时殖民地人民并不反对英国颁布的航海条例及其所体现的重商主义政策。而且认为航海条例是一副"帝国的黏合剂"，即

---

① 如阿瑟·M.施莱辛格：《1763—1776年殖民地商人与美国革命》，纽约，1918年；J.富兰克林·詹姆森：《作为一次社会运动的美国革命》，普林斯顿，1926年；波士顿，1956年再版。

② 论述宣传鼓动工作与美国革命的关系，有三本主要著作：即约翰·米勒的《萨姆·亚当斯：宣传的先锋》，波士顿，1936年；菲利普·戴维森的《1763—1783年宣传与美国革命》，查佩尔·希尔，1941年；阿瑟·施莱辛格《独立的前奏曲：1764—1776年对不列颠的新闻之战》，纽约，1958年.

③ 他们关于美国革命的论述将在第二个问题中加以评介。

④ 分析"为什么北美殖民地会背叛英国？"这一问题的主要著作有伯恩哈德·诺伦伯格的《美国革命的起因，1759—1766年》，（纽约，1960年）；埃德蒙·摩根与海伦·摩根合著的《印花税条例危机：革命的序幕》，（查佩尔·希尔，1953年）；本杰明·拉巴利的《波士顿茶党》，（纽约，1964年）等书。

⑤ 奥利弗·迪克森：《航海条例与美国革命》，费城，1951年。

一种把殖民地与宗主国联结在一起的积极政策。其次，他指出，1764 年英国颁布了《食糖条例》，并用它"作为贸易征税政策来代替早先贸易保护和鼓励的体制"，因而殖民地与宗主国的和谐关系就被破坏了。但是，他认为"英国最致命的决定"则是 1767 年在波士顿专为北美殖民地设立的独立的"海关专员署"。这个署的首脑和官员们利用"合法的技术性细节和肆无忌惮的方式"对殖民地商人进行"海关的敲诈勒索"，掠夺了他们的大量财富；而英帝国当局却对这些官员的非法行为放任自流，不闻不问。在这些受害的殖民地商人中，有两个是后来美国革命的重要领袖，即波士顿的约翰·汉考克和南卡罗来纳的亨利·劳伦斯。作者还发现，在许多激起殖民地人民反抗英国的重大事件中，包括波士顿惨案和英国武装帆船"葛斯比号"的劫掠，都有海关专员署在幕后操纵的黑手。这样，这个署的官员们在不到十年时间就"毁灭了迄今一直把帝国（各部分）结合在一起的忠诚和共同利害关系"。迪克森的这些发现博得了一些史学评论家的好评，他们称赞他"提供了……有关美国革命极其重要的新材料"。其实，殖民地反抗英国殖民统治的斗争虽然有时缓和有时紧张，但它是由来已久的和连续不断的，而海关专员署的设立及其对殖民地商人的敲诈勒索只不过是加剧这一斗争而已。当然，迪克森的发现也有助于分析判断哪些事件是爆发独立战争的重要导火线。

应该指出，导致美国独立战争的爆发，是有多方面原因的，有根本原因，也有直接原因。但是，在第二次世界大战后美国史学界发表有关这一问题的许多著作中，除了一部分宣扬违反历史发展实际的"利益一致论"外，不少历史学家研究探讨了美国革命的直接原因，而深入研究美国革命的根本原因的专著仍付阙如。对一些直接原因的深入分析自然有助于了解这次革命的事态发展，运用一些新发表的史料重新阐明某些历史事件的进程也有助于促进研究的深度和广度，但是要阐明美国革命这个历史事件的必然性，还需要从这次革命的根本原因着手：既要全面研究英国对北美殖民地长期压制和掠夺的政策，也要系统阐明美国革命乃殖民地社会经济发展不可避免的结果。

（二）美国革命期间社会阶级的矛盾斗争

随着美国独立战争的爆发，殖民地人民争取民主和社会改造的斗争也广泛展开。他们既反对英国的殖民统治，也反对殖民地资产阶级和种植园主等上层分子的专横暴虐。因此，"进步学派"一些历史著作都以较大的篇幅分析研究殖民地内部的矛盾斗争。其中有代表性的著作便是前面已提到的贝克尔写的《纽约殖民地政党史》一书。贝克尔认为，美国革命前纽约殖民地政府是被一伙紧密结合在一起的地方贵族所控制的，"总督的政务会、殖民地议会、法庭以及律师界都挤满了拥有大地产的人们或他们的亲属，这些大地产所有者在哈德逊河谷和康涅狄格河谷北部都拥有十万英亩以上的土地"。印花税条例颁布后，这些地方贵族带头抵制英国议会的征税，因为他们看出英国的征税是对他们地方控制权的一种威胁。但在当地群众也广泛掀起抗议活动时，他们却退出了反英斗争的行列，并力图抑制群众的斗争，因为他们"怕人民大众的程度可能要甚于怕英国的控制"。可是，事态的发展不是以他们的意志为转移的，在反印花税的运动中涌现出来的群众组织和领袖是不会听从保守贵族指挥的。于是，保守贵族们采取了另一策略：打入这些群众组织，并力图从中取得控制权。尽管他们的这一策略有时获得成功，但正像作者所指出的那样，他们最后要对下述两条道路做出抉择：或是背叛人民，成为效忠派；或是与人民革命团体共命运，坚持反英斗争。他们中一些人，像约翰·杰和詹姆·迪安等都选择了第二条路，并取得了在群众组织中的领导地位。作者由此得出结论说，纽约各阶层反对英国征税的斗争是同民众反对当地统治阶级的斗争紧密联系在一起的；在独立战争爆发后十年间，胜利的革命者之间，即以原先统治阶级的成员为一方和以小农和手工业者为另一方展开了一场继续不断的斗争。

尽管贝克尔并没有认为纽约的斗争只是殖民地内两个对立阶级的斗争，也没有断言其他殖民地内有类似纽约的这种斗争，但是后来"进步学派"的学者们都在不同程度上把他的解释推进了一步。阿瑟·施莱辛格在《殖民地商人与美国革命》一书中，研究殖民地商人在《独立宣言》发表前十二年动乱中的作用。他认为，在殖民地开始反对《食糖条例》和印花税条例的过程中，商人一直起了领导作用。但是，当殖民地群众反英斗争情绪日趋高涨时，他们倒反而冷却下来。直到《茶叶条例》直接威胁他们的切身利益时，他们才决心再次出面领导反英斗争。可是，事态的发展表明这次反英斗争，对他们来说是个"大灾难"，以致他们中许多人很快地退缩了，但可惜为时已晚，各殖民地相继发生了反抗英国暴政的倾茶事件。

贝克尔和施莱辛格的著作只阐述了革命期间某个地区或某个方面矛盾斗争的发展，而富兰克林·詹姆森（1859—1937 年）的著作却把整个革命看成是一场"民主的巨变"，说它的开端可能仅仅是一次政治抗议，反对英国颁布的那些条例，但接着就以像后来的法国革命和俄国革命的同样方式广泛展开，从而改造了整个社会。他写道："革命的激情，一旦形成就不可能限制在狭窄的堤坝之间，必然广泛地扩展到陆地上来"。他探查了殖民地社会众多变化的滚滚洪流，认为整个洪流都"趋向于达到均衡的民主制这一方向"。

上述"进步学派"的三种著作虽然各有侧重，但它们却有着共同的观点：第一，美国革命包括互相联系的两个方面，即争取民族独立的反英斗争和殖民地劳动群众争取民主的斗争，而它们都侧重阐述第二个方面的矛盾斗争；第二，领导美国革命的是殖民地资产阶级和种植园主，但他们是动摇的，并力图把革命斗争置于他们控制之下，因为他们害怕劳动群众争取民主的斗争甚于害怕英国的控制；第三，革命发动起来后，劳动群众争取民主的斗争广泛展开，而且在独立战争胜利后仍持续下去，导致美国劳动群众与统治阶级之间尖锐的对抗。尽管"进步学派"的这些著作对劳动群众争取民主的斗争阐述得还很不够，但它们在不同程度上反映了当时社会阶级的矛盾斗争这一基本问题。

第二次世界大战后，随着无冲突的"利益一致论"在美国史学领域的泛滥，新保守派历史学家对上述著作的论点提出了反驳和修正。他们不仅否定美国独立战争的革命性质，而且认为美国"没有经历民主革命"，因为那里没有进行民主革命的土壤。在这方面，具有代表性的著作是罗伯特·布朗对马萨诸塞政治与社会结构的关系的研究。[1] 他认为，那种把美国革命看成是一场社会冲突的解释，其根据就是断定有大量"下等阶级"的存在，并且这个阶级的人们因财产上不具备选举资格而被剥夺投票权。但是，他根据对当时马萨诸塞一些典型城镇所做的调查研究，说这样的阶级在该殖民地是不存在的，而且那里绝大多数成年男子都享有选举权，西部农民和东部商人一样都在那里的议会具有充分的代表权。因此，他得出结论说，马萨诸塞不存在民主革命，因为那里百分之九十的居民是农场主，从而在经济平等的基础上形成了"中产阶级的政治民主"。布朗的这一结论得到了许多历史学家的响应和支持。

新保守派另一位历史学家丹尼尔·布尔斯廷[2] 不仅否认革命时期美国存在着社会冲突，而且还把独立战争描绘成一次"保守的抗议运动"，因他认为殖民地人民是为维护传统权利和英国宪法赋予他们的自由而斗争。在他看来，美国革命

---

① 罗伯特·布朗：《1691—1780年中产阶级民主制与马萨诸塞的革命》，伊萨卡，1955年。

② 丹尼尔·布尔斯廷：《美国政治的特质》，（芝加哥，1953年）和《美国人：殖民地经验》，（纽约，1958年）。

只是一次"宪政主义的胜利",其特点恰恰在于它"不是当代欧洲人所理解的那种革命",而是证实了殖民地人民对英国宪法制度(如陪审制度和言论自由等)的信任。这表明他完全抹杀了美国革命的社会内容,从而根本否定了美国革命时期社会阶级的矛盾斗争。新保守派所宣扬的无冲突的"利益一致论"虽然在五十年代美国史学界占有主导地位,但由于它违反历史实际,歪曲历史真相,不久便为时代的发展所否定,并且遭到新左派和其他历史学家的反击和批判。

新左派产生于六十年代初,那时美国政府推行反动的对内对外政策,激起了大规模的反对侵越战争的运动,声势浩大的黑人抗暴斗争与学生运动等也相继展开,形成了严重的社会动荡。新左派史学就是这一时期美国社会动荡在史学领域的反映。新左派历史学家主张从大多数下层群众的立场出发重新分析和评价历史事件。这一派的代表人物之一杰西·莱米什[①]着重分析批判史学领域里"杰出人物决定论"思想。他指出:"许多社会科学家还在从对身居要津的少数人考察中得出关于整个社会的结论。这种对待问题的方法使我们的观点产生谬误,而且有时使我们背离了历史的真实。我们初期的历史曾被看成是协调一致和无阶级的时期,部分地就是由于我们的历史学家采用这种方法来看待它的缘故"。他认为,在北美殖民地社会里从来就不存在协调一致,布朗关于马萨诸塞存在"中产阶级民主"的论点是错误的,因为作者是以"上流社会"的观点而不是用自下而上的观点来观察美国革命。所以作者只宣扬上层阶级的民主,而根本无视劳动群众毫无权利的事实。因此,他认为,历史学家如能从普通群众的角度自下而上地考察美国革命,那就会发现革命具有更为激进的性质和阶级冲突的特点。他的这种观点反映了战后美国进步史学的新思潮。

同时,美国历史杂志也发表了许多研究美国革命时期社会阶级矛盾的论文,其中有些以丰富的历史资料证明,北美殖民地——包括马萨诸塞在内——社会不平等和财产悬殊的现象不仅是存在的,而且日益加剧。值得指出的是,1970年"美国历史学家组织"主席梅里尔·詹森在该组织的会议上所做题为"美国人民和美国革命"的演讲。他提出了许多有价值的事实,说明殖民地"下层"群众所受的压迫和他们对革命进程的影响。这些"贱民群众"不断用行动来表达自己的意志,因而日益成为殖民地政治生活中有影响的力量。在这种形势下,殖民地贵

---

① 杰西·莱米什:"自下而上地观察美国革命",载于杰拉尔德·格罗布等编的《美国历史的解释》,第一卷,纽约,1972年。

族就施展各种手段来维护他们的特权地位，甚至不惜用暴力来镇压殖民地人民的斗争。因此，他认为，在十八世纪六十年代，殖民地贵族不得不同时与两个方面即"不列颠政策和他们自己的本地同胞的不满情绪"发生冲突。

在"利益一致论"不断遭到批判的情况下，新保守派史学关于美国革命的解释日益站不住脚，就连这一理论的积极拥护者也发生了动摇，甚至有的不得不承认社会冲突的存在并用以修补这个理论。

（三）1787 年宪法与美国革命

宪法的制定是为了巩固革命的成果，也就是用法律的形式把已取得的成果固定下来。但是，在存在对立阶级的资本主义社会里，究竟应巩固哪些革命成果，宪法应写进哪些内容，不同阶级就有不同的主张和设想。为实现各自的主张，就不可避免地要发生阶级之间的矛盾斗争。1787 年美国宪法制定的过程也同样充满了阶级之间的矛盾斗争。美国独立战争胜利后，围绕宪法的制定展开了哪些斗争？这些斗争的结果和意义如何？这些都是长期以来人们所关心的问题。对于这些问题，美国史学经济学派创始人查尔斯·比尔德（1874—1948）在所著《美国宪法的经济解释》[1]一书中做出了有力的回答。它是一本探讨美国宪法制定过程的权威性著作，在美国史学界有很大的影响。这本著作主要是阐述美国独立后社会冲突的历史，并且忠告历史学家，必须用经济分析和阶级矛盾的观点来考察美国革命的进程。

他在这本著作中用历史调查的方法对 1787 年美国制宪会议的五十五名成员逐个进行了审查。根据财政部的档案，他证明这些人中大多数没有投资于不动产，而是投资于动产；他们都握有政府发行的公债券，在宪法实施后，这些公债券不但提高了价格，而且得到了偿还。因此，他们制定宪法的目的就在于保护动产的安全，使他们对公债的投资得到偿还。但是，由于资本家和种植园主的经济利益各不相同，他们在会议期间对国会的代表名额分配和奴隶主应否为黑人交纳财产税等问题产生了分歧，最后以城市资产阶级对种植园主们的胜利而告终。[2]制宪

---

① 查尔斯·比尔德：《美国宪法的经济解释》，纽约，1913年，1936年再版。

② 后来，有的历史学家不同意比尔德这个论点，认为美国宪法的制定不是资产阶级对种植园主的胜利，而是这两个剥削阶级集团之间妥协的结果。参看斯托顿·林德：《阶级冲突、奴隶制与美国宪法》，纽约，1967年。

会议是在北部资本家的代表亚历山大·汉密尔顿等人领导下秘密进行的，他们之所以能使这部宪法获得通过，就是因为当时美国大多数群众没有参加投票的资格。因此，在比尔德看来，美国开国元勋们就是一伙"有才干的资本家投机商"形成的集团，他们"成功地哄骗一般老百姓去接受一个旨在有利于少数显贵而设计的政体"。

后来，比尔德的这种解释及其结论得到了经济学派另一著名历史学家梅里尔·詹森的赞同。他在对十八世纪八十年代美国社会的两项研究①中曾对比尔德的解释做了较详尽的补充和阐述。早先发表的一些历史著作把十八世纪八十年代看成是美国前途暗淡时期，认为那个时期美国由于独立战争胜利后发生地方之间的争吵和猜忌而处于危险局面，而产生这种危险局面的主要原因就是当时美国缺少一个真正的中央政府。詹森在《邦联条款》和《新国家》两书中都批驳了上述的观点。他论证说，《邦联条款》是《独立宣言》原则的宪法体现，在根据《邦联条款》建立的国家实体整个时期，那些地方贵族时刻都在阴谋策划重建英国曾力图建立的那种中央集权的政权。如果说这个时期存在着危险局面，那是由那些"勉强的革命者"（指那些为控制革命而参加革命的贵族——作者）所造成的。实际上，这个时期美国并不像早先著作所描绘的那样一塌糊涂。各州设立的关税一般说来是针对外国的，而不是针对邦联的其他成员的。当时美国外交的失败主要是受欧洲局势的影响，而非单纯由于美国软弱所造成的。在《邦联条款》废止之前，美国已开始出现了经济繁荣，而贵族们所真正厌恶的却是这个时期的民主制度。

詹森还着重指出："美国革命是比殖民地与大不列颠之间的战争大得多的一个事件，它是享有政治特权者与没有这种特权的人们之间的斗争"。这个斗争一直贯穿于美国革命的整个时期。在独立战争前的动乱时期，殖民地群众被发动起来反对英国暴政，但在反英过程中却发现了另外一种更显而易见的当地暴政，从而使他们反抗暴政的愤怒情绪起了变化。独立战争胜利后，群众力求进行多方面的改革，争取更广泛的民主，以提高美国"大多数居民的政治经济地位"。但是，那些保守的富有者和资本家投机商却千方百计紧握大权不肯撒手，他们终于随着宪法的正式通过而占了上风。

---

① 梅里尔·詹森：《邦联条款：对1774—1781年美国革命的社会宪法史的解释》，麦迪逊，1948年和《新国家，邦联时期合众国史，1781—1789年》，纽约，1950年。

比尔德与詹森研究的主题虽然不同，但他们阐述主题的指导思想却是一致的，并且在阐述的内容方面也互相呼应，形成一种对美国革命比较完整的解释。在本世纪头四十多年中，"当（美国）大多数知识分子对进步主义和新政顶礼膜拜时，这种解释几乎是不可抗拒的"。比尔德关于宪法的那本著作本身就是资产阶级改良主义的思想武器，它被用来直接对准挥舞宪法这根巨棒反对社会立法的最高法院。

但是，在第二次世界大战后，随着"利益一致论"的泛滥，比尔德关于美国宪法的解释也不断遭到反驳和批评。同时，由于有关美国革命的历史资料的不断公布和历史研究的深入，比尔德那部著作的内容和论据也受到了审查和质疑。首先是罗伯特·布朗在他的《查尔斯·比尔德与宪法》[①]一书中对比尔德这位解释宪法的权威进行了挑战，认为后者的解释和所得出的结论都是站不住脚的，而且这种解释所依据的史料也是经不起仔细推敲的。他指出，比尔德使用财政部的大多数档案材料是在制宪会议以后一些年才开始的，即使我们认可这些档案，把它们作为制宪会议成员拥有财产的准确依据，但对这些成员拥有的财产的研究表明他们资本中只有很小一部分投资于公债券，而绝大部分则投资于土地。另外，他不同意比尔德关于宪法是为少数人所操纵而制定的提法，认为制宪会议成员是在大多数州的大部分成年男子都参加投票的情况下行事的。这样，他就把自己对马萨诸塞少数典型城镇的研究结果延伸到其他州去了。接着，福雷斯特·麦克唐纳[②]对比尔德的解释做了进一步分析评论，得出了与布朗基本相似的结论。另外，他断言，美国宪法制定的整个过程与比尔德及其追随者所强调的两个主题——阶级冲突与争取民主制的斗争——完全无关。他说，不是阶级而是州或地域集团和个人利益以及这三者之间互相作用构成了宪法背后的经济力量。因此，对宪法的经济解释必须是多元论的，而其中州居于主导地位。最后他认为，有关宪法的争议实际上是"十三个争议者的争议"。这样，他就用州或地域之间的争议取代了社会阶级之间的斗争。

但是，有些历史学家认为比尔德单纯用经济决定论来解释人们的政治活动固然"不一定完全合适"，但麦克唐纳以州或地域集团为依据说明宪法的制定是更

---

① 罗伯特·布朗：《查尔斯·比尔德与宪法，对〈宪法的经济解释〉一书的分析批判》，普林斯顿，1956年。

② 福雷斯特·麦克唐纳：《我们美国人民：宪法的经济起源》，芝加哥，1958年。

不相宜的，因为宪法争议也包括意识形态的分歧。比如，李·本森在著作①中就认为1787年宪法制定的过程涉及意识形态的冲突，而意识形态并非"自身利益的直接产物"，并且"往往穿越利益集团的界限"。因此，本森提出了一个对宪法争议的解释体系，它不是以狭窄的经济利益集团为基础，而是以"广阔的象征性的社会集团"为基础。根据这种"对宪法的社会解释"，本森把人们划分为重视土地的人们和重视商业的人们。这两类人对美国将建立什么样的中央政府有着截然不同的设想。前者赞成建立个与人民关系密切的、权力受严格限制的政府，而后者则赞成建立"作为一种创造性的和强有力的工具而起作用"的政府，以实现广泛的社会目的。

综上所述，可以看出环绕比尔德对宪法的解释展开的争论有以下几个特点。首先，几位作者都承认美国社会存在着不同的利益集团，它们的代表对制定宪法的进程都施加了影响，力图使宪法体现各自所代表的集团的利益。其次，这些作者不同意或不大同意比尔德根据经济利益对不同的社会势力所做的阶级划分，认为这种划分过于简单，不能反映出社会势力之间互相作用的复杂情况。因此，他们分别提出了以地理区域和社会集团为基础来划分这些社会势力。但是，这些划分法既无严格的科学依据，也模糊了宪法支持者与反对者的阶级阵线。第三，他们——包括比尔德在内——只注意有代表参加制宪会议的社会势力，而完全忽视了没有代表参加制宪会议的社会势力——也就是劳动群众的力量。实际上，在制定和批准宪法的整个过程中，从制宪会议之采取秘密方式开始，到各州掀起抗议批准宪法的示威浪潮以及1789年不得不把《人权法案》列入宪法等，都表明了劳动群众力量的巨大作用。

原文载于《社会科学战线》1981年第2期

---

① 李·本森：《特纳与比尔德：重新考虑美国的历史写作》，格伦科，伊利诺斯，1960年。

查尔斯·比尔德与美国宪法

——美国史学对比尔德关于美国宪法的解释的评论

　　美国宪法是近代资本主义国家的第一部成文宪法，它巩固了十八世纪美国资产阶级革命的成果，为美国资本主义的发展创造了有利条件，也鼓舞了当时欧洲各国资产阶级反对封建专制的斗争。

　　美国宪法的序言中宣告：制定这部宪法的目的在于"树立公平和正义"，"增进一般人民的福利"和"确保"美国人民"从自由得来的幸福"等。但是，它所说的"一般人民"是不包括奴隶在内的，因为它没有触及当时美国的奴隶制度，也没有禁止奴隶贸易（而是把这个问题拖延到1808年以后），还做出把逃亡奴隶归还给奴隶主的规定。

　　因此，后来对美国宪法的评论是截然不同的：一种意见是肯定这部宪法在美国历史上的地位和作用，宣扬宪法的制定乃美国人响应"圣灵的安排"和团结一致的表现；另一种意见认为美国宪法是自由与奴隶制这两个根本对立概念的混合物，是资产阶级对奴隶制妥协的结果。激进的废奴主义者威廉·加里逊在十九世纪中叶评论美国宪法时甚至说，它是"死亡的契约，地狱的协定"。

　　究竟应当怎样评价美国宪法？制定这部宪法的是些什么人？他们为了什么目的和什么人的利益制定这部宪法？这些都是长期以来美国人所关心和争论的问题。对于这些问题，美国著名的历史学家查尔斯·A.比尔德在所著《美国宪法的经济解释》[①]一书中做出了有力的回答。它是一部探讨美国宪法制定过程的权威性著作，在美国学术界有很大的影响，特别是两次世界大战之间它在美国历史研究方面几乎占有支配地位，那时许多美国历史教科书论述美国宪法时都以他的《经济解释》作为依据。但是，第二次世界大战后，比尔德关于美国宪法的解释及其论据却不断受到了挑战和质疑。本文试图对比尔德关于美国宪法的解释以及第二次世界大战后美国史学界对他的解释和论据所提出的意见和批评做一简要评介。

[①] 查尔斯·A.比尔德，《美国宪法的经济解释》（Charles A.Beard, *An Economic Interpretation of The Constitution of The United States*），纽约1913年版。以下引用简称《经济解释》。

一

比尔德在他的专著《美国宪法的经济解释》一书中，仔细研究了美国开国元勋们制定宪法的动机和他们代表的利益。他在"边疆学说"创始人弗雷德里克·特纳及其追随者对地域投票选举的模式所做大量的研究鼓舞下，调查研究了一七八七年美国经济权力的分配情况，详细列举了制宪会议每个代表拥有的财产。根据他对美国财政部档案的研究，在制宪会议五十五名代表中，四十个人拥有公债券，十四个人是土地投机商。二十四个人是放债人，十五个人是奴隶主，十一个人从事商业、制造业和航运业。① 没有一个人代表小农和手艺人的利益，而他们却占当时美国人口的绝大多数。因此，他得出结论说，美国制宪会议代表的大多数不是投资于不动产，而是投资于动产；发起和坚持美国制宪运动的是四个动产利益的集团：即货币、公债券、制造业、贸易和航运业。② 出席制宪会议的代表中，"至少有六分之五的人对他们在费城的工作结果有紧密的、直接的和个人的利害关系，而且由于宪法的通过他们在大小不等的程度上成为经济上的受益人"。③ 因为他认为，这些代表的多数都握有政府发行的公债券，在宪法实施后，这些公债券不但提高了价格，而且得到了偿还。除了上述的目的外，美国宪法制定者还力图加强资产阶级专政，以防止和镇压"无财产的"群众的"骚动"。正像当时联邦党人詹姆斯·麦迪逊④ 所指出的那样："……（我们的）政府应保障国家的长久利益以免有所变动。……应该这样组成政府使富裕的少数得到保护，不受多数人的侵犯。"⑤

在当时社会阶级的矛盾斗争日趋剧烈的形势下，尽管资本家与种植园主都有着制定美国宪法，以加强资产阶级政权的共同要求，但是由于他们的经济利益各不相同，在制宪会议期间也出现了不少矛盾和分歧：比如商人与奴隶主、大州与小州之间的矛盾，南部的奴隶应算作征收联邦捐税的财产还是应算作据以决定代

---

① 《经济解释》，第149—151页。

② 同上，第324页。

③ 同上，第149页。

④ 詹姆斯·麦迪逊，（1751—1836年）是弗吉尼亚出席制宪会议的代表。后来，当选为美国第四任总统（1809—1817年）。

⑤ 转引自路易斯·M.哈克，《美国资本主义的胜利》（Louis M. Hacker，*Triumph of American Capitalism*），纽约1940年版，第187页。

表名额的人口，以及在商业管理方面的分歧等。他们之间这些矛盾分歧在不断讨价还价的交易中逐一达成了妥协。但是，比尔德却认为，这些矛盾分歧的解决标志了城市资产阶级对种植园主的胜利；而且还把美国宪法看成是资本家债权人一致反对拥有土地的债务人的工具。

根据邦联国会的指示，制宪会议只有修改邦联条款的权力，而且修改的建议要经邦联国会和各州立法机构的批准，才能生效。但是，制宪会议的这些富有政治经验的代表清楚地认识到，如果遵照原先给他们的指示去做，他们制定的这个宝贵文件就不可能获得通过。因此，他们逾越了应有的权限，实际上采取狡猾的政变手段，促使宪法获得通过。这种情况正像比尔德夫妇合著的《美国文明的兴起》一书中所含蓄指出的："宪法创制人为了更重要的理由违背了当时法律的规定"。[①]

在各州批准和通过美国宪法过程中，也产生了剧烈的矛盾和斗争。比尔德认为，支持宪法的是富有的动产集团，反对宪法的主要是不拥有奴隶从事耕种的农民和负债者。[②] 双方在这一斗争中形成了明显的分野。

美国宪法创制人之所以能使这部宪法获得通过，就是因为当时美国大多数群众没有参加投票的资格。用比尔德的话来说，那就是"在批准宪法方面，约有四分之三的成年男子没有对这一问题投票，他们不是由于漠不关心便是因财产限制而被剥夺选举权，因而没有参加各州批准宪法会议的代表的选举"，"参加投票批准宪法的人可能不超过成年男子的六分之一"。[③] 所以，它不是"全体人民"所创制的宪法，而是由一小撮动产利益集团所制定的。这个"巩固的集团，其利益是没有州界的，其活动范围是真正全国性的"。[④] 因此，在比尔德看来，美国开国元勋们就是一伙"有才干的资本家投机商"形成的集团，他们"成功地哄骗一般老百姓去接受一个旨在有利于少数显贵所设计的政体"。[⑤]

---

① 查尔斯·比尔德和玛丽·比尔德合著，《美国文明的兴起》(Charles A. Beard & Mary R. Beard, *The Rise of American Civilization*)，纽约1947年版，第329页。
②《经济解释》，第17页。
③ 同上书，第325页。
④ 同上。
⑤ 参看威廉·H.卡特赖特和小理查德·L.沃森合编的《解释和讲授美国历史》(William H. Cartwright, Richard L.Watson, Jr., *Interpreting and Teaching American History*)，华盛顿D.C.，1961年版，第49页。

二

第二次世界大战后，由于有关十八世纪美国革命的历史资料的不断发表和历史研究的日趋深入，比尔德这部有关美国宪法的权威性著作也受到了挑战。他对美国宪法的某些解释以及这些解释所依据的史料都遭到了批评和质疑。[①] 归纳起来，对他这部著作的评论和质疑主要集中在以下三个方面。

首先是关于比尔德将制宪会议成员划分为投资于"动产"和"不动产"的两分法问题。比尔德认为，制宪会议的大多数成员主要是投资于"动产"，而不是投资于"不动产"。投资于"动产"者主要代表城市商业利益的集团，他们在政治上是支持宪法的联邦主义者；而投资于"不动产"的主要代表乡村农业利益的集团，他们在政治上是反对宪法的反联邦主义者。

有些历史学家认为比尔德运用这种两分法来划分宪法的支持者与反对者——即联邦主义者和反联邦主义者——不仅不符合实际，而且把一些错综复杂的社会政治情况简单化了。当代历史学家约翰·海厄姆承认说："看来，比尔德的分析图样与后来精确的研究比较起来是粗糙的。"[②] 新左派历史学家斯托顿·林德就明确指出，比尔德的两分法导致他把纽约州哈德逊河流域的地主们看成是反联邦主义者，而且断言支持宪法的手艺人"在政治上是不存在的"[③] 而不予考虑，这显然是个错误。[④] 同时，他认为，宪法的支持者与反对者既不能以比尔德的两分法来划定，更不能以城市和乡村作为划分的界限，因为后者完全忽视了乡村、特别是城市附近的乡村与城市商业集团的关系。在这个问题上，著名的历史学家奥林·利比和杰克逊·梅因都没有在城市与乡村交界处划定联邦党人与反联邦党人的界限。在他们看来，"从事商业的农民"在某些大河流域附近定居下来，使得他们得以向遥远的市场输出他们的产品，这样就使他们与城市商业利益集团联系起来，

---

① 参看拙作"关于十八世纪美国革命的史学评介"一文，载《社会科学战线》，1981年第2期，第201—203页．该文已经评介的问题，这里不再重复。

② 参看约翰·海厄姆（John Higham）为《社会科学的国际百科全书》（*International Encyclopedia of The Social Sciences*）所写关于比尔德的条目，纽约1972年再版，第I卷.B.，第35页。

③ 参看《经济解释》，第24—26页．后来，比尔德在他的著作于1935年再版时，承认他错误地把纽约州的土地贵族放在反联邦主义当中。参看《经济解释》1935年版，第xv—xvi页。

④ 斯托顿·林德，《阶级冲突、奴隶制与美国宪法》（Staughton Lynd, *Class Conflict*, *Slavery and The United States Constitution*），印第安纳波利斯1967年版，第10页。以下引用简称《阶级冲突》。

自然而然地倾向于联邦主义。关于这种情况，梅因做了进一步的详细阐述。他指出，"商业利益并非仅限于城市，一些商业中心为附近的乡村地区所支持，这些乡村地区依靠城镇，把它们作为市场或代理机构，以便通过它们把他们的产品向海外输出。这就是说，商业利益也包括很大量的农民。……他们散布在一些富饶的河流盆地，从而促使大种植园主和大地主联结到这种商业关系中来"。① 因此，梅因强调指出："关于批准宪法的斗争主要是居民中商业分子与非商业分子之间的斗争。这是最重要的事实，其他所有的因素都是增添的、补充的和例外的情况"。② 此外，还有些历史学家认为比尔德关于"不动产"（即投资于农业的资本——作者）的概念也是不科学的和不严谨的，因为他的这种"不动产"的概念混淆了不同种类"农民"之间的差别：既混淆了北部、西部小农场主、自耕农与南部种植园主的差别，也混淆了"商业化"的农民与"内地"农民之间的差别。③ 只有对当时社会经济的复杂情况做深入细致的研究，分析从事农业的人们当中存在的差别，才能对下述的重大问题做出合情合理的解释，即美国宪法为什么能够为一个当时十分之九以上白种人成年男子都是从事农业的社会所批准；而比尔德关于"动产"与"不动产"的划分法则是完全不能予以解释的。

尽管比尔德在分析美国宪法的制定过程中所提出"不动产"的概念是混淆不清的和不符合实际的，但是他强调"动产"的作用以及运用经济分析的方法探讨美国宪法的形成仍为后来一些历史学家所肯定。福雷斯特·麦克唐纳在辩论中就承认比尔德把中部资本家聚集于费城富豪罗伯特·莫利斯周围而形成的集团阐述为"一个巩固的集团，其利益是没有州界的，其活动范围是真正全国性的"，就是对1783年局势完全准确的描述。④ 对此，麦克唐纳还补充说，他们是"最贪婪的、最无情的，极力坚持和要求维护他们利益的政治活动"。⑤ 但是，他认为1787到1788年制定和批准宪法的运动比比尔德上述的描绘要广泛得多。比尔德对美国历史的经济分析及其研究方法，直到最近，仍在美国历史写作方面有着巨

---

① 杰克逊·T. 梅因，《1781—1788年反联邦主义者对宪法的评论》（Jackson T. Main, *The Antifederalist Critics of The Constitution, 1781—1788*），查佩尔·希尔1961年版，第271、280页。

② 转引自林德，《阶级冲突》，第15—16页。

③ 参看《阶级冲突》，第11—16页。

④ 福雷斯特·麦克唐纳，《合众为一：美国共和国的形成，1776—1790年》（Forrest MckDonald, *Epluri-bus Unum: The Formation of The American Republic, 1776—1790*）波士顿，1965年版，第34页。

⑤ 同上书，第247页。

大的影响。海厄姆认为比尔德的这部著作不仅为美国建国初期政治派别的斗争提供了具体的阶级基础，而且他所运用的研究技术——"集体的传记"方式——也是一种令人注目的示范，而这种研究技术直到近年来才在历史研究中为人们所普遍采用。① 詹姆斯·弗格森也支持比尔德对美国宪法的经济解释，认为比尔德运用经济分析方法探讨美国宪法形成的指导思想是正确的。他写道："在商业与农业之间，大资产与小资产之间以及社会各阶级当中在态度和利益方面都存在着差别，这些差别导致了政治上的分野，并且这个国家（指美国——作者）占有较高地位和财产的一些阶级乃宪法运动背后的推动力量。"② 李·本森也持有类似的基本看法，不过他强调指出，比尔德和他的批评者都犯了个错误：即他们把注意力都集中于出席制宪会议和各州批准宪法会议的代表身上，好像这些代表就是个选举团的缩影。实际上，比尔德既完全忽视了许多投票赞成宪法的穷人——商业化的农民和手艺人，也忽视了那些帮助起草宪法富有的"农民"。③

其次是关于奴隶制在宪法制定过程中的重要地位的问题。比尔德和弗雷德里克·特纳一样，都竭力缩小了奴隶制在内战前美国历史中的作用。比尔德在他那部著作中仅用短短几行谈到奴隶，并且没有把奴隶制问题放到应有的重要地位。林德就曾指出，如果像比尔德所说，有"一大批无产的群众，……从开头起就被排除在制定宪法工作之外"的话，那么占当时全国人口五分之一的世代遭奴役的奴隶就应该比其他白种人集团得到更充分的阐述④，因为很少没有财产的白种人从事劳动或工作一生，最后仍然因财产限制而被剥夺公民权。⑤ 根据比尔德的示意，似乎是美国宪法背叛了独立宣言的诺言，这里暂且不论宪法在哪些方面背叛独立宣言以及这种背叛到什么程度，但是深受这种背叛之害的首

----

① 参看约翰·海厄姆，（John Higham）为《社会科学的国际百科全书》（*International Encyclopedia of The Social Sciences*）所写关于比尔德的条目，纽约，1972年再版，第Ⅰ卷 B，第35页。

② 詹姆斯·弗格森《宪法背后的一些势力》，载《威廉和玛丽季刊》（"The Forces Behind The Constitution"，William and Mary Quarterly），第3辑，第19卷（1962年）第434页。

③ 李·本森《特纳与比尔德：重新考虑美国的历史写作》（Lee Benson，*Turner and Beard: American Historical Writing Reconsidered*），格伦科，伊利诺斯1960年版，第160—174页。

④ 参看《阶级冲突》，第18页。

⑤ 据梅因研究，在美国建国初期，"在二十个白人中，只有一、两个人仍然是永远穷困的"．参看梅因，《革命时期美国的社会结构》（J. Main，*The Social Structure of Revolutionary America*），普林斯顿，1965年版，第271页。

先是黑人奴隶，这是为一般正直的历史学家所公认的。

比尔德之所以忽视奴隶制问题是有其思想根源的，那就是从本世纪初到第二次世界大战期间，美国史学界盛行一股忽视奴隶制在美国历史中作用的思潮。1903年，著名的历史学家马克斯·法兰德在美国历史协会年会上做了一次重要报告，说"1787年奴隶制不是重要问题，不能过分予以强调。"① 十年后，他在所著《合众国宪法的制定》一书中，更加充分地阐述了这一问题，断言制宪会议的重要妥协并非关于奴隶制的妥协，因为"联邦的比例"——即把黑人奴隶按人口数五分之三折算的比例早在1783年就已计议好了，并且在制宪会议召开之前就为十一个州所接受了的，因此实际上，它不是制宪会议中的一个妥协。有关奴隶输入和商业法律的协议才是这次制宪会议的一个妥协，但比起其他妥协（有关接纳新州和选举总统的方式等）来却是不那么重要的。② 法兰德关于奴隶制的这种论述在美国史学界产生了巨大的影响，而比尔德在他那部专著中关于奴隶制问题的看法就是建立在法兰德分析的基础之上的。因此，奴隶和奴隶制在比尔德分析宪法形成过程中就居于一种非常模糊不清的地位：比如黑人奴隶究竟是"动产"还是"不动产"，他都没有提出肯定的看法；对南部奴隶主作为一个利益集团究竟是支持还是反对宪法，他根本没有明确的表态。

比尔德自称他对美国历史的经济解释来源于麦迪逊及其所撰写的第十号联邦党人文件，可是麦迪逊远比比尔德更强调奴隶制。麦迪逊曾对制宪会议宣称："各州不是由于它们的面积大小而分为不同的利益集团，而是由于其他情况；导致这种划分的大部分物质部分由于气候，但主要由于它们拥有或没拥有奴隶的结果。"因此，他强调说："奴隶制度及其结果"在争议各州之间"形成了区分的界限"。③ 尽管麦迪逊强调奴隶制在制定美国宪法过程中的重要性，但他并没有说奴隶制是当时美国的唯一冲突。后来，有的历史学家在批评比尔德忽视奴隶制问

---

① 马克斯·法兰德，《宪法的一些妥协》，载《1903年美国历史协会年度报告》（Max Farrand, "Compromises of The Constitution", *Annual Report of The American Historical Association for the Year 1903*），华盛顿D.C.，1904年版，第1卷，第73—84页。

② 参看马克斯·法兰德，《合众国宪法的制定》（Max Farrand, *The Framing of The Constitution of the United States*），纽黑文1911年版；转引自《阶级冲突》第157页。

③ 马克斯·法兰德编辑，《1787年联邦制宪会议的案卷》（Max Farrand, ed, *The Records of The Federal Convention of 1787*），纽黑文1937年修订版，第1卷，第486页，第2卷，第10页；转引自《阶级冲突》，第19页。

题时解释麦迪逊的文件说："这时美国社会真正的根本冲突"是"奴隶（州）与自由州之间、南部与北部之间的分裂。"① 这是对麦迪逊的文件做了错误的解释。麦迪逊只是说奴隶制是制宪会议内最重要冲突的基础。他并没有否定那种坚持拥有财富者与没有财富者之间斗争的论点，他所强调的只是指出以奴隶制为基础拥有财富的人们当中补充划分而已。

再次，比尔德在著作中承认北部资产阶级与南部种植园主之间，由于各自经济利益的不同，在制宪会议期间出现了不少的分歧，但他断言这些分歧经过讨价还价后是以城市资产阶级对种植园主的胜利而告终。他的这一结论既与早期历史学家、特别是废奴主义历史学家关于奴隶制问题的阐述相对立，也为近年来美国历史学家所不同意。

早期历史学家霍勒斯·格里利认为十八世纪美国革命是为他称之为"反革命"所叛卖②，但是废奴主义历史学家却认为这场革命是为他对奴隶制的妥协所叛卖。根据一些早期学者有关宪法的著作，③ 美国制宪会议经历了两次危机，一次是1787年6月末7月初关于国会代表制的依据问题；另一次是在同年8月中，由于奴隶输入和联邦政府管理商业的权力问题而产生的危机。这两次危机都是由于两次大妥协而得到解决：第一次妥协是给予各州在参议院平等代表权并且在众议院根据"联邦的比例"，即根据白种人口加上五分之三的黑人奴隶来分配代表名额；第二次妥协是准许进口奴隶直到1808年，其交换条件是国会有权凭简单的多数通过管理商业的法令。

近年来，有些历史学家也不同意比尔德的这一结论，认为美国宪法的制定并非城市资产阶级对种植园主的胜利，而是这两个剥削阶级集团之间妥协的产物。林德就持这种看法。美国宪法既然是城市资产阶级与种植园主双方妥协的产物，为什么比尔德却认为是前者对后者的胜利呢？这里面固然有许多因素，但其中关

---

① 罗伯特·布朗，《美国宪法形成的重新解释》（Robert Brown，*Reinterpretation of The Formation of the America Constitution*），波士顿1963年版，第48页.

② 霍勒斯·格里利，《美国的冲突，大叛乱的历史》（Horace Greeley，*The American Conflict: A History of The Great Rebellion*），哈特福特，1864年版，第1卷，第53页。

③ 参看理查德·希尔德雷斯，《美国史》（Richard Hildreth，*The History of The United States of America*），纽约1849年版，第Ⅲ卷，第520页；詹姆斯·斯考勒，《宪法指引下的美国历史》（James Schouler，*History of The United States of America，under The Constitution*），纽约1880年版，第1卷，第41—42页。

键的因素就是比尔德忽视了奴隶制问题在美国宪法形成过程中的重要作用，因而把资产阶级对奴隶制的让步看成是无关宏旨的让步了。

原文载于《东北师大学报》1982年第2期

《美国宪法的经济观》序言

本书作者查尔斯·A. 比尔德（Charles A. Beard）（1874—1948）是美国著名的历史学家、美国史学的经济学派创始人之一。他是个多产的著作家，总共发表过三百多篇论文，出版过约六十部著作，其中最受推崇的是他同他的妻子玛丽·R. 比尔德合写的名著《美国文明的兴起》（1927）。他在美国学术界有很大的影响，特别是两次世界大战之间，他的史学思想对美国历史写作方面几乎占有支配地位。

比尔德在二十世纪初期曾强调经济因素在历史中的决定性作用。他本人也承认读过马克思的著作，受到马克思主义的影响。1913 年出版的《美国宪法的经济观》就是他运用"经济决定论"解释历史的主要著作，也是一部探讨美国宪法制定过程的权威性著作。

他早年虽然用经济史观去解释历史，但是他不承认上层建筑对经济基础的反作用，也不承认无产阶级革命，所以他的经济史观是机械的、片面的，反映了帝国主义形成的初期一部分资产阶级改良主义历史学家的世界观。后来，到了本世纪三十年代，他逐渐放弃了经济史观，转向相对主义，进而认为历史是多元的，历史的发展不具有客观性。这表明他在史学思想方面的倒退。

1787 年制定的美国宪法，是近代资本主义国家的第一部成文宪法，它对美利坚合众国后来的发展以及世界各国宪政的建设都有重大的影响。但是，美国制定这部成文宪法的决定力量是什么？它们在制定宪法过程中有哪些矛盾和斗争？最后又是怎样达成妥协的？这些都是长期以来美国人所关注的问题，但是探讨这些问题的著述却很少。过去，美国历史学家多从政治史角度出发，阐述美国宪法的起源与实质，他们的论述往往是就事论事，缺乏对于宪法背后决定力量的分析"。而且他们认为宪法是超阶级的，说它"建立在全民同意的广泛的自由与统治原则上，超越了任何特殊集团或阶级的利害"。美国早期学派历史学家乔治·班克罗夫特就持有这种观点。十九世纪初期最高法院首席法官约翰·马歇尔对麦卡洛克诉马里兰案[①] 所发表的见解，也发挥了这种观点。针对这种盛行的观

---

① 指1817年第二合众国银行巴尔的摩分行反对马里兰州对它所发行的票据征课重税的诉讼案。

点，比尔德在其所著的《美国宪法的经济观》这本书中强调指出：法律不是一种抽象的事物，而是有其现实的性质，大部分法律都涉及人与人之间的财产关系，因而那些强有力的利益集团必然要促使政府制定某种法律，以便它们得以继续其经济活动，从而实现其目的。由此，他得出结论说："宪法不是所谓'全民'的产物，而不过是希望从中获得利益的一个经济利益集团的产物"，"在社会的巨大变革中，就像在制定与通过宪法所引起的变革中，经济力量是原始的或根本的力量，而且比其他的力量更足以解释事实"。他还认为，美国宪法制定者之所以能够跻身于世界著名的政治活动家之列，主要"就由于他们承认经济利益在政治上的力量，并且巧妙地加以运用"，"从而把一个新的政府建立在唯一可以稳定的基础——经济利益基础——之上"。

根据这种"经济决定论"，比尔德在他的这部著作中，仔细研究了美国开国元勋们制定宪法的动机和他们代表的经济利益。他调查研究了1787年美国经济权力的分配情况，详细列举了制宪会议每个代表拥有的财产和经济利益。根据他对美国财政部档案文献的分析研究，在出席制宪会议的五十五名代表中，四十人拥有公债券，十四人是土地投机商，二十四人是高利贷者，十五人是奴隶主，十一人从事商业、制造业和航运业。没有一个人代表小农和手艺人的利益，而这些人却占当时美国人口的绝大多数。因此，他得出结论说：美国制宪会议代表的大多数不是投资于"不动产"而是投资于"动产"，发起和推动美国制宪运动的是四不动产利益的集团：即货币、公债券、制造业、贸易和航运业。出席制宪会议的代表中，"至少有六分之五的人对他们在费城的努力结果有紧密的、直接的和个人的利害关系，而且由于宪法的通过他们在不同程度上成为经济上的受益人"。因为他认为，这些代表的多数都握有政府发行的公债券，在宪法实施后，这些公债券不但提高了价格，而且得到了偿还。除了上述目的外，美国宪法制定者还力图加强资产阶级专政，以防止和镇压"无财产"群众的"骚动"。正像当时联邦党人、后来当选为美国第四位总统詹姆斯·麦迪逊所强调指出的那样："……（我们的）政府应保障国家的长久利益以免有所变动。……应该这样组成政府使富裕的少数得到保护，不受多数人的侵犯。"

比尔德虽然用经济史观去解释美国宪法，但他否认他对历史的经济解释来源于马克思的学说，而强调他对美国宪法的探讨是以麦迪逊的政治学思想为根据的。他解释说，关于历史上阶级或集团斗争的思想，并非马克思首创，而是远在纪元前便出现于亚里士多德的著作中，并为晚近学者所周知。为了反驳有人指责他采用的经济史观是欧洲的舶来品，他强调指出，早在马克思诞生之前，美国开国元勋麦迪逊便在《联邦党人文集》第十篇论文中详尽地阐述了这种思想，做出了"关于政治问题的经济决定论的精辟论述"。

至于制定宪法过程中都有哪些矛盾、斗争的问题，比尔德也从"经济决定论"出发，做出了具体分析和概括。他认为，一在当时社会阶级斗争日趋剧烈的形势下，尽管资本家与种植园主都有制定美国宪法以加强资产阶级政权的共同要求，但是由于他们的经济利益各不相同，在制宪会议期间也出现了不少矛盾和分歧。比如：商人与奴隶主、大州与小州之间的矛盾，南部各州的奴隶应算作征收联邦捐税的财产还是应算作据以决定代表名额的人口，以及在商业管理方面的分歧，等等。他们之间这些矛盾和分歧在上述共同要求的前提下，经过不断讨价还价的交易，逐一达成了妥协。但是，比尔德却认为，这些矛盾和分歧的解决标志着城市资产阶级对种植园主的胜利，美国宪法乃是资本家债权人一致反对拥有土地的债务人的工具。

在各州批准和通过美国宪法的过程中，也产生了更加激烈的矛盾和斗争。比尔德认为，支持宪法的是富有的动产集团，反对宪法的主要是不拥有奴隶从事耕种的农民和负债者。双方在这一斗争中形成了明显的分野。

美国宪法创制人之所以能使这部宪法获得通过，除了他们大肆制造舆论和施展各种计谋和手段外，主要是因为当时美国大多数群众没有参加投票的资格。用比尔德的话来说，那就是"在批准宪法方面，约有四分之三的成年男子没有对这一问题投票，他们不是由于漠不关心，便是因财产限制而被剥夺了选举权，因而没有参加各州批准宪法会议的代表的选举，参加投票批准宪法的人可能不超过成年男子的六分之一"。所以，它不是"全体人民"所创制的宪法，而是由一小撮动产利益集团所制定的。这个巩固的集团，其利益是没有州界的，其活动范围是真正全国性的。因此，在比尔德看来，美国开国元勋们就是一伙"有才干的资本家投机商"形成的集团，他们"成功地哄骗一般老百姓去接受一个旨在有利于少数显贵而设计的政体"。

第二次世界大战后，由于有关十八世纪美国革命的历史资料的不断发表和历史研究的日趋深入，比尔德对美国宪法的某些解释以及这些解释所依据的史料都遭到了批评和质疑。归纳起来，对他这部著作的评论主要集中在以下几个方面。

首先是关于比尔德将制宪会议成员划分为投资于"动产"和"不动产"的两分法问题。根据比尔德的划分，投资于"动产"者主要代表城市商业利益的集团，他们在政治上是支持宪法的联邦主义者；而投资于"不动产"的主要代表乡村农业利益集团，他们在政治上是反对宪法的反联邦主义者。有些历史学家批评比尔德用这种两分法来划分宪法的支持者与反对者——即联邦主义者和反联邦主义者——不仅不符合实际，而且把一些错综复杂的社会政治情况简单化了。他们认为，宪法的支持者与反对者既不能以比尔德的两分法来划定，更不能以城市和乡村作为划分的界限，因为后者完全忽视了乡村、特别是城市附近的乡村与城市商业集团的关系。在这个问题上，著名的历史学家杰克逊·梅因写道："商业利益并非仅限于城市，一些商业中心为附近的乡村地区所支持，这些乡村地区依靠城镇，把它们作为市场或代理机构，以便通过它们把他们的产品向海外输出。这就是说，商业利益也包括大量的农民（主要是大种植园主——作者）。……他们分布在一些河流盆地，从而促使大种植园主和大地主联结到这种商业关系中来"。①

所以，他们自然而然地倾向于联邦主义。还有的历史学家认为，比尔德关于"不动产"（即投资于农业的资本——作者）的概念也是不科学的和不严谨的，因为他的这种"不动产"的概念混淆了不同种类"农民"之间的差别：既混淆了北部、西部小农场主、自耕农与南部种植园主的差别，也混淆了"商业化"的农民与"内地"农民之间的差别。②

第二，关于奴隶制在制宪过程中的重要地位问题。比尔德和弗雷德里克·特纳一样，都竭力缩小了奴隶制在内战前美国历史中的作用。比尔德在他这部著作中仅用短短几行谈到奴隶，并且没有把奴隶制问题放到应有的重要地位。新左派历史学家斯托顿·林德就曾指出，如果像比尔德所说，有"一大批无产的群众，……从开头起就被排除在制定宪法工作之外"的话，那么占全国人口五分之一的世世代代遭受奴役的奴隶就应该比其他白人集团得到更充分的阐述。奴隶和奴隶制不仅没有得到充分的阐述，而且它们在比尔德分析宪法形成过程中也居于一种非常模糊不清的地位：比如黑人奴隶究竟是"动产"还是"不动产"，他都没有提出肯定的看法；对南部奴隶主作为一个利益集团究竟是支持还是反对宪法，他根本没有明确的表态。

第三，比尔德在这部著作中承认北部资产阶级与南部种植园主之间，由于各自经济利益的不同，在制宪会议期间出现了不少的矛盾和分歧，但他断言这些矛盾和分歧经过一番讨价还价后是以城市资产阶级对种植园主的胜利而告终。他的

---

① 参看杰克逊·T. 梅因：《1781—1788年反联邦主义对宪法的评论》，1961年英文版，第271、280页。
② 参看斯托顿·林德：《阶级冲突、奴隶制与关国宪法》，1967年英文版，第15—16页。

这一结论既与早期历史学家、特别是废奴主义历史学家的观点相对立，也为当代美国历史学家所不同意。比如，斯托顿·林德就认为美国宪法的制定并非城市资产阶级对种植园主的胜利，而是这两个剥削阶级集团之间妥协的产物。他还进一步分析说，美国宪法既然是城市资产阶级与种植园主双方妥协的产物，为什么比尔德却认为是前者对后者的胜利呢？这里面固然有许多因素，但其中关键因素就是比尔德忽视了奴隶制问题在美国宪法形成过程中的重要作用，因而把资产阶级对奴隶制的让步看成是无关宏旨的让步了。

第四，关于比尔德说他的"经济决定论"是以麦迪逊的《联邦党人文集》的第十篇论文为依据的问题。有的历史学家[1]指责比尔德引用该篇论文时做了"罕见的歪曲"，因为他完全略去了该论文阐述非经济的动机的部分。而且这位历史学家还指出，从该论文发表的时代来看，"它与其说是经济决定论，倒不如说是指导十八世纪问题的十八世纪政治理论"、"这种政治理论是被后人称为'杰斐逊民主政治'的思想运动中富有创造性的伟大成就之一"。

尽管比尔德的这部著作存在着上述问题和一些缺陷，但它仍不失为一部有价值的权威性著作。同过去出版美国宪法史或有关宪法的政治史的著作相比，比尔德运用经济分析的方法来探讨美国宪法的形成过程，确实前进了一大步，因为他抛弃了过去那种单纯就事论事的历史写作方式，而是深入到制定美国宪法背后的经济力量的范畴，并且根据当时可能搜集到的大量资料，对"动产"利益集团在制宪过程中的重大作用作出了比较准确的描述。这自然为美国历史研究指出了一种新的探索方式。

比尔德对美国宪法的经济分析及其研究方法，直到最近，仍在美国历史写作方面有着巨大的影响。比如有的当代美国历史学家[2]认为比尔德的这部著作不仅为美国建国初期政治派别的斗争提供了具体的阶级基础，而且他所运用的研究技术——"集体的传记"方式——也是一种令人向往的示范，而这种研究技术直到近年来才在历史研究中为人们所普遍采用。

原文载于《美国宪法的经济观》中译本再版序言，商务印书馆，1984年

---

[1] 参看道格拉斯·阿戴尔：《重读〈联邦党人文集〉第十篇》（英文版），载《威廉—玛丽学院季刊》，第3辑，第8期（1951年1月），第48—67页。

[2] 参看约翰·海厄姆为《社会科学的国际百科全书》（英文版）所写关于比尔德的条目，1972年纽约版，第2卷，第35—36页。

特纳与美国奴隶制问题

美国奴隶制度在内战结束前一直是美国社会中有深刻分歧的重大问题。产生深刻分歧的根源是两种迥然不同的社会制度——即奴隶制度与自由劳动制度之间的对立。这种分歧突出地表现于美国历史发展中的一系列重大事件：如独立宣言的草拟、费城制宪会议的辩论、密苏里的妥协案、废奴主义者反对奴隶制的斗争、1850年妥协案以及终于爆发的南北武装冲突。

因此，维护奴隶制与反对奴隶制的斗争在十九世纪上半期占有极其重要的地位，支配了美国历史的发展。这两种对立势力及其斗争，用马克思的话来说，是"历半世纪之久"的"美国历史的动力"。①

对作为"美国历史的动力"达"半世纪之久"的奴隶制问题，在十九世纪后半期美国历史著作中基本上是重视的。特别是这一时期美国宪法史和政治史的著作中，都着重强调了奴隶制问题在美国历史中的意义和作用。

但是，自从本世纪初以来，直到第二次世界大战结束，美国历史著作中大都贬低和忽视了奴隶制问题在美国历史中的意义和作用，回避或否认了内战乃是两种敌对势力围绕奴隶制的冲突不可避免地发展到顶点这一结论。其所以如此，固有其美国历史发展的客观原因，即进入垄断资本主义时期后，美国社会的主要矛盾不再是美国资产阶级和广大人民与奴隶制的矛盾，而是以广大劳动人民为主体的各阶层与垄断资本集团的矛盾了。因而有些美国历史学家认为不应过分强调奴隶制问题在美国历史中的作用，而应侧重阐明资本家与普通老百姓这一斗争的由来。其中，有两位对现代美国历史编纂学有巨大影响的杰出历史学家——弗雷德里克·J. 特纳和查尔斯·A. 比尔德都持有这种观点。他们都认为感情用事地回顾奴隶问题和内战正被用来掩饰一种当时正出现的垄断资本家与老百姓的矛盾。但是，他们在其有巨大影响的著述中却走向另一极端，即竭力缩小和贬低奴隶制问题在美国历史中的重要作用。因此，忽视奴隶制问题在美国历史中的作用之所以在本世纪上半期美国史学界盛行起来，也是与这两位杰出的历史学家的影响分不

---

① 《马克思恩格斯论美国内战》，人民出版社1955年版，第15页。

开的。本文试图结合特纳的历史观及其著作说明这一问题。至于比尔德在这方面的巨大影响将另写专文论述。

一

　　特纳在他的著述中力图把人们的注意力从奴隶制转移到边疆。他在 1893 年美国历史学会宣读那篇著名的论文《边疆在美国历史中的意义》中，系统阐明了"活动边疆"在美国历史上的重要作用，认为"自由土地"的存在及其开拓——西进运动乃十八世纪至十九世纪美国历史的主要内容。从这种观点出发，他极力贬低奴隶制问题在美国历史中的重要作用。具体表现在他对赫尔曼·冯·侯尔斯特所著七卷的《美国宪法和政治的历史》①的严峻批评。首先，他指责冯·侯尔斯特的著作把奴隶问题置于突出的地位。为此他写道："当我们把美国历史正确地加以观察时，就会看到奴隶制问题是一个偶然事件"。②在这以前一些时候，特纳在一篇题为"美国历史中的一些问题"的论文中，发挥了他对冯·侯尔斯特的批评意见："冯·侯尔斯特教授在评论新近一位美国作家写的宪法史时，谈到这本作品是一出把汉姆雷特（今译为哈姆雷特）③略去的汉姆雷特戏剧。因为它没有把对奴隶制的斗争放在突出的地位。未来的批评家可以说冯·侯尔斯特教授关于这同一主题的巨著也是一出把该剧主人公漏掉了的汉姆雷特戏剧。因为他注意奴隶制时，却忽略了合众国历史中根本的居于支配地位的事实：即合众国从阿尔根尼山脉到太平洋的扩张；也没有注意到由于这种扩张而产生的政治制度和宪法制度的演变。"④

　　其次，特纳认为冯·侯尔斯特是德国移民，一直居住在大西洋沿岸和纽约市，目睹十九世纪后期政治上的分赃现象和纽约市政客营私舞弊、横行无忌的丑事。但是，他没有看到美国某些本质的事物，"他不熟悉这个国家和西部健康的民主制度"，不能把西部发展的效果看成是"民族情感的真正成长的光辉景象"，

---

① 赫尔曼·冯·侯尔斯特：《美国宪法和政治的历史》，7卷，1872—1892年版。他用6卷的篇幅阐述1826—1861年奴隶制问题，因而被特纳及其追随者称之为"纯粹的奴隶制度史"。

② 特纳："边疆在美国历史中的意义"，载《特纳的美国历史中边疆论文集》，1976年，第24页。

③ 莎士比亚的悲剧剧名和该剧的主人公。

④ 特纳："美国历史中的一些问题"，载《特纳的边疆和地域论文选集》，新泽西1961年版，第28—29页。

因而使他的这部著作产生缺陷。①

　　总之，在特纳看来，向西部扩张在美国历史中具有独特的决定意义，甚至"决定奴隶制斗争本身的进程。"② 他指出："关于奴隶制的斗争是我们（指美国人——作者）历史中最重要的偶然事件，但是当历史事件的意义展现出来时，我们将会看到，美国发展的真正方向和支配我们性格的力量，都要在向西扩张的历史中加以研究。"③ 他在以后的著述中，也一再用类似的语言重申了这种大体相同的看法。在那篇著名的《边疆在美国历史中的意义》一文中，他还进一步指出，"奴隶制上升到首要的但远非唯一的重要性的时期"是"这个世纪（指十九世纪——作者）前半期的末尾到内战结束的时期。"④ 那就是说，奴隶制在美国历史中占有重要地位的时期，仅仅十五年，即从1850年到1865年。

　　正由于贬低和忽视奴隶制问题在美国历史中的作用，特纳把南部边疆的开拓与北部边疆的开拓等同起来，好像南、北部边疆都是"民主政治和自由"的发祥地，而不注意西南部边疆开拓的不同性质。众所周知，在十九世纪上半期，美国向西南部的扩张是奴隶制经济的扩张，与北部资本主义的扩张不同，具有奴隶制扩张的性质。在西南部边疆开拓的过程中，一个突出的现象便是跟在一些大篷车之后的是人数众多排成长列的奴隶。这种现象正如南部同盟临时总统杰斐逊·戴维斯于1861年所承认的那样：这里（指西南部边疆）从荒野里开垦出农田的是奴隶而非自由人；这里的权力结构是贵族式的，而非平等主义的；这里边疆生活的结果使这种"特殊制度"变得粗暴和残酷无情，而不是使它变得仁慈博爱。⑤ 这表明，向西南部边疆移民的过程在很大程度上不是自愿的，而是强迫的；旧南部确立的贵族统治和种植园奴隶制后来都被搬到新扩张的领土上去了。关于南部奴隶制的扩张，马克思曾一再指出，夺取新领土是奴隶制的独特需要，是奴隶制

---

① 理查德·霍夫施塔特：《进步学派的历史学家：特纳、比尔德和帕林顿》，芝加哥大学出版社1979年版，第69页。

② 同上，第52页。

③《特纳的边疆和地域论文选集》，第29页。

④ 同上，第52页。

⑤ 关于运用许多文献阐明这一问题的论述，请看斯坦利·埃尔金斯和埃里克·麦基特里克："赋予特纳的边疆一种含义：第二部分，西南部边疆与新英格兰"，载《政治科学季刊》，第69卷，1954年，第565—588页。

的生存法则，是奴隶制发展的经济规律。① 但是，有些美国资产阶级历史学家力图掩饰扩张同掠夺性奴隶制经济的关系，歪曲南部扩张的真正原因。比较有影响的流行论点有二：第一，首先和主要想去新土地的人们不是种植园奴隶主，而是贫苦农民；② 第二，把掠夺式利用土地与转移到新土地上去的必要性说成不是与种植园奴隶制经济的扩张有关，而是南部丰富的自然条件的结果，似乎南部丰富的自然资源导致了粗放耕作的流行。③ 但是，这种辩解并不能掩盖西南部边疆拓殖的不同性质，也不能改变历史发展的实际：即西南部边疆的扩展导致了种植园奴隶制的扩大与加强。

为了坚持美国民主制度产生于边疆的假说，特纳对西南部边疆的开拓也持有相类似的论点。他认为，原先在南部山地也存在着一种类似西北部山地的民主主义的边疆社会，但是奴隶制的扩张却破坏了这种边疆社会。最初，他在那篇《边疆在美国历史中的意义》论文中，只是简要地提到这一问题。他写道："棉花的种植传播到南部内地以后，终于打破了'潮水地带'和其他地方的差别，并且使南部的利益建立在奴隶制的基础上。在这个过程的结果表现出来之前，南部的靠西一部分在畜牧、社会和工业等方面同宾夕法尼亚是相类似的。"④ 后来，特纳在他的论文中三番五次地重申了下面的论点：即在民主的边疆社会"衰落"之前，南部边疆像北部边疆一样，原先一直是民主制度和自由的地方。比如，1896年他写道：在西南部边疆，"随着棉花栽培的扩展而去的是奴隶制和大种植园。居住小木屋种植各种各样谷物的小农为种植棉花的种植园主所取代了。除了山岳地带外，潮水区的工业组织占据了西南部，偏僻乡村的团结被打破了，团结一致的南部形成了。"⑤ 直到他的最后著作中，还继续指出："到1828年……这个地域（指密西西比流域——作者）的山地区在它的居民来源、经济社会生活和政治思想方面都必须鲜明地与低地区区别开来。"⑥

特纳之所以坚持奴隶制在南部内地后来才占优势的看法，是与他关于安德

---

① 参看马克思："美国问题在英国"和"北美内战"，载《马克思恩格斯论美国内战》，第18、67页。

② 参看U.B.菲利普斯："南部黑人地带的起源与发展"，载《美国历史评论》，第11卷，第810—813页。

③ L.C.格雷：《1860年以前美国南部农业史》。1933年版，第1卷，第445—446页，第2卷，第940页.

④《特纳的边疆和地域论文选集》，第55页。

⑤ 同上，第72页。

⑥ 特纳：《1830—1850年的合众国. 这个国家和它的地域》，马萨诸塞的格洛斯特，1958年版，第31页。

鲁·杰克逊的信念密切联系在一起的。因为杰克逊是他敬仰和推崇的英雄人物。杰克逊之于 1828 年当选美国总统，标志了西部力量的兴起，反映了美国平民的政治地位的提高。因此，他指出，杰克逊是边疆"人权"和"民主政治"的理想的化身，杰克逊的民主政治"是以边疆良好的伙伴关系和真正的社会同情为基础的，而在这种伙伴关系和社会同情中，阶级和财产的不平等起了很小的作用。"[1]为了宣扬杰克逊的民主政治来源于西部边疆，特纳竭力回避杰克逊与南部奴隶制的关系。首先，他把南部划分为民主主义的山地区与贵族式的黑人聚居地带，而杰克逊乃是民主主义的山地地区的代表。其次，他把奴隶制取代原有的山岳地带民主制和整个南部打上种植园奴隶制印记的时间都推迟了，进而坚持杰克逊所来自的"田纳西从边疆到种植园"的过渡在 1828 年并未完成。[2]

特纳关于杰克逊的评论和对美国西南部的描述都是缺少说服力的，因而有些历史学家提出了异议。艾伯内西教授在总结了一生对杰克逊时代西南部的研究后宣称，到 1820 年"拥有奴隶的种植园主现在是拓荒者"。[3] 与特纳同时代的著名历史学家爱德华·钱宁指出，杰克逊本人就是个奴隶主，他所代表的不是边疆小农场主，而是团结一致的实行奴隶制的南部。[4] 对此，特纳在他最后的著作中，以愤怒的情绪攻击了钱宁的论点。他宣称"1828 年不存在'团结一致的南部'"，并且指出："密西西比流域的心理和政治是由于这一地区开拓经历而形成的，这种开拓的经历竟然到了它有其本身的地域姿态的地步。如果把密西西比流域的那一部分——即位于俄亥俄河以南又为密苏里蓄奴州所增大的那一部分，作为 1828 年蓄奴的棉花种植园主所控制的'团结一致的南部'的一部分的话，那么就不可能理解杰克逊政府的大事了。"[5]

因此，特纳得出结论说，安德鲁·杰克逊"与其说是个棉花种植园主，不如说是个西部愿望和西部意志的化身"。[6] 但是，特纳对杰克逊的评价是不符合历史实际的。因为他忽视了杰克逊与奴隶制的关系，而单纯强调他是西部利益的代

---

① 参看特纳的"西部对美国民主制的贡献"和"西部与美国的理想"，载《特纳的边疆和地域论文选集》，第85—86页，第108页；特纳：《1830—1850年的合众国》，第30页。

② 转引自斯托顿·林德：《阶级冲突、奴隶制和美国宪法》，纽约1967年版，第140页。

③ T.P.艾伯内西：《1789—1819年新国家中的南部》，巴吞鲁日1961年版，第475页。

④ 参看斯托顿·林德，前引书，第141页。

⑤ 参看特纳：《1830—1850年合众国》，第31—82页。

⑥ 同上。

表。其实，杰克逊虽然是美国第一个来自西部的总统，但他本人就是个奴隶主，他的上台主要是依靠南部种植园主与西部农民的联盟的支持。他关于民主政治的观念，固然反映了西部的兴起、平民地位的上升，但也与奴隶制、消灭印第安人以及扩张新领土不可分割地结合在一起的。特纳之所以不能正视杰克逊与奴隶制的关系，而且用尽笔墨为他的这位"英雄人物"摆脱这种关系，似乎是他生怕这位"西部民主主义代表"的声誉会受到奴隶制的玷污。

特纳忽视奴隶制在美国历史中作用的观点势必导致他对废奴主义运动的否定，因为这是他对同一问题——奴隶制问题的态度的两种表现，而它们是互为补充，相辅相成的。早在 1906 年，特纳便接受了乌尔利克·菲利普斯关于奴隶制的"权威"论述，后者宣扬黑人天生低能，种植园是训练黑人最好的学校以及种植园奴隶制是仁慈的家长制等谬论。他认为菲利普斯的著作和论文都富有启发性。特别是菲利普斯所著《南部旧时代生活与劳动》一书对他研究南部大西洋地域和南部中央地域都是有帮助的。[①] 在几乎一个世代以后，直到特纳临终之时，他仍然坚持菲利普斯关于奴隶制的观点。认为"黑人的存在乃是形成（南部）地域本身以及它与这个国家（指美国——作者）的其他部分关系的历史最重大的唯一因素"。"奴隶制是处理黑人的方式。"[②] 他还综合当代北部人的意见和南部人为奴隶制辩护的意见得出了关于南部奴隶的处境的结论，他写道："看来，北部的人们在他们得出奴隶是不快乐的结论时，倾向于把他们自己对黑人所处境遇的感情和反应认为就是黑人所具有的感受。一般说来，黑人吃得饱，尽管饮食粗略，穿得暖和但居住条件蹩脚（虽然没有到使奴隶的心灵中产生不满的程度），并且让黑人得到机会来表达非洲人气质的天真的快乐；因此与其说奴隶群众不如说是一些个人感受到苦难"。[③]

特纳在他著作中很少提到废奴主义，即使提到也是把废奴主义看成是美国改革的精力脱离正当目标的转移。[④] 他认为"改革者转向废除黑奴制度的争端"并非当时唯一需要关注的事务。为此，他写道："北部与南部之间关于奴隶制和解放黑人的斗争进展在 1850 年后二十年美国人关注的事务中居于主要地位，但毕

---

① 参看特纳：《1830—1850年合众国》，第149页注7。

② 参看特纳，《1830—1850年合众国》，第209页。

③ 同上，第167页及该页注45。

④ 参看林德，前引书，第144页。

竟只是当时关注的事务之一。"①

二

特纳是"边疆学说"的创始人，对美国学术界有很大影响，"支配了美国历史写作达四十年之久"，"所以几乎没有一本（历史）著作没有他的影响的痕迹"。② 但是，他在阐述边疆学说与地域理论的著作中，也有个较为明显的倾向，那就是忽视奴隶制在美国历史中的作用，把关于奴隶制的斗争置于无足轻重的地位。出现这种现象的原因，固然与特纳所处的时代有关，也同他本人的史学思想是分不开的。

首先，特纳从事历史研究的时期正是美国从自由资本主义向垄断过渡的时期。在这个时期，美国资本主义在工农业中都有了迅速的发展。但是，由于向垄断的过渡而引起的国内经济、政治和社会生活的巨大变动，加剧了社会阶级的分化和对立，以工农为主体的各阶层反对垄断资产阶级的剥削与压迫的群众运动空前高涨，给美国资本主义制度以猛烈的冲击。在这种形势下，特纳从他的边疆学说出发，把美国历史上纷繁复杂的社会阶级斗争归结为东部金融资本家与西部拓荒者的斗争，并且把这一斗争追溯到殖民地时期。他写道："我们可以从最早的殖民地时期查找出资本家与民主主义的拓荒者的斗争。"③ 似乎这一斗争像一条线一样贯穿在他的生活时代以前整个美国历史中。因此，他认为，现代美国人只有回顾西部拓荒的过程，了解东部与西部的分歧及其演变，才能理解当代美国政治局势的变化与社会经济的斗争。由于他只强调东部资本家与西部拓荒者之间的斗争，因而在他的著作中，南部奴隶主在美国社会阶级斗争中的地位以及奴隶制在十九世纪上半期的作用都被忽视了。

特纳虽然主张应从"第四等级、即人民大众的立场撰写新的历史"④，但他却根本忽视了黑人群众，而他们是美国历史中最受剥削压迫的集团。在重建末期，南部黑人由于共和党的背叛而重新遭受苦难，而共和党的背叛是由东部金融势力操纵的。但在特纳著述中，既对重新遭受苦难的黑人群众漠不关心，也没有谴责

① 特纳："美国历史中的社会势力"，载《特纳的边疆和地域论文选集》，第168页。
② 转引自"敬献给马库斯·杰尼根"的《美国历史编纂学论文集》，芝加哥1937年版，第252页。
③ 特纳："美国历史中的社会势力"，载《特纳的边疆和地域论文选集》，第164页。
④ 特纳："历史的意义"，载《特纳的边疆和地域论文选集》，第14页。

东部金融势力。这表明，尽管他标榜要从人民大众的立场撰写历史，实际上却同他所"反对"的金融资本集团站在一起了。

其次，特纳之所以忽视奴隶制问题是受到当时史学思潮的影响。从本世纪初期到五十年代末期，美国史学界盛行一股为奴隶制评功摆好的思潮。这一思潮的主要代表是南部历史学家乌尔利克·菲利普斯及其追随者。菲利普斯撰写了许多关于奴隶制的论文和著作。其中影响较大的有《美国黑人奴隶制度》（1918年）和《南部旧时代的生活与劳动》（1929年）。在这些著作中，菲利普斯一方面诬蔑黑人是个劣等人种，硬说黑人都是愚蠢、不负责任、"患有天生的低能症"，没有能力管理自己，因此需要白人的指导和监督；另一方面尽力为奴隶制评功摆好，鼓吹奴隶制是当时仅有的最好的劳动制度，种植园是训练、教养黑人最好的学校以及种植园奴隶制是仁爱的制度。这些谬论广为流行。菲利普期及其追随者在研究美国奴隶制方面，一直称霸于美国史坛，长期支配着美国历史写作，直到1950年出版的美国大学通用的美国史教科书《美利坚共和国的成长》，仍反映了菲利普斯的观点。

特纳在其著作中不仅遵循了菲利普斯关于奴隶制的"权威论述"，而且对他的威斯康星大学这位同事倍加赞扬。他在最后的著作中写道："我很受惠于U.B.菲利普斯教授的《美国黑人奴隶制度》和他关于南部黑人地带的起源和发展的论文。他的富有启发性的著作《南部旧时代的生活与劳动》……对研究南部大西洋地域和南部中央地域都是有帮助的。"[1]

第三，特纳既是"天定命运"的鼓吹者，也是个种族主义者。众所周知，在特纳的"边疆学说"中明显地贯穿了一种扩张主义思想，这里无须多赘。他的种族主义思想不仅表现在他对黑人奴隶遭受的苦难漠不关心，而且也表现在他对美国印第安人被驱逐、被杀戮的惨剧无动于衷。不仅如此，他还认为印第安人的反抗是站不住脚的。这一切表明，他虽然驳斥了用条顿制度来阐明美国历史的发展，但他并未摆脱"原种论"的生物学的先决条件。早在1890年，他就写道："美国的殖民开拓是一次具有伟大历史意义的运动——即亚利安人迁徙的一个部分。"[2]在特纳看来，美国印第安人是这个"伟大运动"的道路上的一个障碍，比如，印第安人苏族的红云就被特纳描绘为抗拒美国"文明进军"的一个首领。最为突出

---

① 特纳：《1830—1850年合众国》，第149页注7。

② 转引自林德，前引书，第144页。

的事例是他对从佐治亚洲"迁徙"的柴拉基几族人的态度。柴拉基几族是个有自己的文字、一部成文宪法的文明部族。对于这次"迁移",特纳是这样写的:"从这个国家(指美国——作者)开端起,居住在佐治亚边区的印第安人就是对她发展的一个威胁和一种障碍。"① 他这样明目张胆地诬蔑柴拉基几人,可能是因为他的英雄人物杰克逊受到了牵连。这一切表明,特纳是个白人至上的种族主义者,因为他已把美国黑人和印第安人通通排除在他所说的"人民大众"之外,他的同情和关怀仅限于他的白种人同胞,而对他的有色人种的同胞却十分麻木不仁。

原文载于《世界历史》1986年第1期

---

① 参看L.菲勒和A.格特曼编:《柴拉基几民族的迁徙》,波士顿1962年版,第102—105页;转引自林德,前引书,第145页。

美国的"新移民"与文化测验

——兼评本世纪初期美国学术界限制"新移民"入境的论点

美国的移民是人类历史上一大奇观。几个世纪以来，浩浩荡荡的人流——四千五百万人——从四面八方跨洲越洋来到美国。没有任何一个国家曾吸引了数目这样众多、民族（或种族）这样庞杂的外来移民。这些移民主要来自欧洲、亚洲、非洲和拉美地区，但绝大多数来自欧洲。1880年以前，来自西欧和北欧各国的移民——美国人称他们为"老移民"——占压倒多数；但从1880年开始，直到第一次世界大战前夕，来自东欧和南欧各国的移民——即美国人所谓"新移民"——逐渐占了优势。那么，这些"新移民"有哪些不同于"老移民"的特点？为什么他们不那么受欢迎？限制和反对他们入境的论点是否符合历史实际？这些都是本文试图探讨的问题。

一

1860—1920年期间，美国人口总数增加了三倍多，即从三千一百多万增加到一亿零六百多万人。[①] 在全国人口增长中，外来移民占有很大部分，仅在这六十年间，就有二千八百多万移民涌入美国。[②] 这个时期，涌入美国的移民数目出现了三个高峰年代：即1881—1890年入境移民有五百二十多万人，1901—1910年高达八百七十多万人，1911—1920年降到五百七十多万人。

1880年以前四五十年间，美国的大部分移民来自英格兰、爱尔兰、德国和斯堪的那维亚半岛等西欧和北欧各国，他们被称为"老移民"，其数目在1880年达到了高峰，以后就大为减少，这是因为他们本国工业广泛发展，对劳动力的需要激增的缘故。

从1880年开始，来自东欧和南欧各国的"新移民"日益增加，到1890年汇

---

① 美国商业部人口普查局，《美国历史统计，殖民地时代到1970年》，华盛顿1975年版，第一部分，第8页。

② 同上，第105—109页。

成了一股移民洪流,超过了来美移民总数的一半,到本世纪头十年间更增加到占来美移民总数的百分之七十二。[①] 这些"新移民"分属于意大利、斯拉夫和犹太三个民族集团,主要来自欧洲三个国家:意大利、奥匈帝国和俄国(包括波罗的海国家)这三个国家移民数量的增长情况如下图所示。

"新移民"具有不同于"老移民"的一些特点。首先,在宗教信仰上,他们主要是希腊东正教和罗马天主教的教徒,而"老移民"主要是新教徒。其次,他们操本国或本民族语言,不能讲英语。第三,他们来自比"老移民"(爱尔兰人除外)贫穷得多的国家,因而他们原有生活都较贫困,教育和文化程度也较低下,他们当中文盲比率比"老移民"要大得多,但是男性和青年在他们中所占比重都超过了"老移民"。第四,他们到美国后,大多数去城市谋生,在那里本民族聚居区定居,自成一个社团。

年代	奥匈帝国 [1]	意 大 利	俄 国	总 和
1871—1880	72,969	55,759	39,284	168,012
1881—1890	353,719	307,309	213,282	874,310
1891—1900	592,707	651,893	505,290	1,749,890
1901—1910	2,145,266	2,045,877	1,597,306	5,788,449
1911—1920	453649 442693	1,109,524	921,201	2,927,067
共计	4,061,003	4,170,362	3,276,363	11,507,728

〔注〕1905年以后,奥地利与匈牙利分作两国登记;1899—1919年波兰移民包括在奥匈帝国、德国和俄国的移民之内。

资料来源:伦纳德·J.内尔斯坦和戴维·门里斯,《美国人的种族,外来移民与同化史》,纽约1982年版,附录,表A.1。

"新移民"之所以离乡背井,移居美国,基本上同"老移民"一样,也出于本国生活无着和难以忍受的政治、宗教迫害等方面的原因。不过,由于时代和地区情况的不同,促使他们离乡外迁的因素也有一些特点。第一,在十九世纪后期,由于欧洲国家对不同教派的容忍精神日增,宗教信仰问题一般说来已非移民出境的主要原因。但是东欧几个国家的情况却不是这样,那里宗教迫害仍然盛行,造

---

① 阿瑟·林克等著,刘绪贻等译,《一九〇〇年以来的美国史》,中国社会科学出版社中译本,1983年版,上卷,第11页。

成人口的大量外流。比如，在沙皇俄国，特别是在它占领下的波兰，歧视犹太人及其宗教的现象就很突出，八十年代初就发生过对犹太人有组织的迫害，后来还发生了几次对犹太人的大屠杀，结果造成犹太人大量离境外迁。据统计，在十九世纪末和二十世纪初，从东欧来美国的犹太人移民在二百万人以上，其中大部分来自俄国，也有一部分来自奥匈帝国。第二，由于受政治迫害而大量出境的是波兰人，他们在波兰被瓜分后受到异族的暴虐统治，对俄国和德国占领当局推行的俄罗斯化和日耳曼化的奴役政策深恶痛绝，因而纷纷外迁。第三，由于原有的农业秩序的破坏和严重歉收，东欧和南欧各国农民和手工业者相继离境外迁。这种现象在意大利最为突出。当时小麦和柑橘等水果价格在世界市场的暴跌，导致了意大利农业的衰落，从而使得原已生活贫困的农民陷入绝境，只有离乡外迁，别无出路。后来，有些来美国的意大利移民宣称，那时"如果我们仍然留在意大利的话，那么只有当作食物互相吃掉了。"[①]当时，在奥匈帝国，许多农民因丧失土地无以维生，而新建的工厂又寥寥无几，根本无法吸收无地的农民和失业者。这就导致大量的马扎耳人和斯洛伐克人离乡背井，移往美国。

　　"新移民"到美国后，主要分散定居在密西西比河以东和俄亥俄河以北的广大地区，他们中多数定居在新英格兰、宾夕法尼亚和新泽西等州，也有些前往伊利诺斯州和俄亥俄州谋生。他们虽然主要来自东欧和南欧各国的农业地区，但其中多数人却定居在日益发展的美国城市中，特别是像纽约、芝加哥和底特律等那样的大城市中，这是因为那里工厂林立、商业发达，就业机会众多，而且在民族聚居区里有不少他们的亲友和同胞，这自然有助于他们谋生和适应新的环境。这些不同民族的聚居区俨然像个大城市里的小城镇，有些美国学者称它们为"被包围的飞地"，比如纽约市里一直延续到现在的"小意大利区""犹太人区"和"斯洛伐克人区"等就是这些"飞地"的例证。当时，他们基本上生活在本民族聚居区，所以没有与土生的美国人融合起来，也与其他民族聚居区互相隔离，不大来往。大多数"新移民"之所以弃农务工，固然与美国"边疆消逝"后，"自由土地"日益减少有关，但主要是由于他们缺乏购买农田的资金，又不掌握新的农业技术，所以不大可能从事农业生产。他们除了充当工矿企业的劳动力外，别无其他选择。正是这一大批的俄国人、波兰人、意大利人、奥地利人和匈牙利人为美

---

① 伦纳德·丁内尔斯坦和戴维·里门斯，《美国人的种族，外来移民与同化史》，纽约，1982年版，第33页。

国工矿企业提供了它们所迫切需要的廉价劳动力。

"新移民"到美国后从事的职业虽然是各种各样的，但由于民族聚合力的作用，往往集中于某些行业或从事某几种职业。比如，"新移民"中最大的民族集团意大利人从事的职业虽然广泛，但大部分集中于以下几种职业：接替爱尔兰人，成为铁路工人、建筑队工人以及矿工；经营果园、葡萄园和城郊的蔬菜农场。斯拉夫人多在密执安、俄亥俄和宾夕法尼亚等州的矿山和工厂劳动，也有些在芝加哥屠宰场和炼钢厂充当工人。犹太人主要是在大城市里开店铺，做小生意，也有不少在雪茄工厂和酿酒厂当工人。他们当中一部分人因受过教育，有些文化，往往被工厂录用为技术工人。后来，犹太人就凭借他们掌握的一些工艺，在纽约市的服装行业中长期占有优势。

总的看来，"新移民"承担的工作大部分属于社会底层的职业，是土生的美国人和"老移民"所不屑干的既劳累而又肮脏的活计，但是为了谋生，他们也不得不接受这种工资低、工作时间长的重活和粗活。

二

从美国建国以来，美国人一般是赞成广泛吸收外来移民的。这是因为：第一，美国幅员广大、资源丰富，但人口稀少，缺乏必要的劳动力和技术，因此开发资源、开拓土地和发展经济都有赖于继续不断的移民洪流；第二，美国人相信他们有力量同化外来的移民，认为美国是形形色色的民族的"熔炉"，经过这座"熔炉"的冶炼，由众多民族组成的美利坚民族将日益发展壮大。

美国开国元勋们也把外来移民看成是一种资产，所以主张把他们"作为国家财富新增的有价值的资产加以欢迎"。[①] 长期以来，外来移民确实对美国社会经济的发展做出了重要而巨大的贡献，但是有些土生的美国人并不认为移民的到来是件"真正的好事"，他们和早先来的移民不断要求削减外来移民的数量，在某些时期也出现过反对移民自由入境的运动。早在1789年，亚当斯总统颁布的归化法和客籍法等就反映了这种排外情绪；十九世纪五十年代建立的"无所知党"也反对移民入境，主张延长外国人入美国籍所必需的居住年限。但是，长期以来美国对劳动力的迫切需要使得联邦政府不愿也不能采取限制移民的措施。后来，

①《因战争或暴政而逃离本国的难民事迹，美国难民委员会的最后报告》，华盛顿，1952年版，第346页。

在排外主义者不断鼓动下，1882 年美国国会通过了第一个限制移民入境的法案，即臭名昭著的《排华法案》，明文规定在十年内禁止中国移民入境，以后又一再延长期限，企图使之永久化。

随着移民的不断涌入，美国人这种矛盾的双重心情日益加重，既为美国自称为"世界被压迫者的庇护所"而感到自豪，又对外来移民的不断涌入有所疑虑，有时甚至感到恐惧不安。他们进而要求在接受移民入境时实行选择和限制。这种要求首先是由一些工会组织提出的：它们一方面认为移民为企业主提供了廉价劳动力，从而加剧了劳动力市场的竞争，导致工人失业和工资下降；另一方面把移民视为工会活动的"绊脚石"，在"劳资纠纷"时期移民更构成了严重的威胁，因为他们往往被企业主雇佣来接替罢工工人，致使工会的主要斗争武器——罢工失去了效用。[①] 但是，多数企业主的代言人却为自由移民政策辩护，反对限制移民入境，并且断言如果对外来移民强加限制，那将发生严重的劳动力短缺，从而不利于美国经济的发展。还有一些土生的美国人和保守派人士也害怕日益增多的各种各样的外来移民会危及美国原有的"社会团结"，特别是害怕移民当中具有不同宗教信仰的教徒和欧洲思想激进分子会在美国煽动和制造"骚乱"，从而威胁美国"共和政体和民主制度"。[②] 担忧的是外来移民也带来了贫困、疾病和犯罪等严重的社会问题，从而"结束了美国对欧洲社会弊病的免疫性"。[③] 这种恐惧和担忧因报刊大事宣扬欧洲各国政府有计划地把各自的社会渣滓倾倒给美国而更加剧。然而，宗教偏见在煽起美国排外主义情绪上起了更大的作用。先是爱尔兰和德国天主教徒的陆续涌入，继而是东欧和南欧各国东正教徒和天主教徒的大批到来，都被看成是对美国新教性质的威胁，从而导致殖民地时期反对天主教活动的复活。十九世纪中叶，费城爆发的捣毁天主教会和袭击天主教徒的暴力事件，就是突出的事例。

在十九世纪末和二十世纪初，"新移民"入境的数量达到了高峰，那时每天都有成千上万的移民从各个口岸蜂拥入境，其中绝大多数一贫如洗，而且能讲英语者寥寥无几，因此不少美国人都感到惶恐不安，排外主义情绪更加增长。这种惶恐不安，除了上述对外来移民的恐惧和忧虑以外，主要集中在两个问题上。首

---

① 德怀特·杜蒙德，《现代美国，1896—1946年》，商务中译本，1984年版，第32页。
② 格伦·波特主编，《美国经济史百科全书》，纽约1980年版，第3卷，第1080页。
③ 同上。

先是关于宗教信仰的问题。由于"新移民"中天主教徒数量的激增和各州天主教区学校的不断扩展，美国反对天主教会的活动更加剧烈了。1887年创立的"美国保护协会"，其宗旨除限制移民入境外，就是限制天主教徒担任公职，支持国家义务教育法，防止天主教会对公立学校影响的扩大。鉴于天主教徒在政治上的力量日益增长，这个协会公开宣称："虽然美国人口中只有八分之一是天主教徒，但却有一半公职人员是天主教徒……文官考试中天主教徒受到偏惠……所有公务员都不得不对天主教慈善事业做出贡献。"[①] 这种反天主教的歇斯底里到1893年达到高峰，那一年它还利用关于罗马教皇写信命令入境的天主教徒消灭美国一切异教徒的谣传，大肆煽动公众反对天主教的情绪，以致有位市长甚至要求州的国民警卫队来制止即将发生的"屠杀"。[②] 实际上这是由于莫须有的捏造而引起的恐慌。第二是关于所谓同化的问题。许多美国人认为，"老移民"与土生的美国人既属于同一血统的种族，即盎格罗—萨克逊（盎格鲁－萨克逊——编者）种族，又具有同样的文化背景和历史传统，因此他们入境后很快地与当地美国人融合起来，同化于美国社会即"美国化"从来不成为问题。但是，"新移民"却属于多数美国人所不熟悉的种族，即南欧的意大利人以及东欧的斯拉夫人和犹太人。他们被认为远不及盎格罗－萨克逊种族那样优秀，文化背景和历史传统也不相同。因此，在数百万"新移民"身穿各族的"奇装异服"，操着"陌生"的语言，一下子涌进美国许多城市的移民聚居区后，美国人自然产生不安和困惑，认为他们是"令人厌恶的、难以同化的并且敌视或漠视美国社会准则的"[③] 一帮人，同时竟把当时美国盛行的贿赂、暴力和犯罪等社会现象都归咎于他们。

在排外主义组织的鼓励下，美国人对"新移民"的恐惧和厌恶不可避免地集中到一个问题上来，那就是要求联邦政府采取有力的措施，限制移民入境。1894年在波士顿建立的"限制移民联盟"认为，以识字为基础的"文化测验"是限制移民入境的最好办法，要求联邦政府采取相应措施。这种办法主要是针对来自东欧和南欧的"新移民"的，因为他们中许多人都是文盲。接着，一个杜绝文盲移民入境的宣传运动便广泛展开了。有些种族主义者也宣称，决定美国是由"历史

① 伦纳德·丁内尔斯坦和戴维·里门斯，《美国人的种族，外来移民与同化史》，纽约，1982年版，第53页。
② 同上，第54页。
③ 同上，第55页。

上自由发展的、精力充沛的和积极进取的英国、德国和斯堪的那维亚的种族，还是由历史上受压制的、返回原始状态的和停滞的斯拉夫、拉丁和亚洲的种族来提供人口"①的时刻已经到来。于是，一项限制移民入境的方案——"文化测验"便应运而生了。在共和党支持下，国会于1896年通过了文化测验法案，但为克利夫兰总统所否决。克利夫兰坚持美国仍应是"欧洲被压迫者的庇护所"，并且批驳了"新移民"不如"老移民"那么称心合意的结论。他说：美国人对"老移民"也曾有过"同样的议论"，但"他们和他们的后代现在却被认为是我们最好的公民"。②这个法案虽被否决，但排外主义者并不肯甘休，仍在继续进行宣传鼓动。社会各阶层人士也就移民问题展开了一场大辩论。在这场大辩论推动下，美国国会于1907年任命一个参、众两院联合委员会——即以其主席、参议员威廉·迪林厄姆著称的委员会——来研究整个移民问题。这个委员会经过三年半的调查研究，于1911年提出了长达四十二卷的报告。报告基本上重复了排外主义者限制、贬低"新移民"的论调，而且实际上否定了"美国乃欧洲被压迫者的庇护所"的设想。它宣称："尽管美国人一如既往欢迎各国的被压迫者，但必须考虑移民的质量和数量，以免给同化过程造成太大的困难。"③它还煞有介事地担心说，那些没有手艺，甚至连自己本民族语言也不会读和写的"新移民"，与其说他们将成为美国社会的财富，还不如说是美国的包袱。④因此，它的结论是：建议对移民进行文化测验，作为他们入境的先决条件。在有关移民问题的辩论期间，这个报告的影响是很大的，它为排外主义者的宣传鼓动壮大了声势。因此，1913年和1915年国会又两次通过类似的法案，但分别为塔夫特（塔夫脱——编者）总统和威尔逊总统所否决。1917年，国会不顾威尔逊总统的再度否决⑤，终于通过了《文化测验法案》，其中规定：凡成年的外国移民不能阅读一段"一般使用的不少于三十个也不超过八十个单词"的英文或其他文字者⑥，一律不得入境。这样，

---

① 同上，第57页。

② 同上，第57页。

③ 转引自威利·P.亚当斯，"移民问题与美国的经验教训"，载《交流》1983年第四期，第8页。

④ 同上，第10页。

⑤ 威尔逊总统之所以一再否决这一法案，是因为企业界强烈反对这一法案。据说，威尔逊接到一大堆企业家写给他的信件和请愿书，弄得他应接不暇。参看哈里·沙伊贝《美国经济史选读》，纽约1964年版，第394页。

⑥ 理查德·B.莫里斯主编，《美国历史百科全书》，纽约1976年版，第675页。

对移民敞开着的美国大门部分地关闭了。这是因为到本世纪初期，美国已不那么迫切需要移民来补充它的劳动队伍了。实际上，到1920年，美国人口通过自然增殖和外来移民已超过了一亿大关，[①] 其中青、壮年男子占较大的比重，所以它已不再像过去那样缺乏劳动力了。

三

从十九世纪后期到二十世纪初期，美国移民的来源虽然不同，移民流入量在各个时期也不平衡，但无论是"老移民"，还是"新移民"，也不管是来自欧洲还是来自其他大洲的移民，都对美国的发展做出了巨大的贡献。他们既对美国提供了它所迫切需要的大量劳动力和先进的科学技术，又协助开发了它丰富的自然资源，扩大了美国市场，从而大大促进了美国社会、经济的发展，也丰富了美国思想文化生活。如果没有长期间外来移民的不断流入，美国既不可能迅速上升为世界强国，也不可能取得它在当今世界所占有的地位。这是当代美国和国际学术界所一致公认的。但是，在本世纪初期，美国学术界并不完全是这样看的，有些美国学者从种族主义偏见出发，采用以偏概全的手法，提出了种种论点来诋毁"新移民"和贬低他们对美国发展的作用，从而为限制和反对"新移民"入境的主张提供根据。这些论点既没有科学的根据，也不符合美国历史发展的实际，需要加以剖析。

论点之一是"新移民"的大量涌入不仅给美国带来了许多严重的社会问题，而且加重了失业，[②] 导致国民生活水平的下降。这是本世纪初期美国学术界较为流行的看法。其实，事物总是一分为二的，移民的大量流入既有利于美国经济的发展，也不可避免地会产生不少社会问题。比如，企业主们雇用移民的廉价劳动力来破坏工人罢工和压低工人工资，资本主义工厂的血汗劳动倒使得成千上万的穷苦工人的状况更加恶化，城市住房长期过分拥挤状况和贫民窟的不断扩大造成了疾病流行和犯罪率的增长，等等。这些社会问题由于美国政府在社会、经济方面推行的放任自流政策而更加剧。但是，决不应把美国资本主义制度所造成的社会问题，归咎于移民，更不能以此作为限制和反对他们入境的借口。

至于外来移民会加重失业的论点也是站不住脚的，因为工人失业是资本主

---

① 美国商业部人口普查局，《美国历史统计，殖民时代到1970年》，第一部分，第8页。
② 哈里·杰罗姆，《移民群与商业周期》，纽约1962年版，第209页。

义社会所固有的现象，是资本积累的必然结果。在经济危机或萧条时期，无论移民出境的国家还是接受移民的国家都要遭到严重的打击，同样会出现严重的失业现象。美国即使没有接纳大量的外来移民，也不会减轻它因经济危机而产生的失业现象。1929—1933 年经济危机时期，美国出现的空前规模的灾难性的失业现象就是个明显的例证，那时限制移民入境的 1924 年《配额法》已实施了好几年，入境移民因而减少到最低限度。这表明，美国失业现象因外来移民的增多而加重的论点是没有根据的。恰恰相反，外来移民的增多倒促进了美国投资和就业率的增长。因此，有位著名的英国人口统计学家在分析移民对美国经济的作用时，就明确指出："外来移民在其数量上升阶段乃是促进投资、收入和就业增长率的强大因素，反之在移民数量下降阶段，……这种促进因素的力量就自动缩小了。"①

十九世纪后期以来的美国历史表明，外来移民的增加不是降低而是提高了美国国民生活水平。当然，促成国民生活水平的提高还有其他各种因素。但是在移民与经济的增长两者之间却有直接的关联，换句话说，也就是以外来移民数量的多寡为一方与以国民人均收入和资本投资的变化率为另一方之间有一种明显的关联。如果以 1869—1878 年进入美国的移民总数，国民人均收入和投资三者的百分比为基准，那么拿 1873—1884 年间与 1869—1878 年相比，就会看到随着入境移民总数增加百分之三十六，投资就增加百分之七十四，国民人均收入（即国民平均生活水平的指数）也增长百分之二十九。另一种情况是：如果拿 1889—1898 年与 1884—1893 年相比，入境移民总数减少了百分之二十，投资相应地减少百分之八，而国民人均收入仅增加百分之四（这是十九世纪末到二十世纪初期最低的增长率）。本世纪头十年是"新移民"涌入美国的高峰年代，如果拿 1899—1908 与 1894—1903 年相比，入境移民总数增加了百分之八十九，投资的指数相应上升百分之七十五，国民人均收入也上升了百分之十四。② 从上述三者关联的变化比较来看，入境移民的增加，特别是"新移民"的大量涌入不仅没有降低美国国民生活水平，而且提高了这一水平。所以，1942 年出版的美国大学通用的美国史教科书写道：在十九世纪后期，"美国的物质生活水平一般是居于欧洲的前列，并且在外来移民以空前规模涌入美国达半个世纪之久以后，它仍然

---

① 布林利·托马斯，"外来移民在经济方面的积极贡献"，载哈里·沙伊贝《美国经济史选读》第401页。

② 同上，第397页。

保持了比除丹麦、瑞典等少数国家以外欧洲国家都高的物质生活水平。"[1]

论点之二是"新移民"中技术工人所占的比例比"老移民"小得多，因而不大能适应美国当时的需要。据称，在"老移民"中技术工人的比例较"新移民"中的比例多一倍以上。[2]但是，这种论据是需要认真商榷的。首先，把1899—1909年的"新移民"与同一时期"老移民"做比较是不公平的，因为本世纪初来自西、北欧的不熟练工人在很大程度是为来自东、南欧的不熟练工人所取代了。这样，技术工人在西、北欧移民占的比例就显得高了，而在东、南欧移民中的比例却相应降低了。如果拿1899—1909年"新移民"与稍早时期即1871—1882年"老移民"相比，那就会得出很不同的结果：两个集团内的技术工人所占的比重就没有多大差别了，即"老移民"的百分之二十二点九对"新移民"的百分之十八点一。[3]其次，在讨论移民对美国经济发展的重大贡献时，有些美国学者既把入境移民中技术工人的重要性估计过高，又忽视了不熟练工人在美国垄断资本主义确立时期不可缺少的作用。在十九世纪后期，随着美国工厂制度的普遍建立和大企业的蓬勃兴起，资本主义生产方式在全国范围内已由工场手工业阶段发展到机器大工业的阶段，熟练技工也被改造为机器大工业的一部分，旧的熟练技工被新的技术工人所取代。这个时期来自欧洲移民中的技术工人不言而喻是旧的熟练技工。他们也要受到美国新兴工业的改造，成为新的技术工人，或者因旧的技艺被淘汰而沦为不熟练工人。所以不能对欧洲移民中技术工人的作用估计过高。另一方面，在本世纪头十多年中，大量入境的"新移民"虽然大多数都是不熟练工人，但他们却正适合美国机器大工业发展的需要。这时，美国电气、化学和汽车等大型企业都在开展技术领域的革新，实行工业生产机械化和自动化工序，从而把工人的技术缩小到最低限度，也就是说工人不需要有多少训练和经验便可胜任机器作业。这样，新来的为数众多的不熟练工人被大型企业吸收充当底层的工人，而底层的工人却构成了大型工业生产体制的金字塔所必不可少的基础。所以，从当时美国工业生产变化的角度来看，1899—1909年入境"新移民"中文盲占三分之一以上这一事实并没有成为严重的不利因素，相反地却更加强了改进机器设计的需要，从而使没有文化的不熟练工人也能操作。

---

[1] 塞缪尔·E.莫里森等，《美国共和国的成长》，纽约1942年版，第2卷，第176页。

[2] 参看J. W.詹克斯等，《外来移民问题》，纽约1912年版，第31页。

[3] 布林利·托马斯，"外来移民在经济方面的积极贡献"，第400页。

　　论点之三是"新移民"难以同化于美国社会，实现所谓"美国化"。理由：（一）他们集中在城市本民族聚居区，自成一个社团，坚持本民族的文化传统和生活习惯；（二）在聚居区只操本民族语言，不会讲英语，也不大同本地美国人交往。其实，这些理由都是限制和排斥"新移民"的借口，因为十九世纪中叶入境的德国移民也有同样的情况。他们除在纽约市形成一个"小德国"聚居区外，还在中西部各州组成了一些德国移民聚居的社区。在这些社区里，他们不仅保持原有的文化传统和生活习惯，而且只讲德语，创办了不少德语报纸和刊物。对于他们自成一体的隔离现象虽在当时也引起了一些异议，但根本没有提出过难以同化的问题。之所以如此，显然是与美国当时盛行的种族优越论有密切的联系。在种族优越论者看来，来自东、南欧的"新移民"无论在血统上和智力上都远比来自西欧、北欧的"老移民"低下，他们具有与北欧日耳曼民族迥然不同的文化背景和历史传统，因而很难接受美国的制度和社会准则，实现同化的进程。但是，这种种族优越论的看法既没有科学的根据，也不符合历史实际。关于这一问题，有的美国历史学家根据"新移民"入境后的历史发展实际写道："没有任何有力证据表明，新近的移民（指"新移民"——作者）在政治智力方面低于早先的种族（指"老移民"——作者，下同）或者对民主制度的忠诚少于早先的种族。"[1]

　　从十九世纪末到二十世纪二三十年代是"美国乃民族熔炉"这一思想信念的盛行时期，那时，移民同化于美国社会或"美国化"的涵义被解释为"必须离开他们旧世界的老家，放弃习以为常的社会风俗，并且使自己适应新世界的新环境和新的社会制度。"[2]据此，实现移民同化或"美国化"就必须完成以下三个连续步骤：即弃旧、适应新环境和完全"化"入了美国社会。应当指出的是，那时"熔炉"思想特别强调将不同种族及其不同文化绝对熔化于一炉，从而形成新的美利坚民族和单一性的文化。因此，如果外来移民已使自己适应美国的新环境和新的社会制度，但仍保持他们原有的文化传统和风俗习惯的话，那就被认为没有实现同化，甚至被认为是无法容忍的。美国在参加第一次世界大战后，威尔逊就曾告诫一批新入籍的移民说，"任何人，如果把自己看作是居住在美国的某一特定民族的成员，就算不上一个美国人。"[3]

---

① 塞缪尔·E.莫里森等，《美国共和国的成长》，纽约1942年版，第2卷，第175页。

② 同上，第174页。

③ 转引自威利·P.亚当斯，"移民问题与美国的经验教训"，载《交流》1983年第四期，第10页。

随着时代的进展和美国社会思想的演变，第二次世界大战后美国关于同化的含义也有了变化。美国除了坚持移民必须适应美国社会制度和保持政治上对美国的忠诚外，开始对境内各民族及其文化采取兼容并蓄的方针，发挥多元种族和多元文化的精神，使其"和谐并进，共同发展"。

从同化含义的这种变化来看，"新移民"不仅不是"难以同化的"，而且还以他们的文化特征和历史遗产丰富了美国的思想、文化，使之更加丰富多彩。

原文载于《社会科学战线》1986 年第 2 期

百年来美国移民政策的演变

美国是个"由移民组成的国家"。它的历史进程受到连续不断的移民浪潮极大的影响。这个移民浪潮从十七世纪初期开始，时起时伏，一直持续到现在的整个历史时期。没有任何一个国家曾吸引了数目这样众多、民族（或种族）这样庞杂的外来移民。除了原有的土著居民印第安人外，所有美国人不是外来移民，便是外来移民的后代。这些移民来自欧洲、非洲、亚洲和拉丁美洲等地区。他们中绝大多数来自欧洲：1880年代以前主要来自西欧和北欧各国，但在1880年代以后二三十年期间，来自东欧和南欧各国的移民逐渐居于多数。在移民《配额法》于1924年实施后，来自西半球——主要是加拿大和墨西哥的移民日益增多，达到空前的规模；在1965年新移民法——即《移民和国籍法》实施后，来自第三世界各国的移民激增，其中来自亚洲的移民人数已经超过了同时期来自欧洲的移民总合。在长达三个多世纪里，经过不断的繁衍与融合，美国逐渐形成一个以欧洲白种人为主体的多民族国家。

美国是个幅员广大、资源富庶的国家。但是由于它地广人稀，缺少劳动力，联邦政府自建国以来就对外来移民采取来者不拒的政策，直到1882年《排华法案》的颁布，才过渡到限制移民的政策。这种限制移民的政策经历了两个阶段：即限制、选择移民的阶段和移民配额的阶段。现在按照年代顺序，对百年来美国移民政策的制定及其演变，做简要的评述。

排外主义的增强与限制、选择移民政策的实施

自从美国建国以来，美国人一般是赞成广泛吸收外来移民的。这是因为：第一，美国幅员广大、资源丰富；但缺乏劳动力和技术，因此开拓土地、开发资源和发展经济都有赖于连续不断的大量移民；第二，美国人相信他们有力量同化外来移民，认为美国是各种不同民族的"熔炉"，经过这座"熔炉"冶炼，由形形色色的众多民族组成的美利坚民族将日益发展壮大。

但是，随着移民洪流的不断到来，土生的美国人和早期的移民也产生了不同程度的恐惧和担忧。他们害怕日益增多的形形色色的外来移民会危及美国原有的

"社会团结"，特别是害怕移民当中具有不同宗教信仰的教徒和欧洲思想激进分子都会在美国煽动和制造"骚乱"，从而威胁美国共和政体和民主制度[①]。担忧的是大量外来移民不仅会加剧劳动市场的竞争和降低美国人生活水平，而且还带来了贫困、疾病和犯罪等严重的社会问题，从而"结束了美国对欧洲社会弊病的免疫性"[②]。这种恐惧和担忧情绪由于报刊不断宣扬欧洲各国政府有计划地把各自的社会渣滓倾倒给美国而更加剧。然而，宗教偏见在激起美国排外主义情绪上起了更大的作用。先是爱尔兰和德国天主教徒的大量涌入，继而是东欧和南欧各国东正教徒和天主教徒的大批到来，都被认为是对美国新教的威胁，从而导致殖民地时期反对天主教的活动复活了。到八十年代，随着"新移民"[③]中天主教徒的激增和天主教教区学校的不断扩展，美国反对天主教会的排外主义也日益加剧。1887年在衣阿华州克林顿创立的"美国保护协会"就是最大的反对天主教的组织，其宗旨就是限制外来移民，限制天主教徒担任公职，支持国家义务教育法，防止天主教会对公立学校影响的扩大等[④]。它还利用关于罗马教皇写信命令天主教徒消灭美国一切异教徒的谣传，大事煽动反对天主教会的情绪，并在当时西部农业区得到广泛的响应。同时，犹太人社会经济地位的不断上升也招致了反犹太人活动的增长。从19世纪80年代末开始，犹太人日益成为恶毒的种族诽谤的靶子，对犹太人的种族歧视表现在住房、教育、就业和社会生活等各个方面。这种排外主义也表现在对"有色人种"的歧视，特别是对日益增多的中国移民的歧视，从而在太平洋沿岸各州酿成日益剧烈的排华运动。这种排华运动到1882年美国国会制定的《排华法案》达到了高峰。

中国移民主要是十九世纪中叶后被招募去美国的华工，因为那时美国开发西部，迫切需要大量的廉价劳动力。在美国资本家与船商招募下，中国劳动人民去美国的人数激增，在1850—1880年期间，由二万五千人骤增到十三万二千人。这些华侨在美国开发西部和修筑横贯大陆的中央太平洋铁路等方面都做出了巨大的贡献，但是他们却遭受了残酷剥削以及种种歧视和压迫。19世纪70年代美国发生的经济危机，使加利福尼亚州工矿业受到严重打击，工厂倒闭、矿区停工，

---

① 参看格伦·波特主编：《美国经济史百科全书》，纽约1980年版，第1080页。

② 格伦·波特主编，前引书，第3卷，第1080页。

③ 美国人称十九世纪末和二十世纪初期来自东欧和南欧各国的大量移民为"新移民"，以区别于1880年代以前主要来自西欧和北欧各国的"老移民"。

④ 参见伦纳德·丁内尔斯坦等：《美国人的种族，外来移民与同化史》，纽约1982年版，第53—54页。

工人大批失业。这时近万名被中央太平洋铁路公司解雇的华工也回到旧金山市，流浪徘徊，寻找工作，引起白种失业工人的恐惧。于是地方政客和种族主义者乘机肆意诋毁华工，挑拨美国工人群众与华工的关系，以转移白种失业工人反对资产阶级的视线。在地方政客和种族主义者煽动下，旧金山市和加州各地都掀起了连续不断袭击、迫害华侨的骚乱，而且逐渐蔓延到太平洋沿岸各州，华侨因而死伤者数百人，财产损失达百万美元以上。

1879 年，加州制宪会议在排华政客鼓动下，修订了州宪法，其中主要规定是禁止中国移民入境，华侨必须从一些市、镇迁出。任何公私机构和企业都不得雇用中国人等。到七十年代末，加州掀起的排华运动这一地方性问题已成为全国性政治的焦点。这是因为：（一）当时美国两大政党——民主党与共和党的实力已互相接近，处于势均力敌的状态[1]，而太平洋沿岸各州在总统选举中却占有举足轻重的地位。双方在争夺总统宝座的竞选中，为了迎合西海岸各州选民的排华心理，都竞相把排斥华侨列入政纲，以争取西海岸各州的选票。因此，排华问题将在很大程度上决定两党竞选总统运动的结果。（二）中国移民问题虽然没有直接影响到东部各州，但东部各州政客对加州限制华侨入境的要求却持有日益同情和支持的态度。这是因为当时东部各州对外来移民的态度也有显著的变化：移民的激增给纽约和波士顿等东部沿海大城市带来了严重的社会问题，因而要求限制移民入境的公众舆论日益增强；加上东部出现少数企业主为破坏罢工而雇用华工的事例，也引起了东部工人群众对华工的反感。[2] 这样，排华问题就逐渐被提上了联邦政府的议事日程。在加州议员鼓动下和西部各州议员支持下，美国国会于 1882 年通过了"关于实施与中国人有关某些条约规定的法令"，即臭名昭著的《排华法案》。它规定禁止华工入境十年，并禁止华侨入籍。这个《排华法案》是第一个以种族和国籍为理由禁止移民入境的联邦法案。1892 年，美国国会又将该法案延长十年，到 1902 年更成为无限期延长了。这表明排华政策已确定为美国国策。

1882 年《排华法案》虽然是针对中国人的，但也是限制亚洲人入境的开端。

---

① 1876年美国总统竞选中，民主党与共和党的候选人获得选民票和选举团的选票分别为4,284,125票对4,033,768票和184票对185票，两者仅有一票之差。

② 参看杰克·陈：《美国华人的历史》，旧金山1981年版，第150—151页。

在 1890 年以后，随着日本移民的激增 ①，加州又掀起了一场排斥日本劳工的运动，到 1906 年达到了高潮。那时，日本已上升为世界强国，它的移民大量涌入加州不仅引起了白种居民的恐惧，而且被某些报刊说成是"黄祸"对美国的威胁。1905 年，在一些劳工团体发起下，旧金山市建立了"排斥亚洲人联盟"，其宗旨就是要排除这种"黄祸"的威胁。1906 年，在加州一些政客鼓动下，旧金山市教育局决定把亚洲儿童排除出公立学校，以阻止黄种人和白种人的儿童混合在一起。这种隔离的措施引起了日本政府的抗议，接着东京爆发了强烈的反美示威。在两国关系日趋紧张的形势下，西奥多·罗斯福政府不得不迫使旧金山市教育局收回成命，并与日本政府商谈移民问题，结果两国于 1907—1908 年签订了《君子协定》，其中规定日本政府停止发放去美国的劳工的护照。

这个时期，禁止移民入境的对象不仅限于中、日两国的劳工，也涉及东欧和南欧各国的劳工。1885 年，美国国会通过了禁止输入契约劳工的福伦法案。这主要是来自劳动骑士团压力的结果，它公开揭露美国雇主们正在签订从东欧和南欧输入大量劳工的合同，用以破坏美国工人的罢工和降低工资水平。在公众舆论普遍谴责契约劳工的形势下，国会不得不制定这一安抚工人群众的法案。

起初，这些联邦法律是由州设置的机构来执行，但从 1890 年起，联邦政府开始集中控制，并根据个别选择的原则对移民实行限制。首先是增设移民局，直接管理有关移民的事务。接着在 1892 年，开放了埃利斯岛，把它作为纽约港的移民接受站。从此，禁止移民入境者的类别也在不断增加：1891 年禁止入境者有靠社会救济的穷人、一夫多妻者和传染病患者，到 1903 年更增加了疯病患者、白痴、妓女、职业乞丐和无政府主义者等。

在 1890 年以后，随着"新移民"数量的激增，美国排外主义者日益把矛头集中于来自东欧和南欧各国的移民。1894 年在波士顿成立的"限制移民联盟"就是这种排外主义者的组织。他们认为"新移民"愚昧无知，其中天主教徒较多，因而担心"老血统"的美国人有被这批"新移民"淹没的危险。于是，他们提出了对移民实行"文化测验"的主张，鼓吹以识字为基础的"文化测验"是限制东欧和南欧移民入境的最好办法。在他们不断鼓动下，国会于 1896 年通过一

---

① 1890年，美国的日本移民只有两千多人，到1910年，他们猛增到十一万多人。参看美国商业部人口普查局《美国历史统计，殖民地时代到1970年》，华盛顿1975年版，第一部分，第107—108页。

项对移民实行识字测验的法案，但为克利夫兰总统所否决。他批驳了那种认为
"新移民"不及"老移民"那么称心合意的结论，并且指出，美国人应该记得
"过去也被认为不那么称心合意的（老）移民们以及他们的后代现在却是我们最
好的公民"[①]。在 1896 年美国恢复经济繁荣后，这种排外主义思潮暂趋沉寂。但是
排外主义者及其组织并不甘休，继续开展各种活动，鼓吹用"文化测验"的办法
来限制移民入境。在他们不断鼓动下，1907 年国会任命一个参众两院联合委员
会来研究整个移民问题，这个以其主席、参议员 W.P. 迪林厄姆命名的联合委员
会于 1911 年提出了研究报告。报告除重复排外主义者贬低"新移民"素质的一
些论调外，还强调他们"甘愿接受土生美国人和老移民已认为不满意的工资和条
件"[②]。它虽不赞成禁止"新移民"入境，但却主张用"文化测验"加以限制。同
时，它还建议美国现有的每个国籍集团的百分比为根据制定限制性立法，这个可
供选择的方案当时未被考虑，但却成为十年后移民"配额法"的依据。

　　在迪林厄姆报告的建议下，1913 年和 1915 年国会又两次通过关于"文化
测验"的法案，但却分别为塔夫特总统和威尔逊总统所否决。1917 年，国会不
顾威尔逊总统的再次否决，终于通过了举行"文化测验"的法案，其中规定凡
十六岁上的外国移民不能阅读"一段一般使用的不少于三十个也不超过四十个
单词"的英文或其他文字者，一律不得入境。[③] 这样，美国对移民一直敞开着
的大门——几个世纪以来千百万移民憧憬着的机会之门部分地关闭了。这是因
为到本世纪初期，美国已不那么迫切需要移民来补充它的劳动队伍了。实际上，
到 1920 年，美国人口通过自然增殖和外来移民已超过了一亿大关[④]，其中青壮年
男子占较大的比重，加上节省劳动力的机械工业的迅速发展，因而美国已不再
像过去那样缺乏劳动力了。

移民"配额法"的实施与演变

　　"文化测验"的实施并没有收到预期的效果，在第一次世界大战结束后，来
自东欧和南欧各国的移民数量并未减少。于是许多排外主义者和种族主义组织便

---

① 转引自丁内尔斯坦等，前引书，第57页。

② 转引自丁内尔斯坦等，前引书，第58页。

③ 格伦·波特主编，前引书，第3卷，第1082页。

④《美国历史统计，殖民地时代到1970年》，第一部分，第8页。

利用公众对外来移民大量涌入美国的担忧和恐惧，大肆煽动排外主义情绪。鼓吹种族优越论，进而要求国会制定严格限制移民的立法。在俄国十月社会主义革命后，美国资产阶级保守派把布尔什维主义看成是"红色恐怖"，生怕革命鼓动者夹杂在移民洪流中涌进美国。工会组织则害怕移民的廉价劳动力的竞争，要求在欧战结束后停止移民入境两年；"劳联"的领袖冈珀斯甚至耸人听闻地宣称"美国还没有成为一个国家"，它被"过着外国生活的一些外国人集团弄得千疮百孔"，如果它对前来的移民敞开大门的话，这种情况势将继续发展。[①] 在二十年代初，势力大为膨胀的三 K 党也竭力煽动排外主义情绪，它不仅疯狂迫害黑人和犹太人，而且极力反对外来移民和天主教。社会科学界中的一些种族主义学者也起而响应，说什么连续不断的移民将不避免地产生一种毫无用途的"混血儿种族"，从而损害美国人的优良素质。这些形形色色的排外主义组织和某些社会势力汇合起来，形成一股左右美国政治的力量。它们都保持美国的"北欧日耳曼血统"纯洁性为名，要求制定全面限制移民入境的立法。

1921 年，美国国会便是在排外主义日趋增长的形势下通过移民的《紧急配额法》的。该法第一次提出了限制来自欧洲的移民数量，规定每年最高额为357000 人，各国移民的配额为 1910 年美国人口普查时出生于各该国的美国籍人总数的百分之三；1924 年国会通过的《约翰逊—里德法案》又削减了上述配额：将每年准许入境的欧洲移民总数减少一半，各国移民的限额改为 1890 年美国人口普查时出生于各该国的美国籍人总数的百分之二。[②] 显而易见，国会将规定各国移民配额的美国人口普查的时间提前二十年的目的在于大大削减东欧和南欧各国移民的限额，因为 1890 年是那些国家移民开始涌入美国的年头。这样，美国就放弃了个别选择和限制的原则，改而采取为欧洲各国规定配额的办法，这实际上是美国"自由移民政策"的终结。移民《配额法》的主要原则是今后来美国的新公民的组合应与它原有的"民族构成"相一致，并且根据"国民的来源"制规定欧洲各国移民的配额，其目的在于使美国人口中原有的"民族优势"得以继续保持，同时阻止"新类别移民"，即波兰人、意大利人、斯拉夫人和东欧犹太人涌入美国。[③]

---

① 转引自丁内尔斯坦等，前引书，第59页。

② 参看格伦·波特主编：前引书，第3卷，第1082页。

③ 参看詹姆斯·法洛士："移民问题对美国的影响"，载《交流》1984年第4期，第3页。

移民《配额法》实施的最初结果是：第一，来自欧洲的移民总数减少了；第二，分配给东欧和南欧各国移民的配额只占欧洲移民配额总数的五分之一，因而"新移民"数量锐减了；第三，来自亚洲的移民（菲律宾人除外）几乎完全被禁止了；第四，由于西半球移民没有包括在移民《配额法》之内，在20世纪20年代来自加拿大和墨西哥的移民数量上升到空前的水平。

1929—1933年资本主义世界经济危机使美国经济遭受严重打击，失业人数高达一千三百万人。在这期间，入境移民大为减少，几乎到了停顿状态，而从美国离去者却急剧增加。据统计，在1931—1940年期间，来美国的移民总数只有528000人，比从美国离去者总数稍多一些[1]。这个时期入境的移民大部分是欧洲难民，其中有三分之二是逃避希特勒德国迫害的犹太人。这时，尽管移民《配额法》仍在严格贯彻执行，但罗斯福政府却为希特勒残暴政策的牺牲者留出少量的配额，以便他们入境。这批难民所从事的职业与上世纪末本世纪初来美国的"新移民"明显不同：即他们多数不是农民和手工业者，而主要是商人、白领工人和专业人员。后者包括了相当数量在科技和文艺方面的杰出人士，其中有举世闻名的大科学家爱因斯坦、作家托马斯·曼、乐队指挥布鲁诺·沃尔特和物理学家恩里科·费尔敏等。

第二次世界大战后，美国公众对移民问题的态度也有了变化。随着宗教派别间争论的减少和种族偏见的减弱，容忍精神日益增强长了。他们日益"把种族看成是个逐渐消失的现象"，而且它的"实际重要性可能是越来越削弱"[2]。教育的普及促进了美国各民族间的互相了解，因而要求放宽移民政策的呼声也在日益增强。在这种明显变化的社会趋势下，美国政府也采取了一些措施——如非配额法和临时紧急措施等来放宽对外来移民的限制，接纳了《配额法》以外较多的移民。战后，美国政府关于移民入境问题采取的主要措施如下：

1946年，国会颁布了《第二次世界大战军人新娘法》，允许美国军人的外国籍新娘及其子女进入美国，到1947年，约有十八万多外国籍新娘及子女根据非配额法入境。

1948年，国会通过的《安置流离失所人员法》以及1950年国会对该法的修正案，使欧洲因战争和革命而流离失所的大约四十一万人员得以进入美国。

---

① 参看格伦·波特主编：前引书，第3卷，第1083页。

② 奥斯卡·汉德林：《连根拔除：造成美利坚民族的大迁徙的英雄史话》，波士顿1973年版，第275页。

1952 年，国会颁布了《麦卡伦—沃尔特移民法》，其中虽仍坚持"国民的来源"制，侧重接纳技术工人和美国公民的亲属，但废除了亚洲人不得入籍的禁令，并给予远东每个国家每年至少一百人的配额。[①]

1953 年，根据艾森豪威尔总统的要求，国会在国际间冷战日益剧烈时通过了《难民救济法》，规定在正常的移民《配额法》之外，接纳了 214,000 位欧洲"难民"——即"逃亡者"。

1956 年匈牙利反革命暴乱后，国会又通过一项法律，接纳了 29000 位"难民"，其中主要是所谓匈牙利的"自由战士"，也包括一些南斯拉夫和中国的"难民"。

除了国会通过这些关于移民的法案外，艾森豪威尔、肯尼迪和约翰逊三位总统都运用他们在现行移民法下所据有的行政权力来放松对移民的限制，因为根据美国法律，"政治流亡者"不属于正常移民配额的范畴。这样，在 1956 年后又有三万匈牙利"难民"作为无须签证的获假释者入境，在 1959 年古巴革命后也有数千古巴"难民"获准入境。

总计在 1945—1965 年期间，入境的"难民"超过百万人，占这一时期全部移民的五分之一[②]。

从以上各种措施来看，美国政府主要是从国际斗争的需要出发，多少放宽了对移民的限制，采取了一些措施来接纳《配额法》以外的"难民"入境，但是这种放宽和采取的措施主要都是为美国敌视社会主义国家的冷战政策服务的。至于 1924 年移民《配额法》所依据的原则，既未予以修改，也根本没有触动。这自然不能不引起公众舆论的不满。实际上，《配额法》所依据的"国民的来源"制在战后初期就受到批评与指责，到 1960 年代初更遭到了日益猛烈的攻击。就连一些自由主义者都认为这种"国民的来源"制不仅不公平地歧视某些民族集团，而且也违背了美国的传统和理想，特别是长期以来把美国看成是"世界被压迫者的庇护所"的理想。反对"国民的来源"制的主张在 20 世纪 60 年代初获得了广泛的响应，各种民权运动的组织和开明人士都纷纷要求修改《配额法》。

鉴于这种形势，肯尼迪总统于 1963 年在致国会的咨文中，力促国会消除

---

① 对中国来说，这个法案实际上是重新肯定美国国会于1943年废除1882年"排华法"的法案，该法案曾规定允许中国移民入籍，给予中国每年105人的配额。

② 格伦、波特主编，前引书，第3卷，第1083页。

《配额法》中的种族歧视和"国民的来源"制。他承认这种制度"无论在逻辑上或理智上"都没有"根据",说"它既没有满足国家的需要,也没有达到国际的目的。在当今国家互相依存的时代,这样一种制度……系以出生的偶然性为依据要求进入美国的申请人中进行差别对待"。① 肯尼迪被刺后,他的继任者约翰逊总统要求国会讨论肯尼迪的建议。在举行广泛的听证会后,国会于 1965 年压倒的多数通过了一个新的移民法——《移民和国籍法》,并于 1968 年生效。这个法案规定:(1)来自东半球的移民每年十七万人,每个国家每年的移民配额不得超过两万人;来自西半球的移民每年十二万人,后来在 1976 年规定每个国家每年也不得超过两万人;(2)美国公民的直系亲属(指父母、配偶和子女)获准入境者不计算在上述数目之内;(3)对移民采取"先来先办理"的优先制,用代替"国民的来源"制;优先制强调优先考虑"家庭团聚、职业和难民"②。

这个法案规定每年入境移民总数为二十九万人,同时第一次为西半球的移民规定了每年配额。这个新移民法虽然取消了"国民的来源"制,但仍保持了对移民的选择性。这表现在接纳移民的优先制上。最主要的优先考虑是美国公民非直系亲属的家庭团聚,最大量的优先权给予了美国公民的兄弟和姊妹,所以有些观察家称这个法为《兄弟姊妹法》。在全部移民配额中,百分之二十的优先权是为那些从事美国所需要的职业者保留的,百分之六的优先权是为"难民"保留的。③

这个新移民法实施后,有几个趋势是值得注意的。第一,入境的移民总数明显增加了。据统计,1930 年代十年间入境的移民总数仅有五十二万多人,1950 年代平均每年入境的移民约有二十五万人,而到 1970 年代平均每年入境的移民却增加到四十万人。第二,由于新移民法规定西半球每个国家每年移民的最高配额为两万人,使原先约占西半球移民总数三分之一的墨西哥受到限制,而其他拉丁美洲国家却增加了它们的移民份额。第三,由于取消了"国民的来源"制,改而对移民的类别采取所谓"一视同仁"的态度,来自第三世界国家的移民急剧增加了。据统计,1978 年,入境移民数目最多的十个国家中,有九个是第三世界家,其中主要有墨西哥、越南、菲律宾、古巴以及南朝鲜(1992 年前对韩国的称呼)等。1978 年以后,来自第三世界国家的移民还在继续增加。1980 年,国

---

① 转引自丁内尔斯坦等,前引书,第74—75页。

② 同上。

③ 同上。

会又通过一项《难民法》，把每年入境的"难民"，增加到五万人。实际上，从
1980 年以来，每年来自第三世界国家—特别是越南和古巴的"难民"都远远超
过了这个定额总数。

在过去三个多世纪里，进入美国的移民总数超过了 4600 万人。他们对美国
的发展做出了巨大的贡献，既为美国提供了大量的廉价劳动力，也扩大了美国的
市场，从而大大促进了美国经济的迅速发展。同时，他们还以各自民族传统和文
化遗产丰富了美国的社会生活，促进了美国思想、文化的发展。

美国的移民政策是与它社会经济的发展和劳动力的需求相适应的。在美国经
济迅速发展而劳动力缺乏的时期，它对外来移民就采取来者不拒的政策，也就是
鼓励移民入境的政策；一旦美国人口激增到不那么迫切需要劳动力时，它就采取
了限制移民政策——由限制和选择移民过渡到按国籍规定配额和接纳移民的优先
制等限制移民政策。

美国移民政策的变化固然主要取决于它社会经济的发展变化，也取决于美国
国内国际政治斗争的需要。第二次世界大战后，美国国会所颁布一系列的《难民
法》就是这方面突出的例证，因为它们主要是为美国所推行的冷战政策服务的。

原文载于《东北师范大学学报》1986 年第 3 期

十九世纪后期美国对印第安人政策的演变

　　印第安人是美利坚民族中唯一土生土长的居民。哥伦布发现新大陆时，居住在当今美国版图内的印第安人约有一百五十万人。他们以游牧为生，分为许多原始的部落，散居在北美大陆各个地区。在欧洲殖民者初到北美后，印第安人曾以友好态度欢迎渡海而来的陌生白人，教会他们种植玉米等农作物，使他们免于饥饿和死亡。但是，后来欧洲殖民者却忘恩负义，对印第安部落进行了殖民式的血腥掠夺：一方面连续不断地发动"讨伐"战争，屠杀印第安人，掠夺他们的土地；另一方面通过签订"条约"逼迫印第安人让出他们赖以生存的狩猎场地，把他们驱赶到土地荒芜、人烟稀少的西部去。到内战爆发时，美国印第安人除一部分仍留在东部外，大部分都被驱赶到密西西比河以西的地区去了。在十九世纪后期，美国除继续征服、驱赶印第安人外，也对这种传统政策做了一些调整和修改。究竟美国的印第安人政策在这个时期有哪些变化，其后果如何，这些都是本文侧重探讨的问题。

一

　　十九世纪中叶后，美国政府继续推行征服、驱赶印第安人和压缩他们活动地区的传统政策。随着西部开拓的发展和西去移民的增多，这种征服印第安人和压缩部落领地的活动更加紧了。在大平原上，凡是商旅货运的交通线需要穿越的地区，印第安人都必须离开，往往被赶入指定的保留区去；就是在指定的保留区内，如果发现新的矿藏或其他自然资源，印第安人也必须放弃他们原有的活动场地，被迫迁往更加偏僻、贫瘠的保留区去。为了使掠夺印第安人的土地"合法化"，美国政府沿用了与部落酋长签订"条约"和"购买"等东部通行已久的手法，因为它一直把印第安部落看成是独立、拥有主权的实体[①]，与部落酋长签订的"条约"有如它与外国签订的条约，都须经国会参议院的批准。这表明美国与印第安

---

① 阿雷尔·M.吉布森，《从史前期到现在的美国印第安人》，列克星敦1980年版，第397页；参看迈克尔·多里斯，"美国法律和美国印第安人"，载《交流》，1982年第3期，第20—21页。

部落之间的关系就像它与外国之间的关系一样，印第安人因而被视为异域人，或至少是"化外之民"。如果印第安人拒不服从"条约"的规定或稍有反抗，美国政府就运用武力进行威胁，甚至发动"讨伐"战争。从六十年代初起，美国政府便开始了时断时续的血腥"讨伐"，一直持续到1890年，犯下了罄竹难书的一系列罪行。

在六十年代前半期，美国军队为矿业资本家和探矿者开路占地，与西部一些保留区的印第安人发生冲突，引起了三次规模较大的"讨伐"战争：即1860—1864年在新墨西哥山区一带"讨伐"纳瓦霍等族人的战争，1861—1864年在科罗拉多北部"讨伐"切恩涅等族人的战争和1865—1866年在怀俄明"讨伐"苏族人的战争。其中以对切恩涅等族人的大屠杀最为残酷，当时有七百多名被迫迁移的印第安人惨遭杀戮，妇女儿童也无一幸免。但是，美国军队在"讨伐"苏族人的战争中却遭到了以红云为首的苏族战士的伏击，结果全军覆没，"讨伐队"队长也被打死。

美国军队连年"讨伐"印第安人的战争，虽然为西部矿业的开采扫除一些所谓"障碍"，但却支出了庞大的军费。据印第安人事务专员柯立尔宣称："在1862—1867年期间，仅仅对苏族、切恩涅族和纳瓦霍族的战争，就使美国政府花费了一亿美元。"[①] 有的官员还估计，每杀害一个印第安人，就要花费一千美元。[②]

"讨伐"印第安人战争的庞大开支和征服苏族人战争的彻底失败引起了国内舆论的抨击，许多报刊都要求美国政府彻底检讨对印第安人管理不当的严重问题。当时，有影响的《民族》周刊发表的评论指出："我们（指美国人——作者）整个的印第安人政策是个处置失当的体制，在许多地区都是一个巨大的弊端。"[③] 还有些评论家认为，美国政府对印第安人管理不善是造成他们不断反抗的主要原因。首先，管理印第安人事务的权力分属于内政部的印第安人事务局（1849年设置）和陆军部，它们各自为政，缺乏集中统一的领导。前者被授权管理印第安部落土地的转让，支付年金和分配印第安人所需要的供应品。这个机构的全部官职都是政党分赃制的"战利品"，其中许多官员都是贪污腐化不称职的。后者的主要任务是对违反"规定"（指与部落酋长签订的"条约"和联邦政府颁布的行政法令

---

① 转引自威廉·福斯特著，《美洲政治史纲》，人民出版社中译本，第281页。

② 理查德·N.柯伦特等，《美国史》，纽约1979年版，第2卷，第473页。

③ 转引自雷·A.比林顿，《向西扩张：美国边疆史》，纽约1974年版，第570页。

的规定）的印第安人实行"严厉的惩处"。许多军官力主使用武力，叫嚷"印第安人只对武力或武力威胁作出反应。"① 其次，西移的白种人往往在联邦政府支持下，肆无忌惮地侵占业已保证给印第安人的土地。因此，这些评论家认为，只有结束军事人员"火与剑"的政策，采用和平方式公正对待印第安人才是解决问题的唯一办法。

在舆论的不断指责下，国会于1865年组成杜利特尔委员会，其任务是研究西部印第安部落的状况和寻求解决"印第安人问题"的办法。它于1867年提出了"关于印第安部落状况的报告"，其中分析了造成印第安人不断反抗的原因：除了开拓者非法侵入部落领地外，就是某些"狂热军官的鲁莽行动"。为防止印第安人的战争并在西部建立和平，它认为印第安人应放弃游牧生活，接受限定的保留区，"走白种人的道路"。② 这一报告不仅为美国统治集团提供了解决"印第安人问题"的方案，而且成为联邦政府设置保留区和进一步削减部落领地的基础。1867年3月，国会通过了一个"与仍在同美国作战的印第安人建立和平"的法案，组织一个由四名文官、三名将领组成的"和平委员会"，其任务是结束"苏族人的战争"，消除导致"印第安人战争"的因素，以确保种族间的和平。国会之所以采取这一措施，在于平息指责政府的舆论，也由于使用武力迫使印第安人屈服的代价太大了，且收效甚微。当时，国会多数议员赞同采纳杜特利尔委员会的建议，以实现种族间的和平。根据这种意图，"和平委员会"在圣路易斯会议中，主张建立两个容纳大平原全部印第安人的保留区：一个是位于达科他领地黑山地方的保留区，那里将容纳在大草原漫游的约五万四千印第安人；另一个是设在现今俄克拉何马州的保留区，准备诱使南部的约八万六千印第安人集中到那里去。③ 每个保留区将设有一个"公正廉洁"的总督，负责推行"传播先进文明的广泛计划"；各部落都要分配到一定数量的土地，它们的活动则由联邦驻保留区的官员予以指导和监督。"和平委员会"之所以选定这两个地区作为大平原印第安人的保留区，一是因为黑山地方远离横越大陆的交通线，而且那里是多山丘陵地，对白种人开拓者没有什么吸引力；二是俄克拉何马地方原先就是从东南部迁

---

① 吉布森，前引书，第395页。
② 吉布森，前引书，第393页。
③ 比林顿，前引书，第571页。

去的"五个文明部落"①保留区的一部分,把它加以扩大便能容纳更多的散居南部的印第安部落。②

在实施这一方案的过程中,"和平委员"们分别与南部和北部各印第安部落的酋长进行谈判,并且施展了各种威胁利诱的手法,迫使他们答应率领他们的部族迁移到指定的保留区去。有些部落先后被迫迁往新的保留区,但是"和平委员会"对这一方案的实施是"过分乐观"了,因为指定印第安人到保留区去是一回事,而迫使他们固定在狭窄的范围内活动却是另一回事。一些酋长因受欺骗、收买而放弃了数百万英亩的部落土地,但他们并不能迫使自己的部族人改变原有的生活方式;恰恰相反,多数年轻的印第安战士和小头目都纷纷拒绝遵守"条约",强烈谴责签订"条约"的首领,并准备为坚持由来已久的游牧生活方式而战。因此,从1868年起,印第安人的反抗斗争又在各个地区陆续展开了。

二

对美国印第安部落来说,从1867年到1887年是个保留区时期,因为绝大多数印第安人在这个时期都被赶入各个大小不同的保留区,而保留区则是美国政府管理、改造印第安部落的基地。在这二十年期间,美国政府一方面加强了对保留区的管理和控制,另一方面对它的印第安人政策做了调整和改变。

为了改善保留区的管理,国会于1869年设立了由十个超党派的知名人士组成的"印第安专员委员会",其任务是消除印第安人事务中官僚政治和贪污以及监督、改善对印第安部落的管理。作为内政部长和印第安人事务专员局的顾问机构,这个委员会经常派人员去西部调查研究印第安部落的情况,监视保留区行政官员的胡作非为,并向有关机构提出改革建议。但是该委员会人手不足,调查研究时间亦有限,因而对监督、纠正保留区驻在官员的贪污和违法乱纪的现象没有起多大的作用。

"和平委员会"在完成视察西部的任务后,曾建议结束与印第安部落签订"条约"的做法,而专门为"条约"提供拨款的国会众议院也要求在决定印第安

① 在哥伦布发现美洲时,现今美国东南部一带是为讲马希克吉恩语的印第安人所控制,他们包括乔克托人、奇克卡索人、克里克人、西密诺尔人和契洛克人,后来就以"五个文明的部落"著称。
② 比林顿,前引书,第571页。

人事务方面有"同等的发言权"。[①] 在这种要求改革的形势下，国会于 1871 年通过了印第安人拨款法，其中附加条款规定，美国政府不再承认印第安部落是个签订条约的独立实体，而且它有权直接处理印第安人事务，无须取得部落的同意。[②] 这样，印第安人在法律上不再被视为异域人，通过签订"条约"来掠夺印第安人土地的方式也被废止了，但是美国政府却享有对保留区及其自然资源的直接控制权。它利用"拨款"方式便可任意掠夺印第安人的土地，占有保留区的自然资源。从此，所有印第安人都必须受国会法律和总统行政法令的管辖。[③] 这个法案标志了美国对印第安人政策的改变，而这种改变是与美国同印第安人双方的实力消长有着密切关系的：建国初期，美国国力薄弱，而印第安部落为数众多，力量亦较雄厚，因而美国政府认为通过签订"条约"的方式承认印第安人社团的主权地位是必要的；可是到 1870 年，国内形势已有了重大变化：印第安部落的实力已日趋削弱，而美国的军事力量却大大增强。这就使得美国统治集团感到没有必要继续这种实践了。[④]

随着 1871 年印第安人拨款法的通过，美国政府也相应地改变了它对印第安人的政策，即采取征服与同化并行的政策。对所谓"桀骜不驯"和坚持反抗的印第安部落，美国军队继续进行了残酷的"讨伐"和镇压，因而不断地爆发双方的激战。据统计，仅在 1869—1875 年期间，政府军队与印第安人发生的激战在二百次以上，政府军队剿灭印第安人的手段非常野蛮残酷，可说是无所不用其极。1871 年，担任印第安人事务专员的 F. 沃克将军就供认说："我们对野蛮人（美国对印第安人的蔑称——作者）就像对野兽一样，不会涉及国家荣誉的问题。不管是战斗、逃跑还是使用诡计，那都只是个权宜之计的问题。"[⑤] 在 1875 年以后，各保留区印第安人为保卫自身的生存而展开的反抗斗争，也是此起彼伏、连续不断的，其中除 1875—1876 年达科他保留区爆发的苏族人的战争中，美国"讨伐军"全部被歼、遭到可耻失败外，其他保留区印第安人的反抗斗争，终因武器装备的差异和军事力量的悬殊，都被镇压下去了。

在镇压印第安人反抗斗争的同时，美国政府加紧推行了一系列同化印第安

① 吉布森，前引书，第396页。

② 理查德·B. 莫里斯等主编，《美国历史百科全书》，纽约1976年版，第643页。

③ 吉布森，前引书，第396页。

④ 吉布森，前引书，第397页。

⑤ 理查德·霍夫施塔特等，《美国共和国》，恩格尔伍德克利夫斯1959年版，第2卷，第73页。

（即消除印第安人的特征使之美国化）的措施，以便把他们"从任意漫游的猎人和袭击者改造成为定居的、和平的、守法的和受政府保护的人们。"[1] 为了实现这一目标，联邦政府拟定了同化印第安人的方案，预计需要二十五至三十年完成。这个方案由五个步骤构成，它们是：第一，"印第安人要从狩猎转向农田耕种（后来又加上可供选择的牲畜饲养），以实现自给自足"，他们的"贪得欲望将在最后阶段由于私有财产制的采用而受到激励"。第二，印第安人要"与邪恶的、无耻的白种人隔离"，因为后者不仅会把自己的卑鄙作风传给他们，而且"欺骗、掠夺"以至"杀害他们"。第三，举办教育，"特别是各种体力劳动的教育。"第四，宣传基督教的信仰，"没有这种信仰，……考虑真正的文明是不可能的。"第五，"随着印第安公社所有制的逐渐进化"，建立"保护印第安人个人财产的法律体制"。[2]

为实现这一方案，联邦政府设有三级行政机构来贯彻执行同化印第安人的政策，它们是内政部印第安人事务专员局、地区主管机构和保留区驻在官员办事处。驻在官员是保留区内的主要行政官员，他的办事处一般是由秘书、医生、农业指导员和教师各一人组成，其主要任务是在保留区贯彻执行联邦政府的法律和法令，管理部落财产和事务以及监督部落的美国化进程。这种美国化的进程是靠破除部落生活方式——如一夫多妻、土著宗教信仰、舞蹈和一切土著习俗等——来实现的。根据破除部落习俗（Detribalization）的要求，印第安人不得讲部落语言，穿土著服装，如有违反者，便受到扣发口粮的处罚。陆军部还在保留区修建了军事哨所，由"做好战斗准备的"步兵和骑兵驻扎，用以随时镇压顽抗的印第安人。

为了改变各级印第安人事务机构的官僚政治和贪污的现象，格兰特总统就职后曾试图起用教会人士，作为推行"和平政策"的代理人。但是，1877年后，政党分赃制又在印第安人事务机构中恢复了，贪污腐化和不称职的现象更加剧了。有位历史学家揭露、指控了这种现象，他写道：在1877年以后，大多数保留区驻在官员都是贪污的，他们的工作人员都是些"从未种过地的农业指导员、不会写字的秘书以及放荡不羁或太不称职以致不能在别的学校任教的教师"。[3]

---

[1] 吉布森，前引书，第426页。

[2] 威廉·T. 哈根，"内战后对印第安人的政策：保留区的经验"，载《印第安纳历史学会演讲集，1970—1971》，印第安纳波利斯第23页；吉布森，前引书，第428页。

[3] 威廉·T. 哈根，《美国印第安人》，芝加哥1961年版，第125—129页。

联邦政府在推行同化印第安人的政策过程中，特别重视教育，把兴办教育看作是同化印第安人最重要的手段。美国内战后，联邦官员制定的保留区教育计划分为成年人教育和儿童教育两个方面：前者教给成年的印第安人种田、饲养牲畜和操持家务；后者侧重综合基础教育的训练和职业教育。不久，联邦官员认为成年人"顽固不化，不堪造就"，日益把工作重点放在对印第安少年儿童的教育上，因为他们被认为是比他们的父母具有较大的可塑性。为了发展印第安少年儿童教育，国会为这项教育计划的拨款日增：1870年只有十四万美元，到1900年增加到近二百万美元。[①]举办的印第安人学校有两类，一类是设在保留区的日校，另一类是在保留区以外办的寄宿学校。学制一般是四年到八年。在校期间，学生受军事训练的管理，不许讲本部落的语言，如有违反者，就要受到鞭打和扣发口粮的惩罚。随着时间的推移，联邦官员日益主张多办寄宿学校，因为它可以使印第安少年儿童长期脱离土著家庭环境的影响。为使印第安学生进一步接受白种人的文明，有些地方还实行"外出旅行制"（Outing system），即把已毕业的印第安学生分配到学校附近的农村白种人家庭寄住三年，在白人家主的指导下干些农活和家务劳动，作为他们劳动实习的任务。印第安人普遍不愿意他们的子女去寄宿学校学习，更不同意把他们毕业的子女分配到农村白种人家庭去实习。但是，保留区驻在官员往往不顾印第安人家长的抗议，硬把他们的子女拉到寄宿学校去或派到农村白种人家庭去实习，并对违抗指令的家长实行惩罚，甚至把他们关进监狱。这种强制性教育当然是非常不受欢迎的，而且也遭到了白人社会舆论的指责。对印第安学生来说，在寄宿学校攻读形同长期禁闭，甚至假期也不许回家探亲，因而学习情绪低落，精神异常沮丧。

美国同化印第安人的另一重要步骤就是"宗教改造"，联邦政府官员认为土著人皈依基督教是使他们美国化的必由之路。为了实行"宗教改造"，联邦政府一方面起用教会人士，由他们充任驻在官员或教师，以便他们利用公职进行传教活动；另一方面力图根除印第安人原有的宗教及其影响，因为印第安人的宗教被认为是渗透到他们生活中的支配力量，并且是"保护部落制的堡垒"。[②]但是，美国政府在保留区组织的传教活动是不成功的。首先，在保留区传教过程中，各教派之间的不和与争吵，特别是基督教与天主教之间的争吵，使土著居民感到困

---

① 吉布森，前引书，第432页。
② 吉布森，前引书，第434—435页。

感，因而它们的布道活动都不受欢迎。内兹帕西族首领约瑟夫就不允许传教士在保留区活动，他说："他们（指各教派的传教士——作者）教我们为上帝事而彼此争吵，就像天主教徒同基督教徒间争吵那样。……我们可能同人们争吵，但我们从来没有为上帝事而争吵。我们不需要学习这些"。① 其次，各教派传教士都以轻蔑的态度对待印第安人的部落文化，公开谴责印第安人的服饰、长发、舞蹈、土著礼仪和一夫多妻制等，而且把所有这一切看成是"魔鬼的表现。"② 在传教士看来，只有迅速消灭印第安人的这些习俗和特征，才有利于基督教的传播。这种谴责和诬蔑自然引起了土著人极大的反感。其实，印第安人对宗教怀有深厚的感情，但他们是按自己的方式和思想方法行事的，而这是传教士们所不愿也不能理解的。所以，他们也同保留区的大多数教师一样，在促使印第安人美国化方面，遭到了不可避免的失败。

从印第安人的实际状况来看，保留区时期的经历使他们遭受的痛苦和灾难无异于、有时甚超过他们在"眼泪之路上"③ 所受的折磨，因为无论从个人遭遇或从部落的衰颓来看，美国印第安人在十九世纪末期已面临毁灭的边缘，就连美国资产阶级社会学家和人种学家也不能不承认这一点。据统计，到1890年，美国印第安人的数目已从早先的一百五十万人锐减到少于二十五万人了。④ 美国印第安人人口的大幅度减少是近代世界民族史上罕见的现象，也说明了美国征服和同化的政策给印第安人造成的灾难。

三

美国政府征服和同化印第安人政策的失败引起了社会舆论，特别是人道主义舆论的强烈谴责。人道主义者认为联邦政府迫使印第安人美国化的措施已告失败，残存下来的印第安部落仍然一心一意地坚持它们原有的生活方式。为了实现西部白种人与印第安人的和平共处，他们要求取消保留区，认为解决"印第安人问题"的唯一办法不是把他们看成是部落的成员，而是分别把他们看作个人，并且在土地分配方面实行个人所有制的原则下，引导他们从狩猎转向农业，训练他

---

① 哈根，前引书，第127—129页。
② 吉布森，前引书，第436页。
③ 1838年，美国政府派出一支庞大的军队把散居在佐治亚地区的邱洛基和克里克两族人包围起来，押解到西部去，有四千人因受种种折磨而死在路上，后来印第安人称这条路为"眼泪之路"。
④ 吉布森，前引书，第443页。

们履行公民的权利与义务，从而促进他们与白种人的融合。这种改革的建议也得到了西部农场主、土地投机商和"寻求家园者"的支持，因为他们都力图在这种改革中"捞一把"，获得他们所渴望的土地。到八十年代末，西部适于耕种的大块土地已不多了，只有保留区内还有这样的土地，因此他们渴望在保留区实行按人分配土地后，获取剩下来的多余土地。

为了扩大这种舆论的影响，各地"印第安人之友"社团纷纷建立，其中主要有"印第安人保护委员会""印第安人权利协会"和"妇女界全国印第安人协会"等，它们在全国各地建立了许多分支机构，出版了许多宣传鼓动性的刊物，要求政府改变对印第安人的政策。在这方面，著名女作家海伦·H.杰克逊发表的两部作品——《一个可耻的世纪》（1881年出版）和小说《雷蒙娜》（1884年出版）——产生了重要影响。前者是一部谴责政府对印第安人传统政策的控诉书，其中着重揭露了政府残害印第安人的一贯性和"独创性"。她写道："翻阅印第安人历史的记录，无论翻到哪里，都是没有什么差别的，每页和每年都有其邪恶的污点。一个部落的历史就是所有部落的历史，不同之处只是时间和地点的不同，但是无论是时间还是地点都不会对主要事实有什么影响：1880年科罗多拉出现的贪婪和不公正的现象同1830年佐治亚发生的情况是一样的。……现在美国政府不守诺言的手法是同过去一样的熟练，并且由于长期的实践而具有更多的独创性。"[1]后者是一部描述西班牙人统治时期加利福尼亚印第安人的困苦处境的小说，内容有点像斯托夫人的《黑奴吁天录》，后来被拍成电影，风行一时，因而对公众的影响较大。这两部作品使广大读者充分认识到改革对印第安人政策的必要性和迫切性。

在这种要求改革的舆论压力下，联邦政府也不得不承认它同化印第安人政策的失败，仅凭教育和传教布道来同化印第安人并未收到什么效果，因此决定采用个人土地所有的分配制，即把土地分配给个人的办法，并力图把它与教育和传教活动结合起来，构成"改造印第安人的三部曲"。[2]在联邦政府官员看来，自由处置地产的个人所有制将使印第安人个体化，进而成为促使他们自行实现美国化的动力。

在各方面都要求改革对印第安人政策的形势下，美国国会终于在1887年通

---

① 转引自柯伦特等，前引书，第2卷，第477页。
② 吉布森，前引书，第489页。

过了《道斯法案》，其中主要规定是：（一）解散作为法律实体的印第安部落，把部落的土地分配给成员个人——每户家长一百六十英亩，每个独身成年人八十英亩；（二）联邦政府保有二十五年托管权，托管满期时，把土地所有权移交给个人并授予美国公民的资格；（三）分配土地给现有部落成员后，余下的保留区土地得向非印第安人定居者开放。①

根据这个法案，每个成年印第安人都能分得土地，但须经托管二十五年后，他才享有土地所有权，并取得美国公民的资格。对印第安人来说，这个法案的实施意味着他们已由"化外之民"变成美国"准公民"了。美国印第安人的法律地位这一变化尽管是纸面上的，但从印第安人一直遭受凌辱和迫害的整个历史来看，不能不说是一种进展。其实，这只是联邦政府适应当时形势的需要对印第安人的传统政策做出的必要调整，并且还把它保有二十五年的托管权解释为防止没有经验的土著人立即处理他们占有的土地，以免受骗上当。看来，这些好像都是为印第安人着想似的；实际上，这一法案并没有给他们带来什么好处。首先，这个土地分配制度实施后，那些贪婪的白种人更进一步大量夺取了印第安人的土地。以俄克拉荷马地方为例，分配制度实施后，"五个文明的部落"在那里原有土地一千六百万英亩，在以后的二十年间却丧失了一千四百五十万英亩。②其次，在分配土地过程中，分配给印第安人的几乎都是贫瘠的土地，而最好的土地的大部分则出售给白种人定居者。再次，即便印第安人侥幸分到较好的土地，由于他们缺乏土地所有权的经验和法律知识，往往为贪婪狡诈的白种人土地投机商所骗去。更为严重的问题是印第安人既没有传统，也没有习惯来耕种他们所保有的土地，因而在相当长期间仍然一贫如洗，陷于痛苦和悲惨的境地。

原文载于 1986 年《兰州学刊》（美国史研究专刊）

---

① 莫里斯等主编，前引书，第644页。

② 福斯特著，前引书，第282—283页。

关于美国宪法的史学评介

今年（1987年——编者）是《美国宪法》诞生二百周年。1787年制定的美国宪法是一部有生命力的文献，是一部历时二百年而不衰的法典。它创造了世界上延续时间最长的民主政体。19世纪初美国最高法院首席大法官约翰·马歇尔称这部宪法为"政治体制方面最伟大的进展"。19世纪后期英国首相威廉·格拉德斯通在《美国宪法》诞生一百周年时也称赞它是"我所知道的近代人类才智所创造的最杰出的一部作品，也是人类处理政治事务的一项伟大的创举"。

但是，这部宪法也是在美国历史上最有争议的文献。这种争议不仅经常出现在美国政治舞台上，而且随着时代的进展，也不断出现在美国史学界。各个时期美国历史学家对美国开国元勋制定宪法的动机和意图是意见分歧的，对美国宪法的解释也是互相抵触的，从而形成了不同的历史学家集团——历史学派。二百年来，探讨美国宪法的历史学派都有哪些？它们对这部宪法都有哪些不同的解释？这些解释的发展演变怎样？这些都是本文所要评介的问题。

一

美国著名历史学家弗雷德里克·J.特纳在1891年发表的《历史的意义》一文中有一句名言，说"每个时代都参照自己时代最主要形势重新写过去的历史"。[①]美国历史学家撰写美国宪法的历史就的确是这样，他们都根据各自时代的主要形势提出了对宪法的不同看法，而这种不同看法正是美国社会经济和思想意识变化的反映。他们对美国宪法的解释有着明显的分歧，这种分歧主要集中于宪法的制定和批准两个方面。

从1787年制宪会议到美国内战结束这一时期，历史学家就把宪法看成是个有争议的文献，因为宪法提出了关于联邦性质的问题。那时，多数历史学家都致力于政治史，他们分别按照两种对立的观点——即州权还是国家主权、对宪法的宽松解释还是严格解释——来阐释宪法。内战的结局可说是用武力解决了这一争

---

① 《边疆与地域：弗雷德里克·J.特纳论文选集》，恩格尔伍德·克利夫斯1961年版，第17页。

端，做出有利于国家主权理论的解决。

在内战结束后一个多世纪里，美国在宪法研究方面先后出现了五个不同的历史学派，它们对宪法提出了截然不同的解释。首先是出现于 19 世纪七八十年代的国家主义学派，其次是在 19 世纪与 20 世纪交替之际形成的进步学派。第二次世界大战后，又先后出现了三个历史学派：即新保守派、新思想史学派或称共和学派[1] 和新进步学派。现按年代顺序对这五个探讨宪法的历史学派分别评介如下：

（一）国家主义学派是美国内战后二十多年期间形成的，它的主要代表是乔治·班克罗夫特和约翰·菲斯克。前者著有两卷的《美利坚合众国宪法形成史》（1882 年出版），后者撰写了《美国历史的危急时期，1783—1789 年》（1888 年出版）。他们都以资产阶级国家主义的热忱撰写著作，宣扬 WASP[2] 的种族优越论，认为近代人类之所以取得较大的个人自由的进展主要归因于盎格罗—萨克逊民族杰出的政治能力，它凭这种能力建立起强有力和稳定的民族国家。他们都认为美国宪法在世界历史上是人们教育和管理自己的最高成就。因此，他们不仅称它是美国的民主文献，而且把依据它建立的民主政府说成是世界各国的楷模。班克罗夫特把这部宪法奉若神明，说美国根据它建立起"地球上第一个完善的共和国"，并在他上述著作的结尾用充满激情的言辞来美化这个共和国。他写道：

> 在美国，一个没有国王、王子和贵族的新民族兴起了，他们对什一税毫无所知，也不知道地主。（耕地的）犁大部掌握在自由土地占有者的手中，他们与任何早先共和国的人们相比，是更真诚地信仰宗教，受到更好的教育，具有更宁静的心情和纯洁的道德。他们以宁静的沉思和友好的协商制定了一部宪法，它……超过了以前所知道的任何一部，它为各种需要的改革提供了一种和平方法，以防止暴力和革命。[3]

菲斯克在其著作中对美国制定宪法前后的社会变化做了"戏剧性的描绘"。他认为，1783 年以后五年间是"美国人民整个历史中最危急的时刻"[4]，并把当时

---

① 使用"共和派"称呼这一历史学派的是当代美国著名历史学家约翰·海厄姆，参看他近年发表的《历史——美国的专业史学》，1983 年，第 252 页。

② WASP 是 White Anglo-Saxon Puritans 的缩写，意为白种盎格罗—萨克逊的清教徒。

③ 乔治·班克罗夫特，《美利坚合众国宪法形成史》，两卷，纽约 1882 年，第 2 卷，第 366—367 页。

④ 约翰·菲斯克，《美国历史的危急时期，1783—1789 年》，纽约 1888 年，第 55 页。

国家的危险状态归咎于《邦联条例》的实施。在他看来，在"邦联条例"治理下，美国处于崩溃的边缘：软弱的中央政府不能应付外交问题，州际问题的争执和独立战争后经济衰退以及谢司起义使整个国家接近于无政府状态。然而，宪法一旦制定，局势就发生了剧烈的变化。在新建立的强有力的联邦政府治理下，这些严重的问题都消失了，从而使这个国家免于灾难。因此，他把美国宪法这一杰作比喻为"有政治家远见的伊利亚特史诗[①]、或巴台农神庙（今译帕特农神庙——编者）[②]、或第五交响乐[③]。"[④]总之，他竭力颂扬美国宪法，把它誉为经典。

　　美国开国元勋在制定宪法工作中，确实绞尽了脑汁，设计了三权分立、互相制约的共和政体，因而对美利坚共和国的创立做出了贡献。这是应予以充分肯定的。但是，美国开国元勋都是资产阶级政治家，他们制定宪法的目的既在于维护和巩固美国的独立，也在于确立资产阶级统治和资本主义社会秩序。美国开国元勋之一、后来当选为美国第四位总统的詹姆斯·麦迪逊就直言不讳地说过，根据宪法组成的政府应"保障国家的长久利益以免有所变动。……使富裕的少数得到保护，不受多数人的侵犯。"因此，国家主义学派的学者颂扬美国开国元勋是"坚持公正和正义原则的伟人"，说他们全心致力于"国家福利"和美国民主事业，似乎别无所图，这显然是过分美化了他们。这一学派的学者从超阶级观点出发，把开国元勋制定的宪法奉为经典，说它是"全民"的产物。用班克罗夫特的话来说，就是它"建立在全民同意的广泛自由与统治原则上，超越了任何特殊集团或阶级利害"。显而易见，这是不符合历史实际的，因为在有对立阶级的资本主义社会里，宪法应写进哪些内容，不同阶级就有不同的主张和想法，"超越任何特殊集团或阶级利害"的宪法是不存在的，因而美国宪法也不可能是"全民"的产物。

　　（二）进步学派出现于19世纪与20世纪交替之际。19世纪末期人民党运动的开展和20世纪初期进步运动的兴起使美国人对宪法的态度发生了显著的变化。随着美国大工业的兴起和自由资本主义向垄断阶段的过渡，美国经济有了迅速的发展，但财富分配极不均衡，贫富悬殊现象也日益加剧。在垄断组织不断发展和

---

① 古希腊著名史诗，相传为荷马所作。

② 古希腊雅典祭雅典娜女神的神庙。

③ 指贝多芬的第五交响乐。

④ 菲斯克，前引书，第223页。

扩大形势下，国民经济命脉和联邦政权也日益为金融寡头所操纵，而深受压榨的广大工农群众则不断展开了要求改革的剧烈斗争。在社会日益动荡的情况下，社会改革派认为，除非社会财富分配和政治权力的不均衡现象得到纠正，美国民主制将遭到毁灭；只有制定国家干预工业和改善广大人民命运的立法，民主制才能保持下去。在社会舆论的巨大压力下，各州开始制定管理经济的立法，国会也不得不制定管理铁路经营和反托拉斯的立法。为了改变财富分配的不均衡状况，州和联邦都制定了所得税的立法，但最高法院却以这种立法违宪为理由加以否决。这样，许多人开始重新观察和评价宪法了，认为它是个不民主的文件，其目的仅在于保护富有的有势力的利益集团，从而损害了广大人民的权利和利益。在人们对宪法的幻想日趋破灭的情况下，进步学派历史学家也受到了很大的影响。他们把20世纪初期人们敌视宪法的原因追溯到18世纪80年代这部宪法制定者的动机。经过分析研究后，他们认为宪法是个反动而非民主的文献，指出开国元勋制定宪法的目的在于保护其财产权和既得利益，以反对激进派的改革要求。与国家主义学派根本不同，进步学派学者认为宪法不是美国革命时代民主制的进展，而是它的严重倒退。为了支持这种论点，他们指出这部宪法不民主之处表现在制约与均衡原则，采纳宪法修正案的困难程序以及司法方面的否决权等，而这些规定和做法都使多数人统治不可能实现。

进步学派学者有个主要特点，即用经济解释历史。他们认为，人的政治行动主要出自经济上的私利，经济因素是形成历史过程的决定性因素，美国宪法的制定同样受经济因素的制约。这种观点在查尔斯·A.比尔德的名著《美国宪法的经济观》（1913年出版，商务中译本，1984年）一书中有了明确而充分的表述。他根据财政部档案逐个审查了出席制宪会议的代表拥有财产的情况，经过一番仔细的研究，他得出结论说：第一，美国制宪会议代表的大多数投资于动产，而不是投资于不动产；发起和坚持美国制宪运动的是四个动产利益集团：即货币、公债券、制造业、贸易和航运业。[1] 第二，出席制宪会议代表中，"最少有六分之五，对于他们在费城的努力结果都有直接的个人的利益关系，而且都曾由于宪法的通过或多或少地获得经济利益"。[2] 因为比尔德认为，这些代表的多数都握有政府发行的公债券，在宪法实施后，这些公债券不但提高了价格，而且还得到了偿还。

---

[1] 查尔斯·A.比尔德，《美国宪法的经济观》，商务中译本，1984年，第226页。
[2] 同上，第104页。

美国宪法创制人之所以能使这部宪法获得批准，除了他们大肆制造舆论和施展各种计谋和手段外，主要是因为当时美国大多数人民没有参加投票的资格。用比尔德的话来说，那就是"在批准宪法方面，约有四分之三的成年男子未能参加对于这个问题的表决；他们或者由于漠不关心，或是由于财产限制而被剥夺了公民权，而没有参加选举出席州代表会议的代表。"① 当时参加投票批准宪法的可能不超过成年男子的六分之一。② 据此，他认为它不是"全体人民"所创制的宪法，而是由一小撮动产利益集团所制定的。美国开国元勋就是这样一伙"有才干的资本家投机商"形成的集团，他们"成功地哄骗一般老百姓去接受一个旨在有利于少数显贵而设计的政体"。

比尔德的这部著作是一部探讨美国宪法制定过程的权威性著作，在学术界产生了深远的影响。他关于美国宪法的论述支配了美国史坛达二十多年之久，那个时期美国历史和政治学教科书涉及宪法时都逐字逐句地重复他的论点。

二

第二次世界大战后，由于美国政治的反动趋向和社会思潮的相应变化，也由于有关 18 世纪美国革命的历史资料的不断发表和历史研究日益深入，比尔德对美国宪法的某些解释及其所依据的史料都遭到了批评和质疑。在战后陆续出现的三个学派中，有的学者直接对比尔德的论点提出了挑战和批驳，有的则延伸、扩展了比尔德的解释。尽管各派彼此意见不同，但都认为比尔德的著作没有对宪法提供一个令人满意的解释。

（三）新保守派。第二次世界大战后，美国实力大为膨胀，到处发动侵略，争夺世界霸权，成为镇压各国革命运动的国际宪兵；在国内则出现反动的麦卡锡主义的统治，进步人士和知识分子备受迫害，持不同意见的学者动辄被戴上"红帽子"。在这种严酷形势下，美国史学界也出现了新保守派。这一学派人多势众，支配美国史坛有十多年之久。这一学派探讨宪法问题的代表有本杰明·F. 莱特和罗伯特·E. 布朗等。莱特是个政治学家，著有《意见一致和连续性，1776—1787年》一书。首先，他认为美国宪法是个政治文献，而不是个经济文献。他指出，这次制宪会议最突出的特点是代表们就什么是良好政府的要素取得了广泛的协

---

① 查尔斯·A. 比尔德，《美国宪法的经济观》，商务中译本，1984年，第226页.
② 同上，第226页.

议，其中包括代议制政府、定期举行选举，成文宪法是至高无上的大法、三权分立（设有两院制的国会及独立的行政和司法机构）和制衡原则等。他断言，在18世纪，没有一个国家能完全接受这些原则，更不用说加以贯彻实施了。因此，上述的基本协议在历史上是个创举，它无论在性质上和范围方面都比争论的问题重要得多，更能使人们了解1787年美国人的政治思想和宪法思想，而争论的问题只不过是些细节的事情。① 据此，他把宪法的制定看成是美国人民当中基本意见一致的证据，从而否定了比尔德把宪法看成是阶级冲突达成妥协的论断。其次，就担任公职者和他们的思想来说，他认为美国革命与宪法之间有着本质上的连续性，宪法巩固了革命的成果，因而是革命任务的完成。他强调革命与宪法之间的连续性以及两者间的有机联系，无疑是正确的。他写道："1787年担任政府公职的正是1776年担任公职的那些人"，各州宪法基本上是由签署《独立宣言》的那些人制定的。② 根据这种情况，他坚持从独立战争到宪法制定的美国革命整个时期是沿着一条连续性的路线发展的，而决不像比尔德所论断的那样，说什么紧随革命时期之后是个保守反动时期。他还反问说，如果历史实际真像比尔德所说的那样，那么曾在1776年担任公职的那些人为什么到1787年"没有被撤职、绞死和流放呢？"③

对进步学派的第二个挑战来自罗伯特·E.布朗。他于1956年出版了《比尔德与宪法》一书，对比尔德关于宪法的解释也提出了质疑和批评。首先，作者指出，比尔德为证实开国元勋在制定宪法之前就已握有公债券这一论点，曾使用了财政部的档案，但该档案所列举的材料是属于制宪会议以后几年的，因而不能作为比尔德关于开国元勋的上述论点的凭证。第二，作者研究宪法制定者占有财产的情况后，得出了与比尔德迥然不同的结论：即宪法制定者投资于不动产（土地和房产等）多于动产（公债券），这就使比尔德坚持的下述论断难以成立：即开国元勋制定宪法的目的在于保护他们投资于公债的动产，以免受拥有土地和房产的不动产者的威胁。第三，作者批驳了比尔德关于宪法是个不民主文献的论断，指出这一论断的根据——即无财产的广大工农群众都没有资格参与制宪过程——是站不住脚的。他论证说，18世纪80年代美国体现了"中产阶级民主制"，因为那

---

① 本杰明·F.莱特，《意见一致和连续性，1776—1787年》，波士顿1858年，第36页。
② 杰拉尔德·N.格罗布等编，《对美国的历史解释》，两卷，纽约1982年，第1卷，第156—157页。
③ 同上，第169页。

时大多数美国人都是中产阶级的成员，他们多半是小农场主，拥有足够的土地，以取得选举的资格。因此，作者得出结论说，美国宪法与其说体现了贵族意识的上层阶级的意志，不如说代表了有民主思想的中等阶级的意愿。

在战后保守主义思潮泛滥下，许多著名历史学家，包括亨利·S.康马格在内，都参加了新保守派的大合唱。康马格也宣称，宪法是个政治文献，主要集中于联邦制的问题，而不是部经济文献。其他历史学家则赞扬美国制宪时期是个建设性时期，而不是被进步学派学者描绘为破坏性时期。新保守派之所以大力颂扬开国元勋，重新评价宪法是出于对战后"国际共产主义挑战的一种反应"。为了支持美国在"自由世界"中的领导地位，许多历史学家自觉地或不自觉地都在表述这样的概念："即美国在其全部历史中是个强有力而又团结一致的国家"。[①] 因此，他们在按照美国人民间和谐一致的观点来重新撰写美国历史，其中也包括美国制宪史。在许多有关美国制宪史的论著中，"和谐一致论"日益取代了比尔德把宪法看成是不同利益集团达成妥协的论断。

（四）新思想史学派也称共和学派。这一学派出现于本世纪（注：20世纪）60年代中期，是继新保守派之后对进步学派发出挑战的又一思潮。它的主要代表有伯纳德·贝林、戈登·S.伍德和塞西莉亚·M.凯尼恩等。这一学派主张从思想意识方面来解释美国历史和美国革命，强调美国对欧洲思想、特别是英国思想的继承。他们认为美国革命的思想基础是以17世纪、18世纪英国激进辉格派思想家阿尔杰农·西德尼（1622—1683）的思想为主体，综合古代西方民主传统、启蒙主义、洛克的理性主义以及清教主义和契约论所组成的一套完整思想体系[②]，其核心就是"共和主义"。他们展示了17世纪、18世纪英国西德尼等人反对权威思想的重大意义及其对美国共和思想形成和发展的影响。因此，他们认为，必须把美国革命和宪法制定都置于盎格罗—萨克逊（盎格鲁-萨克逊——编者）结构内来考虑，而不能单纯从经济因素的角度来解释革命和宪法。

贝林在其《美国革命的思想渊源》（1967年出版）一书中，精辟阐述了共和主义的思想体系。他认为，共和主义思想体系的主旨是对权力的极端不信任，因为权力总是趋向于腐败的压迫，滥用权力一定要以牺牲自由和权利为代价的。为了捍卫自由与权利，必要时举行起义乃是必然的逻辑，而保障人类自由的最好方

---

① 杰拉尔德·N.格罗布等编，《对美国的历史解释》，两卷，纽约1982年，第1卷，第158页。
② 伯纳德·贝林，《美国革命的小册子，1750—1776年》，坎布里奇1967年，第20页。

式在于制定"混合的宪法"和建立"平衡的政府"。他还指出，共和思想不仅反对权力的膨胀，而且反对"过度民主"，因此保障自由的同时也要求在某种程度上限制民主。[①]

贝林的弟子戈登·伍德在其著作中进一步阐述了共和思想在美国制定宪法过程中的作用，指出共和思想虽然来自英国，但美国人结合本国情况继承发展了这种共和思想。美国开国元勋就是怀着"建立一个新的共和国"的信念来完成制宪工作的。他们既要建立一个没有君主的民选政府，也要创立一个具有新的思想观念的社会。在他看来，促使一个共和政府的兴盛或衰亡的力量不是武力，而是人民的公共道德。因此，政府的主要职能就是培育和维护公共道德，保障社会的安定统一。[②]

但是，18世纪80年代前期美国发生的一些事态——过分平等主义的蔓延、多数人压制少数人和日益增长的奢侈风尚——都损害了人民的美德。伍德认为，18世纪80年代就道德方面来说是个"危急时期"，因为它打破了开国元勋按传统路线创立一个共和政府的理想。因此，他指出，制定宪法就是用以节制某些民主的过激行为来"挽救革命"，使之免遭可能的失败。这样，制宪问题就引起了"有远见的联邦党人与守旧的反联邦党人之间的一场斗争"。联邦党提出了一个新的"政治学概念"，即主权属于人民而不属于政府的任一部门。政府应分为一些独立的部分，这倒不是像反联邦党人建议的那样：每个部分代表不同的社会选区，而仅因为一个部分将对其他部分起制衡作用。实际上，政府的各部门都代表了人民的意志。据此，伍德认为，这两个集团的斗争归根到底是一场关于新政治学概念的争论，而这种新概念却体现了民主政体的方向。[③]

这一学派另一学者[④]指出，美国开国元勋还面临另一个主要实际问题：既要建立一个由人选举代表的共和国，又要阻止可能损害政府的多数人派的形成。因为古往今来的共和国总是屈服于一个多数人派的专制。为此，麦迪逊根据美国实际提出了一个防止共和国这种命运的设想：美国由于规模巨大而产生众多的不同的利益集团，而这些利益集团的存在将使一些派别难以调和它们之间的分歧，也

---

① 伯纳德·贝林，《美国政治的渊源》，纽约1968年，第120页。

② 戈登·伍德，《美利坚共和国的创立，1776—1787年》，纽约1968年，序言第8页，第47—48页。

③ 杰拉尔德·N.格罗布等编，《对美国的历史解释》，纽约1982年，第1卷，第160页。

④ 道格拉斯·阿戴在一篇题为"那种政治学可能成为一种科学"论文中阐明麦迪逊关于这个问题的设想，《亨廷顿图书馆季刊》，第20期（1957年），第343—360页。

就难以聚集起来形成一个多数人的派别。这样，在一个大共和国内，众多派别的矛盾竞争将为社会提供更大的安全和稳定，从而使这个国家较少可能遭到一些早先共和国的命运。但是，反联邦党人却不同意这种设想，认为只有小国才能实行共和政体，而且它要由同源的居民组成。对此，这一学派另一学者写了一篇批判反联邦党人的论文，说他们对美国人创立和维持一个具有大陆规模的共和国的能力缺乏信心。[1]

共和学派的主要贡献在于系统阐述了共和思想体系的主旨、内容和渊源，深入探讨了这一思想体系对美国革命和宪法的指导作用，突出强调了思想意识在历史发展中的能动作用，从而填补了进步学派在这方面的缺陷。但是，他们撇开经济原因和社会矛盾去探讨共和思想的作用，就只能就事论事，无法全面说明这一思想发挥巨大作用的历史根据。同时，在他们的论著中，普遍存在思想领先、社会变革居后的趋向，这就不可避免地使他们得出的某些结论终于颠倒了社会存在与社会意识的基本关系。

（五）新进步学派是第二次世界大战后逐渐形成的一个学派，其主要特点是延伸或修正进步学派对宪法的解释。这一学派学者大都把社会经济因素看作是人们支持或反对宪法的决定性因素，有些学者沿用了比尔德对制宪会议成员的两分法，并以之来观察美国社会，也有些则认为这种两分法过于简单化，主张用多元论进行社会划分。

新进步学派的主要代表有梅里尔·詹森、杰克逊·T.梅因和福雷斯特·麦克唐纳等。詹森是比尔德学派的主要继承人，著有《联邦条例》（1940年出版）和《新国家》（1950年出版）两书。在这两部著作中，他在支持比尔德对宪法的解释的基础上，做了较详尽的补充和深入的论述。他批驳了菲斯克把1780年代看成是美国"危急时期"的论断，认为这个时期美国并不像菲斯克所描述的那样一塌糊涂。他明确指出，"邦联条例"是《独立宣言》原则的宪法体现，在"邦联"存在的整个时期，许多地方贵族不喜欢这个时期的民主制度，时刻都在阴谋策划重建英国在北美建立的那种中央集权的政权。如果说这个时期存在着"危急局面"，那是由那些"勉强的革命者"，也就是那些"为了控制革命而打入革命"的地方贵族所造成的。

[1] 塞西莉亚·M.凯尼恩："缺少信心的人们：反联邦党人论代议制政府的性质"，《威廉和玛丽季刊》，第3辑，第12期（1955年），第3—43页。

　　詹森也是按照经济利益的不同，把当时社会势力划分为两个集团：即"国家主义者"集团和"联邦主义者"集团。前者由保守的债权人和商人利益团组成，主张加强中央政府；后者由激进的从事农业的民主主义者组成，支持州权，并且控制了州的立法机构。这两个集团之间的矛盾斗争是贯穿整个革命时期的主线。他指出，在18世纪70年代初期，这些激进的农业民主主义者领导了反对英国和殖民地商业贵族的斗争，其目的在于取得地方自治，以制定维护他们利益的立法。在他们掌握革命的领导权时，制定了体现州权思想的《邦联条例》。但到18世纪80年代，农业民主主义者在维持政治组织方面变得冷漠和丧失了兴趣。于是商业贵族便利用这个时机重返政治舞台，掌握政权。他们发动了一场保守的反革命，推翻了《邦联条例》，制定了宪法并创立了一个强有力的中央政府，以维护他们的政治权力和商业利益。詹森的立论在许多方面与比尔德有类似之点：（1）把这整个时期美国社会势力划分为两个对立的利益集团；（2）把宪法看成是革命的否定，而非革命的完成；（3）《邦联条例》体现了独立宣言的原则；而宪法是"国家主义者"施展各种手法所得的结果，其目的在于削弱根据《邦联条例》创立分权政府形式的地方势力。

　　到了二十世纪六七十年代，这一学派的杰克逊·梅因和福雷斯特·麦克唐纳等人在著作中分别发挥了詹森的主题思想，但都对比尔德把制宪会议成员划分为投资于"动产"和"不动产"的两分法提出了批评。梅因认为，比尔德用这种两分法来划定宪法的支持者与反对者——即联邦党人与反联邦党人——不仅不符合实际，而且把一些错综复杂的社会政治情况简单化了。他认为，宪法的支持者与反对者既不能以比尔德的两分法来划定，更不能以城市和乡村作为划分的界限，因为后者的划分完全忽视了乡村、特别是城市附近的乡村与城市商业集团的关系。由于这种关系，城市商业集团也包括相当数量的种植园主，后者自然而然地倾向于联邦党人。①

　　麦克唐纳也不同意比尔德用两分法来说明美国宪法的制定与批准。他在所著《我们美国人民，宪法的经济起源》（1958年出版）一书中对各州批准宪法会议的成员进行仔细研究后，认为比尔德"对宪法的经济解释是讲不通的"，因为他说制定与批准宪法的整个过程与比尔德所特别强调的两个主题——阶级冲突

---

① 参看杰克逊·T. 梅因，《反联邦党人对宪法的评论，1781—1788年》，查佩尔·希尔1961年，第271、280页。

与争取民主的斗争——并无关系。他强调指出，不是阶级，而是州、地域集团和个人利益以及这三者之间互相作用构成了宪法背后的经济力量。据此，他说对宪法的经济解释必须是多元论的，而其中州居于主导地位。因为大多数利益集团的活动受州界的限制，就是超越州界的利益集团，也是"根据这几个州的不同情况而起作用的，并且它们对宪法的态度因其所在一些州内情况的不同而异"。所以，他认为，有关宪法的争议实际上是"十三个争议者的争议"。这样，他就重申了特纳的"地域理论"的论点，用州或地域之间的争议取代了社会阶级之间的斗争。

　　附带应当指出的是本世纪六十年代出现的新左派史学对美国宪法的评论。这一学派的学者没有发表过关于宪法的专著，但在一些涉及宪法问题的著作中，他们不仅批判了新保守派和共和学派关于宪法的论点，而且也不同意新进步学派的某些观点，在立论方面可说是独树一帜。比如，威廉·A.威廉斯在其《美国历史概要》（1961年出版）一书中就指出，美国革命是美国重商主义的胜利，美国宪法体现了重商主义者的观点。这部宪法为美国经济和政治制度提供了一个基础，而这个制度则要求不断扩展，形成一个美利坚帝国。这个帝国在19世纪初期是靠牺牲一些毗邻的欧洲重商主义帝国以及美国境内和边界上弱小民族——如印第安人和墨西哥人——的利益而发展起来的，在19世纪末和20世纪初则把它的触角伸向拉丁美洲和远东、太平洋地区，而后逐渐伸展到全世界。他关于美国宪法的论点不仅对传统的解释提出了有力的挑战，而且也在激励这一学派历史学家提出有关这一课题的新假说。

　　二百年来，美国史学界对美国宪法提出了各种不同的解释，形成了众多的学派。它们就宪法的制定及其作用展开了广泛而深入的讨论，许多议论都各有其独到的见解，对我们了解美国宪法的指导思想及历史意义都是很有帮助的。但是，美国史学界对宪法的探讨也留下了不少错综复杂、悬而未决的问题，有待进一步研究和解决。这些问题主要是：

　　（1）美国宪法究竟实现了还是否定了《独立宣言》中所表述的美国革命的理想？它究竟是个民主文献，还是个不民主的文献？它是个经济文献，还是个政治文献？

　　（2）美国宪法是两个不同的利益集团之间妥协的产物？还是当时美国社会各阶层和谐一致达成协议的真凭实据？

　　（3）在制定和批准宪法过程中，形成支持和反对两派的决定性因素是经济利益还是意识形态？或是两者兼而有之？分析这一问题的方式应采取两分法，还是多元论？

（4）美国宪法在世界历史上究竟居于什么地位？应如何实事求是地予以评价？

原文载于《史学集刊》1987 年第 4 期

"新""旧"资本主义交替时期的美国 ①

——《内战与镀金时代的美国》序

本书写的是从内战爆发到 19 世纪末的美国历史，主要阐述"镀金时代"美国的发展变化。它是近代美国向现代美国转变的历史时期，其主要特征是从农业国向工业国转变、自由资本主义向垄断资本主义过渡。在这两个历史性转变带动下，美国政治、经济、社会结构和思想文化都发生了重大变化，从而为 20 世纪现代美国奠定了基础。

美国内战是北部与南部两种社会制度——即自由雇佣劳动制度与奴隶制度之间矛盾斗争不可调和的必然结果。内战爆发后，美国广大人民在以林肯为首的共和党的领导下，经过 4 年艰苦、英勇的斗争，终于赢得了军事胜利，摧毁了南部奴隶制度，扫除了美国资本主义发展的障碍。内战结束后，对如何重建南部政治、经济结构以解决南部各州重返联邦问题以及刚刚获得解放的黑人应有的权利与地位问题，联邦政府内产生了较大的分歧。共和党激进派同约翰逊总统的保守、倒退的重建纲领展开了剧烈斗争，终于取得了对南部重建的领导权，使重建按照北部工业资产阶级的意志，以较为民主的方式在南部进行了一系列政治、经济、社会和文化教育的改革，取得了重要成就。但是，共和党激进派在稳固地控制联邦政权后，就逐渐放弃了在南部进一步的改革，以致重建以极不彻底的妥协的方式而告终。它既没有为"解放了的"黑人解决土地问题，也没有切实保证他们运用宪法第 14 条和第 15 条修正案所赋予的各项权利。尽管如此，南部重建毕竟凭借政治、法律手段巩固了内战所带来的历史性转变，基本上消除了种植园奴隶制度和奴隶主阶级寡头专政，把南部纳入全国统一市场，为资本主义在全国范围内的迅速发展准备了必要条件。

随着重建的展开，美国历史进入了"镀金时代"，这个时代有以下几个特点：

---

① 列宁称自由竞争占统治地位的资本主义为"旧"资本主义，垄断占统治地位的资本主义为"新"资本主义，而19世纪后期则是"新""旧"资本主义交替时期。见《列宁全集》，人民出版社1961年版，第22卷，第210页。

第一，美国工业迅速发展，走向集中、垄断，垄断资本主义在国内市场上逐渐居于优势，成为美国经济生活的基础；第二，联邦政权不再为两个利益对立的统治集团所分享，而是为新兴的工业资产阶级所独揽；第三，南部农业走上了缓慢而痛苦的"普鲁士式"发展道路，致使南部在相当长的时期里成为美国蔽塞落后的地区。

在19世纪最后30多年期间，美国资本主义不仅在广度上，而且在深度上都有了迅速的发展。在广度方面，突出表现于西部的开拓与移民洪流的涌入。密西西比河以西的广大西部是一个土地辽阔、资源富庶的地区，它的开发为美国工业提供了丰富的原料、粮食和巨大的市场，从而为美国提供了比其他资本主义国家都优越的发展条件。科学技术革命促进了美国生产力的巨大发展，使它的工业、交通运输获得了较其他国家更加迅速的发展。西部交通运输的发展、特别是五条横贯大陆铁路的修建，为移民大军的西去和扩大国内市场开辟了道路。源源不断的移民洪流为西部开拓提供了大量的廉价劳动力，促进了西部工农业的巨大发展。

与这种广度发展同步进行的是美国资本主义关系的深度发展，即自由资本主义向垄断资本主义过渡。内战后，西部开发的突飞猛进、国内市场的空前扩大、科学技术革命的激发和联邦政府的积极扶植政策都推动着资本在全国各地寻找有利可图的投资场所；与此同时，各个资本集团也展开了空前剧烈的竞争。在工业蓬勃发展的推动下，企业规模结构在股份资本的基础上，由小型分散的独立企业，通过普尔、托拉斯和控股公司等组织形式的联合和兼并，发展成为少数巨型的垄断企业，最后导致银行与工业的融合以及金融资本的形成。垄断制的确立和发展是资本主义生产关系自我扬弃和局部质变，它使生产和科学技术发明都进一步社会化，横向和纵向的联合把社会经济的各部门结合成为一个整体；它使大企业的所有权与管理权日益分离；它使工业资本越来越依赖银行资本，从而形成无所不在的金融寡头统治。向垄断资本主义过渡，适应了这一时期美国生产力和生产社会化的发展的客观要求，同时也带来了更尖锐的社会矛盾，并在1893年爆发了19世美国最严重的一次经济危机。

在美国资本主义向纵深发展的同时，它的城市化也进入了鼎盛时期。以大工业为基础的近代工业城市的普遍兴起，经过水陆交通线的联结，逐渐形成了全国范围的城市网。它既促进了工业资本的集中与垄断的形成，也使北部、南部与西部聚合为全国统一市场，因而加速了美国工业化的进程。到19世纪末和20世纪初，美国已由原来的农业国发展成为主要资本主义工业国，实现了"新""旧"资本主义的交替，逐渐成为垄断资本主义高度发展的典型国家。

随着"新""旧"资本主义的交替，美国社会阶级结构发生了深刻的变化。原有的资本家、工人和农场主三个大集团的内部分化趋势日益增强，与"旧"资本主义相一致的阶层不断衰落，而随着"新"资本主义产生的新阶层却迅速发展。资产阶级内部逐渐分化为垄断资产阶级，旧中产阶级和新中产阶级。垄断就是"少数资本家对多数资本家的剥夺"。① 因此，垄断资产阶级同其他阶层的矛盾、特别是同保持独立经营的企业主即旧中产阶级的矛盾加深了。新中产阶级是随着垄断资本主义生产关系的确立而发展起来的，他们受雇于垄断资本的大企业，但却掌握企业大部分的管理权，其主要职能就是帮助垄断资产阶级"用一切科学办法榨取血汗"。②

农场主阶级在美国社会阶级结构中原占有重要的地位和相当大的比重，但是在生产商品化过程中，他们受到国际国内市场的巨大冲击和垄断资本的控制，除少数上升为大农场主外，一部分成为失去经营自主权的租佃农场主，大部分因丧失生产资料而沦为农业工人。为了维持原有的社会经济地位，农场主集团及其领导下的农民进行了长达30年之久反对垄断资本掠夺和控制的斗争，但仍无法摆脱其地位日益下降的厄运。

由于生产技术基础的变革和垄断企业的出现，美国工人阶级构成也发生了一系列的重大变化。首先，在熟练工人的比重不断下降的情况下，非熟练工人开始成为产业工人的主体，集中在机械化程度较高的垄断企业。其次，白领工人阶层的形成及其数量迅速增长，是垄断企业生产社会化程度提高的重要表现。在19世纪后期，白领工人还是"非生产性劳动者"，不创造剩余价值，但剩余价值的实现是经由他们完成的。随着科学技术革命的发展，他们也日益直接进入生产过程，成为剩余价值的创造者。第三，工人贵族阶层的扩大，这个阶层的社会基础是熟练工人和监工。他们为垄断资本家的高工资政策所收买，在生活方式和意识形态等方面都"资产阶级化"了，从而成为垄断资产阶级在工人运动中的代理人。在19世纪末，美国"劳工联合会"之所以从维护熟练工人狭隘利益的行业工会组织蜕变为维护垄断资产阶级统治的工具，就表明了工人贵

---

① 马克思：《资本论》，人民出版社1975年版，第1卷，第831页。

② 列宁：《榨取血汗的"科学"制度》，《列宁全集》，人民出版社1959年版，第18卷，第594—595页。

族充当代理人的作用。

向垄断过渡时期，美国社会流动的频繁对阶级结构的变动产生了深刻的影响。这种社会流动表现为人口在地域间的横向流动和社会各阶层间的纵向流动。西进运动导致大量移民西去，从而使人口重心不断向西移动。工业化和城市化的迅速发展吸引了大批人口流向城市。向垄断过渡则加速了社会各阶层的上下流动。在19世纪后期，有相当一批富豪出身于社会中下层，后来逐渐发迹，成为大资本家；中、下层之间的对流也较为普遍。东北部垄断资本向中西部迅速扩展，造成了这个地区农场主大批破产，其中一部分为谋求生计流向东部工业地区。另一部分则不得不移往更远的西部寻求新的活动场所。这就形成了巨大的横向对流。这种横向流动与纵向流动相结合，使美国社会阶级结构的变动更具有复杂性和特殊性。

这一时期，涌入美国的移民洪流既大大加速了原有的社会流动，促进了美国经济的迅速发展，也引起了美国排外主义情绪的增长。在19世纪80年代以后，来自东欧和南欧各国的"新移民"超过来自西欧和北欧各国的"老移民"，逐渐居于压倒的多数。"新移民"来美国前原属生活贫困、教育文化程度低下的阶层，且不能讲英语。他们的大量入境引起了土生美国人的疑虑和工会组织的恐惧，但却受到垄断资产阶级的欢迎。前者要求限制"新移民"入境，而后者的代言人却坚持自由移民政策，断言限制移民入境，势必发生劳动力的严重短缺，从而不利于美国经济的发展。实际上，他们之所以坚持自由移民政策，主要是因为"新移民"能为大企业提供它们所需要的而且比重不断增加的非熟练工人。

在限制移民入境的呼声日增形势下，美国排外主义者把限制矛头首先针对来自东方的华人，导致1882年国会通过第一个限制移民入境的法案，即臭名昭著的《排华法案》。接着便是针对来自东欧和南欧各国的"新移民"。在排外主义组织不断鼓动下，国会于1896—1917年期间连续4次通过以识字为基础的"文化测验"法案，企图限制"新移民"入境，但均被美国三届总统所否决。他们在否决该法案时，虽都标榜美国应是"欧洲被压迫者的庇护所"，但实际上，却是屈从于垄断资本集团的意志，以适应大企业不断用移民补充非熟练工人的需要。

在自由资本主义向垄断过渡时期，美国的两党政治及其内外政策都发生了重要的变化。这个时期，美国政治的特征就是保守主义和腐朽之风。美国经济的迅猛发展虽然提高了社会生产力，增加了社会财富，但也带来了大量严重的社会问题：社会贫富悬殊的鸿沟加深，城乡对立加剧以及腐朽之风盛行，等等。垄断资本横行无忌，更加剧了社会经济矛盾，导致工人斗争、农民运动以及各种改革运动此起彼伏，不断高涨，汇成一股波澜壮阔的巨流，而它的斗争锋芒主要是集中指向垄断资本集团的。为了应付日趋高涨的工农运动，美国统治集团除采用暴力镇压的方法外，也采用"自由主义"的方法，即"趋向于扩大政治权利、实行改良、让步等方法"[①]。统治集团之所以改变策略，采用"改良、让步"的方法，或是交替使用两种方法，固然是由于社会压力的结果，也是由于这一时期特定的历史条件决定的。"新""旧"资本主义交替中，原有的社会结构已不适应新的社会矛盾冲突，出现了严重的"动乱"。为了保持社会秩序的稳定，并使资产阶级的整体利益得到保证，从市、州到联邦的各级政府都逐渐地采用下层改革派的纲领和要求，部分地调整统治政策，以适应历史的发展趋势。

首先，在国家机器和政治制度方面，出现了一系列缓慢而重要的改革，主要表现于联邦权力日益加强和州权逐渐削弱，旨在消除党派分赃制的文官制度改革以及适应经济发展需要的城市管理体制改革，等等。其次，在政党方面，共和党和民主党的政策差别日趋缩小，它们已从内战前两种经济制度的政治代表转变为垄断资产阶级不同集团的政策执行者。再次，重新轮流执政的两大党日益僵化保守，对社会经济的剧烈变化所产生的问题提不出相应的对策，只是在第三党运动和社会舆论的巨大压力下，才不得不从自由放任政策向国家干预政策转变，尽管这种干预政策尚处于萌芽阶段。更为重要的变化是联邦政府开始直接同垄断资本结合，逐渐地把对内对外政策都纳入与垄断资本集团利益相一致的轨道。

随着"边疆的消失"和垄断资本主义的确立，美国统治集团大力鼓励商品输出，扩大对外贸易，日益走上了向海外扩张的道路，先后在亚洲、太平洋地区和拉丁美洲进行了侵略扩张，以夺取海外市场和原料供应地。与此同时，它积极调整政府的军事机构，增拨军费建造新型的海军舰队，以增强远洋的作战能力，为重新瓜分世界做好准备。

内战后，在社会经济迅速发展的带动下，美国教育文化事业也有了蓬勃的发展。普遍义务教育的实施，提高了国民的文化素质，并为工农业和其他建设事业提供了有文化的劳动者。在联邦政府大力支持下，高等教育也有了长足的进步。它在吸收欧洲各国大学先进经验的基础上，对美国大学的组织结构、培养目标和课程设置等都进行了改革，从而培养了为美国工业化进程所需要的各

---

① 列宁：《欧洲工人运动中的分歧》，《列宁全集》，人民出版社1959年版，第16卷，第349页。

种专门人才。

　　社会经济的剧烈变化对美国思想文化也产生了重大影响，尖锐激烈的社会矛盾促使各种社会思潮应运而生，错综复杂的社会生活为美国文学家和艺术家展现了一个新的广阔的创作天地。这一切使美利坚民族文化进入了一个新的发展时期，在美国涌现出一批闻名遐迩、影响深远的思想界和学术界代表人物，如哲学家亨利·詹姆斯、文学巨擘马克·吐温和历史学家弗雷德里克·J.特纳等。此外，许多美国文学家和艺术家也在吸收欧洲优秀文化的基础上，结合美国的实际，创作出许多反映美国现实，具有民族特色的著作和艺术品，从而为近代世界文化艺术增添了新的光彩。

原文载于《东北师大学报》1989 年第 4 期

美国中央太平洋铁路的修建与华工的巨大贡献

当代著名的美国经济史学家瓦尔特·W.罗斯托在他的著作《经济发展的阶段》中指出，铁路的建设和应用在历史上一直是经济发展最强有力的带动者。他认为，在近代主要资本主义国家中，铁路在促进经济发展方面都起了决定性作用。[①] 如果说铁路对美国确实起了这样作用的话，那么对美国西部来说，就更是如此。

美国是个幅员广大的国家，它的巨大河流都是南北走向的，而且西部又有绵延数千英里的大山，因此东部与西部间的交通异常困难，运输也很有限。随着大量移民的西去，西部开发的展开以及东、西部间贸易的增长，美国横贯大陆铁路的修建就在19世纪60年代初提上了国会的议事日程。第一条横贯大陆的铁路由两条路线——即中央太平洋铁路和联合太平洋铁路——组成，全程长1775英里，其中西段铁路、即中央太平洋铁路沿线地势复杂，山路崎岖，施工异常艰险。只是由于上万华工承担最艰苦的筑路劳动，并且做出了巨大的牺牲，中央太平洋铁路才得以建成。本文的目的就在于阐述中央太平洋铁路的修建进程以及华工对这一建设工程的巨大贡献。

一

中央太平洋铁路的修建是西奥多·朱达倡议、鼓动的结果。他是个来自东北部具有修筑铁路经验的年青工程师，1854年去加利福尼亚州主持修筑萨克拉门托流域的地方铁路（从萨克拉门托到福尔索姆）。1860年，这位人称"铁路狂"的朱达在短程铁路建成后，在加州开始了一系列的勘察和测量，力求找到一条穿越塞拉内华达山脉通往东部的可行路线。[②] 经过一番艰苦的勘测，他终于找到一条所需要的路线，那"几乎是一条去瓦舒的直线，其最大坡度是每英里

---

① 瓦尔特·W.罗斯托：《经济发展的阶段》，英国剑桥，1920年版，第55页。
② 托马斯·D.克拉克：《美国边疆，西进运动史》，纽约，1959年版，第680、680、681页。

100 英尺"①，即从萨克拉门托市沿着美洲河，向东经过荷兰平地，溯特拉基河而上，最后跨越唐纳关口，通往内华达。后来，这条路线为中央太平洋铁路公司所采用，并且往东经过荒凉的内华达和犹他沙漠，延伸到普罗蒙托雷峰与联合太平洋铁路连接会合。

但是，最初肯于资助朱达筑路计划的都是小资本家，他们根本无力支持这项耗资巨大的工程，而旧金山的资本家大多数都来自南部，在有关南北内战的谣言四起时，他们抵制了这一筑路计划，认为这是北部人的阴谋，主张另找一条途经南部的路线。尽管如此，朱达仍坚持不懈地进行宣传鼓动工作。他的筑路计划终于得到后来以加州"四巨头"闻名的资本家的关注和支持，使他成为这条铁路的创建人。这"四巨头"就是萨克拉门托（加州首府）的利兰·斯坦福（1861 年当选为加州州长）、查尔斯·克罗克、科利斯·亨廷顿和马克·霍普金斯。他们都是精明能干的北方佬（泛指内战前后美国北部各州人），在 1849 年"淘金热"前后来到加州经商，很快地便发财致富。② 当时，"四巨头"筹集了 20 万美元，由斯坦福和朱达携往首都华盛顿，作为游说国会议员的活动经费。③ 他们向国会议员以及舆论界极力宣扬修建横贯大陆铁路、特别是中央太平洋铁路的必要性，亨廷顿等人也在加州政界展开了活动。

内战的爆发为"四巨头"实现筑路计划提供了有利的条件。当时，加州地处西陲，远离美国政治中心——首都华盛顿，与东部的陆路交通极为不便，海上运输得绕道南美洲合恩角，需要好几个月。因此它在政治上具有较大的独立性。南部发动叛乱后，加州政界也分裂为对立的两派：一派以州长斯坦福为首，支持北部联邦政府反对州内分裂活动；另一派则站在南部同盟一边，坚持分裂④。加州民主党"激进派"更竭力鼓吹，一旦联邦解体，便以加州为主体建立独立的太平洋共和国。⑤ 因而那里政局动荡不安，大有脱离联邦另组独立国家的危险。"特伦特号"事件发生后，加州又受到英国入侵的威胁。因此，维护联邦统一的人们都认识到加强东部与加州联系的必要性和迫切性。在这种社会舆论推动下，国会将修

① 奥斯卡·O. 温瑟：《密西西比河以西的运输边疆，1865—1890》，纽约，1964年版，第107页。
② 斯坦福原是经营食品杂货的批发商，克罗克是绸布商，亨廷顿和霍普金斯合伙开了一家五金商店。参看玛里琳·米勒：《横贯大陆铁路》，1986年版，第24页。
③ 托马斯·D.克拉克：《美国边疆，西进运动史》，纽约，1959年版，第680、680、681页。
④ 参看纳尔逊·特曼特曼：《联合太平洋铁路史》，纽约，1923年版，第9页。
⑤ 参看约瑟夫·埃利森：《加州这个国家，1850—1869年》，纽约，1939年版，第180—182页。

建第一条横贯大陆铁路的问题提上了议事日程，并于 1862 年通过修建这条铁路的《太平洋铁路法案》。

《太平洋铁路法案》授权联合太平洋铁路公司修建自西经 100 度线上某一地点（后确定为奥马哈）到内华达西部疆界的铁路，中央太平洋铁路公司则负责修建从萨克拉门托到加州东部边界的铁路（后来延伸到犹他的普罗蒙托雷与联合太平洋铁路接轨）。这两家铁路公司都可以无偿取得铁路沿线两侧各 200 英尺宽的用地，免费取用国有土地上的林木、石头等建筑材料。每修筑一英里铁路，铁路公司可获得铁路线两侧各 10 英里地段（合 12800 英亩）的土地所有权。同时，根据沿线地形的不同情况，铁路公司每修筑一英里铁路还可得到 16000 至 48000 美元的国家贷款。即在平坦的平原上可得 16000 美元，在塞拉山与落基山之间地势起伏较大的地区可得 32000 美元，穿越塞拉山与落基山的地段可得 48000 美元[1]。1864 年，国会又通过该法案的补充法案，把政府赠予铁路公司的土地面积扩大一倍，即每修筑一英里铁路，铁路公司可获铁路线两侧各 20 英里的地段。

在联邦政府的支持下，两家铁路公司分别于 1863 年 1 月和 12 月破土动工，铺设路轨。但是，在内战期间，铁路公司进一步筹集资本还很困难，劳工和筑路所需物资也都非常缺乏，所以筑路进展十分缓慢。联合太平洋铁路在 1864 和 1865 两年间，仅仅修筑了 40 英里[2]。中央太平洋铁路在这两年筑路进展也是非常缓慢的。内战结束后，中央太平洋铁路公司在联邦、州和地方政府的资助下，筑路资本的困难有所缓解，修建铁路的速度也逐渐加快，但它所面临的困难和问题仍是巨大的，从而影响了施工的进展。

首先是地势险峻，筑路困难。中央太平洋铁路所经地区的地势极为复杂：既有高峻的山岭，又有无垠的沙漠和荒凉的平原。这条铁路全长将近 700 英里，但有 500 多英里路程在海拔 5000 英尺以上[3]，有时在 100 多英里的修筑工程中，要将路基升高 7000 英尺，甚至在 20 英里内升高 2000 英尺[4]。最艰难的筑路工程是塞拉岭山区，那里不仅山高谷深，而且每年有半年时间暴风雪不断，气候异常恶劣。降雪季节，山上积雪一般深达 30 英尺，经常发生雪崩。因此，在这个山岭地段筑

---

① 参看 R.A. 伯切尔编：《向西扩张（美国历史文献）》，伦敦，1974 年版，第82—84页。

② 罗伯特·E. 里格尔：《西部铁路史，从1852年到铁路大王的统治时期》，马州格洛斯特，1974年版，第74页。

③ 奥斯卡·O. 温瑟：《密西西比河以西的运输边疆，1865—1890》，纽约，1964 年版，第109页。

④ 陈依范：《美国华人史》，世界知识出版社中译本，1987年版，第96页。

路，就需要修建长达 37 英里的防雪棚，以防雪崩埋掉路基破坏路段的危险。据统计，后来专为修建这段路程的防雪棚，就使用了约 4000 万平方英尺的木板材。

另一个非常困难的工程就是需要在唐纳顶峰（Donner Summit）开凿长达 1650 英尺的隧道，以便在隧道中铺设路基。唐纳顶峰屹立在塞拉山上，海拔 7042 英尺。光是开凿这条隧道的工程就用了 13 个月时间[①]，"要不是苏格兰科学家詹姆士·豪登来到营地首次在美国制造出硝化甘油（一种炸药的名称）的话，开凿这条隧道就要用更长的时间"[②]。爆破这条隧道的操作每天需用 400 小桶的炸药[③]，每小桶容量约为 30 加仑。在环绕海拔 7000 英尺塞拉山顶峰约 100 英里的路程，为取得适合于铁路运行的坡度需要爆破和凿穿约 10 个长度不一的隧道，而这些隧道都要穿过由坚硬花岗岩构成的山脊，凿出的大量碎石还要拖运到需要填充的峡谷和洼地。[④] 因此，中央太平洋铁路穿越隧道的筑路工程比起大部分在平川广野修建的联合太平洋铁路要困难得多，施工的艰险程度在当时世界上也是罕见的。

其次是筹集资本的问题。当时，美国西部除国有土地外，几乎没有或很少可供修建铁路的资本。那里修筑铁路主要依靠来自外部的投资。修建中央太平洋铁路的资本与联合太平洋铁路一样，有两个来源，即政府的资助和资本家的投资。政府的资助可分为联邦、州和地方政府的资助。联邦政府对修建铁路的资助开始于伊利诺伊铁路，到修建第一条横贯大陆铁路时，这种资助的规模更扩大了。联邦政府的赞助方式主要有两种：赠予土地和给予贷款。它对修建第一条横贯大陆铁路的赞助前面已经谈到，不再赘述。这里应该指出的是：中央太平洋铁路公司和联合太平洋铁路公司都"无偿地得到大量国有土地，其中不仅有敷设铁路之必需的土地，而且包括铁路两旁许多英里之内森林密布的土地。这样，它（们）就变成了最大的土地占有者"[⑤]。据后来公布的材料，中央太平洋铁路公司和南太平洋铁路网共获得 2400 万英亩的国有土地，联合太平洋铁路公司则获得 2000 万英亩[⑥]。根据 1862 年《太平洋铁路法》的规定，联邦政府赠予的土地要在铁路建

---

① 奥斯卡·O.温瑟：《密西西比河以西的运输边疆，1865—1890》，纽约，1964 年版，第 109 页。

② 罗伯特·L.富尔顿：《横越大陆路线的史诗》，旧金山，1924 年版，第 37 页。

③ 伦纳德·阿林顿：《横贯大陆铁路与西部发展》，载《犹他历史学刊》，1969 年第 39 卷，第 8 页。

④ 奥斯卡·O.温瑟：《密西西比河以西的运输边疆，1865—1890》，纽约，1964 年版，第 109 页。

⑤《马克思致丹·佛·丹尼尔逊》，《马克思恩格斯全集》，第 34 卷，第 348 页。

⑥ 塞缪尔·莫利森等：《美利坚合众国的成长》，纽约，1942 年版，第 2 卷，第 112—113 页。

成后三年内出售，价格为每英亩 1.25 美元。但上述两家公司由于缺乏修建资本，无视法律规定，纷纷成立土地公司，以各种方式出售土地，将土地转化为资本。它们都以高于政府规定的土地价格抛售赠予土地，平均价格为每英亩 5 美元[①]。中央太平洋铁路公司就凭这种手法获得了巨大的收入。据当代美国经济学者计算，这家铁路公司出售土地的总收入达到 3990 万美元，而 1869 年联邦政府收支预算只有 32290 万美元[②]，所以它的总收入约占那年美国政府预算的 8.09%。据此，有的美国学者认为，这两家铁路公司出售土地的收入足够支付修建这两条铁路合理的全部费用。[③]

联邦政府另一种赞助形式就是给予铁路公司贷款。当时，联邦政府给予这两家公司的贷款总额为 6000 多万美元[④]，其中联合太平洋铁路公司获得 2700 万美元，中央太平洋铁路公司获得 2400 万美元。[⑤]

同时，各州、地方政府也从自己利益出发，给予铁路公司以慷慨的赞助。其赞助形式多种多样，包括收购或担保铁路公司发行的债券、对铁路免税、提供铁路终点站设施以及赠予土地和现金等。比如，1863 年，在斯坦福州长的影响下，加州议会通过一项法案，决定以公债形式拨给中央太平洋铁路公司 150 万美元，由萨克拉门托市和旧金山市分别认购 30 万和 60 万美元。[⑥]

发行股票和债券是铁路公司获得资本的另一来源。内战后正是股份公司在美国广泛发展时期。由加州"四巨头"组建的中央太平洋铁路公司就是个股份公司。它除吸收创办人投资外，还向社会出售股票和债券，为修建铁路筹集资金。1863 年底，"四巨头"对中央太平洋铁路公司的投资只有约 6 万美元。[⑦]后来，为吸收社会游资，该公司出售大量每股票面 100 美元的股票。到 1869 年，共售出 401651 股股票，其中 390123 股为"四巨头"所拥有，而其他持股人只拥有

---

① 塞缪尔·莫利森等：《美利坚合众国的成长》，纽约，1942年版，第2卷，第112—113页。

② 海伍德·弗莱希格：《中央太平洋铁路与铁路土地赠予的争论》，《经济史杂志》，第35卷（1975年9月号），第563页。

③ 塞缪尔·莫利森等：《美利坚合众国的成长》，纽约，1942年版，第2卷，第106—107页。

④ 塞缪尔·莫利森等：《美利坚合众国的成长》，纽约，1942年版，第2卷，第106—107页。

⑤ 马休·约瑟夫森：《强盗大王》，纽约，1934年版，第78页。

⑥ S.达格特：《南太平洋铁路公司》，第30—33页。转引自弗莱希格前引文，第561页。

⑦ 海伍德·弗莱希格：《中央太平洋铁路与铁路土地赠予的争论》，《经济史杂志》，第35卷（1975年9月号），第555页。

11528 股。[①] 这样，"四巨头"在铁路设计、工程承包和红利分配等重大问题上掌握了绝对的控制权。

当时，有些铁路公司除按 1862 年《太平洋铁路法》的规定发行大量股票外，还通常在其内部组成一个建设公司来承包铁路工程，并以该公司的名义发行渗水股票和债券，以进一步筹措资本，攫取高额利润。中央太平洋铁路公司就是照此办理，把铁路修建工程交由克罗克公司承包，这家公司的首脑便是查尔斯·克罗克，他在铁路公司的合伙人都成为这家公司的负责人。为了集中精力搞承包工作，他辞去了母公司的主管职务。克罗克公司与中央太平洋铁路公司实际上是两位一体、互相勾结，极力抬高前者承包铁路修建工程的费用，以中饱私囊。这种狼狈为奸的做法引起了铁路公司一般股东的愤懑。在社会舆论的不断指责下，1867年铁路公司内又建立了一个新的承包公司，即承包合同与信贷公司，由它来承担这条铁路的修建工程。实际上，这是个换汤不换药的手法，因为"四巨头"仍独揽大权，他们既是这家铁路公司的决策人，又是新的承包公司的负责人。在所谓"双方谈判"中，他们"签订"了其投资大大超过实际需要的工程费用的承包合同。这是以损害政府和铁路公司一般股东的利益为前提的承包合同，因为政府和一般股东们都为修建这条铁路而支付了大大超出实际需要的费用。据中央太平洋铁路公司记载，这条铁路全部修建支出为 9000 万美元，而国会的太平洋铁路委员会则估算，修建这条铁路的实际费用为 3220 万美元。[②] 这就意味着，有将近6000 万美元流入铁路公司大股东的腰包了。[③]

在其他横贯大陆的铁路修建过程中，也不断出现这种假公济私、谋取暴利的情况。这些铁路巨头不仅无偿地获得了大量的土地，而且"在实际修筑铁路与出售股票时，……又偷了若干亿美元"。[④] 因此为了修筑这些铁路，"美国人民已经付了铁路几倍的钱，但是这些铁路仍然归资本家所有"。[⑤]

[①] 海伍德·弗莱希格：《中央太平洋铁路与铁路土地赠予的争论》，《经济史杂志》，第35卷（1975年9月号），第555页，注13。

[②] 海伍德·弗莱希格：《中央太平洋铁路与铁路土地赠予的争论》，《经济史杂志》，第35卷（1975年9月号），第556页。

[③] "中央太平洋（铁路）公司四巨头及其助手们干得漂亮，他们至少赚了6,300万美元。中央太平洋（铁路）公司价值一亿美元的股票，大部分为他们所有"。引自陈依范，前引书，第97页。

[④] 威廉·福斯特：《美洲政治史纲》，人民出版社中译本，1956年版，第294页。

[⑤] 威廉·福斯特：《美洲政治史纲》，人民出版社中译本，1956年版，第294页。

再次，劳力缺乏是个更为突出的问题。加州是个新建的州，人口本来稀少，劳力更为缺乏。即使有些年富力强的人来到加州，他们大多数都在寻求发财致富的机会，而不是单纯致力于谋求生计，所以他们经常处于流动状态，很少能从事固定的职业。内战爆发后，许多适龄的男人都被征当兵，劳力因而更加缺乏。中央太平洋铁路破土动工后，承包筑路的克罗克公司费了九牛二虎之力才在旧金山和萨克拉门托等城市中招募了一些劳工。在 1863 和 1864 两年间，曾有数千劳工被送往加州西部山里筑路，但大多数人都因劳动辛苦和生活艰难而纷纷离去，"白种工人从未超过 800 人"。① 因此，筑路铺轨的进展非常缓慢。承包公司的首脑克罗克为此大伤脑筋，曾想过各种办法，比如试图动用囚犯，或要求联邦政府把内战中俘获的南部叛军士兵释放出来，充当筑路工人等，但都未能实现。在走投无路之际，他想到华工，但他的工程主任 J.H. 斯托布里奇对此表示怀疑，认为华工无法胜任这样繁重的体力劳动，说"他们修不了铁路"。对华人持有偏见的斯坦福也不太情愿。但是，留在那里的工人越来越少。而且有些还扬言要举行罢工。在这种濒于绝境的情况下，斯托布里奇不得不试用了 50 名华工。事实证明华工不仅能够承担修筑铁路的劳动，特别是能够承担白种工人坚持不了的艰苦劳动，而且他们"吃苦耐劳"和"埋头苦干"精神给人们留下深刻的印象，从而改变了铁路公司头头们对华工原来的看法。

数百名华工承担筑路工程后，克罗克又派人去中国广州一带招募华工，甚至垫付旅费，以便他们乘船去美国。据估计，1865 年底，中央太平洋铁路公司雇用的华工数已达 7000 人，白种工人只有 2500 人左右。② 到 1868 年，那里华工人数已增加到 10000 人以上，成为克罗克主要依靠的劳动力。

华工负担主要筑路劳动后，中央太平洋铁路的施工进度大为加快。铺设路轨的速度从每日三英里增加到每日十英里，创造了美国铁路史上最高的筑路速度。正是由于华工们的冲天干劲，这条铁路的修建任务终于提前完成了。有位美国历史学家写道："中央太平洋铁路干活的人们在六年内完成了原估计需要十年才能建成的工作。③

中央太平洋铁路工程是美国铁路史上最具有挑战性的工程，它除遇到上述三

---

① 宋李瑞芳：《美国华人的历史和现状》，商务印书馆中译本，1984 年版，第 28 页。

② 罗伯特·L. 富尔顿：《横越大陆路线的史诗》，旧金山，1924 年版，第 39 页。

③ 托马斯·D. 克拉克：《美国边疆，西进运动史》，纽约，1959 年版，第 681 页。

个主要问题外，还面临筑路物资的运输困难和印第安人的"干扰"。西部既缺乏资本和劳工，也缺乏筑路所需的物资，特别是钢材、车皮和设备等，而在内战期间从东部运来这些物资几乎是不可能的。内战结束后，东西部的交通运输虽然不受阻碍了，但筑路所需的大部分物资都须从15000英里以外东部港口由海路运到旧金山，然后靠河船或驳船运到萨克拉门托市，单程就需要10个月之久。^① 在塞拉山上最长隧道于1868年打通时，亟需大量的钢材和筑路物资，否则便有停工待料之虞。为了抢运筑路亟需的物资，铁路公司派驻东部的亨廷顿便用尽全身解数，雇用了东部海岸每条可找到的船只运送这些物资。

中央太平洋铁路修建过程中，也因侵占印第安人的狩猎场地遭到了他们的反抗和报复。但它所受到的印第安人的"干扰"和"袭击"，比起联合太平洋铁路要少得多。主要原因之一是太平洋铁路公司对铁路沿线的印第安人采取较和解的做法，优待印第安人搭乘火车便是其一，因而减少了铁路公司与印第安人的矛盾。"四巨头"之一亨廷顿就坚持准许印第安人免费乘坐火车。他回忆说："我们发给（印第安人）老首领每人一张乘车证，供他们搭乘客车之用，并且告诉我们（指铁路公司——作者）职工，让一般印第安人无论何时都可搭乘货车"。^②

二

美国内战前，前往加州的华工不仅为美国资本家开矿掘金，还为他们开荒种田，疏浚河道和修建房舍等。因此，华工曾以自己的血汗在加州开发史上写下了光荣的一页，得到了一些美国学者的称赞。^③但是，不久以后，加州的华工和华侨却遭到了种种歧视和迫害。^④不过，美国政府仍然鼓励华工前往美国，这是因为内战爆发后，有数百万青壮年被征入伍，工农业都感到劳动力的严重不足。内战结束后，北部资产阶级开始大量投资开发西部，修筑横贯大陆的铁路，而开发和建设都需要大批劳工。在这种情况下，招募华工情形迫切，加州排华论调因而也暂时收敛起来。加州一些工矿企业在美国船商配合下，在中国南海一带展开宣传活动，招募大批华工去美国。1868年，美国政府趁卸任的美国驻华公使

---

① 伦纳德·阿林顿：《横贯大陆铁路与西部发展》，载《犹他历史学刊》，1969年第39卷，第8页。
② 约翰·F.斯托弗：《美国铁路》，芝加哥，1981年版，第72—73页。
③ 美国斯坦福大学教授·M．R.库利治在其所著《中国移民》一书结论中说："……没有华侨的勤勉劳动的贡献，州是不会像今天这样富庶和安适的"，见该书（1909年版），第478页。
④ 详情参看丁则民：《美国排华史》，中华书局，1952年版。

蒲安臣代表清政府出使美国之机，签订《中美续增条约》（美国称它为《蒲安臣条约》），其中规定"中美两国切念民人，前往各国或愿常住入籍，或随时来往，总听自便，不得禁阻"。① 这个条约主要适应了当时美国对华工日益增长的需要，特别是修建中央太平洋铁路和其他横贯大陆铁路的需要，并且使美国企业资本家在中国招募华工活动取得合法地位。因此，这个条约签订后两年多，即1868—1870年，被招募去美国华工数逐年增加，共计有33000多人。②

招募华工由此条约合法化后，中央太平洋铁路公司也招募、雇佣了大批华工，加速修筑与联合太平洋铁路衔接的铁路，以获得联邦政府更多的土地赠予和资助。据估计，该铁路公司最后总共雇佣了大约15000名华工，他们承担了从萨克拉门托到奥格登全线铁路五分之四的路基工程，学会干了各种各样的活：爆破钻探、砌石、平地基、修涵洞以及赶马车运输物资给养等。③

华工虽承担艰巨的劳动任务，但工资待遇却低于白种工人。每月26~35美元，食宿完全自理，而白种工人食宿则由铁路公司免费提供。相比之下，公司雇用每一个华工至少节省了三分之二的开销。④ 华工生活朴素，住处简陋，经常利用山洞、帐篷或临时搭的小棚屋作为住处。每逢周日，他们不是休息、洗涤，便是打牌、闲谈。即使有时大声吵闹，但从不酗酒，也不因喝威士忌而醉卧不醒，影响周一上班。总之，他们生活很有规律，既能互相帮助，又能自我节制，这些都受到公司管理人员的称赞。中央太平洋铁路总工程师柯蒂斯说他们是"世界上最优秀的筑路工人"。原对华工怀有偏见的加州州长斯坦福在了解华工劳动和生活情况后，于1865年10月10日给约翰逊总统的一份报告中做了下面的描述：

"他们安详、平和、耐心、勤劳、节俭。他们（比白人劳工）更为谨慎和节俭，因而工资少点也毫无怨言……如果没有华人，要在《国会法案》规定的时间内建成这个宏大的全国性工段的西段，是完全不可能的。"⑤

1866年，中央太平洋铁路筑路工程进入塞拉山区的险恶地带，铁路必须在100英里内升高7000英尺。因此，自西斯科开始，工程一直十分艰巨。铁路要穿过许多隧道，有时要铺设在悬崖峭壁旁挖出来的岩石路基上，因而筑路工人不

---

① 《筹办夷务始末》，同治朝，第69卷，第26页。
② 参看《美国历史统计，殖民地时期至1970年》，华盛顿，1975年，第1部分，第108页。
③ 陈依范：《美国华人史》，世界知识出版社中译本，1987年版，第86页。
④ 陈依范：《美国华人史》，世界知识出版社中译本，1987年版，第98页。
⑤ 陈依范：《美国华人史》，世界知识出版社中译本，1987年版，第88页。

得不在内华达山脉的花岗岩中凿出一条路来。有位美国作家对华工开凿这段通道坚韧不拔的英勇精神做了生动的描述。他写道：

> ……合恩角（或译为牛角岭——作者）犹如一堵花岗岩石墙。它是这一年（指1866年——作者）里最不易攻克的难关。它的下部是垂直光滑达一千英尺的悬崖峭壁。百折不挠的华工腰系绳索，身悬半空，用锤子和钢钎凿出一条险峻的小道然后再费力地逐步向里扩展，开出一条行驶车辆的通道。①

随后，他们又非常困难地将这条通道拓宽，终于在美洲河之上1400英尺的地方开出了一条铁路路基。②

在塞拉山岭开凿隧道过程中，冬季经常发生雪崩。1866年冬季是那里有史以来最严酷的冷天，连续不断的暴风雪把塞拉岭一带盖得严严实实，地面也冻得非常坚硬。数千筑路工人，其中大部分是华工，首先得铲除60英尺的积雪才能看到路基。接着，他们在西斯科，与里基湖之间20英里长的一段地区，需要在山东坡修建10个山顶隧道。所有隧道的挖掘工作同时展开，工人们每天三班日夜掘进。对于这段艰险施工以及筑路工人在雪崩中牺牲的情况，美国作家奥斯卡·刘易斯在《四巨头》一书中做了扼要的描述。他写道：

> 隧道在40英尺的积雪下挖掘。3000工人就像一群古怪的鼹鼠一样生活了好几个月，从施工点通过深埋在雪下的昏昏暗暗的通道返回居住区……险情不断，因为上面的山脊积了很厚的雪，雪崩频繁。雪崩来临的预兆只是一阵短暂的震耳欲聋的轰鸣。刹那间，一群工人、一间木房或者整个营地就会被卷下几英里深的积满冰雪的峡谷，速度之快，令人目眩。几个月之后才能找到尸体，有时，发现那些人们僵硬的手里还紧握着锹或镐。③

---

① 奥斯卡·刘易斯：《四巨头》，纽约，1938年版，转引自宋李瑞芳前引书，第31页。
② 陈依范：《美国华人史》，世界知识出版社中译本，1987年版，第89页。
③ 奥斯卡·刘易斯：《四巨头》，纽约，1938年版，转引自宋李瑞芳前引书，第90页。

当时，在这一带山区，工地营篷至少四次被雪崩冲落峡谷，死亡华工约有 500 至 1000 人之多。[①] 另一说是，至少有 1200 名华工牺牲，他们的遗骨被运回中国老家埋葬[②]。

华工承担另一艰险工程是挖掘内华达山顶峰下长达 1650 英尺的唐纳隧道。这是该山区一条最长的隧道，必须凿穿坚硬的花岗岩石才能开出一条通道。为了加快施工进度，使用了一种前面提到由霍登制造的新型炸药——硝化甘油。只用了 13 个月，华工便将这条最长的隧道爆破、凿穿了，但在尚未修好路基铺上路轨之前，严酷的冬天来临了，隧道之间的通道都被大雪埋掉，无法通行。为了节约时间。尽管隧道间通道被切断，铁路公司还是派 3000 人和 400 辆马车到筑路工地前方 300 英里的帕利塞德峡谷继续修路。他们伐倒树木，把圆木并排铺在地上，修成了一条"木排"路。数百名华工靠涂上猪油的木橇，完全用人力把 3 台机车和 40 节敞篷货车厢运上了山。经过这样精心安排与艰苦奋斗，筑路工程的完成进度提前了。斯特罗布里奇后来作证时说"这样干比在夏天干（这本来是夏天的活）多付了两倍的代价。但是，我们比国会法案所预期的时间提前了七年"。[③]

到 1868 年 9 月，中央太平洋铁路从萨克拉门托起建成了 307 英里，华工开始在内华达山脉以东的平原上筑路铺轨。于是开始了一场铁路铺轨的大竞赛，为中央太平洋铁路干活的工人绝大多数是华工，而为联合太平洋铁路劳动的工人多系爱尔兰人。铁路铺轨的大竞赛既是两家铁路公司为获得更多政府的土地赠予和资助的竞争，也是中国人与爱尔兰人之间展开的一场心照不宣的竞赛。爱尔兰人一天铺设 6 英里铁路轨的消息传出后，华工就为中央太平洋铁路铺设了 7 英里，超过了前者。爱尔兰人也不服气，发誓说"绝不能让华工超过我们"。结果第二天，他们铺设了 7 英里半。克罗克以傲慢的语气对联合太平洋铁路公司负责人说，他的工人能一天铺设 10 英里。对方当然不相信，认为他在吹嘘。可是，克罗克做了充分的准备工作，在铺轨的前一天，把所有需用的材料都运到现场，以便随时取用。1869 年 4 月 28 日，一支由华人和 8 名爱尔兰人铺轨工组成的联合队在各界人士与记者观看下，在 12 小时内铺设了 10 英里又 1800 英尺的路轨，创造了机械化铺轨时代到来之前的最高纪录。

---

① 参看刘伯骥：《美国侨史》，台湾，1975 年版，第 614—615 页。

② 陈依范：《美国华人史》，世界知识出版社中译本，1987 年版，第 89—90 页。

③ 奥斯卡·刘易斯：《四巨头》，纽约，1938 年版，转引自宋李瑞芳前引书，第 92 页。

在华工付出血汗代价和巨大牺牲后，中央太平洋铁路终于 1869 年 5 月 10 日在犹他的罗蒙特雷与联合太平洋铁路接轨会合，第一条横贯北美大陆、连接美国东西部的铁路因而宣告建成。第一条横贯大陆铁路的建成"毫无疑问是 19 世纪最伟大的工程成就"，因为这个伟大工程是在机械化时代之前完成的，也就是说主要用锹和镐、用铁锤和铁钎完成的，是靠肩挑土篮、马车拉石头完成的。它也是美国人、中国人和爱尔兰人的干劲与技术相结合的产物。这条铁路的建成不仅加速了西部开发的进程，还带动了美国经济的迅速发展。而且促使美国东、西部密切结合起来，成为一个统一、不可分割的国家。

在两条铁路接轨会合时，两家铁路公司负责人以及社会各界人士都来到普罗蒙特雷举行盛大的庆祝仪式。当最后一根金色道钉钉进最后一根枕木时，大锤的敲打声，还有标志这一时刻的演说，都经过电报传往东部大城市。全国各地都为此鸣钟放炮、举行游行，以示欢庆。但在普罗蒙特雷庆祝大会上，华工却受到极不公正的待遇，那就是由于种族歧视的作祟而未能参加。尽管如此，华工的英雄业绩是抹杀不掉的。他们坚韧不拔、艰苦奋斗的精神也永远铭记在人们的心中。在那天庆祝大会上，克罗克对华工的功绩就深表赞许。他说："这条铁路之所以能及早完成，大部分应归功于那些贫苦而被人蔑视的中国工人，他们忠诚勤奋，表现著异"。①

后来，有些著名的美国历史学家对中央太平洋铁路的建成与华工的功绩也做了较为实事求是的评价，他们写道，修筑这条铁路所"要克服的障碍几乎是难以逾越的"，要"同山中的暴风雪和沙漠的酷热做经常斗争"，"这些困难的克服……应归因于包括华工在内的数千劳工的勇敢和献身精神"，施工中"最沉重的部分都落在他们强壮的肩膀上"。②

第一条横贯大陆铁路建成后，华工还参加修筑了南太平洋铁路、北太平洋铁路以及它们的许多支线，因而在美国铁路网的建设中也发挥了重要作用，而铁路网是 20 世纪美国强大的工业实力的重要基础。

原文载于《史学集刊》1990 年第 2 期

---

① 参看刘伯骥：《美国侨史》，台湾，1975 年版，第 617 页。

② 塞缪尔·莫利森等：《美利坚合众国的成长》，纽约，1942 年版，第 2 卷，第 106—107 页。

美国内战与加利福尼亚州

内容提要：加利福尼亚是美国西部一个大州。美国内战爆发时，加州支持联邦，它的大多数人民也是忠于联邦。但是，加州地处西部边陲，地位孤立，人口构成也较复杂，有其不同于联邦其他部分的利益，所以在内战开始时，加州出现一个主张脱离联邦，创立一个"太平洋共和国"的独立运动。但到1861年秋季，这一独立运动在加州多数人强烈谴责和坚决反对下，日趋沉寂。此后，尽管加州仍有少数报纸发表诽谤林肯总统的激烈言论，先后发生过几起反对联邦政府的阴谋活动，但在效忠派影响日益扩大形势下，他们已掀不起什么浪头。在联邦政府支持下，加州社会秩序日趋稳定，它与联邦的关系也得到了巩固。

加利福尼亚州是美国大州之一，它在1850年作为自由州加入联邦。美国内战爆发时，加利福尼亚州支持联邦，它的大多数人民也是效忠联邦的。但是，早期美国著名历史学家J.F.罗兹在其著作中指出，内战前夕，加利福尼亚州"有参加南部（指美国南部——作者）的危险"。[①] 史实真相究竟是怎么样？当时是否存在加州参加南部叛乱的危险？如果确有这样的危险，那么这种危险达到了什么程度？后来的发展及其结果又是怎样？这些都是本文试图探讨的问题。

一

加利福尼利亚处于美国西部边陲，距首都华盛顿有数千英里之遥，而且为高耸的山脉、辽阔的大平原和茫无边际的大草原所隔开，内战之前东、西部之间又没有跨越大陆的铁路，所以加州交通运输不便，信息闭塞，社会生活也相当孤立。这种孤立使加州人养成一种独立和自力更生的精神。

加州的人口构成也是复杂的，既有大量土生土长的加利福尼亚人，其中大部分是西班牙人、墨西哥人的后裔，也有来自海外和美国各地的开拓者和冒险者，

---

① J.F.罗兹：《美国史，从1850年妥协案到1877年南部恢复地方自治》，纽约1909—1919年，8卷集，第5卷，第255页。

加上以游牧为生的印第安人，所以那里的人民是五方杂处，具有多种族的特点。尽管加州于 1850 年被美国接纳为第 31 个州，但土生的加利福尼亚人对联邦没有什么感情，因为他们有其不同于联邦其它部分的利益和发展，而且认为他们的利益和发展都没有得到联邦政府的公平对待和应有的关照。每逢加州对联邦政府有所抱怨时，有些人便常常主张独立，发出建立一个"太平洋共和国"的呼吁。到内战前夕，加州的这种情绪日趋增长，有关建立"太平洋共和国"的讨论也更加频繁和"认真"。这是因为这一主张的鼓吹者都是州内身居高位的上层人士；同时加州有一种强烈的南部因素，即具有明显的南部观点的人们。在 1850—1860 年期间，这种南部因素的影响日渐增长，在一定程度上左右加州的政治。这些具有南部观点的人当然赞成加州建立个独立国家，一旦南北内战爆发，加州便不致被卷入，他们也可避免支持这场反对他们出生地及其亲友的战争这一不愉快局面。

加州政府建立后，州内政党也组织起来了。1850—1861 年，民主党是加州执政党，它不仅持有南部的观点，而且维护南部的利益。比如，1852 年，加州议会便通过一项逃亡奴隶法，规定州官员必须帮助遣返从任何州逃入加州的奴隶，甚至在加州建州之前逃到该地的奴隶也须予以遣返。1858 年，加州议会两院通过一项共同决议，支持布恰南（布坎南——编者）总统的堪萨斯政策，并且指示出席国会的加州代表团投票支持立即接纳堪萨斯加入联邦。1860 年，在民主党全国代表大会上，加州代表团完全站在党内极端的亲奴隶制派的一边。在当时加州政治气氛中，主张废除奴隶制的人是不受欢迎的，如有人在旧金山市宣布他是共和党人，那就会被认为是"不光彩的"。

内战前夕，加州民主党"激进派"主张：一旦联邦解体，便支持建立独立的"太平洋共和国"，其西面濒临太平洋，东面边界是塞拉山或落基山。后来，加州的国会众议员约翰·C.伯奇更进一步扩大这个独立共和国的版面，说它除加州外，还应包括俄勒冈、新墨西哥、华盛顿和犹他①。

加州的一些上层人士不断为加州独立制造舆论。加州州长约翰·韦勒在其最后年度咨文中预示说，如果南部脱离联邦，加州"不愿跟着南部或北部走，而是

---

① 伯奇在1860年11月22日一封长信中说的这番话，载旧金山《先驱报》，1861年1月3日；参看约瑟夫·埃利森：《1850—1869年加州与美国：边疆社区与联邦政府关系的研究》，纽约，1969年，第181页。

在太平洋沿岸这里创立一个强有力的共和国，这将最终证明是上策"。[①]出席国会的加州参议员 M.S. 莱瑟姆在发言中，除同意创立"太平洋共和国"外，还进一步解释说："因为我们拥有联邦任何其他州都没有的资源，而我们的人口是由这个国家（指美国——作者）最有进取心和精力旺盛的人们构成的"。[②]他们的这些言论表达了加州相当一部分选民的情绪。但是，加州大部分思想稳健的人都反对上述政治活动家的预言，认为加州经不起与北部或南部的敌对。

1860 年总统选举在加州是次激动人心的选举，那里有 2/3 的选票反对林肯，但是州内民主党队伍的分裂却使林肯获得加州四张选举团成员的票。林肯当选的消息传出后，一方面是加州有影响的上层人士开始认真讨论建立独立的"太平洋共和国"的问题；另方面是加州的国会议员对待联邦的态度出现了分歧。原来积极主张加州独立的莱瑟姆这时转而采取支持联邦的立场，他承认他早先说加州将分离出去的预言是不成熟的，但他警告北部说，未能修建一条通向加州的太平洋铁路可能疏远了加州人民对联邦的感情。莱瑟姆保证效忠联邦的立场遭到加州一些民主党人的严厉谴责。他们认为，支持或反对建立"太平洋共和国"的问题应由加州人民来决定。国会议员 C.L. 斯科特也不同意莱瑟姆的立场，认为"如果联邦分裂了，并且形成两个单独的联盟，那我将全力主张加州脱离联邦，在太平洋斜坡上建立一个单独的共和国"。[③]他还强调说，加州无论在资源方面还是人口方面都具有成为独立共和国的条件："它拥有一亿英亩的公有土地，巨大的矿业和农业的资源以及它与中国、日本和东印度群岛的贸易。……它的人口约有 50万，其中一半来自（美国）西部、西南部和南部。……任何神志正常的人会相信这些来自上述各部分讲义气的人们将驯服地向北部……纳税出丁去打毁灭他们的父母和姊妹的内战吗？"[④]

南卡罗来纳州脱离联邦的消息传到加州后，《阿拉美达报纸》发表了一篇题为"我们怎么办？"的社论，指出现在联邦已解体了，南、北部即将发生敌对的冲突，"因此，想使加州团结一致去支持或反对一方或另一方是没有根据的。加州有 4 万南部出生的人，也约有 4 万北部出生的人。无论如何，……都不能劝说

---

① 《加州参议院议事录》，1860 年第 60 页；参看埃利森，前引书，第 180 页。

② 旧金山的《加州阿尔塔报》，1860 年 5 月 6 日；参看埃利森前引书，第 180 页。

③ 旧金山《先驱报》，前引书，第 182 页。

④ 旧金山《先驱报》，前引书，第 182 页。

一方或另一方拿起武器反对他出生的乡土。我们对这个问题的解决办法……就是建立一个太平洋共和国"。[1]

索诺拉的《民主党人报》和洛杉矶的《明星报》等都赞成这一解决办法，而且《民主党人报》还强调加州境内具有一切获得成功的因素，说"它位于距被困扰的各州数千英里以外的地方，一些较早建州的州人民认为，它是个和平和安全的庇护所，成千上万的人们将涌向它的海滨，其结果必定是在太平洋海滨建立一个强大的、繁荣的和独立的国家。这些就是我们的看法"。[2]

但是，当时加州大多数人则主张加入北部，反对建立"太平洋共和国"，其理由是（一）加州人口的大部来自北部，他们的利益与北部联系在一起；加州输入品来自北部，输出品也运往那里；（二）加州及太平洋沿岸其他部分在经济上都很薄弱，不足以自立；全部税收也不足以维持一个独立国家的存在，更没有财力来组织一支保卫国家的海、陆军队伍和修建要塞；（三）整个地区（包括俄勒冈和华盛顿等地）只有602000人，没有力量来防卫长达1500英里的海岸。

支持加州独立的人们则驳斥了那种断言建立独立共和国乃不明智之举，认为一旦爆发南北战争，加州参加任何一方才是不明智的。因为那样加州将不得不面临一方或另一方的敌对行动，而它穿越南部水域前往北部港口的货船就要被扣留或截获。何况当时无论南部或北部都不能修建一条通向太平洋的铁路，而没有这样一条铁路双方政府在战争来临时，都不能对加州提供必要的保护，反对任何一个海上强国。这一派还驳斥了断言加州没有足够的资源维持其独立的说法，宣称加州能通过关税每年征得800万至900万美元，而这个数额足以支持一个独立政府的开支。[3]最后他们指出，加州由于大西洋诸州纸币体制的运作而遭受巨大的财政损失：它正在按那里很高的纸币价格用金子偿付所购买的商品；如果加州直接与英国进行交易，由于那里实行的是一种较健全的币制，这种交易将使它得到巨大的利益。[4]

在忠于联邦报纸的鼓动下，加州议会忙于讨论有关联邦的决议。共和党人和道格拉斯派的民主党人提出决议（草案）的主旨为无条件地效忠联邦和否定"太

① 《圣莱安德罗报》，1861年1月12日；参看埃利森，前引书，第183页。
② 海斯：《1860—1863年，南加州地方史集成》，班克罗特图书馆报纸剪辑，第48卷。
③ 旧金山《先驱报》，1861年1月17日、25日，参见埃利森，前引书，第185页。
④ 旧金山《先驱报》，1861年4月25日、29日，参见埃利森，前引书，第187页。

平洋共和国"的方案。但是，布雷肯里奇派民主党人则持反对态度，宣称加州不应成为美国分裂后一部分的同盟者反对另一部分。在州议会辩论决议期间，布雷肯里奇派成员威胁说，加州若不采取袖手旁观的独立立场，它的土壤将为鲜血所染红。

萨姆特要塞失陷的消息传到加州时，旧金山市民情绪激动起来，三五一伙地在大街上讨论这一重大新闻。当地几乎所有共和党和道格拉斯派民主党的报纸都表示了无条件效忠联邦，各地群众纷纷集会反对南部脱离联邦，加州议会也通过保证效忠联邦的决议。但是布雷肯里奇派报刊，则坚持加州在一场自相残杀的战争中不要参加任何一方。旧金山《先驱报》甚至主张采取鹬蚌相争、渔翁得利的立场，犹如在一个关于狮子、老虎和狐狸的寓言中，加州应采取狐狸的立场，即在两只凶猛野兽斗得精疲力竭时，独自享用死牡鹿的肉。[1] 但是，加州既留在联邦内，而又要保持中立的立场，这怎么可能呢？这正是上述报刊所提出主张的自相矛盾之处，因此，有的布雷肯里奇派报纸则认为，"解决这一问题的办法是建立一个独立共和国，不受世界上任何强国的支配"。[2]

但是，这种解决办法却遭到州议会的谴责和广大群众的反对，尽管如此，这个创建"独立共和国"的运动虽日趋衰落，但仍在坚持，直到1861年9月共和党候选人利兰·斯坦福在州长选举中取得胜利时，这个运动的火焰才基本熄灭了。

<h2 style="text-align:center">二</h2>

放弃"太平洋共和国"的计划，并不意味着其倡导者已对政府的战争政策完全默认了。他们仍对联邦政府持敌对态度，继续与加州效忠派展开斗争。尽管他们的实力较小，主要支持者集中于加州南部一些社区，但他们却公开表现出对南部的同情。

美国内战爆发后，加州社会舆论的趋向可从州内各党派政纲及其活动看出。在1861年9月加州举行国会议员、州长选举中，各党派都在选民中广泛宣扬各自的政纲：共和党和联邦民主党的政纲都否定南部脱离联邦的权利，保证支持联邦政策，并以一切必要措施保卫联邦；布雷肯里奇派民主党州代表会议通过的政

---

① 旧金山《先驱报》，1861年5月1日，参见埃利森，前引书，第187页。
② 海斯：《1860—1863年，南加州地方史集成》，第50卷，第195页。

纲则主张以南、北双方都愿接受的"合乎宪法的保证"为基础维护联邦，但若不能实现，它赞成"承认（南部）同盟诸州的独立"。同时，它宣告反对联邦的"高压"政策，认为加州的责任乃是"服从国会全部合乎宪法的法案以及联邦行政部门全部合乎宪法的法令"，并且谴责林肯总统未经国会授权即拨款招募军队是"篡权行为"[①]。

这次选举结果是：共和党和联邦民主党的州长候选人，共获 86980 票；而布雷肯里奇派候选人只获 32751 票。三个党派候选人竞选国会议员的得票的比例与上述选举结果基本相同。1862 年，加州各党派由于对联邦的政治态度的变化重新组合：共和党与联邦民主党合并成联邦党，但有些联邦民主党员拒绝参加新组成的联邦党，反而与布雷肯里奇民主党人联合起来，他们不顾双方领导的反对，组成联合民主党。这两个重新组成的政党在 1863 年国会议员和州长竞选中，得到选票的比例基本上是 3 比 2。在 1864 年总统竞选中，加州两党的政纲也与一年前各自的政纲相似。结果投林肯的是 62141 票；投麦克累伦的是 43839 票[②]。

从上述各政党的不同政纲和选民的投票结果来看，有三分之二以上的投票人完全支持联邦的战争政策，剩下不到三分之一的投票人是反对战争的，他们主要是加州南部一些郡的人们，其中约有一半是"不热心的联邦主义者"和"有条件的效忠派"。

各党派的政纲及其政治主张也反映在不同的报纸上。效忠派报纸完全赞同联邦党政纲，经常力促联邦政府采取更有力的措施进行战争，无须考虑人员的伤亡和金钱的损失；一些反对联邦政策的报纸，则为脱离联邦的南部同盟辩护，反对联邦的"高压"政策，夸大联邦军队的失败。在这些报纸看来，布雷肯里奇派民主党的政纲太温和了，不能反映"激进分子"的主张。维塞利亚的《平等权利评论员报》是家直言不讳反对联邦政府的报纸，它写道："文明世界的同情都在南部人方面，他们必定成功。他们进行的事业将充满不朽的光荣和荣誉；而北部却在世界上竖起一面耻辱的纪念碑，因为它抛弃了先辈们为之而战斗的主要原则——即自治的原则"[③]。这些"激进"的报纸还对林肯总统进行人身攻击，污蔑

---

① 温菲尔德·J. 戴维斯：《1842—1892年加州政党大会史》，萨克拉门托，1893年，第166—169页；转引自埃利森，前引书，第190页。

② 温菲尔德·J. 戴维斯：《1842—1892年加州政党大会史》，萨克拉门托，1893年，第169页；转引自埃利森，前引书，第212页。

③ 参见埃利森，前引书，第192页。

他是个"心胸狭隘的顽固分子""专制的暴君""无原则的政客"和"死有余辜的低能儿"等；有的报纸则竭力贬低林肯的文化教养程度，说他是个"边远地区无知的人，他不仅缺乏政治家所需要的首要条件，而且几乎不能正确无误地写句英语句子"。①

这些煽动性叛国言论和恶毒的人身攻击引起了加州人民的愤怒，也招致了效忠派报纸的反击。它们控诉说："这些报纸……一方面诽谤联邦政府的首要官员，另方面却常用非常尊敬的字眼表扬反叛的官员。……凡是一个隐蔽的叛国分子敢干的事，它们都干了。"②

1862年9月，加州军事当局对经常发表反政府言论的《平等权利评论员报》和圣何塞的《论坛报》等几家报纸进行惩处，把它们排除在美国邮递和快递邮件之外。受到惩处的报纸提出了强烈抗议，《平等权利评论员报》还宣称，它不顾监禁的威胁，将继续揭露"自由黑人党"践踏宪法和"官员盗窃人民钱财的罪恶行为"。1863年1月，州军事当局以发表反战言论的罪名逮捕《评论员报》两名编辑，并把他们监禁起来。他们经效忠宣誓获释后，仍继续发表反对"罪恶"战争的言论，这引起了驻守当地士兵的愤怒，他们于3月5日夜完全捣毁了这家报纸的办公室，把打字机、纸张和文具用品都掷到大街上去。③一些发表演说支持南部叛乱的分离主义者也遭到了口诛笔伐。这方面最突出的事例就是旧金山著名牧师斯科特。他在一次地区长老会会议上宣称，杰菲逊·戴维斯不是篡权者，而林肯才是篡权者；不存在反叛这种事，只有正义的革命。④斯科特牧师的反动言论遭到了报纸的严厉批判，同时群众在他的教堂附近举行示威，并在那里安放了一个标有"叛国分子斯科特"的模拟像。在强大的群众示威压力下，他被迫辞职，离开加州。此后，州军事当局还以叛国罪行陆续逮捕了一些人，其中不乏加州知名人士，如民主党州委员会主席 C.H. 韦勒等。

1863年加州又发生了一起令人瞩目的查普曼案件，查普曼号是旧金山几个"激进的"南部人购买的一艘快艇，它用大炮、军火和20名战斗人员装备起来，正准备驰往曼萨尼略（Manzanillo），充当南部同盟海军的私掠船，以截获隶属北

①《平等权利评论员报》，1861年12月19日，参看埃利森，前引书，第193页。

② 旧金山《阿尔塔报》，1862年2月19日，转引自埃利森，前引书，第193页。

③《1861—1867年加州人在反叛战争中的记录》，第一套，第50卷，第2部分，第341—342页。

④ 旧金山《先驱报》，1861年9月23日，参见埃利森，前引书，第196页。

部的太平洋邮船，为南部效力。但当这条快艇于 1863 年 3 月 15 日起锚时，就为州军事当局所俘获。在搜查中，发现几只装有大炮、左轮手枪和弹药的箱子，但开具的发票却注明是商品[①]。同时在该舰上还搜出一些效忠南部同盟的秘密文件，其中有一件是关于这次阴谋行动的策划：准备集结一千人，占领贝尼西亚和两处俯临旧金山的要塞。夺取这些战略要地，旨在促使加州撤出联邦。结果，这次阴谋的策划者经美国法院审判后，每人被判 10 年监禁和一万美元的罚款。

查普曼事件引起了旧金山市相当大的震动，因为该市港口处于毫无掩护的状况。在一次主管港口事务的监理会会议上，提出了募集 60 万美元以保卫港口的建议，州议会也研究了保卫加州的措施。同时，关于私掠船正在劫掠加州商船和邮船的谣传四起，在全州各地都掀起了一阵阵歇斯底里的气氛。据传，某些地方升起了南部同盟的熊旗，另外一些地方分离主义者唱起歌颂南部的流行曲，经常与效忠派发生冲突。为了应付这种冲突，效忠派报纸号召加州公民武装起来，保持高度的警觉。

据效忠派报纸的报道，加州南部是分离主义者的阵地，那里既有大量出生南部、同情叛乱的人们，也有一些正在搞反政府活动的秘密组织，其中实力较强的有"金环骑士团"和"哥伦比亚之星骑士团"，前者约有 16000 人，后者约有 24000 人。他们都已武装起来，一旦加州开始征兵，便准备展开一场反对联邦及其支持者的游击战。这些秘密组织的力量可能被夸大了，但他们确在摩拳擦掌，等待时机，准备起事。前面提到的 C.L. 韦勒和前州长比格勒都是这些秘密组织的头目。为了预防叛乱，加州军事当局增派军队前去洛杉矶、阿尔卡特拉兹岛和贝尼西亚驻守，并准备采取严密措施来镇压旨在反对联邦政府的任何骚乱。比如，当林肯被刺传到加州时，那里军事当局就命令官兵严密准备，以防不测事件。

这里应着重指出的是，从内战爆发起，尽管联邦政府忙于与南部同盟的军事斗争，但也密切关注加州事态的发展，特别是对加州分离主义者的猖狂活动保持高度的警觉。它主要依靠加州执政的效忠派，维护当地社会秩序，加强该州与联邦的关系。同时，它还在财政上予以支持，拨给加州大量的土地，允许加州人自由开发矿藏，以促进加州自然资源的开发和农田的开垦。但是，加州地处大陆西陲，远离美国政治中心，是当时美国"最孤立的边疆社区"，交通运输又极不便，所以联邦政府确有鞭长莫及之感。内战前，联邦政府便意识到修建横贯大陆铁路

---

① 旧金山《阿尔塔报》，1863 年 3 月 16 日—17 日，转引自埃利森，前引书，第 198 页。

的重要性和迫切性，认为它是加强加州与联邦关系以至增强东、西部联系的当务之急。但是，由于地域利益的不同，修建这条铁路的走向问题——即途经南部还是北部直达西海岸的问题始终是个争执不下、议而不决的问题，因而难以开工修建。内战爆发后，南、北地域关于铁路走向问题之争沉寂了，修建这条铁路的障碍也消除了，但是联邦政府把主要力量用于战争，根本无力顾及修建这条通向西海岸大动脉的计划。尽管如此，在内战进程以及加州形势发展的需要下，国会还是在1862年通过了修建第一条横贯大陆铁路的"太平洋铁路法"，开始了这条铁路的修建工程。内战期间，这条东、西相向修建铁路的筑路工程进展是很缓慢的，但是内战结束后，由于大量的人力和财力的投入，修建铁路的进度大大加速，终于1869年全部建成通车。这是美国历史发展中一件大事，它把美国东、西部紧密联为一个有机的整体，扩大了美国的市场，推动了美国工业进一步迅速发展。

这件大事也使加州消除了以往的孤立感，它不再是"文明的前哨"，而是真正成为美国联邦的一个有机组成部分了。因而它也标志了加利福尼亚边疆时代的结束。

综上所述，可以看出美国著名历史学家罗兹关于加州"有参加南部的危险"的论断似乎有些言过其实，把那里脱离联邦、参加南部的趋势估计过头了。尽管美国内战开始时，加州有一股支持创立一个独立的"太平洋共和国"的强烈情绪，但到1861年秋季，这一脱离联邦的独立运动实际上是沉寂了，加州的地位因而明确肯定了，它与联邦政府的关系也得到了巩固。此后，尽管南部各郡同情叛乱的势力仍在活动，但在州内广大人民群众旗帜鲜明反对下，已掀不起什么大浪了。

原文载于《东北师大学报》1992年第5期

外来移民在美国历史发展中的作用

内容提要：美国是"一个由移民组成的国家"，它的整个历史进程都受着连续不断的外来移民极大的影响。本文简要考察了美国民族构成及其移民政策的演变，把外来移民对美国的巨大作用概括为四个方面：（一）外来移民增加了美国的人口，增强了美国人的活力；（二）他们不仅给美国社会注入了富有朝气的活力，而且也带来了先进的科学技术，推动了美国生产技术的革新和生产力的提高；（三）他们扩大了美国的市场，体现了对美国经济发展的人力投资；（四）他们在不同程度上保持各自群体的传统和文化，从而丰富了美国的文化，使它更加丰富多彩。

美国是"一个由移民组成的国家"，美利坚民族也是"一个由许多民族组合成的民族"。除了原有的土著居民——印第安人外，所有美国人不是外来移民，便是外来移民的后代。因此，美国的整个历史进程都受着连续不断的移民洪流极大的影响。在世界近代史上，没有任何一个国家曾吸引了数目这样众多、民族（或种族）这样庞杂的外来移民。

与其他由移民及其后裔组成的国家（如加拿大、阿根廷和澳大利亚等）相比，美国具有以下两个特点。第一，它是世界上接受移民最多、民族成分最为复杂的国家。自从美国独立以来，世界各国和地区约有 5000 万人移往美国[1]。这个数目相当于今天世界上一个大国的人口。美国的移民主要来自欧洲，但也有来自非洲、亚洲和拉丁美洲等地。从人种来看，大多数移民是白种人，但也有黑人（他们属非自愿移民）、黄种人和混种人。就宗教信仰而言，这些移民主要是欧洲宗教改革后的各种新教教徒，但也有天主教、犹太教和东正教徒。第二，美国的移民来源相当分散、庞杂，他们移居美国，可以称得上"天下会聚，五方杂处"。这种现象在当今美国许多沿海大城市中仍然是很明显的，因为那里是各种民族云集的地方。据统计，在 1820—1919 年间，美国移民中，来自英伦三岛的

---

① 鲁道夫·J.维科利：《一个世纪美国的外来移民，1884—1984年》，1985年明尼苏达大学，第1页。

约有 610 万人，来自德国的约 550 万人，来自斯堪的纳维亚诸国的约 210 万人；1880 年以后，来自东欧和南欧各国的日益增多，有 1200 多万人。来自亚洲各国的约有 100 万人，来自西半球各国和地区的约有 210 多万人①。到了 20 世纪 60 年代，随着美国移民政策的修订，移民的来源有了较大的变化，从亚洲和拉丁美洲各国来的移民数猛增，而来自欧洲的移民却大为减少了。由于美国移民的来源分散、庞杂，美国民族和种族的混杂，在全世界可说是首屈一指的。

因此，要了解美国，就需要对这个国家的民族（种族）构成及其移民政策做个简要的历史考察。从殖民地时期到 18 世纪末，大批白人陆续从欧洲移往北美大陆。17 世纪从英格兰来到北美大陆东海岸定居的，被称为新英格兰人，同时还有来自荷兰和斯堪的纳维亚的西、北欧人，这些早期移民统被称为 WASP②。他们及其后裔一直是美国文化的中坚力量，掌握政治和经济的大权。接着是 17~18 世纪交替之际，苏格兰和德意志的移民大量涌入，明显地改变了殖民地时期的民族成分；还有大批黑人奴隶被从非洲贩运来北美大陆，充当南部种植园的劳动力。在美国独立战争前后，由于战争和其他原因，欧洲来美国的移民数量锐减。从 19 世纪初期到 20 世纪初，先是 19 世纪上半期数以百万计的爱尔兰人和德意志人移居美国，其中大多数信仰天主教。前者大多数散居于沿海和内陆城市，从事修筑运河、铁路的劳动，后者多数前往密西西比河流域北部的各州务农，也有不少移居密尔沃基和圣保罗等中西部城市。接着是 50 年代加利福尼亚州兴起的淘金热，招来了欧洲、亚洲和拉丁美洲的大批移民，其中有不少的华侨，后来他们在修建联合太平洋铁路西段（即中央太平洋铁路）以及开发加州农业方面都做出了巨大贡献。然而他们却受到不公正的对待，那就是 1882 年美国国会制定的禁止华工入境的《排华法案》。这也标志了美国自由移民政策向限制移民政策过渡的开端。

内战后，随着美国工业化和城市化的迅速发展，涌入美国的移民数目出现了新的高潮，他们的大部分来自西欧和北欧各国，被称为"老移民"，多数留在他们登陆的港口城市及其周围，充当企业工人或从事商业活动，也有去中西部各州从事农业劳动。但在 1880 年以后，"老移民"的数目则大为减少，而来自东欧和南欧各国的"新移民"却日趋增加，到 20 世纪头十年间更增加到占来美移民总

① 参看杰拉尔德·A. 丹齐尔，《运用地图和图片观察美国历史》，纽约1991年版，R18："1820—1991年间（美国）外来移民的来源图解"。
② WASP是英White Anglo-Saxon Puritans的缩写，意思是白种盎格鲁-萨克逊人清教徒。

数的 72%①。他们大都不能讲英语，信奉天主教和东正教，教育文化程度也较低下，因而大多数前去美国一些大城市本民族聚居区谋生，自成一个社区，与其他移民聚居区和土生的美国人不大交往。后来，他们中一些人逐渐走出聚居区，投身一些基础工业，充当非熟练工人。大批"新移民"的入境引起了美国排外主义情绪的增长。随着排外主义的抬头，美国反对移民入境的呼声也甚嚣尘上。为了限制"新移民"入境，美国国会不顾几届总统的否决，终于 1917 年通过了《文化测验》法案，从而部分关闭了对移民敞开着的美国大门。这是因为 20 世纪初期美国人口总数已超过一亿大关，不再像过去那样缺乏劳动力了。到 20 世纪 20 年代，国会又通过了《配额法》，其目的在于用这项立法来减少和选择入境的移民。《配额法》实施后，来自欧洲的移民总数减少了，来自亚洲的移民（菲律宾人除外）几乎完全被禁止了，由于西半球移民不包括在"配额法"之内，来自加拿大和墨西哥的移民日益增多，达到空前的规模。

第二次世界大战后，美国的实力急剧膨胀，它从当时国际斗争的需要出发，多少放宽了对移民的限制，因而又出现了向美国移民的新高潮。美国政府采取了一些诸如《战时新娘法》和为"冷战"服务的《被迫流亡者法》和《难民救济法》等措施来放宽对外来移民的限制，接纳了"配额法"以外较多的移民。据统计，1946—1947 年，约有 18 万外籍新娘及子女根据非配额法入境；在 1945—1965 年期间，根据"被迫流亡法"和"难民救济法"入境的"难民"超过百万人，占这一时期全部移民的 1/5②。1965 年，美国国会通过了一个新移民法，即《移民与国籍法》。它废除了带有种族歧视的族籍配额制，改为以国家决定移民份额，但仍保持了对移民的选择性。新移民法实施，突破了美国移民法的传统格局，亚洲取代欧洲成了主要移民地区，来自第三世界国家的移民显著增加了。

在广袤的美国土地上，来自四面八方的移民，经过长期间的繁衍与融合，逐渐形成一个以欧洲白种人为主体的多民族国家。这些移民无论来自哪个国家或地区，也无论来自哪个社会阶层，都对美国历史的发展做出了巨大的贡献。概括起来有以下四个方面：

（一）增加了美国的人口，增强了美国人的活力。1840 年，即外来移民涌入

---

① 阿瑟·林克等著、刘绪贻等译：《1990年以来的美国史》，中国社会科学出版社中译本，1983年版，上卷，第11页。

② 参看格伦·波特主编，《美国经济史百科全书》，纽约1980年版，第3卷，第1083页。

美国的第一次浪潮前，美国人口总数约为 1700 万人，到 1980 年美国人口总数增加到 23400 万人。在这种人口爆炸性的增长中，外来移民究竟起了多大的作用？据统计，在这 140 年期间，约有 5000 万外来移民进入美国，尽管其中有 1/3 的人又回到他们的故国（故乡）去，大多数仍留了下来，并且成家立业。经过不断繁衍与融合，他们逐渐被纳入美国社会。到 1920 年，有一半美国人把他们的祖先追溯到 1820 年后入境的移民群。

移民中男子多属年富力强者。据统计，"新移民"有 85% 是从 14 岁到 44 岁之间的青壮年，他们的到来，无疑给美国社会注入了富有朝气的活力和强大的动力。关于外来移民身体素质和智力素质优劣的问题，在美国学术界一直是有争议的，但有一点是大家取得了共识：即美国人的遗传特征一直主要是由外来移民的进程决定的，遗传基因库的转移和遗传混合造成的结果终归是人类迁徙最有意义的现象[①]。

（二）外来移民不仅给美国社会注入了富有朝气的活力，而且也带来了先进的科学技术，这就形成一种自然的科学引进，推动了美国生产技术的革新和生产力的提高。在 19 世纪美国各种工业中，外来出生的工程师和技术工人都带来了先进的生产方式。为加速资本主义工业化的进程，美国政府鼓励采用许多新技术和发明，而其中不少发明家就是外来移民及其后裔。如电话之父亚历山大·贝尔就是 1871 年来到美国的苏格兰移民；电报之父萨缪尔·摩尔斯是英格兰移民的后裔；举世闻名的大发明家托马斯·爱迪生也是移民的后裔。这些发明的应用和推广，大大推动了电力、电讯工业的发展。移民及其后裔的众多发明和创新对加速美国工业和交通的发展起了重要作用。

移民入境后大批西移也大大地促进了美国西部地区的开发。19 世纪后期，美国西部开拓的土地面积比从北美殖民地开始到内战前整个历史时期开拓的土地还大，而这片广袤土地的开发主要依靠移民及其后裔。经过他们披荆斩棘的开拓，美国西部不仅建立了广大的农业区和放牧区，开采了各种各样的矿藏，而且修筑了多条横贯大陆的铁路，加强了东部和西部之间的联系。在太平洋沿岸各州，华工与日本和菲律宾等国的移民在农业和园艺方面都做出了开拓性的贡献。总之，在开发西部最后进程中，移民及其后裔往往承担了最艰辛的任务，做出了不可磨灭的贡献。单就移民开发西部农业及其作用来说，马克思和恩格斯曾做过精辟的评论，他们写道："正是欧洲移民使北美能够进行大规模的农业生产，这种农业

---

① 鲁道夫·J.维科利，《一个世纪美国的外来移民，1884—1984 年》，第 3 页。

生产的竞争震撼着欧洲大小土地所有制的根基"①。

（三）外来移民扩大了美国的市场，体现了对美国经济发展的人力投资。在1850年到1930年期间，每10年就有200万外来移民进入美国，他们是美国经济的催化剂，因为他们当中大部分是年轻的成年人，这些人不仅是财富的生产者，而且是消费者。他们普遍需要住房、衣着和食品等生活必需的消费品，这就增加了对工农业产品及各种消费品的需求，从而促进了工农业的生产，扩大了国内市场，推动了城市的兴起和交通运输事业的发展。

在青壮年时期进入美国的外来移民体现了一种来自旧世界资本的"赠品"。据估算，在19世纪后期，每个入境的成年人相当于1000美元的投资，全部外来移民就相当于250亿美元以上的人力资本移往美国②。这自然非常有利于加速美国社会经济发展的进程。

（四）外来移民在不同程度上保持各自群体的传统和文化，从而丰富了美国的文化，使它更加丰富多彩。美利坚民族的形成和发展是一个不断接受和同化外来移民的过程。直到19世纪后期，美国由于地广人稀，缺乏劳动力，对外来移民采取来者不拒的政策。但是，美国只把他们作为劳动力来欢迎，接受他们作为社会文化的成员却有很大的困难。这主要是由于以WASP为主体的民族优越论作祟的结果。在美国同化外来移民的进程中，出现了两个迥然不同的主要观点，即"熔炉"说和"文化多元论"。"熔炉"说认为美国一直是一个民族大熔炉，所有民族和种族在文化方面和生物学方面都在熔炉里实现一种崭新的融合。实际上，就是把其他民族和种族熔于WASP的主流中，融合成一种新人和一种新的共同文化。"文化多元论"是一种弘扬少数民族文化和捍卫少数民族权利的观点③。认为美国的每一个民族（或种族）集团在一个民主社会里都有权保持自身独特的文化特征和民族性。由于后者的观点有利于美利坚民族的发展，也较符合美国社会的实际，因而在第二次世界大战后，特别是60年代以来，它逐渐取代了前者的观点，成为多数美国学者研究民族和移民问题的共识。

美国只把外来移民作为劳动力来欢迎自然是不能令他们满意的，因为外来移

---

① 《马克思恩格斯选集》，人民出版社1974年版，第1卷，第135页。

② 鲁道夫·J.维科利，《一个世纪美国的外来移民，1884—1984年》，第5页。

③ "文化多元化论"的首创者是德裔犹太移民霍勒斯·卡伦。他认为，一切民族的民族特点都是不可消失的，因为一个人有可能选择社会关系和自己的职业，但不能选择自己的祖先，因而一个人要想忘记他是德国人、意大利人、中国人等是不可能的。

民不是只从事生产、劳动的机器人，而是原有文化的载体和故国（乡）社区的成员。他们来美国后，许多非 WASP 的群体和个人往往以语言、文化相同为基础，创立自己的社区——民（种）族移民聚居区，或投奔已建立的本族聚居区。因为那里都讲本族语言、交谈沟通没有问题，还能帮助新来者谋求生计，为他们提供社会、文化服务等。在外来移民不断涌入美国的过程中，这种聚居区在许多城市和农村都纷纷建立起来：既有德意志人和爱尔兰人建立的社区，也有中国人和意大利人在城市里创立的聚居区，还有更多的拉美裔人在美、墨边境西南诸州形成的社区等。这些社区或聚居区是外来移民开始接触美国社会的场所，也是保持他们各自原有传统和文化的阵地。随着美国工业化的迅速发展和城市的蓬勃兴起，移民及其后代的社会流动日益增强。从事农、牧业的移民逐渐向西迁徙，寻求肥沃的土地和适于放牧的草原；从事工商业的移民则从城市里聚居区迁往其他工业地区或繁华的城市，寻求发迹致富的途径。还有些受过高等教育和掌握技术的人员因职业变动而上升到富裕阶层。这些横向和纵向的社会流动都大大加强了移民与土生美国人以及移民聚居区之间的来往交流，从而为互相融合为一体创造了有利的条件。

因此，美国对外来移民的同化、融合并非单向的进程，而是个双向的进程。一方面是移民学习掌握英语，接受美国社会的价值观念，成为美国的公民；另一方面美国也不断吸收各民族、种族优秀的传统和文化，并使它们逐渐成为美利坚民族共享的遗产。有位著名的美国学者就这样写道："当今美国社会的许多方言、食物、音乐和文化特征都曾一度具有种族的特色，而今却成为（美利坚民族）共同遗产的一部分了"[1]。这表明，各民族、种族集团移居美国后都已发生了变化，而且美国社会在接纳它们之后也在许多方面发生了变化。换句话说，经过同化融合的过程，它们和美国这个国家都不是原有的老样子了[2]。

"熔炉"说之所以站不住脚，就是因为经过不断同化融合的过程，美国并没有将来也不可能成为一个单一种族、单一文化的社会，而是形成了一个种族杂居、文化多元的社会。正是由于移民集团保持各自的历史传统和优秀文化，也由于美国社会采取兼容并蓄的方针，美国的文化才展现出丰富多彩的景象。

原文载于《东北师大学报》1993 年第 5 期

---

① 托马斯·索厄尔：《美国种族史》纽约1981年，第14页。

② 同上。

第二次世界大战后美国族裔史学及其发展

　　美国是一个由移民组成的国家。除了原有的土著居民——印第安人外，所有美国人不是外来移民，便是外来移民的后代。美国的移民主要是来自欧洲的白人，但也有来自非洲的黑人（他们多属非自愿移民），来自亚洲和拉丁美洲的黄种人和混种人。这些来自四面八方的移民，在美国这片广袤的土地上，经过长期的繁衍与融合，逐渐形成一个以欧洲白种人为主体的多民族国家。这些移民无论来自哪些国家和地区，也无论来自哪个社会阶层和群体，都对美国历史的发展做出了各自的重要贡献。[①] 但是，在第二次世界大战以前，历史学家编纂的美国史，特别是美国史教科书主要是白种信仰新教的美国人的历史[②]，忽视或贬低了少数民族如黑人和印第安人在美国历史中的作用。如果说，那时黑人和印第安人在某些美国史教科书中还有一席之地的话，那么拉美裔和亚裔美国人就更看不到了。

　　族裔史学是第二次世界大战后在美国引起日益广泛注意的新领域，有关族裔群体和移民史的论著日益增多。数十年来，美国在族裔史学方面，都有哪些有影响的著作问世，出现了哪些分歧和争论，其发展趋势如何，这些都是本文试图评述的问题。

一

　　涌入美国的外来移民分属不同的种族和民族，在美国定居后，分别形成不同的族裔群体（Ethnic Groups）。根据西方社会学的定义，"种族"涉及不同人类群体由于遗传造成的身体特征，"民族"涉及的则是由于文化造成的差异，这种差异表现于语言、宗教、民族起源以及其他独特的文化特征等，"族裔群体"就是由于具有共同的文化特征和高度的相互作用而形成的一个文化统一体的许多人。至于什么是"族裔关系"（Ethnicity）？ [③] 却是个难以捉摸的概念，不大容易下个

---

① 参看丁则民：《外来移民在美国历史发展中的作用》，《东北师大学报》，1993年第5期。
② 参看詹姆斯·奥尔森，《美国历史中族裔的一面》，纽约1979年，第XX页。
③ Ethnicity也可译为"族裔类别"。

确切的定义。美国著名的移民史学家鲁道夫·维科利将族裔关系解释为"以共同历史的观念为基础的一个群体的自我意识"①。

大多数外来移民初到美国时，只有一种群体身份的原始概念：即限于出生地的村庄或地点。到美国定居后，他们才意识到自己是爱尔兰人、波兰人或意大利人，等等。这既是别人加诸移民的身份，也是受到移民社区族裔意识日益增强的鼓舞的结果。只要外来移民分散开、参加地方教区集团，那他们无论在政治或经济方面都将无足轻重，而联合起来成为一个民族，那就有分量了。所以，"族裔群体主要是美国环境的产物"。②

对于外来移民政策，本世纪初期美国学术界就展开了广泛的争论。争论的主要问题是怎样对待来自东欧和东南欧的"新移民"。有些学者提出了限制"新移民"入境的论点，认为那些"口齿不清""出身卑微"的"新移民"涌入美国不仅会带来许多严重的社会问题，而且加重了失业。③还强调说他们难以同化于美国社会，实现所谓"美国化"。这些论点都是以盎格鲁-萨克逊种族优越论为出发点的，它们既缺乏科学的根据，也不符合美国历史实际，因而遭到学术界不少学者的反驳和批评。④在这场争论中，受种族优越论影响的美国历史学家倾向于限制和贬低来自东欧和东南欧的移民，而族裔历史学家则凭借对其祖先表示尊敬的作品来自卫，阐述东欧和东南欧移民背井离乡、涌向美国的来龙去脉。

在两次世界大战之间，美国的外来移民史逐渐成为学术研究的真正领域，许多族裔学者发表了内容充实、立论鲜明的有关挪威、德国和瑞典移民的学术论著。⑤但是，对大西洋迁徙提出较全面的解释的却是马库斯·汉森，他把外来移民史与美国西进运动、清教主义和政治民主制等主题结合起来考虑，强调外来移

---

① 鲁道夫·J.维科利：《一个世纪的美国外来移民（1884—1984年）》，明尼苏达大学1985年，第6—7页。

② 维科利，前引书，第7页。

③ 参看哈里·杰罗姆：《移民群与商业周期》，纽约1926年，第209页。

④ 参看拙文：《美国的"新移民"与文化测验——兼评本世纪初期美国学术界限制"新移民"入境的论点》，载《社会科学战线》1986年第2期。

⑤ 比如西奥多·布利根：《去美国的挪威移民群》，两卷，诺斯菲尔德，明尼苏达，1931—1940年；卡尔·威特基，《德裔美国人与世界大战》，1936年；乔治·M.斯蒂芬森，《瑞典裔美国人对世界大战的态度》，载"密西西比流域历史协会"，《年报》，第10卷，第1部分。

民易于接受美国的价值准则。[①] 就是这些具有进步学派传统的历史学家也认为种族、宗教和民族的差别只是暂时失常的现象，将为"美国化"的发展进程所消除。当时，美国社会是个"熔炉"的论点正在盛行，鼓吹美国所有种族和民族在生物学方面和文化方面都将在这个熔炉中融合成为一个崭新的民族和一种崭新的文化。正像 1908 年美国剧作家伊斯雷尔·赞格威尔创作的后来在纽约百老汇上演的流行戏剧"熔炉"所宣扬的信念：美国是上帝的熔炉，是一个大熔锅，欧洲的各个种族都在这里被熔化和重新组成！……（移民）来到的这块土地上有上帝点燃的火……德国人和法国人、爱尔兰人和英国人、犹太人和俄国人——都……一起进了熔锅！上帝在制造美国人。[②]

换句话说，那就是美国少数族裔群体得放弃它独特的文化特征，将自身熔化于 WASP[③] 的主流文化中，融合成一种新的文化，并且通过通婚消除群体之间身体上的差异，从而实现种族同化。对"熔炉论"的宣扬不仅在 20 世纪头几十年甚嚣尘上，风行一时，而且一直持续到战后 50 年代。

二

族裔史学是美国史学的一个领域，也是它的一个组成部分。美国史学的发展变化不仅取决于国内政治经济的演变，而且也同国际政治形势的演变有着密切关系。1941 年美国参战与战后出现的"冷战"都极大地影响了美国政治，这时国内一切分歧都应服从于击败轴心国和战后遏制苏联共产主义"威胁"的共同目的。凡背离美国社会准则的文化歧见和政治异端一样，都被怀疑可能是共产党策划的"颠覆阴谋"。"忠诚宣誓"被视为对美国效忠的标志。战后垄断资本主义的迅速发展和经济繁荣的出现似乎保证了"以中产阶级为主体"的美国社会秩序的稳定。这一切标志着保守势力在美国占据了优势，其影响所及，就是美国史学思潮也日趋保守，出现了在美国史学界占支配地位的"利益一致论"。在"利益一致论"者看来，美国人的基本价值观念大体上是一致的，阶级和族裔的差别一直不是基本冲突的根源。用一位著名的美国历史学家的话来说，"利益一致论"的要

① 马库斯·L. 汉森：《美国历史中的外来移民》，坎布里奇，1941年。
② 转引自伊恩·罗伯逊著：《社会学》，商务印书馆中译本，1990年，上册，第388页。
③ WASP是英语White Anglo-Saxon Puritans的缩写，意思是白种盎格鲁-萨克逊人清教徒。

点是"重新发现美国历史的连续性,美国制度的稳定性以及社会组织的坚韧性"。①
在"利益一致论"的思潮日趋泛滥的情况下,"熔炉论"在50年代的美国又趋风
行。美国学者威尔·赫伯格提出了"三个熔炉"的模式:即新教、天主教和犹太
教三个熔炉,但它们三者有一点是共同的,即不管宗教信仰是什么,都怀有接受
美国生活方式的信念。②著名历史学家奥斯卡·汉德林于1951年出版了《拔根
者:构成美利坚民族的伟大移民群的史诗一般事迹》,用"拔根者"这一生动而
形象的词语来表达他的移民史观,在许多方面为美国族裔关系定下了基调。书中
赞美了美国社会环境巨大的感化力量,它使外来移民抛弃他们旧世界的文化,并
把他们改造成为"新人",从而形成崭新的美利坚民族和单一性文化。这是一部
开创美国移民史研究新局面的权威著作,倍受当时史学界的推崇与赞扬,但不久
便受到了部分学者的挑战。

从60年代起,美国社会受到国内外政治形势剧变的冲击,陷入了一场大变
动。"冷战"的失败,侵越战争的失利,加上杜鲁门"公平施政"与肯尼迪"新
边疆"等施政纲领相继失灵,这一切使广泛宣传的"美国世纪"成为泡影。与此
同时,国内以民权运动为主导的学生运动、反战运动和妇女运动相继展开,汇成
一股声势浩大的民主运动的巨流。它既削弱了美国政府的统治,也冲击了学术界
盛行的各种"利益一致论"。在这种形势下,"熔炉论"同"利益一致论"一样也
遭到了严肃的批评。1963年,内森·格拉策与丹尼尔·P.莫伊尼汉合著的《在
熔炉以外》一书,对纽约市各族裔群体做了比较研究,指出"熔炉论"所宣扬之
事纯属子虚乌有,而且事实上,这些族裔群体都有其延续性。"族裔关系仍旧是
大都市生活的主要力量"。③1964年,意大利裔美国历史学家鲁道夫·维科利在
题为《芝加哥的康塔迪尼④:〈评拔根者〉一书》的论文中,对汉德林的论点提出
了严正的批评,认为汉德林对外来移民的观点是不符合美国历史实际的,因为他
说外来移民(其中当然包括"拔根者"的农夫)有破坏经历,而且在美国"熔炉"
融合过程中,丧失了与他们过去有意义的联系。经过对芝加哥的意大利裔农夫的

---

① 约翰·海厄姆:《对"美国利益一致论"的崇拜》,吴柱存译,载《世界历史译丛》,1980年
第1期,第26—27页。

② 威尔·赫伯格:《新教、天主教、犹太教:宗教社会学简论》,纽约1965年。

③ 内森·格拉策等:《在熔炉以外:纽约市的黑人、波多黎各人、犹太人、意大利人和爱尔兰
人》,坎布里奇,马萨诸塞,1963年。

④ 康塔迪尼(Contadini),意大利文,意为农夫,参阅《美国历史杂志》1964年12月第51期。

细致考察，维科利论证说，旧世界文化在移民横越大西洋后仍然留下来，而且在他们对美国的适应方面产生了意义深远的影响。为开展今后移民史的研究，维科利还提出两项有意义的建议：第一，应对外来移民的旧世界文化背景及其迁徙的经历做审慎和周密的考察；第二，对外来移民的不同群体及其文化特征做比较研究，以探索他们分别适应美国环境的各种各样的模式。[1]

汉德林的《拔根者》与维科利的《康塔迪尼》体现了两种完全不同的移民观，前者断言移民到美国后割断了与故国（土）的文化联系，后者则强调移民在文化上的连续性。后来，多数历史学家在两者之间，都倾向于强调文化上的连续性，而非断绝关系。但也有一些历史学家如约翰·博德纳和弗吉尼亚·杨斯—麦克劳克林[2]等对这一争论采取中间立场，认为移民并没有割断或是抛弃故国（土）原有的文化传统，但也不是完全无变化地保留下来。他们提出一种有选择性适应的辩证过程，在这个过程中，某些社会形式和社会价值被抛弃了，可是其他有用的传统和文化却被保留了。[3]

到60年代中期，重新评价外来移民与族裔群体在美国历史中作用的论著日益增多，可是直到60年代末，族裔关系仍是美国历史上被忽视的一个方面，"外来移民一直是而且仍然是美国历史中研究不充分的领域。"[4]还没有一部综合阐述族裔关系的适用教科书。[5]

尽管如此，还是有一些促进美国移民史和族裔关系研究的有利因素。首先是年轻的历史学家，特别是"新移民"的第二代或第三代历史学家受到民权运动和新左派意识形态的鼓舞，开始搜集文字和口述的资料，研究那些所谓"口齿不

---

① 参看维科利：《芝加哥的康塔迪尼：评〈拔根者〉一书》，载《美国历史杂志》，1964年12月第31期，第404—417页。

② 约翰·博德纳：《移植者，美国城市移民史》，印弟安纳大学出版社1985年；弗吉尼亚·杨斯—麦克劳克林：《家庭与社区，布法罗的意大利移民1880—1930年》，伊萨卡·康奈尔大学出版社，1977年。

③ 参看R·维科利：《从拔根者到移植者：美国移民史的著述，1951—1989年》，载维勒瑞亚·G.勒达主编：《从'熔炉'到文化多元论，美国和加拿大族裔关系的发展》，罗马，意大利，1990年，第30—31页。

④ 维科利：《族裔关系，美国历史被忽视的一个方面》，载赫伯特·J.巴斯主编，《美国历史状况》，芝加哥，1970年，第78—88页。

⑤ 参看奥尔森，前引书，绪言，第Ⅷ页。

清""出身低微"和在美国社会处于从属地位的外来移民的经历，用自己的价值观来撰写他们的历史，从而从某个侧面反映出历史真相。其次，有关这个领域的研究机构相继建立，研究人员也日益增多。1965 年由少数学者发起创立的"外来移民史学会"到 80 年代已有 700 多会员，它创办的《美国族裔历史杂志》（季刊）已成为美国移民史与族裔群体研究的主要论坛。新、老族裔历史学会也相继展开了学术活动。老的族裔历史学会如"波兰裔美国人历史协会"恢复了元气，新的机构如"美国意大利人历史协会"创立起来了。"明尼苏达大学外来移民史研究中心"在搜集、编纂东欧和东南欧移民群体的资料方面出了显著的成就，成为其他研究机构仿效的榜样。第三，在外来移民中，族裔自我意识明显增强了。这种增强表现于多种方式：如族裔传统节日的恢复以及学习族裔历史、文化和语言兴趣的增长等。美国黑人作家亚历克斯·哈利的《根》一书的出版及其拍摄成电视节目都给予美国人追"根"、探查家谱的活动以巨大的推动。同时，族裔研究的运动在学校里也有了进展。1972 年，美国国会设立了"族裔遗产研究方案"，其目的就是为在校学生提供机会，了解他们各自文化遗产的性质，并研究国内其他族裔群体在文化遗产方面的贡献。尽管国会为这一方案的拨款是有限的，而且在里根执政时期完全中止了，但它的意义不可低估，因为它是联邦政府首次明确认识到美国是个多族裔的社会，"每一族裔群体对国家遗产所做的不同的和独特的贡献"。[1] 这自然有利于从文化多元论的观点对学生进行美国历史和社会的教育。

移民历史研究的国际化是族裔史学这个领域中最有意义的新发展。正当美国学者以新的兴趣研究族裔群体及其历史时，欧洲移民出境国的学者也在研究群众离去对他们各自国家（或地区）的历史的影响。1960 年，瑞典著名学者弗兰克·西斯尔思维特在斯德哥尔摩召开的历史科学国际会议上提出题为《19 世纪和 20 世纪欧洲移向海外的移民群》的论文[2] 最令人瞩目。他从更广阔的范围来考察欧洲移民群问题，认为欧洲移民群是随着欧洲人口增加和一些国家的工业化而出现的，强调欧洲移民并非只涌向美国，而是以更大的强度冲向拉美，还有欧洲

---

① 鲁道夫·维科利：《返回熔炉：80 年代美国族裔关系》，载《美国族裔历史杂志》，1985 年秋季号，第 12—13 页。

② 弗兰克·西斯尔思维特向第十一届历史科学国际会议提交的论文，载《当代历史》《报告集》，第 V 卷（哥德堡——斯德哥尔摩——乌普沙拉，1960 年），第 32—60 页。

各国（或地区）内部的迁徙也是个很值得注意的问题。总之，他把欧洲内部迁徙与海外移民看成是互有关联的多方向性的人口运动。同时，欧洲各国学者对移民出境较多的城市，如乌普沙拉①、克拉科夫、布达佩斯和罗马等城市移民群离乡背井横越大西洋的原因和背景进行了广泛研究，提供了极其丰富的文献。欧、美学者间的学术交流和问题探讨不仅扩大了美国学者研究移民史和族裔群体的视野，而且为在这个领域进行跨国的比较研究提供了可能性。

自本世纪 60 年代以来，美国对移民史和族裔群体的研究取得了显著的成果。美国在这方面的学术研究，无论是质或量都有个飞跃的情况。新的观点、新的方法以及引起争论的解释使得移民史和族裔群体成为一个生气勃勃和具有吸引力的研究领域。仅举一例来说明：70 年代以来研究这一领域的博士论文数比以前 80 多年的总和还多。② 这些年来，这个领域的学术成就已总结收录于两部综合性著作中，一部是斯蒂芬·西恩斯特罗姆主编的《哈佛美国族裔群体百科全书》（1980 年），另一部是琼·霍姆奎斯特编辑的《他们选择了明尼苏达：对该州群体的考察》（1981 年）。

尽管取得了这些成就，多元论族裔历史研究还是受到了一些严峻的批评。有的评论家把族裔类别的学术研究与族裔类别的社会运动混淆起来，认为后者是前者制造出来的。对族裔关系的指控主要来自两个方面：一方面是激进主义者，他们指责强调族裔身份是一种掩护种族主义和其他反动政治的烟幕，而且掩盖了社会阶级的现实；另一方面是国家主义者，他们指责多元论者煽动民族间的不和，而且否定了共同的美国民族的存在。因此，他们认为 70 年代"族裔复兴"主要是由族裔空想家策划出来的，无须予以认真考虑。从 70 年代末起，有一些评论家异口同声地向多元论族裔史学家提出了质疑。在这些评论家当中，有些还是族裔研究领域的先驱。比如，阿瑟·曼不满于族裔关系的"无节制行为"，因而论证说，"美国人的共同文化比他们中的族裔差别更重要得多"。③ "新族裔史"创始人约翰·海厄姆对族裔关系造成不和的趋势越来越感到不安。1982 年，他心

---

① 乌普沙拉是瑞典东部的城市。

② 据霍格伦德统计，美国大学关于移民的博士论文有3354篇是1885—1982年撰写的，其中一半以上是1970年以来撰写的。参看A. 威廉·霍格伦德：《外来移民和他们在美国的儿女：1885—1982年博士论文目录学》，纽约，1983年。

③ 阿瑟·曼：《一个和多数：对美国人同一性的看法》，芝加哥，1979年。

甘情愿地宣布:"族裔复兴是过去了,族裔研究的时代已告终结"。[1] 在 1983 年向"美国历史学家组织"的会议宣读的一篇论文中,他强烈要求美国历史学家应"超越多元论",致力于在美国造就一个民族的"大课题"。但是,这些对新族裔史的批评主要出于对族裔差别造成的政治后果的焦虑,而非反对用文化多元论解释美国历史的构想。当然,族裔社区也存在着一些明显的缺陷,比如这些社区经常出现过分自我中心的现象,忙于它们自己的议事日程,不愿为共同利益而与其他社区协作等。

无论如何,族裔运动在美国有了日益增长的发展,族裔关系在 80 年代美国仍起着强有力的作用。对 1980 年人口普查提出关于祖先问题[2] 的回答中,有 83% 的美国人说出了自己所属的民族或他们祖先的民族,仅 6% 的人简单回答说自己是美国人。[3] 这表明,大多数美国人知道他们所属的民族或他们旧世界的祖先,弄清族裔身份在美国社会中仍将继续下去,一般人追"根"和探查家谱的兴趣有增无减。

与加拿大和澳大利亚不同,美国官方从未发表过支持文化多元论的政策,有时甚至还公开宣扬"熔炉论"。比如,里根总统在 1984 年 8 月对共和党全国代表大会的一次演讲中,提到有 140 个国家的体育健儿来到美国参加奥林匹克运动会时,说美国人民带有全世界 140 个或更多国家的血统,并且强调说:"种族、信念和民族性这样有意义的混合只有在美国、只有在我们的熔炉中实现"。[4] 但是,里根竭力鼓吹"熔炉论"并不能改变美国族裔多样性,也不能阻止族裔群体发展的趋势,因为族裔群体和族裔关系已不是一种暂时现象,而是美国社会一个持续发展的重要方面。因此,在美国这个多民族组成的国家里,外来移民史和族裔关系的研究定会有长足的发展,取得更多的成就。

长期以来,"熔炉论"虽然在美国被大肆宣扬,但它终究只是一个梦想,而非现实;文化多元论虽然不是美国官方的政策,但它是美国生活的现实,是处理美国族裔多样性合情合理的方式。

原文载于《东师史学》东北师范大学出版社 1994 年

---

[1] 转引自维科利,前引文,载《美国族裔历史杂志》,1985年秋季号,第15页。

[2] 约翰·海厄姆《超越多元论:作为美国预言家的历史学家》,这是他于1983年在辛辛纳提向"美国历史学家组织"的会议提交的一篇未发表的论文。

[3] 美国商业部人口普查:《1980年人口普查:补充报告,各州人口的祖先》,华盛顿D.C.,1983年。

[4] 参看《明尼阿波利斯明星和论坛报》,1984年8月24日。

《纷然杂陈的美国社会——美国的民族与民族文化》 序言

　　美利坚民族是"一个由许多民族组合成的民族"，而这些民族都是外来的移民，他们从四面八方越洋来到北美大陆。他们当中既有探寻新航线的冒险家和水手，也有寻求金银财宝以发财致富的贵族和商人，还有为殖民扩张效力的政客和传教士，但绝大多数都是出于各种原因而背井离乡、前往北美大陆谋生的劳动人民。因此，美国是"一个由移民组成的国家"，它的整个历史进程都受着连续不断的移民洪流极大的影响。在世界近代史上，没有任何一个国家曾吸引了人数这样众多、民族（或种族）这样庞杂的外来移民。除了原有的土著居民——印第安人外，所有美国人不是外来移民，便是外来移民的后代。

　　美国的移民来自欧洲、亚洲、非洲和拉丁美洲等地，但其中大多数来自欧洲，他们经过不断繁衍与融合，逐渐形成以讲英语的白种人为主体的美利坚民族。因此，要了解美国，就需要对这个国家的民族（种族）构成及其移民政策做个简要的历史考察。从殖民地时期到 18 世纪末，大批白人陆续从欧洲移入北美大陆。17 世纪从英格兰来到北美大陆东海岸定居的，称为新英格兰人，同时还有来自荷兰和斯堪的纳维亚的北欧人，这些早期移民统被称为 WASP[①]。他们及其后裔一直是美国文化的中坚，掌握美国政治和经济的大权。接着是 18 世纪从苏格兰和德意志来的移民，还有从非洲贩运来的大量黑人奴隶，后者主要居住在美国南部。从 19 世纪初到 20 世纪初，先是 19 世纪上半期数以百万的爱尔兰人和德意志人移居美国，其中大多数信仰天主教。前者大多数散居于沿海和内陆城市，从事修筑运河、铁路的劳动，后者多数去密西西比流域北部的各州务农，也有不少移居密尔沃基和圣保罗等中西部城市。接着是 50 年代加州兴起的淘金热，招来了欧洲和亚洲的大批移民，其中有不少的华侨，他们在修建联合太平洋铁路西段以及开发加州农业方面做出了巨大的贡献。然而他们却受到不公正的对待，那就是 1882 年国会制定的禁止华工入境的《排华法案》。这标志着美国的自由移民政

---

① WASP是英语White Anglo-Saxon Puritans的缩写，意思是白种人盎格鲁-撒克逊清教徒。

策向限制移民政策过渡的开端。

内战后，随着美国工业化的迅速发展，涌入美国的移民数目出现了新的高潮，他们的大部分来自西欧和北欧各国，被称为"老移民"，但在 1880 年代以后则大为减少，而来自东欧和南欧各国的"新移民"却日趋增加，到 20 世纪头十年间增加到占涌入美国移民总数的 72%。他们大都不能讲英语，教育文化程度也较低下，因而大多数前去一些大城市本民族聚居区谋生，自成一个社区，与其他移民聚居区和土生的美国人不大来往。大批"新移民"的入境引起了美国排外主义情绪的增长。随着排外主义的抬头，美国反对移民入境的呼声也甚嚣尘上。为了限制"新移民"入境。美国国会不顾几届总统的否决终于在 1917 年通过了"文化测验"法案，从而部分关闭了对移民敞开着的美国大门。这是因为 20 世纪初期美国人口总数已超过一亿大关，不再像过去那样缺乏劳动力了。到 20 世纪 20 年代，国会又通过了《配额法》，其目的在于用国籍法来减少和选择入境的移民。

第二次世界大战后，美国实力急剧膨胀并且积极推行为"冷战"服务的移民政策，"配额法"因而有些松动，又出现了移民高潮，其中主体部分不是来自欧洲，而是来自拉丁美洲和东亚。总之，在 1840 年到 1980 年期间，移居美国的移民总数接近 5000 万人[①]。他（她）们无论来自哪个国家和地区，也无论来自哪个阶层，都对美国历史的发展做出了巨大贡献。

他们既增加了美国的人口，提供了它所迫切需要的大量劳动力和先进的科学技术，又帮助开发了它丰富的自然资源，扩大了美国市场，从而大大促进了美国社会经济的迅猛发展，使美国一跃而成为世界强国。难怪有的美国历史学家认为，移民洪流是"美国历史的中心主题"，比美国"没有贵族政治，边疆的存在、自然资源的富庶、企业家的推动力和被两洋隔离的安全更加重要"[②]。外来移民对美国社会发展的重大贡献，概括起来有以下四个方面：

（一）增加了美国的人口，增加了美国人的活力。1840 年，即外来移民涌入美国的第一次浪潮前，美国人口总数约为 1700 万人，到 1980 年美国人口总数增加到 23400 万人。在这种人口爆炸性的增长中，外来移民究竟起了多大的作用？据统计，在这 140 年期间，约有 5000 万外来移民进入美国，尽管其中有 1/3 的外来移民又回到他们的故国（或故乡）去，大多数仍是留下来，并且成家立业。

---

① 鲁道夫·S. 维科利，《一个世纪美国的外来移民，1884—1984》，1985 年，明尼苏达大学，第 1 页。

② 詹姆斯·S. 奥尔森，《美国历史中种族的重要性》，纽约，1979 年，第 2 卷序言，第Ⅳ页。

经过不断繁衍与融合，他们逐渐被纳入美国社会。到1920年，有一半美国人把他从前的祖先追溯到1820年后入境的移民群。移民中男子多属年富力强者，据统计，"新移民"中有85%是从14岁到44岁之间的青壮年。他们的到来，无疑给美国社会注入了富有朝气的活力。关于外来移民身体素质和智力素质优劣的问题，在美国学术界一直是有争议的。但有一点是大家共识的，即美国人的遗传特征一直主要是由外来移民的进程决定的，遗传基因库的转移和遗传混合造成的结果终归是人类迁徙最有意义的现象[1]。

（二）外来移民不仅给美国社会注入了富有朝气的活力，而且也带来了先进的科学技术，这就形成一种自然的科技引进，推动了美国生产技术的革新和生产力的提高。在各种工业中，外国出生的工程师和技术工人都带来了先进的生产方式。为加速资本主义工业化的进程，美国政府鼓励采用许多新技术和发明，而其中有不少发明家就是外来移民及其后裔。如电话之父亚历山大·贝尔就是1871年来到美国的苏格兰移民。举世闻名的大发明家托马斯·爱迪生也是移民的后裔。这些发明的应用和推广，大大发展了电力、电讯工业。移民及其后裔的众多发明和创新都对加速美国工业和交通的发展起了重要作用。

移民入境后大批西移也极大地促进了美国西部地区的开发。19世纪后期，美国西部开拓的土地面积比从北美殖民地开始到内战前整个历史时期开拓的土地还大，而这片广袤土地的开发主要依靠移民及其后裔。经过他们披荆斩棘的开拓，美国西部不仅建立了广大的农业区和放牧区，开采了各种各样的矿藏，而且修筑了多条横贯大陆的铁路，加强了东部和西部之间的联系。在开发西部最后进程中，移民及其后裔往往承担最艰辛的任务，做出了不可磨灭的贡献。单就移民开发西部农业及其作用来说，马克思和恩格斯曾做过精辟的评论，他们写道，"正是欧洲移民使北美能够进行大规模的农业生产，这种农业生产的竞争震撼着欧洲大小土地所有制的根基"[2]。

（三）外来移民扩大了美国的市场，体现了对美国经济发展的人力投资。在1850年到1930年期间，每10年就有200万外来移民进入美国，他们是美国经济的催化剂。因为他们当中大部分是年轻的成年人，这些人不仅是财富的生产者，而且是消费者。他们普遍需要住房、衣着和食品等生活必需的消费品，这就增加

---

[1] 维科利，前引书，第3页。

[2]《马克思恩格斯选集》，1974年，人民出版社，第1卷，第135页。

了对工农业产品及各种消费品的需求，从而扩大了国内市场，促进了城市的兴起，推动了交通运输事业的发展。

在壮年时期进入美国的外来移民体现了一种来自旧世界资本的"赠品"。据估算，在19世纪后期。每个入境的成年人相当于1000美元的投资，全部外来移民就相当于250亿美元以上的人力的资本移往美国。[①] 这自然非常有利于加速美国社会经济增长的进程。

（四）外来移民保持各自群体的传统和文化，从而使美国的文化丰富多彩。美利坚民族的形成和发展是一个不断接受和同化外来移民的过程。直到19世纪后期，美国由于地广人稀、缺乏劳动力，对外来移民采取来者不拒的政策。但是，美国只把他们作为劳动力来欢迎，接受他们作为社会和文化的成员却有很大的困难。这主要是由于以WASP为主体的民族优越论作祟的结果。在美国同化对外来移民的进程中，出现了两种不同的主要观点，即"熔炉"说和"文化多元论"。"熔炉"说认为美国一直是一个民族大熔炉，所有民族和种族在文化方面和生物学方面都在熔炉里实现一种崭新的融合。实际上，就是把其他民族和种族熔于WASP的主流中，融合成一种新人种和一种新的共同文化。"文化多元论"是一种弘扬少数民族文化和捍卫少数民族权利的观点，认为美国的每一个民族（或种族）集团在一个民主社会里都有权保持自身独特的文化特征和民族性。后者的观点在第二次世界大战后，特别是60年代以来，逐渐取代了前者的观点，成为多数美国学者研究民族和移民问题的共识。

美国只把外来移民作为劳动力来欢迎是不能令他们满意的。因为外来移民不单纯是从事生产、劳动的机器人，也是原有文化的载体和故乡社区的成员。他们来美国后，许多非WASP群体和个人往往以语言、文化相同为基础创立自己的社区——种族移民聚居区，或投奔已建立的本族聚居区。因为那里都讲本族语言，沟通没有问题，还能帮助新来者谋求生计，为他们提供社会、文化服务等。在外来移民不断涌入美国的过程中，这种聚居区在许多城市和农村都纷纷建立起来。既有德意志人和爱尔兰人建立的社区，也有中国人和意大利人在城市里创立的聚居区，还有更多的拉美裔人在美墨边境西南诸州形成的社区等。这些社区或聚居区是移民开始接触美国社会的场所，也是保持他们自己原有传统和文化的阵地。随着美国工业化的迅速发展和城市的蓬勃兴起，移民及其后代的社会流动日益增

---

① 维科利，前引书，第5页。

加。从事农、牧业的移民向西部迁徙，寻求肥沃的土地和适于放牧的草原，从事工商业的移民则从城市聚居区迁往其他工业地区或繁华的城市，寻求发迹致富的途径。还有些受过高等教育和掌握技术的人员因职业变动而上升到富裕阶层，这些社会流动都大大加强了移民与土生美国人和其他移民聚居区之间的来往交流，从而为互相融合为一体创造了有利的条件。

因此，美国对外来移民的同化融合并非单向的进程，而是个双向的进程。一方面是移民掌握英语、接受美国社会的价值观念，成为美国的公民；另一方面美国也不断吸收各民族、种族优秀的传统和文化，并使它们逐渐成为美利坚民族共享的遗产。有位著名的美国学者就这样写道："当今美国社会的许多方言、食物、音乐和文化特征都曾一度具有种族的特色，而今却成为（美利坚民族）共同遗产的一部分了。"[1] 这表明，各民族、种族集团移居美国后都已发生了变化，而且美国社会在接纳它们之后也在许多方面发生了变化。换句话说，经过同化融合的过程，它们和美国这个国家都不是原来的老样子了。[2] "熔炉"说之所以站不住脚，就是因为经过不断同化融合的过程，美国并没有、将来也不可能成为一个单一种族、单一文化的社会，而是一个种族杂居、文化多元的社会。正是由于移民集团保持各自的历史传统和优秀文化，也由于美国社会采取兼容并蓄的方针，美国的文化才展现出丰富多彩的景象。

黄兆群同志的著作以"一体多元论"为出发点，运用极其丰富的各种中英文资料，勾画出美利坚民族的形成和发展的全貌，并深刻分析了外来移民在美国历史上的重要作用。这对了解、掌握美国历史和现实都有重要的意义，很值得一读。

原文载于黄兆群著:《纷然杂陈的美国社会》序言，内蒙古大学出版社，1994 年

---

① 托马斯·索厄尔，《美国种族史》，纽约，1981年，第14页。

② 托马斯·索厄尔，《美国种族史》，纽约，1981年，第14页。

《美国西海岸大城市研究》序言

　　西部在美国历史发展中具有重大作用。但是，从时间上看，"美国西部"一词的概念是随着历史的进展而变化的：美国建国时的领域只限东部一隅，即大西洋沿岸的 13 州，那时西部主要指阿巴拉契亚山脉以西的地带；经过美国人民二三十年的拓殖，西部已扩展到密西西比河流域一带；到 19 世纪 40 年代，西部不仅泛指大平原地区，而且还包括太平洋沿岸的谷地。内战之后，由于大量移民西去和横贯大陆铁路的铺设，西部则包括了密西西比河以西直到太平洋沿岸的整个地区。从空间上看，美国人民拓殖的西部包括从阿勒根尼山脉到太平洋沿岸整个地区，其面积约等于美国最初 13 州的 7.5 倍；即使以密西西比河为界计算，该河以西全部领土，也超过了 1783 年建国时美国领土的 2.5 倍以上。

　　在持续一个多世纪的美国西进运动中，最重要的当然是大规模的移民及其拓殖，领土扩张是这一运动在地理方面的体现，而新州的组建则是这个运动在政治、经济和社会方面发展的结果。到 20 世纪初期，西部先后创建了 31 个新州，几乎等于东部州数的 2 倍[①]。美国西进运动也是资本主义广阔发展的一个典型，一个国家用这么短的时间，开发了这么一大片的荒野土地，把它建设成美国粮食、牧畜业和矿业生产的基地，从而为美国工业化的高速发展和现代美国的出现打下了坚实的基础。这在世界历史上可说是空前的、无与伦比的。马克思主义经典作家也很关注西部拓殖在美国历史发展中的作用这一课题。他们不仅提出了美国历史发展的速度问题，而且强调了西部拓殖与美国经济发展的关系问题[②]。总之，西部拓殖在美国历史发展中起了至关重要的作用。

　　广袤无垠的西部对美国资本主义发展的作用虽然重大，并且随着西部的广泛开发，美国经济重心也不断西移，但是，在第二次世界大战前，西部在工业化和城市化水平上还远远低于美国东部（或称东北部）和中西部（或称北部），西部

---

① 原13州领域内，后来又分化出3个新州：即缅因、佛蒙特和西弗吉尼亚，加上1845年组建的佛罗里达州，东部共有17个州。

② 参看《马克思恩格斯全集》第34卷，第333—334页。

对东部的依赖关系仍然很重。一位著名的美国城市史学家对这一时期东西部关系这样写道：

> 从经济上看，这一地区（泛指西部——笔者）乃是东北部的一个殖民地，东部大工业的原料产地和外来产品的倾销市场，其地方投资非常有限，工业产值少得不成比例。[①]

西部经济的滞后状态在本世纪中期以后有了非常大的改变。以第二次世界大战为契机，经过"冷战"年代，直到当前，西部经济和美国城市化总体布局有了根本改观。作为二战期间"民主国家的兵工厂"，美国一方面大力支援抗击法西斯侵略的同盟国，另一方面积极备战，加强国防。联邦政府开始对西部投入巨资，在那里建立了众多的军事基地，创办了许多军事工厂。二战后，适应"冷战"需要，联邦政府继续向西部投入巨额的国防经费。这些巨额投资，不仅为西部各州创造了大量就业机会，刺激了西部城市人口的增加，繁荣了西部的市场，而且更重要的是把资本、技术和人力引入西部，导致西部大城市产业结构的调整，为西部大城市的兴盛创造了极其有利的条件。这种产业结构调整的趋势首先是国防工业逐渐成为西部的主导产业，其次是国防工业的发展吸引了与之相关的工业部门和企业迁往西部，再次是二战后那里又有部分军事工业转为民用工业，制造业和服务性行业都有了迅速的发展，从而使西部产业结构日趋合理和完善，逐渐形成独立的综合工业体系。

60年代蓬勃兴起的科技革命是促进西部经济发展和城市化又一新的动力，高科技产业与国防工业的密切结合，成为西部经济的典型特征。这一切不仅进一步加强了西部经济，而且大大提高了西部，特别是西部大城市在全国的经济地位。1980年，西部和南部人口首次超过东部和北部；美国对太平洋地区的贸易额首次超过它对大西洋地区的贸易额，从此，美国外贸中心开始转向太平洋地区，到1987年美国跨太平洋贸易额已超过跨大西洋贸易额37%，而且这种趋势有增无减。同时，外来移民数量也在急剧增长，80年代达到870万人，形成美国历史上第二次移民高潮。这次移民高潮有两个主要特征：一是以拉丁美洲和亚洲移民

---

① 卡尔·艾博特以新都市化美国—阳光带城市的发展与政治》，北卡罗来纳，1987年版，第14—15页。

为主，多数移往美国西海岸城市；二是西海岸大都市逐渐取代东海岸大都市，成为新的移民中心。因此，西部以其财富和人口的雄厚实少，开始问鼎白宫，雄踞国会山，大有取代东部而执牛耳之势。

　　从经济发展速度来看，西部，特别是 1940 年以来的西部快于东部，其城市化水平也迅速提高。就整个西部而言，1860—1910 年期间，城市人口数由 600 万增加到 4200 万，城市化比例由 20% 增长到 46%，高于全国平均水平（45.7%），其中，沿太平洋西海岸的城市化比例则高达 56%。[①] 以洛杉矶为例，1870 年时它不过是个几千人的居民点，但以后人口不断翻番，到 1910 年已达 32 万人。40 年代以来，由于西部经济蓬勃发展，外来移民大批涌入西海岸城市，该城市人口有了爆炸性的增长，到 1990 年高达 340 多万人，在全国大都市中仅次于纽约，居第二位。其他几个西海岸大都市的人口增长也有类似的情况，比如，在第二次世界大战期间，圣迭戈市由仅有 6 万人的小镇一跃成为 25 万人的大都市，跻身于西海岸四大都市之列。

　　西部城市化，特别是西海岸城市化为什么会发展得这么快？其主要原因当然是它占有天时和地利。天时指的是西部城市化正值美国工业化迅猛发展时期，它得以东部和中西部强大的工业化水平为依托，加上后来联邦政府投入巨资的直接扶持，因而起点高，速度快，带有跳跃性的特征。正像本书著者所指出的样：如果把美国各地区主要城市的发展做一纵向剖析比较，即将它们各自从初创到成熟阶段——由几千人的小城镇到拥有 20 万人口的大城市这一阶段所需时间做一对比，那么完成这个阶段，在东北部约需 130~170 年，在中西部需 50~70 年，而在西部仅用 30~40 年。地利指西部城市，特别是西海岸大都市自身具有的优势：如靠近原料产地，能源潜力较大；传统的结构与观念束缚较少，易于采用新技术；大量来自拉美和亚洲国家的移民，不断补充当地所需的廉价劳动力等。但是，更为重要的即是西部开拓者，从地处边远地区和人烟稀少这一实际出发，开辟了一条有自身特色的城市化道路。著者经过长期的深入研究，把不同于东部和中西部的西部城市化道路的特征概括为以下主要两点：第一，城镇是美国西部开发的先导和主体，这是因为西部开发根据特定的历史和地理条件，不能走传统的先行农业垦殖而后工业化和城市化的循序渐进式道路，而是超越农业开发阶段，以城镇为先导进行的；以城镇为先导，并不仅仅是城镇经济的单线发展，而是在城镇建

---

① 美国联邦人口统计署：《1910年第13次人口统计》，华盛顿特区1913年版，第80页。

立后，再以城镇经济带动农业经济，以促成全面性开发。第二，几个地区性中心城市在较短期间由小城镇发展为大城市，不是逐级递进，而是具有跳跃性特征；大城市在各自地区的经济中确立中心地位后，对周围城镇和地区产生了较强的吸引力和辐射力，起了"以点带面"的作用。

这些带有规律性的认识表明西部并不是简单重复东部城市化的老路，而是在城市化具体途径与形式上都有许多独特之处，因此美国有些学者认为西部城市化模拟东部的说法是没有充分根据的，缺乏说服力。同时，这些认识也给我们一个重要的启示：即在一个经济已有相当程度的发展而且存在地区差异的国家特别是大国里，对边远地区的开发，不应简单重复较发达地区城市化的老路，而应根据当地的具体条件，走适合于自身发展又能带动地区经济的城市化道路。

著者在撰写本书的过程中，既广泛搜集、阅读有关的英文著述和资料，也借多次去美国访问、研究的时机，对西海岸四大都市进行了较详尽的实地考察，并吸收了美国学术界在这个领域新的研究成果，因而大大加强了对现实的阐述，弥补了书本材料的某些不足和疏漏，使勾画出西海岸大都市的全貌更加符合历史和当前实际：既勾画出它们纵向发展的来龙去脉，也展示了它们的当前状况和所面临的重大问题。

本书的撰写主要是采用传统的治史方法，但也借鉴经济学和地理学有关理论和方法，广泛运用社会学、民族学、人口学和统计学的研究成果，因而大大拓宽了这一课题的研究范围，加深了理论联系实际的探索，使全书内容更加充实和丰富多彩，立论更具有说服力。这对了解、掌握美国历史和现实都有很大的帮助，值得一读。

原文载于王旭：《美国西海岸大城市研究》序言，东北师范大学出版社，1994 年

20 世纪以来美国西部史学的发展趋势

内容提要：当代美国历史学者认为美国西部史学有两个概念：即以特纳为首的边疆学派强调研究西部开拓进程的西进史学和后来历史学者侧重探讨西部本身的发展变化的西部史学。根据历史论著探讨不同的主要内容，20 世纪以来美国西部史学可以分为三个时期：即（一）本世纪头三十年为持续探讨西进运动时期；（二）从 30 年代初到 50 年代后期为西部史学初创时期；（三）从 60 年代初到目前为西部史学发展时期。为说明每个时期史学的主要情况，本文分别选择了一些有影响的代表作加以评述。

美国是个历史较短的国家，从 1776 年美国独立到现在不过两百多年，就是从英国殖民北美时期算起，也不到 400 年。但它是个资本主义发达国家，它的历史学的发展比较迅速，史学流派[1]也较多。以弗雷德里克·J. 特纳为创始人的中西部学派（也称为"边疆学派"）就是个持续较久、影响较大的史学流派。特纳于 1893 年发表了那篇题为《边疆在美国历史上的重要性》的著名论文，其中系统阐述了西部在美国历史上的重大作用，奠定了"边疆学说"的基础。"边疆学说"是"美国历史编纂学中一个里程碑"[2]。从此，美国史学界注意的中心开始从美国历史的欧洲起源（生源论）转向结合美国实际，开始从北美大陆东部转向西部，并把"活动边疆"视为理解美国历史、解释美国发展独特性的钥匙。这个学派对 1890 年前各个时期处于边疆状态的西部进行了大量研究，强调西部自然环境对美国社会制度和民族性格的决定作用。它的立论逐渐为当时许多历史学家所接受，并且支配了美国历史编纂学达 40 年之久。但是，这一学派主要研究边疆对西部开拓的影响及其在美国历史中的重要作用，较少论述西部本身的发展，对"边疆消逝"后的西部更没有涉及了。实际上，20 世纪以来西部社会经济有了很大的变化，特别是第二次世界大战期间联邦政府在西部创办军事工业的巨额投

---

[1] 史学流派即一些历史学家按照某种理论或观点解释美国历史发展而形成的学派。

[2] 杨生茂编：《美国历史学家特纳及其学派》，商务印书馆，1984年，第1页。

资以及 60 年代美国科技革命的蓬勃兴起都促进了西部经济的迅速发展，从而大大地提高了西部在全国的经济地位。随着美国经济重心的不断西移，西部文化教育和科学技术都有了长足的进展，以研究西部本身为主的西部史学也应运兴起了。

根据上述情况，当代美国历史学者认为美国西部史学有两个概念，即强调研究西部开拓进程的西进（to-the-west）史学和侧重探讨西部社会经济发展变化的西部（in-the-west）史学。前者是读者比较了解的，因国内已发表一些有关这方面的论著，而后者可能是读者不大熟悉的。本文的目的就是对 20 世纪以来西部史学的发展做一简要评述。

根据多数历史论著探讨不同的主要内容，20 世纪以来美国西部史学大致经历了三个时期：即（一）本世纪头 30 年为持续探讨西进运动时期，（二）从 30 年代初到 50 年代后期为西部史学初创时期，（三）从 60 年代初到目前为西部史学发展时期。现在按照所划分的三个时期，分别选择一些影响较大的代表作加以评述。

（一）持续探讨西进运动时期。20 世纪初期，美国历史学家很少研究 1890 年后的西部，研究内容也很少超出特纳所强调的西进运动。倒是特纳本人开始对现代美国和西部感兴趣，他在这个时期撰写的论文和讲授的美国史课程中，都着重探讨了现代美国和西部[1]。不过他对 1890 年后美国形象的描述都是消极的：除谈到美国对外来移民的限制、较高的生活费用和日趋减少的出生率外，主要是阐述垄断集团侵占自然资源、控制和吞并私人企业以及一个日益明显的阶级结构的形成，并把这些现象看作是美国在"邪恶时代"衰落的标志，进而把这些趋势部分地归咎于"无边疆的社会"[2]。1924 年，他在哈佛大学开设的"1880—1920 年美国史"课程中，要求学生了解近年来的美国。他说，尽管当代美国社会事务"有使人迷惑的复杂性，缺少获得手稿材料的机会"，从而使学者的研究遇到困难。但他仍需要教这门课，因为他对当代美国的了解太少，并且"想多了解些"。这个时期，特纳越研究 20 年代美国的问题，就越相信一个新的充满活力的地域主

---

[1] 1916年特纳在芝加哥大学所做题为"最后四分之一世纪"的演讲和1924年在哈佛大学开设的"1880—1920年美国史"课程以及1926年发表的"1876—1926年的西部"论文等。

[2] 参看雷·A.比林顿"特纳与封闭的边疆"，载罗杰·丹尼尔斯编《纪念T．A.拉森的西部史论文集》，怀俄明大学出版社第37号（1971年10月），第45—56页。

义乃是美国生活的特征。1922 年，他发表了题为《地域与国家》的论文[①]，认为美国存在着许多地域，而且各个地域都有其独特的性质。这些地域之间的差别虽然不像造成欧洲一些国家分隔开来那么严重，可是各种不同的地理、经济和其他经历使美国成为"一些地域而不是州的联盟"。因此，他得出结论说："地域主义是了解现代美国的关键"。其实，这也是了解特纳关于现代美国的概念的关键[②]。1926 年，他发表了《1876—1926 年的西部》的论文，对这半个世纪西部的发展做了简要的概述[③]。

但是，在 20 世纪初期，美国历史学家并没有追随特纳，从事对现代西部的研究，因为他们对那里的社会和文化不大感兴趣。

1910 年，接替特纳在威斯康星大学教西部史的是弗雷德里克·L. 帕克森，也是专门研究西进运动史的。他的第一本有关西部的著作是《最后的美国边疆》（1910 年），论述的时间段限是 1820—1885 年；第二本是《美国边疆史，1763—1893 年》（1924 年）。先前，帕克森曾暗示说，他要摆脱强调边疆作用的西进史学，但实际上，第二本是部紧跟特纳的主题和结论的著作。有位著名的西部史学者对这部著作评论说，虽然帕克森想要写有关边疆的情况，但其中大部分内容是"传统的美国历史"，而非边疆史，读来确有新瓶装旧酒之感[④]。帕克森后在一篇题为《边疆学说经历的一个世代：1893—1932 年》的论文中断言，特纳的边疆学说"今天处于同过去提出时一样易于被人们接受"[⑤]。

在 20 世纪初期，名声不及帕克森的历史学家还有约翰·C. 帕里什，他基本同意特纳与帕克森把西部看作边疆的主题，但也有不同的看法：第一，西进运动到 1890 年并未结束，而是持续到 20 世纪；第二，西部社会和文化与东部有着强有力的连续性，尽管边疆和后来的西部改变了某些外来制度和思想，连续性与西部的革新起了同样大的作用。后一看法显然不符合当时西部历史编纂学的主流，

---

① 特纳 "地域与国家"，载《耶鲁评论》第 12 期（1922 年 10 月），第 1—21 页。

② 迈克尔·C. 斯坦纳对特纳的地域理论做了一个很有用的分析，参看他的 "特纳地域理论的意义"，载《西部历史季刊》第 10 期（1979 年 10 月），第 437—466 页。

③ 特纳的 "1876—1926 年的西部" 一文载《世界的作品》第 52 号（1926 年 7 月），第 319—327 页。

④ 沃尔特·P. 韦布："对帕克森著《美国边疆史》的评论"，载《西南历史季刊》第 28 期（1925 年 1 月）：第 247—252 页。

⑤ 参看理查德·W. 埃图莱恩，"20 世纪西部绪论：一个新的历史编纂学的边疆"，载吉拉尔德·D. 纳什和理查德·W. 埃图莱恩编《20 世纪西部历史的解释》，新墨西哥大学出版社，1989 年，第 5 页。

因为那种强调边疆环境在改变移民的观念和制度方面具有强大力量的论点仍在史学界居于支配地位。帕里什不是一位完全的西进运动历史学家，他在论述移居者的浪潮和随之而来西部的文明时，虽然没有摆脱西进的传统观点，但却对特纳阐述的边疆历史发展进程增添了一些新的内容。他极力主张历史学家应考察西部制造业、新的耕作方式、资源保护和开垦进程，而且还应研究那里学校的建立，新颖的建筑风格以及音乐和新近文学运动的进程。据此，他得出结论说，这些发展就是西进运动仍在运作的强有力的证据①。

（二）西部史学初创时期。1931 年出版的沃尔特·P.韦布的《大平原》一书，标志了西部史学的开端。在西部历史编纂学中，这是第一部论述完整的范例。它概述了这一地区定居者开拓活动的来龙去脉，综合分析了那里的社会和文化的发展。这种从边疆转向地区研究的趋势为探讨西部本身特别是现代西部打开了局面。大平原位于密西西比河流域与落基山之间，这片广阔的、无树木的和半干旱的地区包括了路易斯安那领地约三分之二的面积。对这一地区的开拓，韦布在《大平原》一书中写道，开拓者在大平原谋得生计之前就要适应那里地理、气候以及生物等各种环境，然后运用新的器械和耕耘技术来征服这大片干旱地区。通过适应与使用新技术，这些开拓者才在大平原定居下来，从而奠定了开发大平原的基础。经过对该地区做从地理环境到社会、文化的全方位考察，著者认为"大平原是个与周边地带互相分离且风格迥异的地区"，"它改变了来自东部湿润地带和森林地带的制度和文化复合体，开创了雅利安文明新的发展阶段"②。这些被韦布观察到的现象和所提出的论点构成了《大平原》一书的主要内容。

《大平原》一书问世后，引起了学术界广泛注意并得到了许多美国历史学家的赞誉。著名历史学家亨利·S.康马杰盛赞此书"是近年来历史学领域最富创建性、最引人深思之著作之一"③。帕克森也认为韦布的著作具有开创的性质，称它是"这些年来出版的关于西部最有用的书"，还说它是把特纳所倡导的"地域和地方"理论付诸实践的第一部著作④。

继《大平原》之后，韦布还陆续出版了《得克萨斯巡逻队员：一个世纪的边

---

① 参看约翰·C·帕里什：《西进运动的持续及其他论文集》，伯克利，加州大学出版社，1943年。
② 沃尔特·P.韦布：《大平原》，内布拉斯加大学出版社，1931年，前言，第2页。
③ 沃尔特·P.韦布：《大平原》，内布拉斯加大学出版社，1931年，封底。
④ 弗雷德里克·L.帕克森："对韦布《大平原》的评论"，载《美国历史评论》第37期（1932年1月），第359—360页。

疆防卫》（1935 年）和《我们立场的分歧：无边疆民主制的危机》（1937 年）两部颇有影响的美国地区史著作。在后一著作中，韦布预示了后来历史学家对东部（或北部）的谴责，因为他们都认为那一地区在经济上控制了西部和南部。韦布在该书中最后论证说，西部和南部都是殖民地，它们在经济方面都落在东部（或北部）之后，是因为后者利用关税、内战抚恤金和专利的垄断权来扼杀地区竞争。他直言不讳地指明，当今（指二战以前——作者）西部和南部的经济萧条大部分是由于外部（指东部或北部——作者）利益集团长达一世纪之久统治的结果。因此，他首先要求人们了解这种情况，进而呼吁击退这些外部的势力。[1]

在韦布几部关于美国西部史的著作相继问世期间，一些颇有才华的新闻记者、社会学家和经济学家等也开始撰写有关现代西部的论著。他们和韦布强调现代西部的研究虽然尚未取得在西部史学领域的主导地位，但他们提出一些研究现代西部的新观点和新方法对后来西部史学者的研究起了重要作用。

著名的新闻记者伯纳德·德沃托在 30—40 年代发表关于西部的一系列论文就丰富了现代西部的历史写作。他给《星期六文学评论》和《哈珀》等杂志写有关现代西部的专题论文有 20 多年之久。在这些论文中，他以锐利的笔触责备牧牛场主、立法人员和东部人等都没有保护西部免遭贪婪的公司和政客的剥削。他在一篇题为《西部：一个被劫掠的地方》（1934 年）的著名论文中更清楚地反映了他的观点，把边疆的西部勾画为自私自利的投资者和枯燥无味的政策制定者的牺牲品。后来又在其他论文中论证了西部乃东部的殖民地这一命题。像韦布在《我们立场的分歧》一书中坚持的论点一样，德沃托认为东部控制了西部，掠夺了这个较新的地区，开发了它的自然资源，通过了不适用于西部干旱地区的土地立法，很少考虑西部的未来。他还认为，多数西部人对这种情况知之甚少，因此他的责任就是应对他的乡亲们提供迫切需要的信息和摆脱当代西部困境的办法[2]。

但是，德沃托也指出，西部在开发实践中也学到了有价值的教训：即在西部，个人主义行不通，合作与谨慎的计划是克服西部人面临的障碍所必需的。

德沃托的论文探讨的另一主要问题集中于一个新的敌人——即西部本身内的

---

[1] 沃尔特·小朗德尔："W.P.韦布的《我们立场的分歧》，一份公开的危机"，载《西部历史季刊》第 13 期（1982 年 10 月），第 391—407 页。

[2] 参看理查德·W.埃图莱恩，"20世纪西部绪论：一个新的历史编纂学的边疆"，载吉拉尔德·D.纳什和理查德·W.埃图莱恩编《20世纪西部历史的解释》，第9页。

贪婪集团。他认为,这些贪婪集团对西部的危害比东部投资者和官僚们更大得多。比如,有些西部牧场主和政客们竟愿廉价出售西部的领域和掠夺式地开发它的资源;他们一方面要求减少东部的控制,另方面却甘愿拿他们生来就享有资源的权利同不确知的未来做交易。因此,德沃托告诫西部人说,如果他们不愿保护自己的土地、木材和荒野地区的话,别人将会取而管理之①。

另一位新闻记者 A.G. 梅茨尔里克赞同韦布和德沃托关于西部乃殖民地的解释,写了一本题为《南部和西部的反叛》的书(1946 年),认为南部和西部是长期遭受东部垄断集团劫掠的地区。在这些垄断资本集团的掠夺和剥削下,南部和西部都处于反叛的边缘。这种情况直到第二次世界大战及以后期间才有了改变。作者认为,二战及后期间刮越密西西比河风向的变化(指联邦政府为兴办军事工业而对西部的巨额投资——作者)具有重要意义,因为这种风向的变化逐渐摧毁了强加于西部和南部的殖民地经济关系。战后这两个地区凭各自的优势在社会经济方面都取得了长足的进展,对于未来是乐观的而且有信心的。它们虽然仍愿与东部利益集团协作共事,但更想采取独自行动,因为它们正在分别获得它们所希冀的权力和自由②。

社会学家卡尔·F. 克兰采尔也持有与德沃托和梅茨尔里克相似的看法,他在 1955 年出版的《过渡时期大平原》著作中,也认为这个区域的居民是"受区域以外势力的支配"。如何才能摆脱外部势力的影响,他向那里居民提出了一个计划,这个计划的关键之点就是制订规划、关心社区和健康的民主参与③。他说,如果他们接受他的计划并朝着他提出的目标努力,他保证西部不会再是一个经济上被劫掠的地方,也不会再是个社会上和文化上的殖民地。克氏的这部著作内容虽稍嫌杂乱一些,但是他了解非历史学家探讨新西部的观点的重要文献。

从大萧条到 50 年代末期间,研究 20 世纪西部最重要的著作大部分是新闻记者和非历史学家所写的,但也有少数历史学家写了一些关于现代西部及其分区的历史著作,开始注意阐述 1890 年后西部和分区的历史。其中用较多的篇幅描述 20 世纪西部情况的是约翰·W. 考伊的《太平洋沿岸地区的历史》(1933 年),它

---

① 参看华莱士·斯蒂格纳:《不舒服的椅子:伯纳德·德沃托传》,纽约州公园城,1974 年.

② 持有与梅茨尔里克相似观点的其他著作还有温德尔·伯奇的:《西部的经济自由》林肯:内布拉斯加大学出版社,1946 年.

③ 参看理查德·W.埃图莱恩,"20世纪西部绪论:一个新的历史编纂学的边疆",载吉拉尔德·D.纳什和理查德·W.埃图莱恩编《20世纪西部历史的解释》,第12页.

是一本有实用价值的关于太平洋斜坡地区的概述。七年后，他又出版了一本各院校广泛采用的关于加利福尼亚州的教科书，其中用更多篇幅论述加州近几十年的发展情况，对该州文献的评述尤为出色。

关于西部分区的历史著作主要有奥斯卡·O. 温塞尔的两卷《大西北部的历史》（1947年）和 D. 约翰森与 C. 盖茨合著的《哥伦比亚帝国：太平洋西北部的历史》（1957年）。前者是部分析精湛的著作，有五分之一的篇幅阐述20世纪西北部，后在第二版中又增加了许多关于现代西北部政治、社会和文化史的内容。后者用比温塞尔的著作更多的篇幅来论述现代西北部，盖茨分担撰写的那部分即关于西北部经济和城市的发展，是他有深入研究的两个领域。

这些历史学家都是从全国的角度来考察分区的历史，但当时在非历史学家的著作中流行的殖民地命题在他们的著作中却不大明显。到50年代，强调西部是殖民地的命题实际上逐渐消失了。出现这种现象的原因有二：一是50年代史学界"利益一致论"的兴起，把导致早先殖民地解释的地区竞争"铲除了"[1]；二是西部日益增强的自信心也是减少地区防御姿态的因素，它认识到它能与东部竞争，因而没有理由对竞争者屈居次要的地位[2]。

在殖民地的命题显得日益消失的同时，著名的美国西部史学者厄尔·波默罗伊提出了一种关于西部的明确解释。这位对美国历史和西部社会都有较深造诣的学者，发表了一篇自特纳以来关于西部最著名的论文，其标题为《西部史的重新定向：连续性与环境》。在这篇论文中，他论证说，来自美国东部社会和文化的连续性与产生于边疆新环境的制度和思想显得同样重要。由于他更强调西部是东部先前经历的复制品，他做出了与以前历史编纂学的明显决裂，因为以前历史编纂学强调新边疆乃彻底革新的力量[3]。波默罗伊的论文发表于1955年，但他这种开辟新途径的解释对史学界的影响却来得较缓慢，直到10年之后有些历史学家才验证了他的连续性命题的正确性，而且这一命题后来成为研究西部史的学者的一个主要焦点。

---

① 参看约翰·海厄姆：《历史：美国历史研究的发展》，新泽西州恩格伍德克利夫斯，1965年，第214—215页。

② 参看理查德·W.埃图莱恩，"20世纪西部绪论：一个新的历史编纂学的边疆"，载吉拉尔德·D.纳什和理查德·W.埃图莱恩编《20世纪西部历史的解释》，第15页。

③ 参看理查德·W.埃图莱恩，"20世纪西部绪论：一个新的历史编纂学的边疆"，载吉拉尔德·D.纳什和理查德·W.埃图莱恩编《20世纪西部历史的解释》，第15页。

（三）西部史学发展时期。从 60 年代初开始，美国研究现代西部的论著增多，对西部有创见的新解释也日益增多，出现了西部史学的繁荣局面。这主要是由于在第二次世界大战与战后"冷战"期间，西部社会经济有了重大的发展变化，从而大大提高了西部在美国经济中的地位。这一切加上 60 年代美国民主运动对美国社会的猛烈冲击都为西部史学的蓬勃发展创造了有利条件。

1960—1965 年，美国出版了三部由著名西部史学者撰写的西部地区史著作。第一部是罗伯特·阿塞恩的《高原帝国》（1960 年），其研究范围是山区北部和平原诸州。这是本根据二手材料、阐述较全面的好书，可读性强，对初学者很有用。该书中第四、五部分（将近 80 页）研究了 20 世纪的西部，着重阐述了农业、矿业和有关经济的发展以及该地区与联邦政府的关系。他还广泛论述了高原环境对移来居民的影响，最后要求这一地区人民对未来采取一种新的现实主义观点，不要相信西部永无止境的富庶和过去一些有关西部的神话，而要人们"做出必要的调整"。他的另一部著作是关于现代高原帝国的社会文化史，在书稿将完成时他去世了（1983 年），由他的学生埃利奥特·韦斯特续编完成，书名是《20 世纪美国神话式的西部》，其中对美国西部做出了有影响的重要解释 [1]。

第二部是 W.E. 霍朗的《旧的和新的西南部》（1961 年），它是著者献给他的导师韦布的作品。在论述得克萨斯、俄克拉何马（今译俄克拉荷马——编者）、新墨西哥和亚利桑那诸州情况时，霍朗仿效阿塞恩的手法，用生动的叙述勾画出该地区的著名人物和轶事。该书有一小半篇幅论述 20 世纪这一地区的发展，有一章的标题为"沙漠与绿洲"，其中表述了著者的观点和研究方法：干旱和西南部气候等诸方面是塑造该地区社会和文化的力量，只有审慎的规划和恢复开拓者的决心，才会使这一地区战胜缺雨少水的紧迫问题，为移入西南部的移民创造有利条件。

第三部是厄尔·波默罗伊的《太平洋斜坡：加利福尼亚、奥勒冈、华盛顿、爱达荷、犹他和内华达诸州的历史》（1965 年）。这是一部在美国学术界影响深远的著作，因为它对美国西部做出了开辟新途径的解释。第一，在这部著作中，他强调东部对西部经济、社会和文化的影响，强调东部城市、经济和社会的发展过程与西部社区建设的连续性，从而打破了强调边疆作用的西进史学模式。第

---

[1] 罗伯特·阿塞恩在"一种来自高原的观点"一文中，非正式地探讨了他的历史哲学，载《西部历史季刊》第2期（1971年4月），第125—132页。

二，该书中篇幅最长也写得最精彩的是题为"大都市的力量"的那一章，它追溯了西部城市的兴起及其作用，从它们的起源一直到 20 世纪的发展，这就回避了把 1890 年代作为边疆消逝的传统观点，并使读者对他强调城市在探讨 19 世纪后期和 20 世纪初期西部政治和经济问题中的重要作用有所了解。第三，该书以 20 世纪西部为研究的重点，有一半以上的篇幅论述了 20 世纪太平洋斜坡地区政治、经济和社会的发展变化，从而有助于了解当代太平洋斜坡地区的现实。第四，著者不是孤立地考察、研究这个地区的历史和现实，而是在全书中勾画出这个国家（指美国——作者）和其他地区对这个地区的影响。因此，迄今为止，波默罗伊的《太平洋斜坡》一书是在现代西部历史编纂学中起界碑作用的著作[1]。

波默罗伊的学生、著名西部史学者吉恩·格雷斯利也撰写了不少关于西部史和东、西部关系的论著。除对特纳及其边疆学说写了一些分析透彻的史学评论外，他响应波默罗伊的倡议，侧重研究东、西部关系史。他在博士论文——后来正式出版的书名是《银行家与牧牛人》（1966 年）——中总结说，东部资本家在对落基山区西部的牧畜工业提供资金方面起了主要作用。一些年后，他在题为《殖民主义：西部的一个控诉》的论文中对西部的殖民主义解释提出了一个简洁而全面的看法。他写了许多富有启发性的论文，不少是探讨 20 世纪西部与东部和世界的经济关系的论文，其中有几篇收录于《20 世纪西部论文集》（1977 年）。他追随他的导师，继续呼吁西部史的重新转向：即较少叙述、较少地方性，多些分析、多研究些外界对西部的影响[2]。总之，他的著述和一些独到的论点使他成为蜚声西部史学界的重要学者。

如果波默罗伊和格雷斯利的论著为以后现代西部的研究树立了典范，那么吉拉尔德·纳什的论著特别是他近年来的论著，使他成为两三位阐释现代西部的主要学者之一。他最初发表的论著有 1964 年出版的《州政府与经济发展：1849—1933 年加利福尼亚州行政管理政策史》[3]，1968 年发表的《1890—1964 年美国石油政策》和其他几篇论文。在这些论著中，他探讨了现代西部历史的各个方面，有些观察和分析都颇有独到之处。后来在 1973 年出版的《20 世纪西部：城市绿洲史》一

---

[1] 迈克尔·P.马隆的《历史学家与美国西部》书中称，除特纳和韦布的著作以外，厄尔·波默罗伊的著作是被引用次数最多的。

[2] 参看理查德·W.埃图莱恩，"20 世纪西部绪论：一个新的历史编纂学的边疆"，载吉拉尔德·D.纳什和理查德·W.埃图莱恩编《20 世纪西部历史的解释》，第18页。

[3] 纳什的这部著作的基础是他在约翰·D.希克斯指导下撰写的博士论文。

书中，纳什对当代西部提出了第一个学术性的全面考察。他的这部著作不仅提供了从 1900 年到 1970 年关于现代西部发展的系统概述，指出了 20 世纪西部发展的主要转折点，而且致力于探讨东部与西部关系以及西部与联邦政府关系的转变。

他的这部著作把主要重点放在两次世界大战、大萧条和罗斯福的新政上，并把它们视为帮助促进 20 世纪西部显著变化的主要因素。实际上，纳什论证了本世纪初期这个与东部和华尔街处于殖民地关系的西部，到 30 年代和二战期间在联邦政府投入巨大资本和控制下，发生了迅速而急剧的变化。他总结这种变化时指出："1941 年以后 30 年期间，宾夕法尼亚大街[①]取代了华尔街，成为指引这个地区（指西部——作者）未来许多发展方向的司令部"[②]。

在综合上述研究的基础上，纳什将现代西部划分为两个时期：即殖民地时期和起领导作用的时期。许多研究现代西部政治、经济和文化的学者都认为纳什的分期法对他们探讨各自领域的阶段和问题都非常有帮助。所以，自纳什这部著作发表以来，已受到美国学术界广泛的赞誉，并被公认为综合研究当代西部的重要著作。

纳什另一部研究现代西部特定时期的力作是 1985 年出版的《美国西部的改变：第二次世界大战的影响》。在这部著作中，他用六章的篇幅论述第二次世界大战给美国西部带来的经济和社会变化，强调这次战争推动西部脱离殖民地的地位，变成一个更加独立的地区，用纳什的话来说，即从 1941 到 1945 年的四年期间，把远西部从"一个以强调殖民地的地位为自我形象的地区"改变成为"一个增强自信和创新的地区"[③]。根据西部的这种变化，他进而断言，强调环境作用的特纳学说对了解现代西部特别是评价 1940 年代初期西部发生的引人注目的变化是没有什么用途的。由于强调政府援助和政策的影响，纳什的这部著作应属于"有组织的官僚政治学派"（Organizational-bureaucratic School）的解释。有位历史学家说，这种解释是近年来解释现代美国历史的主要趋势[④]。

在上述专门著作不断问世的同时，有关现代西部各个方面的专题论文也日益

---

① 宾夕法尼亚大街意指美国总统的白宫，因白宫位于该大街附近。

② 吉拉尔德·D.纳什：《20世纪西部城市绿洲史》，1973年，第6页。

③ 吉拉尔德·D.纳什：《美国西部的改变：第二次世界大战的影响》，1985年，第VI页。

④ 参看理查德·W.埃图莱恩，"20世纪西部绪论：一个新的历史编纂学的边疆"，载吉拉尔德·D.纳什和理查德·W.埃图莱恩编《20世纪西部历史的解释》，第24页。

增多。1989 年，由吉拉尔德·D. 纳什和理查德·W. 埃图莱恩编纂出版的《20 世纪西部论文集：历史的解释》一书就展示了各个方面专题研究的成果。该论文集的绪论便是由埃图莱恩撰写的"一个新的历史编纂学的边疆"一文，它对 20 世纪以来西部历史编纂学的发展变化做了一个系统而全面的概述。接着，该论文集从 20 世纪西部的人民、经济、环境、政治生活和文化五个方面来阐释这一广大地区的发展变化，从而使人们能对它获得一个较准确的形象。

　　为了增进人们对现代西部的了解，有些历史学家正在编纂多卷册的现代美国西部丛书。它们的选题包括尚未做出系统和详尽研究的课题、地区和人物等。比如，印第安纳大学出版社计划出版的"马丁·里奇丛书"就包括现代摩门教、西部能源与自然资源以及强调国家和政府对西部的影响等课题。内布拉斯加大学出版社最近也宣布，将由波默罗伊和迈克尔·马隆等著名学者主编一套"20 世纪西部丛书"。同时，俄克拉何马大学出版社宣告，由埃图莱恩主编的一套"西部名人传"即将问世，其中包括好几位当代西部名人的事迹。这些由西部史专家主编的丛书的面世，无疑将促进美国西部史学的发展，也有助于加深人们对当代美国西部的理解。

原文载于《东北师大学报》1995 年第 5 期

《美国移民政策研究》序言

迁徙和流动是美利坚民族的一个重要特征，美利坚合众国就是在它的人民不断迁徙和流动过程中发展起来的。用美国历史学者乔治·W. 皮尔逊的话来说，迁徙（migration）和流动（mobility）——他统称之为 m 要素——是形成美国这个国家的几种基本力量之一，研究 m 要素对了解美国共和国的成长和发展是非常必要的。[①] 在美国历史发展的过程中，曾不断出现了人群迁徙和流动现象：持续一个多世纪的西进运动不断把东部居民和移民推向边疆，直到太平洋沿岸；随着美国工业化和城市化的加速，大量农村人口和外来移民被吸引到迅速发展的城市里来，使城市人口逐渐超过了农村人口；近数十年来，又出现了大批城市居民陆续向郊区转移，以及众多居民从冻土带戏剧性地向阳光带流动，等等。但是，在美国人口不断迁徙流动的过程中，人数众多、持续时间最长和影响美国历史最大的流动要算从四面八方涌入美国的外来移民洪流了。在过去将近四个世纪里，进入美国（包括英属北美殖民地时期）的移民总数超过 6035.6 万人，他们在美国生育繁殖后代的人数就更多了。所以人们常说，美国"是个由外来移民及其后裔组成的国家"。

自美国建国以来，美国人一般是赞成广泛吸收外来移民的。这是因为：第一，美国幅员广大，资源丰富，但缺乏劳动力和技术，因此，开拓土地、开发资源和发展经济都有赖于连续不断的大量外来移民；第二，美国人相信他们有力量同化外来移民，认为美国就是个各种不同民族和种族的"熔炉"，经过这座"熔炉"冶炼融合，"由形形色色的众多民族、种族组成的美利坚民族将日益发展壮大"。

但是，随着外来移民洪流的不断到来，土生的美国人和早来的移民也产生了不同程度的恐惧和担忧。他们害怕外来移民中具有不同宗教信仰的教徒和欧洲思想激进分子会在美国煽动和制造"骚乱"，从而破坏美国原有的"社会团结"。担忧的是大量的外来移民不仅会加剧劳动市场的竞争和降低美国人的生活水平，

[①] 乔治·W. 皮尔逊：《边疆与美国制度》，载《新英格兰季刊》第15卷，1942年。

而且会带来贫困、疾病和犯罪等严重的社会问题，以致"结束了美国对欧洲社会弊病的免疫性"①。这种恐惧和担忧情绪由于报刊连篇累牍有关移民荒诞不经的报道而更加剧。在政党政客和种族主义者煽动下，排外主义情绪日趋增长和蔓延。排外主义者及其组织的广泛活动都直接间接影响到美国移民政策的制定。当然，联邦政府制定的移民政策主要是为适应国内社会发展的需要，并为美国国内、国际政治服务。

根据美国建国以来移民政策的演变，它接纳外来移民的历程可以划分为两个时期：（一）自由移民时期，即从建国起到 1882 年排华法的实施；（二）限制和选择移民时期，即从 1882 年排华法的实施到现在。

在自由移民时期，尽管建国初期有些开国元勋对外来移民疑虑重重，也制定过针对外来移民的严峻法律，但由于社会经济的发展迫切需要大量的劳动力，美国政府一直鼓励接纳外来移民，奉行来者不拒的政策。这一时期，有 1000 多万人移居美国，其中，绝大部分来自欧洲，主要是西、北欧各国；来自亚洲的移民为数很少，且多属外出打工的工人；也有来自非洲的黑人，他们多属非自愿的移民。这些外来移民对美国早期的发展起了重要作用：他们不仅增加了美国的人口，提供了庞大的劳动力，而且带来了一些美国工业化所需要的科学技术，并以各族裔群体的传统和文化融入美国文化主流，使它逐渐丰富多彩。

管理外来移民的权力虽然名义上属于美国国会，但联邦政府在这一时期尚未设立专门管理移民事务的机构，而是由各州和地方根据自身的需要来处理移民事务。这个时期，外来移民主要是从纽约和旧金山等港口城市进入美国的，所以管理移民事务的繁重任务是由这些城市和它们分别隶属的纽约州和加利福尼亚等州承担的。随着外来移民的增多和美国社会对移民事务的日益关注，联邦政府开始承担管理移民的工作，宣布只有国会才有权处理移民问题。1875 年，国会对外来移民实行第一次控制，宣布禁止妓女和罪犯入境，以后又通过一个联邦管理外来移民的法案，把排斥的类别扩大到神经病患者、白痴和可能成为社会负担的人。但是，这项法律仍由各州负责执行。同时，西海岸各地的排华问题逐渐被提上了联邦政府的议事日程。在加利福尼亚州议员和排华势力的鼓动下，国会于 1882 年通过《排华法案》，规定禁止华工入境十年，并禁止华侨入籍。《排华法案》是

---

① 格伦·波特主编：《美国经济百科史百科全书》第3卷，纽约：查尔斯·斯克里布纳之子出版公司，1980年，第1080页。

美国第一个以种族和国籍为理由禁止移民入境的联邦法案，从而标志了自由移民时期的终结。

《排华法案》的实施也预示了美国限制和选择移民时期的开始。顾名思义，限制就意味着限制移民入境，减少入境移民的数量；选择就是挑选美国所需要的移民，拒绝它所不需要的人。在这个时期中，美国从第二次世界大战及战后国际斗争的需要出发，多少放宽了对移民的限制。因此，与战前阶段相比，战后可称为移民政策的有限松动阶段。

在战前阶段，美国政府继排华法案之后，又制定和采取了不少限制和排斥外来移民的法律和措施。概括起来，这种法律和措施大体有以下几种类型：第一，它们是针对某个特定的国家或地区的，比如：1907年美国与日本达成《君子协定》，禁止日本劳工进入美国；1917年国会通过对移民进行"文化测验"的法律，以限制东、南欧各国移民入境等。第二，它们是针对外国劳工的，如1885年国会通过的《福伦法》，就是禁止以合同形式输入劳工。第三，它们不断扩大禁止入境者的范围，除已禁止神经病患者、白痴和可能成为社会负担的人入境外，后把排斥的类别扩大到无政府主义者和以暴力推翻美国政府者等。

为了加强限制和选择移民的措施并把它们纳入制度化的轨道，美国国会在20年代先后通过三个移民法，从而确立了移民限额制度，即旨在限制移民入境的人数、选择移民的民族来源的体制。移民限额制度最突出的一个特征就是种族主义。首先表现于排斥亚洲移民，其次表现于限制东、南欧移民入境。民族来源制的实施表明只有欧洲移民能进入美国，而在欧洲各国中只有西、北欧各国移民才是美国欢迎的理想移民。因此，移民限额制的实施不仅加强了美国对移民的管理和控制，而且表明美国开始了加强限制和选择移民的阶段，也就是"限制欧洲移民，排斥亚洲移民"的阶段。以后，美国接纳外来移民的人数明显下降了。1921—1929年期间，每年入境的欧洲移民已从80万人下降到15万人。到30年代，入境的欧洲移民更少了，低于限额法所规定的入境限额。外来移民的锐减固然与限额法的实施有关，也受到了那场席卷资本主义世界的经济危机和第二次世界大战爆发的直接影响。

美国参加第二次世界大战后，逐渐开始了美国移民政策有限松动的阶段。这首先表现在1943年美国废除了长达半个世纪之久的排华法，允许中国人可以合法移民美国并成为美国公民。排华法的废除是美国参加第二次世界大战以及中、美两国人民共同抗击日本侵略者这一历史发展的必然结果。废除排华法也使美国政府改变了对亚洲其他国家移民的政策，最直接的结果就是废除了排斥印度和菲律宾移民的法律，分别给予这两个国家一定数量的移民限额。其次表现在战后初期美国政府陆续颁布的一系列特别法令和临时紧急措施，如1946年的《战争新娘法》，1948年的《流亡人员安置法》和1953年的《难民救济法》。当时，美国移民政策出现有限松动的原因有两个方面：一方面是第二次世界大战后，美国公众对移民问题的态度有了变化。随着宗教派别间争论的减少和种族偏见的减弱，容忍精神有所增强。教育的普及促进了美国各民族间互相了解，因而要求放宽移民政策的呼声也日益增强。实际上，到50年代，美国的人口结构已趋于平稳，白人占美国总人口约90%，其中，大多数来自西欧和北欧，美国人口中外国出生者已从20年代的1/7下降到50年代初期的1/10，因而，排外主义者对移民将"破坏"美国人口和文化"同质性"的担忧已不那么强烈了。这是美国社会舆论对移民态度的变化的一个重要前提。另一方面，美国政府主要从当时国际斗争的需要出发，多少放宽了对移民的限制，采取一些措施来接纳《限额法》以外的难民入境，但是这种放宽的措施，除个别立法如《战争新娘法》等属于家庭团聚的性质外，主要都是为美国敌视社会主义国家的"冷战"政策服务的。就在这时美国移民政策稍有松动的形势下，国会竟不顾社会舆论的反对，依然制定了排斥外来移民的立法，那就是1952年的《移民和归化法》。该法的主要倾向是限制和阻碍外来移民入境，而且其中麦卡锡式反共调子也很突出，因为1950年国会制定的反共的《国内安全法》（又称《颠覆活动管制法》）被纳入该法，而《国内安全法》规定"禁止那些过去是或现在仍是共产党员或参加共产党组织的任何外籍人入境，已入境者将被立即驱逐出境"。因此，这个移民和归化法"是以国家安全为理由对所有外侨和外来移民进行空前规模的政治性甄别和惩罚"[1]。据统计，这个移民法实施后，美国政府在50年代驱逐合法入境的外侨达13万人之多。[2]

这个移民法不仅限制外来移民入境和驱逐外侨出境，而且对1924年移民限额法所依据的民族来源制，既未予以修改，也根本没有触动。这自然引起社会舆论的愤慨和指责，到60年代民权运动蓬勃兴起时遭到了更加猛烈的抨击。一些自由派人士认为这种民族来源制不仅歧视某些民族集团，而且违背了美国的传统和理想，特别是长期以来人们把美国看成"世界被压迫者的庇护所"的理想。就

---

① 邓蜀生：《美国与移民：历史、现实、未来》，重庆出版社，1990年，第42页。

② 斯蒂芬·西恩斯特罗姆：《哈佛美国族裔集团百科全书》，哈佛大学出版社，1980年，第746页。

连当时美国总统肯尼迪也力促国会取消移民限额法中的民族来源制，认为"继续推行民族来源制度无论是在逻辑上还是理智上都没有根据，它既没有满足国家的需要，也没有达到国际上的目的。在一个各民族相互依存的时代，这个制度是个时代的错误，因为，它对要求进入美国的人根据出生的偶然性而加以歧视"①。

在社会舆论的迫切要求和广泛推动下，国会于 1965 年以压倒多数通过一个新移民法，即《移民和国籍法》。根据这个移民法，美国取消了移民限额法中的民族来源制，改为按国籍（不按民族和种族）定出份额，从 1968 年开始实施全球限额制度；每年限额 29 万人，其中，东半球 17 万人，西半球 12 万人。该法以家庭团聚作为选择移民的基础，美国公民和合法外侨在海外直系亲属获准入境者不列入限额；关于优先权的规定，除对申请家庭团聚的移民给予优先考虑外，对美国所需要的专业人员和政治"难民"也分别给予特别和优先的考虑。

1965 年移民法是美国移民政策史上一个重要的转折，即以民族来源制为基础的移民限额制向以国籍为基础的全球限额制的转变。这种转变不仅打破了以民族来源为基础的移民模式，而且把西半球移民纳入全球限额制，从而结束了对西半球长期奉行的自由移民政策。美国在移民政策上的这些变革不能不说是一种进步，至少是在表面上同等对待来自各国的移民。但是，有些美国学者却对 1965 年移民法做出了过高的评价，认为它"赶走了美国移民立法中种族主义的幽灵"，对各国移民采取了"一视同仁"的政策，重新为来自"不同海岸的移民打开了金门"②。实际上，种族主义在美国社会中是根深蒂固的，它的幽灵决不会一下子被赶走的；说美国今后对各国移民采取"一视同仁"的政策更是远离现实了。仅从这个移民法有关家庭团聚优先权的决策考虑中，便可看出美国决策人偏爱西、北欧移民和限制亚洲移民的招数了。他们透露说，西、北欧移民一直是美国移民的主体，所以，家庭团聚条款的真正受益者仍然是西、北欧移民；而自排斥亚洲移民的限额制实施以来，"亚洲人在美国很少有亲戚，所以，来自这些国家的移民不会太多"。这就表明，1965 年移民法的决策人为限制亚洲移民而设计的条款真是用心良苦了。

---

① 伦纳德·丁内尔斯坦和戴维斯·赖默斯：《族裔美国人：外来移民与同化史》，纽约：哈珀和卢出版公司，1982年，第74页。

② 约翰·海厄姆：《把这些人送来，都市美国的外来移民》，约翰斯·霍普金斯大学出版社，第64页；斯蒂芬·西恩斯特罗姆：《哈佛美国族裔集团百科全书》，哈佛大学出版社，1980年，第495页。

实际上，1965年移民法仍坚持了美国移民政策的限制性、选择性，只不过是美国政府在新的历史条件下，对限制、选择移民的方法方式做了一些调整和修订，使之能更有效地为美国资本主义的发展服务。约翰逊总统在签署这项法案时，便道出其真谛，他说，新移民法实施后，"那些对这个国家（指美国）——对它的发展、它的实力、它的精神——能做出最多贡献的人将首先进入这个国家"[①]。换句话说，也就是在限制外来移民的同时，鼓励有真才实学和对美国有用的人入境。

70年代中期以后，美国移民政策面临两个突出的问题，即难民问题和非法移民问题。越南战争结束后，大批越南人逃往海外，老挝和柬埔寨也有大量居民出逃，从而形成了东南亚难民潮，其中大部分逃往美国。因此，如何接纳和安置这些难民，成为美国亟待解决的问题。1965年移民法中虽然设有难民限额和相关条款，但远远不能满足形势的需要。因此，美国政府采取一些应急措施后，国会于1980年通过了《难民法》。其中，对难民的定义、接纳限额及安置等事宜都做了明确的规定，为进一步接纳和安置难民工作提供了法律上的保障。尽管美国政府在制定这次难民法过程中标榜"人道主义"精神，宣扬它对流离失所的难民伸出援手，但其主要出发点仍是为美国国家利益，特别是为美国的远东外交战略服务的。

进入80年代以后，美国政府遇到更为棘手的问题，那就是大量非法移民的问题。这些非法移民主要来自与美国相邻的拉丁美洲国家，其中以墨西哥人为数最多，来自加勒比海地区和中、南美洲的非法移民也不在少数。同时，还有其他地区和国家的非法移民入境。大量非法移民入境，引起了许多社会问题：首先是增加了联邦政府和地方政府的开支，其次是在就业和工资方面同美国人产生了竞争，再次是这些非法移民的文化适应问题，突出表现在双语教育问题上。通过社会各界的讨论研究和不断举行听证会，国会于1986年通过了《移民改革和控制法》，决定采取严厉的措施制裁雇佣非法移民的雇主，同时"赦免"一批非法移民，准许他们中符合美国所要求的条件者获得临时以及永久的居留权。但是，这个移民法受到了社会各界，特别是企业界的批评，而且实施后也未收到预期的效果，非法移民仍然有增无减。

---

① 林登·约翰逊：《关于移民法的几点评论》，《国会季刊》，1965年10月第23期，第2063—2064页。

自 80 年代初以来，有两个非常突出的现象引起了美国移民政策决策者的重视：一是在全球移民总限额中欧洲移民的比例持续下降；二是有职业——即专业技术和学有专长的移民的比例也呈下降趋势。在这种情况下，1990 年国会又通过一项新的移民法，它是 1965 年移民法实施以来，美国对移民政策做出的较大的修订。其主要规定是在没有改变家庭团聚原则的前提下，尽量增加有职业移民的限额，并且增加了多样化移民的限额，其主要目的就是力求吸收对美国有用的专业技术人员和照顾移民人数少的地区，而后者说穿了就是照顾欧洲移民。

本书著者以马克思主义基本理论为指导，在广泛搜集、阅读大量中、英文有关论著和历史文献的基础上，系统考察了美国建国以来各个历史时期移民政策的发展变化，重点论述了移民限额制度的产生和变化，深入剖析了全球移民限额制的形成及其影响，从而为读者提供了一部较系统、完整的美国移民政策史专著。

在这一课题研究中，著者除采用传统的历史学研究法外，还借鉴和采用了民族学、经济学、社会学和人口学等多学科的研究方法和研究成果，对美国移民政策演变的根由和实质都做了透彻的分析，具有较强的说服力。这对了解、掌握美国这个"由移民组成的国家"的历史和现实都具有重要意义，很值得一读。

原文载于《美国移民政策研究》序言，东北师范大学出版社，1996 年

美国建国以来移民政策的发展变化

内容提要：美国是个由外来移民及其后裔组成的国家。根据美国建国以来移民政策的演变，它接纳外来移民的历程可划分为两个时期：（一）自由移民时期，即从建国起到 1882 年排华法的实施。在这个时期，由于美国迫切需要大量的劳动力，它奉行来者不拒的政策；（二）限制和选择移民时期，即从 1882 年排华法的实施到当前。在这个时期，美国从第二次世界大战及战后国际斗争的需要出发，多少放宽了对移民的限制，与战前阶段相比，战后可称为移民政策有限松动的阶段。20 世纪 70 年代中期后，美国移民政策面临两个突出问题，即难民问题和非法移民问题，尽管美国政府采取了一些相应措施，但都没有收到预期的效果。

关键词：1882 年排华法；移民限额制度；1965 年移民和国籍法；1980 年难民法；1986 年移民改革和控制法

迁徙和流动是美利坚民族的一个重要特征，美利坚合众国就是在它的人民不断迁徙和流动过程中发展起来的。用美国历史学者乔治·W. 皮尔逊的话来说，迁徙（migration）和流动（mobility）——他统称之为 m 要素——是形成美国这个国家的几种基本力量之一，研究 m 要素对了解美国的成长和发展是非常必要的 ①。在美国历史发展的过程中，曾不断出现人群迁徙和流动现象：持续一个多世纪的西进运动不断将东部居民和移民推向边疆，直到太平洋沿岸；随着美国工业化和城市化的加速，大量农村人口和外来移民被吸引到迅速发展的城市里来，使城市人口逐渐超过了农村人口；近数十年来，又出现了大批城市居民陆续向郊区转移，以及众多居民从冻土带戏剧性地向阳光带流动，等等。

但是，在美国人口不断迁徙流动的过程中，人数众多、持续时间最长和影响美国历史最大的流动要算从四面八方涌入美国的移民洪流了。在过去将近四个世纪里，进入美国（包括英属北美殖民地时期）的移民总数超过 5800 万人，他们在美国生育繁殖的后代的人数就更多了。所以人们常说：美国"是个由外来移民

---

① [美]乔治·W.皮尔逊：《边疆与美国制度》，载《英格兰季刊》，第15卷，1942年。

及其后裔组成的国家"。

自从美国建国以来，美国人一般是赞成广泛吸收外来移民的。这是因为：

第一，美国幅员广大，资源丰富，但缺乏劳动力和技术，因此，开拓土地、开发资源和发展经济都有赖于连续不断的大量外来移民；

第二，美国人相信他们有力量同化外来移民。认为美国是个各种不同民族和种族的"熔炉"，经过这座"熔炉"的冶炼融合，由形形色色的众多民族、种族组成的美利坚民族将日益发展壮大。

但是，随着外来移民洪流的不断到来，土生的美国人和早来的移民也产生了不同程度的恐惧和担忧。他们害怕外来移民中具有不同宗教信仰的教徒和欧洲思想激进分子会在美国煽动和制造"骚乱"，从而破坏美国原有的"社会团结"。担忧的是大量外来移民不仅会加剧劳动市场的竞争和降低美国人生活水平，而且还会带来贫困、疾病和犯罪等严重的社会问题，以致"结束了美国对欧洲社会弊病的免疫性"[①]。这种恐惧和担忧情绪由于报刊连篇累牍关于移民的荒诞不经的报道而更为加剧。在政党政客和种族主义者的煽动下，排外主义情绪日趋增长和蔓延。排外主义者及其组织的广泛活动都会直接或间接影响到联邦政府移民政策的制定。当然，联邦政府制定的移民政策主要是适应国内社会发展的需要，并为美国国内、国际政治服务。

根据美国建国以来移民政策的演变，它接纳外来移民的历程可划分为两个时期：（一）自由移民时期，即从建国起到1882年排华法的实施；（二）限制和选择移民时期，即从1882年排华法的实施到现在。

在自由移民时期，尽管建国初期有些开国元勋对外来移民疑虑重重，也制定过针对外来移民的严峻法律，但由于社会经济的发展迫切需要大量的劳动力，美国政府一直鼓励接纳外来移民，奉行来者不拒的政策。这一时期，有1000多万人移居美国，其中绝大部分来自欧洲，主要是西、北欧各国；来自亚洲的移民为数很少，而且多属外出打工的工人；也有来自非洲的黑人，他们多属非自愿的移民。这些外来移民对美国早期的发展起了重要作用：他们不仅增加了美国的人口，提供了庞大的劳动力市场，而且带来了一些美国工业化所需要的科学技术，并以各自族裔群体的传统和文化融入美国文化主流，使它逐渐丰富多彩。

---

① [美]格伦·波特主编：《美国经济史百科全书》，纽约1980年版，第3卷，第1080页。

管理外来移民的权力虽然名义上属于美国国会，但联邦政府在这一时期尚未设立专门管理移民事务的机构，而是由各州和地方根据自身的需要来处理移民事务。这个时期，外来移民主要是从纽约和旧金山这两个港口城市进入美国的，所以管理移民的繁重任务是由这两个城市和它们分别隶属的纽约州和加利福尼亚州承担的。

随着外来移民的增多和社会对移民事务的日益关注，联邦政府开始承担管理移民的工作，宣布只有国会才有权处理移民问题。1875 年，国会对外来移民实行第一次控制，宣布禁止妓女和罪犯入境，以后又通过一个联邦管理外来移民的法案，把排斥的类别扩大到神经病患者、白痴和可能成为社会负担的人，但是，这项法律仍由各州负责执行。同时西海岸各地的排华问题逐渐被提上了联邦政府的议事日程。在加州议员和排华势力的鼓动下，国会于 1882 年通过《排华法案》，规定禁止华工入境十年，并禁止华侨入籍。《排华法案》是美国第一个以种族和国籍为理由禁止移民入境的联邦法案，从而标志了自由移民时期的终结。

《排华法案》的实施也预示了美国限制和选择移民时期的开始。顾名思义，限制就意味着限制移民入境，减少入境移民的数量；选择就是挑选美国所需要的移民，拒绝它所不需要的人。在这个时期中，美国从第二次世界大战及战后国际斗争的需要出发，多少放宽了对移民的限制。因此，与战前阶段相比，战后可称为移民政策的有限松动阶段。

在战前阶段，美国政府继排华法之后，又制定和采取了不少限制和排斥外来移民的法律和措施。概括起来，这些法律和措施大体有以下几种类型：

第一类是针对某个特定国家或地区的，如 1907 年美国与日本达成《君子协定》，禁止日本劳工进入美国；1911 年国会通过对移民进行"文化测验"的法律，以限制东南欧各国移民入境等。

第二类是专门针对各国劳工的，如 1885 年国会通过的《福伦法》，就是禁止以合同形式输入劳工。

第三类是不断扩大禁止入境者的范围，除已禁止神经病患者、白痴和可能成为社会负担的人入境外，后把排斥的类别扩大到无政府主义者和企图以暴力推翻美国政府者，等等。

为了加强限制和选择移民的措施并把它们纳入制度化的轨道，美国国会在 20 年代先后通过三个移民法，从而确立了移民限额制度，即旨在限制移民入境的人数，选择移民的民族来源体制。

移民限额制最突出的一个特征就是种族主义。它首先表现于排斥亚洲移民，其次表现为限制东南欧移民入境。民族来源制的实施表明只有欧洲移民能进入美国，而在欧洲各国中只有西、北欧各国移民才是美国欢迎的理想移民。因此，移民限额制的实施不仅加强了美国对移民的管理和控制，而且显示了美国开始了加强限制和选择移民的阶段，也就是"限制欧洲移民，排斥亚洲移民"的阶段。

此后，美国接纳外来移民的人数明显下降了。在 1921—1929 年，每年入境的欧洲移民已从 80 万人下降到 15 万人。到 30 年代，入境的欧洲长期移民更少了，甚至低于限额法所规定的入境限额。入境移民的锐减固然与限额法的实施有关，也受到了那场席卷资本主义世界的经济危机和第二次世界大战爆发的直接影响。

美国参加第二次世界大战后，就开始了美国移民政策有限松动的阶段。这首先表现在 1943 年美国废除了长达半个世纪之久的排华法，重新允许中国人可以合法移民美国并成为美国公民。排华法的废除是美国参加第二次世界大战以及中、美两国人民共同抗击日本侵略者这一历史发展的必然结果。废除排华法也使美国政府改变了对亚洲其他国家移民的政策。最直接的结果就是废除了排斥印度和菲律宾移民的法律，分别给予这两个国家一定数量的限额。

其次表现在战后初期美国政府陆续颁布的一系列特别法令和临时紧急措施，如 1946 年的《战争新娘法》，1948 年的《流离失所人员》法以及 1953 年的《难民救济法》，等等。

当时，美国移民政策出现松动的原因有两个方面。一个方面是第二次世界大战后，美国公众对移民问题的态度有了变化。随着宗教派别间争论的减少和种族偏见的减弱，容忍精神逐渐增强了。教育的普及促进了美国各民族间互相了解，因而要求放宽移民政策的呼声也日益增强。到 50 年代，美国的人口结构已趋于平稳，白人占美国总人口的约 90%，其中大多数是西、北欧各国移民及其后裔。美国人口中外国出生者已从 20 年代的 1/7 下降到 50 年代初期的 1/10，而排外主义者对移民将"破坏"美国人口和文化"同质性"的担忧已不那么强烈了。这是美国对移民的社会舆论变化的一个重要前提。

另一方面，美国政府主要从当时国际斗争的需要出发，多少放宽了对移民的限制，采取一些措施来接纳《限额法》以外的难民入境，但是这种放宽的措施，除个别立法如《战争新娘法》等属于家庭团聚的性质外，主要都是为美国敌视社会主义国家的冷战政策服务的。就在这时美国移民政策稍有松动的形势下，国会竟不顾社会舆论的反对，依然制定了排斥外来移民的立法，那就是 1952 年的《移民和归化法》。该法的主要倾向是限制和排斥移民，而且其中麦卡锡式反共调子也很突出，因为 1950 年国会制定的反共的《国内安全法》（又称《颠覆活动管制法》）被纳入该法，而《国内安全法》规定禁止那些过去是或现在仍是共产党员或参加共产党组织的任何外籍人入境，已入境者将被立即驱逐出境。因此，这个《移民和归化法》是"以国家安全为理由对所有外侨和外来移民进行空前规模的政治性甄别和惩罚"①。据统计，这个移民法实施后，美国政府在 50 年代驱逐合法入境的外侨达 13 万人之多②。

这个移民法不仅限制移民入境和驱逐外侨出境，而且对 1924 年《移民限额法》所依据的民族来源制，既未予以修改，也根本没有触动。这自然引起社会舆论的愤慨和指责，到 60 年代民权运动蓬勃兴起时遭到了更加猛烈的抨击。一些自由派人士认为这种民族来源不仅歧视某些民族集团，而且违背了美国的传统和理想，特别是长期以来人们把美国看成"世界被压迫者的庇护所"的理想，就连当时美国总统肯尼迪也力促国会取消移民限额法中的民族来源制，认为"继续推行民族来源制度，无论是在逻辑上还是理智上都没有根据，它既没有满足国家的需要，也没有达到国际上的目的。在一个各民族相互依存的时代，这个制度是个时代的错误，因为它对要求进入美国的人根据出生的偶然性而加以歧视"③。

在社会舆论的迫切要求和广泛推动下，国会于 1965 年以压倒多数通过一个新移民法——即《移民和国籍法》。根据这个移民法，美国取消了移民限额法中的民族来源制，改为按国籍（不按民族和种族）定了份额，从 1968 年开始实施全球限额制度，每年限额 29 万人，其中东半球 17 万人，西半球 12 万人。该法以家庭团聚作为选择移民的基础，美国公民和合法外侨在海外直系亲属获准入境者不列入限额；关于优先权的规定，除对申请家庭团聚的移民给予优先考虑外，对美国所需要的专业人员和政治"难民"也给特别考虑和优先考虑。

1965 年移民法是美国移民政策史上一个重要的转折，即以民族来源制为基础的移民限额制向以国籍为基础的全球限额制的转变。这种转变不仅打破了以民

① 邓蜀生：《美国与移民：历史·现实·未来》，重庆出版社，1990 年，第 42 页。

② [美]斯蒂芬·西恩斯特罗姆等主编：《哈佛美国族裔集团百科全书》，哈佛大学出版社，1980 年，第 746 页。

③ 转引自[美]伦纳德·丁内尔斯坦和戴维斯·赖默斯：《族裔美国人：外来移民和同化的历史》，纽约，1982 年，第 74 页。

族来源为基础的移民模式，而且把西半球移民纳入全球限额制，从而结束了对西半球长期奉行的自由移民政策。美国在移民政策上的这些变革不能不说是一种进步，至少是在表现上同等对待来自各国的移民。

但是，有些美国学者却对1965年移民法做出了过高的评价，认为它"赶走了美国移民立法中种族主义的幽灵"，对各国移民采取了"一视同仁"的政策，重新为来自"不同海岸的移民打开了金门"[1]。

实际上，种族主义在美国社会中是根深蒂固的，它的幽灵决不会一下子被赶走；说美国今后对各国移民采取"一视同仁"的政策更是远离现实了。仅从这个法案有关家庭团聚优先权的决策考虑中，便可看出美国决策人偏爱西、北欧移民和限制亚洲移民的招数了。他们透露说，西、北欧移民一直是美国移民的主体，所以家庭团聚条款的真正受益者仍然是西、北欧移民；而自排斥亚洲移民的限额制实施以来，"亚洲人在美国很少有亲戚，所以来自这些国家的移民不会太多"。这就表明，1965年移民法的决策人为限制亚洲移民而设计的条款真是用心良苦了。

实际上，1965年移民法仍然坚持了美国移民政策的限制性、选择性，只不过是美国政府在新的历史条件下，对限制、选择移民的方式、方法做了一些必要的调整和修订，使之能更有效地为美国的国家利益服务而已，约翰逊总统在签署这项法案时便道出了它的真谛。他说，新移民法实施后，"那些对这个国家（指美国，作者注）——对它的发展、它的实力、它的精神——能做出最多贡献的人将首先进入这个国家"[2]。换句话说，也就是在限制外来移民的同时，鼓励有真才实学和对美国有用的人入境。

70年代中期以后，美国移民政策面临两个突出的问题，即难民问题和非法移民问题。越南战争结束后，大批越南人逃往海外，老挝和柬埔寨也有大量居民出逃，从而形成了东南亚难民潮，其中大部分逃往美国。因此，如何接纳和安置这些难民，就成为美国急需解决的问题。1965年移民法中虽然设有难民限额和相关条款，但远远不能适应形势的需要。因此，美国政府采取一些应急措施后，

---

[1] [美]约翰·海厄姆：《把这些人送来：都市美国的外来移民》，约翰斯·霍普金斯大学出版社，1984年，第64页；《哈佛美国族裔集团百科全书》，第495页。
[2] [美]林登·约翰逊，"关于移民法的几点评论"，载《国会季刊》，1965年10月第23期，第2063—2064页。

国会于 1980 年通过了《难民法》，其中对难民的定义、接纳限额及安置等事宜都做了明确的规定，为进一步接纳和安置难民工作提供了法律上的保障。尽管美国政府在制定这项难民法过程中标榜"人道主义"精神，宣扬它对流离失所的难民伸出援助之手，但其主要出发点仍是为美国国家利益，特别是为美国的远东外交战略服务的。

进入 80 年代以后，美国政府遇到更为棘手的问题，那就是大量非法移民的问题。这些非法移民主要来自与美国相邻的拉丁美洲国家，其中以墨西哥人为数最多，来自加勒比地区和中、南美洲的非法移民也不在少数。同时，还有其他地区和国家的非法移民入境。大量非法移民入境，引起了许多社会问题：首先是增加了地方政府和联邦政府的开支，其次是在就业和工资方面同美国人产生了竞争，再次是这些非法移民的文化适应问题，突出表现在双语教育问题上。经过社会各界的研究讨论和不断举行听证会，国会终于在 1986 年通过《移民改革和控制法》，决定采取严厉的措施制裁雇用非法移民的雇主，同时"赦免"一批非法移民，准许他们中符合美国所要求的条件者获得临时的以至永久的居留权。但是，这个移民法受到了社会各界特别是企业界的批评，而且它实施后也未收到预期的效果，非法移民仍然有增无减。

80 年代初以来，有两个非常突出的现象引起了美国移民事务决策者的重视：一是在全球移民总限额中欧洲入境移民的比例持续下降；二是有职业——即专业技术和学有专长的移民的比例也呈下降趋势。在这种情况下，国会于 1990 年又通过了一项新的移民法，它是 1965 年移民法实施以来，美国对移民政策做出的较大的修订。其主要规定是在没有改变家庭团聚原则的前提下，尽量增加有职业移民的限额，并且增加了多样化移民的限额，其主要目的就是尽力吸收对美国有用的专业技术人员和照顾移民人数少的地区，而后者说穿了就是照顾欧洲的移民。

原文载于《湖北大学学报》1997 年第 2 期

"西雅图精神"刍议

内容摘要： 西雅图在 19 世纪后期城市的激烈角逐中异军突起，在很大程度上归因于这种"西雅图精神"。这种精神是以市民们百折不挠的进取精神、历尽艰辛的开拓精神以及齐心协力的团结精神为主要特征的。在西雅图发展的几个关键环节它的具体表现是：积极争取外界力量，开发当地资源，奠定城市赖以发展的基础；努力争取铺设铁路，成为横贯大陆铁路的终点站，以加强它与全国各地区的经济联系；重视文化教育，积极创办华盛顿大学，提高市民的文化素质。这种精神对当前我国城市建设和发展，特别是新区城市建设和发展不无参考和借鉴的价值。

关键词： 西雅图；竞争；城市化；铁路

西雅图是美国西北部濒临太平洋最大的城市，它既是两条横贯大陆铁路的终点，又是美国"通往东方的门户"。周围地区林木茂盛，渔业资源丰富，市区人口约 53 万（1995 年的统计数字）。西雅图市区的主要部分在普吉特海峡和华盛顿湖之间地峡上，全市苍翠碧绿，四季如春，更兼湖光山色，风景如画，素有翡翠城（Emerald City）之美称。随着美国贸易转向亚太地区，西雅图的地位日益重要。据最近美国著名的《新闻周刊》介绍西雅图现状的专栏报道[①]，西雅图市是当前美国最具活力和最富魅力的城市之一，它既是举世闻名的波音公司的大本营，也是高科技产业微软公司（Microsoft Co.）的摇篮；它不仅是美国最宜人居住的美丽城市，而且也是人们追求事业发展的好去处。

西雅图最早的居民是一个印第安人部落，其首领为西尔兹（Sealth）。1851年，才开始有白人开拓者来到这里，他们的最初生活受到印第安人很多关照。为表示对印第安人的感谢，他们将这个新的镇址定名为西雅图（Seattle）。

从 1851 年到 19 世纪末，移居西雅图的人口不断增加，定居地点也日益扩大。这半个世纪是美国经济迅猛发展的时期，也是美国西部大规模开发的时期。在西

---

① 美国《新闻周刊》，1996年5月22日。

部开发和横贯大陆铁路修建的推动下，美国工商业的市场竞争日益激烈，城市之间的角逐也不断加剧。西雅图城镇居民为了发展经济和建设城市，经历了不少的艰辛和挫折，在与竞争的城镇角逐过程中，终于取得了显著成就，为西雅图日后成为太平洋西北部的首座城市奠定了基础。

关于西雅图城市的发展史，美国学者曾发表过一些著作，其中阐述比较系统、全面，一直叙述到当代者，当推罗杰·赛尔的《西雅图今昔》[1]。对于西雅图在19世纪后半叶的崛起，另一位美国学者曾做过系统、深入的研究[2]。他认为，西雅图在这一个阶段取得超越太平洋西北部其他城市的成就，不仅因为它拥有有利的地理位置，而且因为它的公民有一种积极进取的精神，他把这种精神称为"西雅图精神"。这种"西雅图精神"是19世纪后半叶西雅图市民经久不变的特征，"人们天天都听到这种精神，谈论它，相信它的价值并促其实现。"[3] 可以说，西雅图在19世纪后半叶城市角逐中异军突起，在很大程度上归因于这种"西雅图精神"。而这种"西雅图精神"是以市民们百折不挠的进取精神、知其不可而为之的创造精神以及齐心协力的团结精神为主要特征。在这种精神之下，西雅图市民逐渐建起了与重要的铁路干线相连接的运输线，使西雅图与华盛顿领地内陆的经济联系得到很大加强。他们还千方百计利用外界市场的资本，发展城市的经济、文化事业。凡此努力，终使西雅图从美国西北部的一个偏僻小镇一跃而为太平洋西北部的首位城市。

"西雅图精神"具体体现在西雅图城市建设及其发展等许多方面，但因篇幅所限，这里只能就其荦荦大端进行论述。

首先是争取外界支援，开发它丰富的自然资源——林业资源和煤田，奠定城镇赖以发展的基础。1853年，由当地人投资的第一家蒸汽动力的锯木厂在普吉特海峡沿岸建立了，生产的木材和圆木多运往旧金山销售，因为当时那里建筑业兴盛，急需大量木材。因此，木材加工业和渔业逐渐发展为西雅图的两个经济支柱。由于木材贸易的兴旺，旧金山的资本家也来投资，在普吉特海峡沿岸又办起了一些规模较大的锯木厂。随着木材产品的激增，旧金山市场的木材价格日益下

① Roger Sale, *Seattle: Past to Present*, Seattle: University of Washington Press, 1976.
② John R.Finger, "The Seattle Spirit, 1851—1891", *Journal of the West*, XIII (July, 1974), pp.28—45.
③ 这个词起初是嫉妒西雅图发展的竞争城镇市民使用的话，而后来西雅图市民从正面的意思加以使用。

跌。在这种经济不景气情况下，那些有旧金山资本支持的较大锯木厂还能够渡过难关，并在 50 年代后期木材贸易恢复时做成大笔交易。它们的货船不仅把木材运往加州，而且还运往英属哥伦比亚、夏威夷和南美各国。而当地人建立的小锯木厂在无情的市场竞争下，处境却困难多了。尽管如此，那家小锯木厂对西雅图和金县（King County）却有重要意义，它雇用了 20 个人，但它的年产值却比全县农田和农业机械合起来的产值一半还多。因此，不少居民积极支持小锯木厂，把它看成是那时西雅图的"依靠支柱"。

对西雅图早期发展具有重要意义的还有附近的煤田。但是，1850 年代初居民对勘查、开采煤矿的努力都因与印第安人的冲突和缺乏资本而告终。直到 1863—1864 年在杜瓦米施河（Duwamich River）附近发现新的煤田，西雅图市民才真正致力于煤矿的开发，因为他们认为开采出的煤能为即将修建的横贯大陆铁路和太平洋船队提供动力，而且太平洋沿岸的城市和社区也都需要用煤取得热量。但是，开发这片煤田就需要外部资本的投资。有些市民领袖曾多次试图吸引旧金山和东部资本家前来投资，但都没有成功。看来，要想开发煤田，西雅图市民就得自己干了。1866—1867 年组成了两家地方公司，一家主要是开采煤矿，另一家的任务是修建一条通往煤田的短程铁路。但是，由于缺乏资金和技术，第二年没挖掘多少煤，两家公司便都陷于停顿了。

1870 年，在上述两家停产公司的基础上组成了一家新的公司，建起一条电车与驳船连运的运输线，开始大力开采煤矿。可是它的大部分资金却是来自旧金山的贷款，因为那里的商人们又表现出对开采西雅图煤矿的兴趣。1871 年，旧金山的两个商人买下了这家财力拮据的公司。但是，这一行动是不大受欢迎的，因为边疆地区的人们虽然在传统上是习惯于寻求外界投资的，可是当外界资本家取得地方公司的全部产权时却又引起了一种矛盾心理，那就是他们怕外界投资者只注重赚钱，而忽视为当地社区的发展服务。在旧金山投资者的推动下，煤矿改善了矿区铁路，使用了蒸汽机车，扩大了开采的范围，因而煤的产量也显著增加了。随着煤矿工人的增多和矿区社会需求的扩大，一个叫作纽卡斯尔（New Castle）的卫星镇在这片煤田上就应运而生了。1878 年，在西雅图市民的倡议下，修建了一条从市区通向纽卡斯尔的短程铁路，从而大大增加了煤的运输量，煤的对外贸易也相应扩展了。西雅图市因而也日趋繁荣，它的人口增至 3000 多人，成为普吉特海峡中最大的城镇。

其次是努力修建通向领地内陆的道路，积极争取西雅图成为横贯大陆铁路的终点，以加强它与全国各地区的经济联系。西雅图市民领袖认为，要加强西雅图与富饶的领地内陆的经济联系，就必须修建通往内陆的道路或铁路。自从联邦政府在 1850 年代开始对铁路干线测量起，西雅图市就认为他们的城镇大有希望成为一条横贯大陆铁路在普吉特海峡的终点所在地。1854 年，西雅图市就出现了对城镇地块的投机买卖，还有人指出，横越喀斯喀特山脉（Cascade Mts.）最合理的路线就是穿过斯诺夸尔梅关口（Snoqualmie Pass），因为它正位于西雅图的"后门"。这条铁路的建成将保证西雅图成为美国西北部的商业中心和通向远东的大港口。但是，这种争取西雅图成为北方太平洋铁路终点站的臆想后来却因内战的爆发而落空了。尽管如此，西雅图市民领袖认为，在铁路修建之前，他们仍需要修建一条穿越斯诺夸尔梅关口的运货道路，以加强与喀斯喀特山以东富饶地区的经济联系。为此，他们在内战结束后就不断向国会递交备忘录，力陈修建这种道路的经济作用和军事意义。但是，联邦政府对此反应拖拉，长时间未予答复。于是西雅图城市促进者（City boosters）便倡议自筹经费，组织力量自行修建这种道路。但终因经费和人力有限，只修建了一条便于牲畜行走的崎岖小道，根本不适合于货车运输。自行修路虽然遇到困难，但在修建过程中也促进了西雅图经济和贸易的发展，比如在这一带建起了不少木材厂，并在杜瓦米施河附近发现了开发了一片煤田，这对西雅图的早期发展都具有重要意义。这一问题前面已经提及，不再赘述。

北方太平洋铁路公司在内战期间获得国会的特许证后，便着手修建这条横贯大陆铁路，但进展非常迟缓。直到 1873 年，这家公司才决定修建这条铁路的西段，即由哥伦比亚河往北修到普吉特海峡附近一个尚未公布的地点。听到消息后，西雅图市民领袖立即派遣一个代表团与该公司负责人商谈，并且表示如果西雅图被选中的话，将以土地、现金和债券等形式对该公司进行优厚的资助。但是结果却使他们大失所望，因为西雅图不仅被否决了，而且它的竞争对手塔科马镇——在西雅图以南 24 英里的一个微不足道的居民点却被选中作为这条铁路终点所在地。出现这种情况是与该铁路公司的利益有密切关系的。这个时期，铁路公司在铺设铁路的进程中，往往有意避开或排挤已有的城镇，而力图在铁路沿线创建新的城镇，以便占有镇内和周围的大片土地，并从出售地块的投机买卖中，独享地产业的收益。北方太平洋铁路公司之所以选中塔科马作为铁路的终点，便是有着这样打算的。据记载，该铁路公司下设的塔科马土地公司，就拥有已勘测完毕的塔科马镇区内 3000 英亩土地，周围 13000 英亩土地。为推销这些土地，该土地公司曾派员前往东部城市和欧洲各国大肆宣传，进行兜售。

西雅图市民自然不甘心于这次失败，决定筹集资本，自行修建通往领地东南部的铁路。1873年，他们组建了"西雅图—沃拉沃拉铁路和运输公司"，核定的资本额为1000万美元。它的目标是修建一条穿越斯诺夸尔梅关口通往领地东南部的铁路，从而有助于开发沿线的煤田和垦殖沃拉沃拉附近的肥沃农田。该铁路线第一段路基的平整工程完全由西雅图市民承担。1874年5月1日，全市商店都关了门，市民全体出动，聚集在杜瓦米施河畔，开始平整土地、削减路基坡度的劳动，直到日落才收工。这种群策群力的义务劳动的场面极为壮观。① 但是，这条铁路和修建工作在头两年没有多少进展。直到1876年，这家公司的一位主要股东、地方面粉厂厂主提供了领导和资金，才将这条铁路推进到纽卡斯尔煤矿区，从而大大刺激了那里煤矿工业的发展，也保证了有足够的运输量使这段不长的铁路维持下去。但是，穿越喀斯喀特山的修路工程就不那么容易了，只有等待联邦政府的支持和援助。正在这里，刚获得北方太平洋铁路公司控制权的铁路大亨亨利·维拉德插手进来，购买了煤矿和铁路，并将该铁路公司改组为"哥伦比亚—普吉特海峡铁路公司"。西雅图市民得知该公司不愿修建穿越斯诺夸尔梅关口的铁路后，有些人就认为不能依靠它，又自行组成"西雅图—贝克城铁路公司"，计划修建经煤田通往俄勒冈州的贝克城的铁路，以便在那里与联合太平洋铁路的支线连接上。

1883年，北方太平洋铁路终于把各段铺设的路轨连接起来，建成了从德卢斯经俾斯麦、波特兰到塔科马的全线。后在维拉德赞助下，修建了从塔科马到西雅图的延长线，但它的运营完全归北方太平洋铁路公司管辖。1884年，维拉德因经营的摊子铺得过大而受指责，被迫辞职。这样，北方太平洋铁路公司再次为在塔科马拥有既得利益的集团所控制，其结果当然不利于西雅图的发展。此后，从塔科马到西雅图延长线的运输业务变得很不固定，时断时续，终于完全停顿，所以西雅图市民管这条延长线叫作"孤儿路"。

在1884—1885年间，西雅图与北方太平洋铁路公司展开了一场激烈的对抗。西雅图城镇会议和地方报刊都纷纷谴责这家巨大的公司，并向联邦政府递交请愿书，要求国会没收赠予该公司的土地，因为它没遵守特许状的规定，修建径直横越喀斯喀特山的铁路。为平息西雅图公众的愤怒情绪，北方太平洋铁路公司不得

---

① John R. Finger，ibid.

不做出一些让步，其中主要一项是承诺修建横越喀斯喀特山的铁路线。但后来修建时，铁路线所穿越的是喀斯喀特山的斯坦佩德关口（Stampede Pass），而不是斯诺夸尔梅关口，所以没有给西雅图带来多少直接利益。

西雅图社区的积极进取精神也表现在 1885 年组建的"西雅图湖滨—东部铁路公司"。在一些杰出公民倡议下，这家新组建公司的主要任务是自行修建一条穿越斯诺夸尔梅关口通往领地东南部的铁路。后来，这条铁路虽未修到那么远，但却有助于把西雅图社区与金县经济更密切地联系起来。

尽管 1880 年代中期美国经济出现了不景气，西雅图在整个 80 年代却处于兴盛时期。在 80 年代头几年，由于维拉德的投资，这个城市"比它以前历史上任何三年的进展"都快。煤田的广泛开发和煤贸易的显著增长都是有目共睹的，因而当时有家俄勒冈州出版物，称西雅图为"太平洋的利物浦"。随着城市经济的发展，人口也迅速增加了。在 1883—1885 年，西雅图人口由 7000 增至 10000 人，到 1890 年更猛增到 42000 多人，比它的竞争对手塔科马市人口多 6000 多人，成为太平洋西北部仅次于波特兰的第二大城市。

到 1890 年，北方太平洋铁路公司终于认识到西雅图在各方面蒸蒸日上的地位，因而力图取得西雅图湖滨—东部铁路公司的所有股权和市郊铁路线的使用权。为了表示友好姿态，该铁路公司划一了从西雅图和塔科马运往东部货物的收费标准，它的董事长进而对西雅图投资，并且悄悄地卖掉他在塔科马的不动产。后来，他还对一位挚友说，西雅图才是美国"大西北部最重要的地方和最重要的城市"[1]。

其他铁路公司也表示出对西雅图的重视，强有力的铁路巨头詹姆斯·希尔把他主持修建的另一条横贯大陆铁路—大北铁路的西海岸终点就确定在西雅图。1893 年，大北铁路的建成是促进西雅图"这个城市的发展和随之而来的繁荣一个最重要的因素"。[2] 到这时，西雅图已与两条横贯大陆的铁路连接上，而且又是美国与亚洲之间航程最短的港口，因此它在普吉特海峡居于明显的优势地位，这为它后来在太平洋西北部跃居首位城市奠定了基础。

第三是重视文化教育，积极创办华盛顿大学，在提高市民的文化素质上起了重要作用。尽管西雅图市民在建市期间集中力量于发展经济，但他们并没有忽视文化教育的建设。从当时开发边疆的需要来看，文化教育不及发展经济、修建铁

---

① Ibid .

② Ibid .

路那么迫切和重要，但也是不可缺少的方面。从 1860 年开始，西雅图公民为提高当地人的文化素质，组织力量草创一所公立小学和两座图书馆，一座是公共图书馆，另一座是卫理公会教会办的图书馆，总共藏书 400 多册。在西雅图社区经济稍有起色后，文化教育也有了进一步发展。到 80 年代中期，西雅图已建立了许多所公立和私立学校，其中既有小学，也有中学。全市约有 15 座分属各教派的教堂，3 家日报和 5 家周刊以及许多处专供交谊聚会之用的沙龙。这一切表明西雅图社区已逐渐摆脱边疆的粗犷生活，转向文明的社会生活。所以当时有些市民喜欢称西雅图为"模范开拓者的城市"。

在发展文化教育方面，有个值得特别注意的问题就是在西雅图创办大学。1860 年初经过华盛顿领地立法机构的反复讨论，西雅图终于被确定为创办领地大学的地点。这是该市市民引以为荣的巨大成功，因为它标志西雅图将成为华盛顿领地的教育、文化中心。争取创办华盛顿大学是与该市几位热心教育事业的人士的努力分不开的。一位是西雅图卫理公会的牧师丹尼尔·巴格利（Daniel Bagley），另一位是西雅图城市创始人之一，领地立法机构的议员阿瑟·丹尼（Arthur Denny）。巴格利是主张在西雅图创办大学的先驱，认为该市应建立一所世俗大学，并且预见到它对所在城市可能发挥的作用和影响。不久，他就被任命为筹建这所大学的特派员。丹尼原想争取将领地议会大厦设在西雅图，并且把选中的领地议会地址取名叫议会山（Capitol Hill）。但在巴格利说服下，丹尼也认为对西雅图来说，创办大学远比设立议会大厦重要得多，其意义也深远得多，因而全力支持创办华盛顿大学。然而人们认为丹尼为领地议会拟定的法令不大现实，因为他要求这所大学一年内建成开学，而那几乎是不可能的。该法令除确定一块至少 10 英亩的土地作为校址外，对所创办的学校属于什么类型都未阐明，只规定学校负责人有权"出售国会为建立大学而赠予华盛顿的土地"。不久，丹尼得知在议会山上的 10 英亩土地距西雅图的其他部分较远时，主动将他自己地产中一块最好的土地捐赠给学校。后来，华盛顿大学迁往市区东北部新校址后，这块土地正处于日趋繁华的市商业中心，出租后每年可收地租 1000 万美元，迄今仍是该大学经费的主要来源之一。巴格利也出售了他个人拥有的土地，用以偿付工资和购买建校的建筑材料。他们还聘请了一位校长，实际上也是当时学校的唯一教师。这些都确实是在一年内完成的，只剩下唯一未解决的问题就是找不到学生。因此，这所大学开办后，只得教小学和中学的学生。直到 1876 年，它才有了第一届学院毕业生。丹尼这位市民领袖和政治活动家不仅对创办华盛顿大学做出了巨大贡献，而且后来担任大学董事会的董事。期间，对学校的建设与发展也费尽了心血。丹尼在 1899 年去世时，华盛顿大学校长弗兰克·P.格雷夫斯对他热心教育事业的精神给予了崇高的评价。格雷夫斯说："如果他（指丹尼——作者）是一位上过大学的人，他的工作是光荣的，因为他希望把受教育的好处提供给别人。但是，他是一位吃苦耐劳而又粗犷朴实的开拓者，自己早年没有机会接受训练，而力求对未来一代人提供机会，那就是更加光荣的贡献了。他总是乐于向学校捐赠仪器，向博物馆捐赠标本，给学生提供设备和奖金，……如果需要的话，他甚至穿上工装裤，去修补漏雨的屋顶。"①

在丹尼看来，华盛顿大学就是他所致力建设的西雅图社区的一部分，因此创建这所大学理所当然地是他应尽的义务和责任。他和巴格利等人在创建这所大学的过程中都做了他们所能做和应该做的事，从而把他们的理想变为现实。但是，他们都不可能知道兴办大学这一工作的历史作用及其对西雅图后来发展的重大意义。实际上，当时美国城市之间的竞争既是城市经济实力的竞争，也是城市居民的教育水平和文化素质的较量，而高等学府无论对发展经济还是对提高人们的教育水平和文化素质都起到了重要的促进作用。所以重视文化教育是增强城市的综合力量至关重要的举措，对当时美国城市之间角逐的胜负起了决定性作用。

自 1861 年华盛顿大学创办以来已有 130 多年了，经过师生员工的辛勤努力和社会各方面的支持，它已发展壮大，成为美国一流的名牌大学。它不仅培养了大批为全国和地方建设所需要的专门人才，而且也发展了一些有地方特色的重点学科。② 近年来，它的各学院和学科专业又有了进一步发展，特别是工程、科学和医学等方面的进展更为突出。

"西雅图精神"产生于上个世纪美国边疆城市发展的特定历史环境中，有其时代性和边疆特点，但它对当前我国城市建设和发展，特别是新区城市建设和发展不无参考和借鉴的价值。

原文载于《东北师大学报》1997 年第 5 期

---

① 罗杰·塞尔，前引书，第24页。
② 作者在1940年曾就读于华盛顿大学，那时就知道它有三个系办得很出色，在全美国居于领先地位，号称三个F系，那就是林业（Forest）系，渔业（Fishing）系和远东（Far East）系，因为这三个系的英文名称都是以F字母可、打头的。

中美关系中值得注意的问题

《中美联合声明》的发表表明中美关系开始了一个新的发展阶段,这当然有利于促进世界的和平与发展;但这种关系仍具有曲折性和易变性,因为在中美关系中,合作与冲突两种因素并存,而且当前美国还存在有相当影响的反华势力,有些美国传媒和学者也在鼓噪煽风,影响中美关系的正常发展。

现在和本世纪五六十年代一样,有相当多的美国人再次把中国看作是对美国利益的长期威胁,出现了"中国威胁论"。前些时,美国有两位驻华记者合写了一本题为《即将到来的美中冲突》的书,大肆鼓吹中美冲突不可避免。1997年10月,美国著名的哈佛大学教授塞缪尔·亨廷顿在美国《外交》杂志发表了一篇题为《美国国家利益受到忽视》的论文,其中断言美国现在是,以后仍将是一个全球霸主,并宣称中国会成为美国的一个新敌人。上述美国记者和学者所提出的观点都反映了当前美国对华政策辩论中敌视中国的一派——把中国视为敌人,主张对它采取强硬的遏制政策的看法,也反映了一部分美国公众的情绪,因而有可能影响和误导美国政府的对华政策。所以,尽管《中美联合声明》已经签订,这一派的论点及其表现出来的情绪都是值得我们注意和研究的。

美国公众对世界事务的了解是相当简单化的,即"非黑即白"模式。半个多世纪以来,美国人所经历的国际事务,先是对德国、日本打热战,而后是同苏联打冷战,阵营分明,目标清楚。冷战结束后,美国一时在大国里没有敌手,美国外交的指针一时也好像失去了目标。因此,当舆论传媒指责日益崛起的中国公然向美国的领导地位"挑战",据说它还在政治上拒绝接受西方的民主模式,威胁要用武力统一台湾时,美国公众的情绪是很容易被煽动起来的,仿佛又找到了一个主要敌人。美国著名历史学家小施莱辛格曾有句名言:一些美国人不习惯也不甘于没有敌人,总想找一个敌国来确定美国的外交方向。

为什么当前美国的反华势力和部分公众把中国视为今后的主要敌手呢?其实也是不难理解的。目前,美国是世界上唯一的超级大国,而中国是经济发展迅速的发展中大国,很有可能崛起成为世界新兴的强国。历史上,占据既得地位的现有强国对行将兴起的新兴强国有二种不同的态度,即走向和平共处或最终实行对抗的过渡状态。从历史上看，大凡现有强国对正在或行将崛起的新兴强国，几乎普遍持有第二种态度，它害怕权势格局大变，忧虑经济优势受损，担心战略地盘丧失，即使后者与它在意识形态、主要族裔和基本文化传统方面大体一致或相似，它的这种心态也不会有什么大的不同。19世纪后期，号称日不落的大英帝国对崛起的新兴美国的态度就是个例证。英、美两国尽管在意识形态、主要族裔和基本文化传统等方面都属于同源，但大英帝国无论是在美洲或是在亚太地区都对美国的扩张和发展采取反对和阻挠的政策。其中特别应指出的是，在美国内战期间，英国偏袒反叛的南部，支持它反对联邦政府，并在英国港口为南部建造和装备军舰，南部就利用这些军舰（其中最著名的是"亚拉巴马"号）抢劫联邦的商船，破坏了联邦的航运业，给联邦的海军也造成了严重的损失。后据美国官员估算，由于英国对南部反叛的支持和物质援助，使美国内战不必要地延长了两年。因此，战后美国要求英国赔偿21.25亿美元，约占内战军费的一半。从这个历史事件中，可以看出内战期间美国曾吃过英国支持反叛的南部阻挠美国统一的苦头，有过切肤之痛；但现在美国却在台湾问题上干的是与19世纪中叶英国对美国南部同样的勾当，想方设法阻挠中国的统一大业，而且有过之而无不及，如美国制定的《台湾关系法》和向台湾出售武器等。这对这个自诩为争取民族独立的榜样和高举民主、自由大旗的美国不是一个极大的历史讽刺吗？

原文载于《东北亚论坛》1998年第1期

《美国移民政策与亚洲移民（1849—1996）》序

美国是"一个由移民及其后裔组成的国家"。除原有的土著居民——印第安人外，所有美国人不是外来移民，便是外来移民的后裔。美国的移民主要是来自欧洲的白种人，他们及其后代构成现今美国人口的主体；也有来自非洲的黑人，他们多属非自愿的移民，他们及其后代约占现今美国人口的1/10；还有来自拉丁美洲的混血种人和来自亚洲的黄种人，他们仅占美国人口的少数。这些来自四面八方的移民在美国这片广袤的土地上，经过长期的繁衍与融合，逐渐形成一个以讲英语的白种人为主体的多民族国家。

亚裔美国人是亚洲不同民族在美国形成的少数民族，是由十多个亚洲民族及其在美国出生的后裔组成的。其中中国人和日本人来美国较早，朝鲜人、菲律宾人和印度人在19世纪末、20世纪初移居美国，而东南亚各国——越南、老挝、柬埔寨、马来西亚和印度尼西亚等国——的移民和难民则是本世纪70年代中期后才涌入美国的。尽管他们的语言不同，族裔各异，亚裔美国人这个术语还是有意义的。这些人除了从他们各自的故国（或故土）带来了一些相似之点外，都不断受到了他们在美国共同经历的影响：美国环境已对他们施加了比他们从亚洲带来的文化特征更大的影响，终于促使他们与美国社会日益趋同。

美国对亚洲移民的措施是美国移民政策的一个组成部分，它们随着美国社会经济的发展而变化，但亦有其明显的特征，即与美国对其他大洲移民的措施相比，它们更加苛刻和带有强烈的种族歧视。

在自由移民时期——即从美国建国起到1882年排华法的实施，由于美国社会经济和发展迫切需要大量的劳动力，联邦政府一直鼓励外来移民，奉行来者不拒的政策。在19世纪中期加利福尼亚出现淘金热时和60年代修建横贯大陆的中央太平洋铁路时，都有不少中国人移往美国，上万的华工曾以自己的血汗甚至牺牲性命为修建这条铁路做出了巨大的贡献。正是由于美国招募更多华工的需要，美国政府于1868年与代表清政府的卸任美国驻华公使蒲安臣签订了《蒲安臣条约》，把保证中国人不受限制地移民美国写入条约，以实现其在中国招募华工合法化的目的。尽管华工在修建横贯大陆铁路和开垦加州农田方面都做出了不可磨灭的贡献，但他们在美国居留期间却受到了各种歧视和不公正的待遇。他们不仅受到加州苛捐杂税的残酷压榨而且还经常遭受种族主义分子和暴徒的迫害和抢劫。还应指出的是移民来美国的华人与大多数外来移民不同，是"没有资格取得公民身份"的外国人，[①] 也就是说，不管他们在美国居留多久，都不能加入美国籍。在排华高潮期间，他们的生命和财产都不断遭到严重的伤亡和损失，但却得不到美国法律应有的保护，因为他们被剥夺了"在法庭上做不利于白人的证明"的权利。[②]

19世纪后期，美国工业化和西部开发都那样迫切需要劳动力，为什么西海岸各地却接连不断地掀起排华运动？这确实是个需要研究的问题。按照当时排华论者的说法，他们排斥华工、华人的主要论据有以下几点：其一，华工移民"为不足糊口的工资干活，抢走了美国工人的饭碗"；其二，华人移民"不愿也不能同化于美国生活和美国伦理道德的标准"；其三，"华人移民与黑人、印第安人有着共同的特征，即他们都是有色的卡利班[③]"，因此他们若与白人通婚"将形成一种对纯正美国白人社会的威胁"。

实际上，这些说法都是诬蔑中国移民的不实之词，是站不住脚的。众所周知，在美国的华人、华工由于受到种种歧视和排斥，大多数承担了白人不屑干的脏活、累活和危险活，还有不少人开个体经营的洗衣店和中餐馆等，根本不可能在劳动市场上同美国人竞争。说"华人抢走了美国工人的饭碗"是加州工人党的卡尼之流为挑起排华暴乱而进行的煽惑，其目的在于转移美国工人群众反对资本家企业主的视线。至于说华人难于同化于美国社会，固然与华人保持他们故国悠

---

① 1855年，旧金山联邦地区法院根据1790年《国籍法》否决华人陈勇（音译）的入籍申请，裁决的理由是该《国籍法》限定公民身份只授予白人，而华人不是白人，所以没有资格加入美国国籍。参见Ronald takaki, *A Different Mirror: A History of Multicultural America*（New York: Little Brown and Company, 1993）, P. 207.另外，在1870年的《国籍法》中，有限制"白人和非洲裔人"入籍的规定。但却没有提到中国人这就意味着中国人属单独的一类，即他们是"无资格入籍"的外国人，而且这一不成文的规定一直持续到1943年排华法的废除为止。参见Roger Daniels, *Coming to America: A History of Immigration and Ethnicity in American Life*（Princeton, N.J.: Harper Perennial Press, 1991）, p.245.

② 1855年，加州立法机构将美国一项现行法律——禁止黑人和印第安人在法庭上就涉及白人的案件作证，扩大适用于华人，即华人不能在法庭上做不利于白人的证明. 参见陈依范：《美国华人史》，世界知识出版社1978年版，第173页。

③ 卡利班（Caliban）是莎士比亚的《暴风雨》剧本中的一个角色，是个丑陋、野蛮而残忍的奴隶。

久的文化和传统不无关系，但更重要的原因是美国社会拒绝接纳他们，是由于各级政府所颁布的一系列歧视性法令以及西海岸各城市在种族主义者煽惑下不断发生的反华人暴乱，这一切促使他们长期处于被隔离的封闭状态，根本没有适于民族间融合、同化的环境。诬蔑华人同黑人、印第安人一样都是有色的卡利班，宣称华人同白人通婚将形成一种对白人社会的威胁，更是排华论者的狂妄叫嚣，充分暴露了他们狂热的种族主义者的真面目。

随着排华运动的扩展和蔓延，排华问题逐渐成为全国性政治问题。在种族主义者和政党政客鼓动下，美国国会于1882年通过了排华法案，规定10年内禁止华工入境，华人不得加入美国国籍。这是一个以种族偏见为基础的排外法案，也是美国历史上第一个禁止自由移民的重要法案，它使中国人成为不能向美国自由移民的唯一民族群体。这个法案既违背了美国建国以来对待外来移民的民主传统，也是在未与清政府协商的情况下，美国单方面制定的关于中国移民的政策。因此，它遭到公正舆论的谴责和抨击。美国加州历史学家沃尔顿·比恩在其著作中评论排华法案时就这样写道："很少有国家出于种族理由拒绝给人以入籍的权利，美国这样做与纳粹德国……成了一丘之貉。"①

排华法实施后，美国就开始了限制和选择移民的时期。为了减少移民入境，选择它所需要的、排除它所不需要的移民，美国对亚洲移民采取了比其他洲移民更为严厉、苛刻的措施。1882年以后，来美国的华人数目锐减；加州农场主亟需的劳动力则由入境的日本人来代替。入境的日本移民除在城市里经营企业和店铺外，多数人投入农业生产。其中一些人通过承包和分成的方式逐渐拥有小块土地，经过他们的精耕细作，农产品的产量和产值都在不断增长。加州白人对日本移民大量涌入以及他们所取得的成就大为不安，要求限制和排斥日本移民的呼声日甚一日。以冈珀斯为首的劳联在排日运动中起了重要作用。他们煽动白种工人反对日本移民，宣称后者只知道赚钱，根本不能同化于美国社会。加州当局一方面积极支持排日运动，为旧金山市反日暴徒助威；另一方面，剥夺日本移民子女受教育权，不允许日裔儿童进入当地公立学校，以致引起日美两国的紧张关系。加州有些政客和排外主义者公开要求加州议会和国会制定类似排华法案的排日立法，但这种发展趋势却为西奥多·罗斯福总统所及时制止，因为他深知正在崛起

---

① 沃尔顿·比恩：《加利福尼亚史解》，纽约1968年版，第512页；转引自陈依范，《美国华人史》，第185页。

的日本军国主义的实力以及旧金山市的排日暴乱可能造成的后果。[①]因此，他力主就移民问题与日本政府举行谈判，并在1908年与日本政府达成了《君子协定》。该协定终止了日本劳工移往美国，双方达成的协议是日本政府对这样的移民拒发护照，而美国则不颁布禁止日本劳工入境的排斥性法案。应该指出，《排华法案》与《君子协定》都是旨在禁止中、日两国劳工入境，但美国政府为达到这一目的所采取的策略和手段是明显不同的，之所以如此就是由于美国根据移民离去国的强弱而不同行事的：对于弱国，在无须与它磋商的情况下，就无所顾忌地单方面制定移民政策，迫使对方服从遵照；对于强国则强调协商谈判，尊重对方的自我约束，以防止双方关系的恶化而导致冲突。

　　为了加强限制和选择移民的措施并把它们纳入制度化轨道，美国国会在20世纪20年代陆续通过了三个移民法，从而确立了移民限额制，即旨在限制移民人数、根据民族来源选择移民的体制。移民限额制最突出的一个特征就是种族主义，其最主要的表现就是排斥亚洲移民。根据1924年移民法，任何具有亚洲族裔血统的移民，不管其出生地是亚洲还是亚洲以外的地区，均不得移民美国。日本移民也属于被排斥之列，他们和中国移民一样，均被视为无资格取得公民权的外国人。这一法案实施后亚洲移民中只有菲律宾人没有受到限制，因为当时菲律宾乃美国的海外殖民地，其居民虽非美国公民，却属于美国的国民，享有自由出入美国的权利。但是随着入境菲律宾移民的急剧增加，美国社会要求控制菲律宾移民的呼声也日益加强。美国国会遂于1935年通过了一个专门法案，终止对菲律宾实施的自由移民政策，每年只给菲律宾50个移民限额。

　　美国排斥亚洲移民的政策直到第二次世界大战期间才有了改变。美国参加第二次世界大战后，逐渐开始了美国移民政策的有限松动。首先表现在1943年美国废除了长达半个世纪之久的排华法，允许中国人可以合法移民美国并成为美国公民。这就改正了如富兰克林·罗斯福总统所指明的"这一历史性错误"，从而加强了美国与中国共同抗击日本侵略者的同盟关系。第二次世界大战结束后，美国进一步放宽了对少数亚洲国家移民的限制，决定分别给予印度和菲律宾每年各

---

① 西奥多·罗斯福总统在一封私人信件中对加州议会的"傻瓜"的"愚蠢攻势"大发脾气，并公开指责"个别城市的暴民（他想到的是旧金山市反日暴民）可能在任何时候做出的非法暴力的行动，将使我们（指美国人——引者注）陷入战争"。参见Roger Daniels, *Coming to America: A History of Immigration and Ethnicity in American Life*，pp.254—255.

100 名的移民限额。其次表现在战后初期，美国出于国际政治斗争的考虑，陆续颁布了一系列特别法令和临时紧急措施，接纳限额法以外的移民和难民入境。其中也有些亚洲移民和难民，但其数量仍属有限。

1952 年，国会颁布了《外来移民与国籍法》，其主要倾向仍是限制和阻碍外来移民入境，它坚持了美国移民政策中的种族主义因素，但对亚洲移民却具有两重性。它一方面设立了"亚洲—太平洋三角区"（简称"亚太三角区"），给予整个地区各国有限的移民限额，取消了亚洲移民和亚裔人不得入籍的禁令。这当然不能不说是有限松动的措施。另一方面却仍持续了限额法中对亚洲移民的歧视。根据这个法案，欧洲移民的限额指标将计入其出生国的限额，而欧洲的亚裔移民入境时使用的限额却计入其祖籍所属的亚洲国家的限额；同样，美国对西半球国家和地区仍实施非限额移民政策，但这却不适用于居住在这些国家和地区的亚裔人。显而易见，美国对移民实行这种双重标准的目的在于限制亚洲移民。

美国之所以限制亚洲移民，固然与美国长期以来形成的种族偏见有关，但其法律依据则来自 1924 年移民法所确立的民族来源体制。对于这一体制，1952 年移民法中既未予以修改也根本没有触动其基础。因此该移民法的制定与实施都遭到了广泛的指责和抨击。一些自由派人士认为这种民族来源制不仅歧视了某些民族集团。而且也违背了美国的传统和理想，特别是一些开国元勋自诩美国乃"世界被压迫者庇护所"的理想。就连当时美国总统肯尼迪也认为民族来源制是个"时代的错误，因为它对要求进入美国的人根据出生的偶然性而加以歧视"。[1]

在社会舆论广泛要求改革的形势下，国会于 1965 年以压倒多数通过了《外来移民与国籍法修正案》，即 1965 年移民法。根据这个移民法，美国取消了移民限额法中的民族来源制，改为按国籍（不按民族和种族）定出份额，从 1968 年开始实施全球限额制度，每年限额为 29 万人，其中东半球 17 万人，西半球 12 万人。应当特别指出的是，该法规定各国移民不分种族、宗教和国籍均可申请移民美国。所有移民一律按出生国使用限额，这就从法律上取消了 19 世纪后期以来美国对亚洲移民的各种歧视措施。因此，1965 年移民法是美国移民政策史上的一个重要转折，即以民族来源为基础的移民限额制转变为以国籍为基础的全球限额制。这种转变对亚洲移民产生了很大的影响，带来了亚洲移民的新高潮。

---

① 转引自 Leonard Dinnerstein，David Reimers，*A History of Immigration and Assimilation*（New York: Harper & Row Publishers，1982），p.74.

这个移民法实施后，入境的亚洲移民人数猛增，并与西半球移民一起，构成了美国外来移民的主要来源。根据美国政府统计，1940 年亚裔美国人总数近 49 万人，占美国人口总数的 0.4%；20 年后，亚裔美国人增加到 87 万多人，占美国人口总数的 0.5%。到 1980 年亚裔又猛增到 346 万人，占美国人口总数的 1.5%。根据这种增长趋势，美国一个权威机构推算，到 2000 年，他们将占美国人口的 4%。这表明，60 年间亚裔美国人将增加 10 倍之多。[①]

在亚裔美国人不断增加的同时，欧洲移民的数目却在锐减。尽管美国移民政策决策者仍偏爱欧洲移民但却无法扭转欧洲移民急剧减少的趋势。这是因为第二次世界大战后欧洲各国（特别是西欧各国）重建经济后到 60 年代已进入高速发展的时期。经济高速发展自然导致对大量劳动力的需求，这就从根本上遏止了移民大规模外迁的势头。与此相对照的是亚洲移民和亚裔美国人却呈现出有增无已的趋势。这种趋势是由美国资本主义发展的需要和亚洲国家及地区社会经济的变化两方面因素促成的，而不是以美国移民政策决策者的意志为转移的。首先，亚洲国家在第二次世界大战后纷纷取得独立但多数国家仍处于工业化的初期阶段；在这些国家中，人口增长速度往往超过了经济发展速度，人民生活水平相对较低。到 80 年代除日本和"四小龙"外多数亚洲国家仍属比较贫困的发展中国家。因此，不少人为改善自己的生活和处境，纷纷移民外迁，特别是利用 1965 年移民法中的家庭团聚和技术类移民的条款移往美国。其次，在 80 年代前，亚洲是世界上地区冲突比较频繁、战争连绵不断的主要地区，每次战争都造成大批难民逃离家园，流落异乡。这些难民往往成为迁往美国的亚洲移民的主要组成部分。1975 年以后的 10 年间，美国出于国际政治斗争的需要，曾多次部署安置难民的计划，接纳相当数量的亚洲移民。

与此同时，还有两个促成亚洲移民有增无已趋势的因素也值得注意：一是 1959 年夏威夷加入联邦、取得州的地位后，有些亚裔美国人被选为国会参议员和众议员，作为亚裔美国人的代言人，他们自然会对美国亚洲移民政策施加一定的政治影响，消除一些不利于亚洲移民和亚裔群体的措施。二是亚洲移民移居美国后，由于他们的教育程度较高（高于美国人受教育的平均程度），敬业精神较强，与其他少数民族相比，对社会做出了较显著的贡献，在事业上取得了较突出

---

① 参见Roger Daniels，*Coming to America: A History of Immigration and Ethnicity in American Life*，pp.350—351.

的成就，所以被美国舆论界誉为"模范少数民族"①。这些都有利于破除美国社会对亚洲移民和亚裔群体的偏见，增强接纳他们的意愿。

总之，随着亚洲移民数量的增多，移民素质的提高，他们在美国的社会经济地位也在上升，这就为亚裔群体争取平等权利，参与美国社会、经济与政治生活创造了有利条件。

本书的著者以历史唯物主义的基本原理为指导，在广泛收集、阅读大量中英文有关论著和历史文献的基础上，系统考察了美国对亚洲移民政策的发展变化，深刻揭示了美国亚洲移民政策变化的原因及这种变化对亚裔群体在政治、经济和社会地位等方面所产生的巨大影响，重点分析了亚洲两大移民群体——中国人和日本人在美国的遭遇及其处境的发展变化，实事求是地评述了美国和中国学者对这一课题的研究动态和研究成果。在综合上述一系列研究的基础上，本书还预示了美国对亚洲移民和亚裔群体的政策走向，这对我们了解美国亚洲移民政策的历史、现实与未来都有很大的帮助，值得一读。

原文载于《美国移民政策与亚洲移民》序言，中国社会科学出版社，1999年版

---

① "模范少数民族"泛指亚裔美国人。1986—1987年，美国《新闻周刊》、《美国新闻与世界报道》和哥伦比亚广播公司等各大传媒机构先后对亚裔美国人做了专题报道，盛赞他们的教育程度较高，工作勤奋，生活节俭，依靠自力更生取得成功，有些人更在科学和学术方面取得惊人的成就。因此，称他们为"模范少数民族"，其目的在于要美国的其他少数民族仿效他们。但是，这些报道和后来一些学者只看到亚裔美国人成功的一面，而忽视了许多较贫穷的亚裔美国人的困境，特别是80年代前后入境的亚洲移民和难民的困境。参见Ronald Takaki, *A Different Mirror: A History of Multicultural America*, pp.414—417. Sucheng, Chan, *Asian American: An Interpretive History* (Boston: Twayne Publishers, 1991), p.1.

城市促进者在拉斯维加斯发展中的作用

摘要： 拉斯维加斯市位于内华达州东南部，是当代美国著名的旅游中心之一。它成为享有盛名的旅游中心经历了两个阶段：第一个阶段是从 1905 年设镇起到第二次世界大战的结束，该市促进者和当权者原想以该州易于离婚而闻名于世的雷诺市为样板，步它的后尘。为此它曾颁布了一些促使赌博合法化等所谓"开明的法律"，以招商引资，但收效不大；第二个阶段是二战后到 1953 年，该市商会与促进者在集思广益的情况下，商讨该市未来的发展，一致认为旅游观光是该市未来发展的关键。因此，市商会和促进者开始征集宣传基金运动，聘请著名的专业性广告社，既为该市制作各种广告和精美的宣传品，还为该市设计、塑造旅游中心的形象。经过各方面的努力，到 1953 年该市已成为遐迩闻名的旅游中心。

关键词： 城市促进者；雷诺；胡佛水坝；"富有进取心的人基金"

美国是个城市发达的国家，城市化的发展也很迅速、广泛，在主要资本主义国家中居于领先地位。这固然同美国工业化迅猛发展、农业机械化不断加强以及交通运输的便利都有密切关系，但城市促进者（city booster）在城市的创建和发展方面也起了不可忽视的作用。近代美国城市促进者主要包括当地公众领袖、房地产推销商、工商业主和报刊记者、编辑等。他们通常是通过市议会、商会、地方报刊和宣传品发表他们创建城市的设想和建议。随着科学技术和传播媒介的发展，20 世纪美国城市促进者除仍包括上述人员外，还增加了公关人员和宣传、广告设计师等，特别是在促进旅游城市的发展中，受过心理和技能训练的公关人员和宣传、广告设计师更是不可或缺的重要人物①。这从他们在拉斯维加斯发展中的作用便可看出。

拉斯维加斯是内华达州最大的城市，1980 年，它的大都市区人口有 46 万多人，占该州总人口的一半以上，这表明它在该州居于举足轻重的地位。

---

① 佩里·考夫曼.拉斯维加斯型的城市促进者[J].西部杂志：13卷，1974（3），第46页。

拉斯维加斯位于内华达州东南部，那里原先是个人口稀少、经济落后的沙漠地区，附近有几处开采金、银、铜的矿山。1905 年，拉斯维加斯开始设镇，成为洛杉矶、圣佩德罗与盐湖城铁路的交会点。那里之所以被选中作镇址是由于该地有无数的自流井和丰富的地下水，可能成为附近矿业社区的供水点。

在创建拉斯维加斯的初期，城市促进者曾试着吸引外部资本家对该市内地农业进行投资，但是没有得到什么响应。由于发展工、农业都缺少必要的条件和资金，该市掌权者和促进者都想以内华达州另一主要城市雷诺为样板，希望能步它的后尘。[①] 雷诺市位于内华达州西部，最初是因靠近铁路、矿山和牧场而创建的一个城市，它以易于离婚的法律而著称，享有"世界的离婚首都"的名声。为了效仿雷诺的做法，拉斯维加斯也颁布了一些所谓"开明的法律"，除 1931 年州议会通过赌博合法化的法令外，还有诸如准许离婚需在该市居住六周、简便的结婚手续和没有向州交纳的所得税、遗产税和销售税等。商会还宣扬该市地处"最后的边疆"，有个对所有人都"开放的环境"。它提出了一个特别受欢迎的口号："内华达州是厌烦纳税的人们的防风掩体"。[②] 这些措施和宣传都是为了吸引投资、招揽游客。但是，实际上，它们并未收到多大的效果，以一些小赌场、旅馆和旅游业为主的拉斯维加斯经济仍然不大景气。

对拉斯维加斯经济发展有较大影响的是联邦政府在该市东南 30 英里的科罗拉多河上修建的胡佛水坝。水坝于 1936 年建成后，美国各地众多旅游者都来参观这座世界最大的水坝，但其中许多人离去时都不知道拉斯维加斯这个城市的存在。为了改变这种局面，该市促进者将注意力转移到旅游业，认为这是促进拉斯维加斯发展的重要因素。于是他们利用商会——（他们中有些人便是商会成员）作为研究中心，采取一些宣传手段，促使越来越多参观胡佛水坝的人们和去别处游览途经拉斯维加斯的游客在该市逗留一两天：既有享受夜总会和赌场的游乐，也可游览附近绚丽多彩的风景区。1940 年出版的该地区旅游手册中称拉斯维加斯是游览美国西南部的天然中心，列举了该市附近的游览胜地：犹太教国家公园、死亡溪谷、胡佛水坝和科罗拉多大峡谷等，以广招徕。为了配合旅游业的发展，该市在商会推动下，从 1940 年开始，陆续修建了一些豪华宾馆，如在通往洛杉矶的公路上修建的维加斯大牧场旅馆（EI Rancho Vegas），成为该市第一家附设

---

① 卡尔·艾博特.大都市边疆：当代美国西部城市〔M〕.北京:商务印书馆，1988年，第80页。

② 关于维加斯战后未来的讨论[J].拉斯维加斯评论杂志.1944年7月27日，第47页。

停车场的汽车旅馆，还有于 1942 年建成开业的"最后的边疆旅馆"。

美国参加第二次世界大战后，拉斯维加斯因联邦政府两项与战争有关的措施而取得了较大的发展。由于那里适宜的气候和大片无人居住的国有土地，美国陆军航空队于 1941 年利用拉斯维加斯机场作为培训飞行员和飞机枪炮手的训练学校，并在附近修建了校舍和培训基地。在二战期间，有数千名美国飞行员和枪炮手在该校接受训练，他们每月在拉斯维加斯的生活费就要花掉一百万美元的巨款，这对促进该市的繁荣起了不小的作用。在该校建立不久后，联邦政府又投资一亿四千万美元在拉斯维加斯与胡佛水坝之间地带建立了一家镁厂，其主要任务是冶炼镁矿砂，供战时制造飞机和炸弹之用。这家"基础镁公司"（Basic Magnesium Incorporated）为这个地区提供了一个很大的税收来源[①]。因此，该市商会和促进者都集中力量协助安顿陆军官兵和"基础镁公司"职工的生活。随着外来人口的增加，该市人口在 1940—1944 年期间已由 8000 人增至 20000 人。城市商业因而也日趋兴旺。

在二战即将结束时，拉斯维加斯应怎样转入和平时期经济被提上了议事日程。市商会和城市促进者都担心炮兵学校和镁厂的结束势将对当地经济产生不利的影响。为此，商会与公众领袖共同商讨对策，决定对内华达州南部工业、农业、商业与旅游业的潜力进行调查研究。为了集思广益，商会还邀请了南加州，特别是洛杉矶著名的商界人士出席会议，为战后拉斯维加斯的发展出谋划策。拉斯维加斯将是战后美国首要的旅游观光胜地，因为那里既有世界上最好的气候，又有为经常变色的山峰所环绕和日出、日落所照射的沙漠美景[②]。南加州的商界人士对战后拉斯维加斯旅游观光业的展望在商会中引起了很大的反响，形成了一致的共识：旅游观光业是这个城市未来发展的关键。随后，商会和城市促进者还研究了美国著名的旅游胜地特斯康、迈阿密海滩、棕榈泉和南加州的宣传模式，作为宣扬拉斯维加斯的借鉴。商会决定将促进旅游观光业作为其首要任务。用当时任商会主席的马克思威尔·凯尔茨的话来说，就是旅游观光业"确实是一种非常有利的产业，因为它是一种会带来金钱而不会拿走任何东西的产业"[③]。

为了发展旅游观光业，还必须有个积极热心而又有工作效率的组织。这种

① 佩里·考夫曼. 拉斯维加斯型的城市促进者[J]. 西部杂志，13卷，1974（3）：49.
② 关于维加斯战后未来的讨论[J]. 拉斯维加斯评论杂志，1944-07-27，2.
③ 佩里·考夫曼. 拉斯维加斯型的城市促进者[J]. 西部杂志，13卷，1974（3）：50.

形势的发展导致了拉斯维加斯商会的改组。原在南加州广播电台工作的凯尔茨于1944 年当选为商会主席，一批积极热心的年轻促进者也被选入商会。凯尔茨是位讲求实际的领导人，特别重视广告的宣传作用。在他的领导下，商会改变了过去热衷辩论、议而不决的风气，逐渐成为工作积极又有效率的组织。这自然有利于促进战后拉斯维加斯旅游观光业的发展。

1945 年初，商会开始了一个征集 75000 美元宣传基金的运动。这个运动得到城市促进者的热情支持，但是许多当地居民特别是些老住户对它反应消极。他们认为这个城市很难与其他旅游胜地竞争，仍将下降到战前的经济地位。为了克服这种悲观情绪，商会在报纸上公布了州内、外经济界人士认为战后这个城市旅游业势将兴旺发达的言论，还把促进城市发展的宣传事业的捐献者称为"拉斯维加斯富有进取心的人们"，说他们是有朝气的、有远见的公民。后来，这项基金取名为"富有进取心的人基金"（Live Wire Fund），要求每家工、商企业捐献其净收入的 1% 到 5%。凯尔茨坚持这项基金的筹集乃一种商业运作，而非施舍行为。因此，他派专人去市内各工、商企业进行活动和解释，希望它们踊跃输捐。当地旅馆业和赌场答应不少于 50000 美元。克拉克县行政专员公署也表示支持这一运动。结果战后第一年，"富有进取心的人基金"募集了 85000 美元，用于广告和宣传事业。这是美国城市中人均的宣传基金最高的数额，每个居民平均捐献约 4 美元[①]。以后几年间，这项宣传基金也主要来自当地的旅馆和赌场，它们的捐献达到捐献总额的 60% 到 80%[②]。

根据其他旅游胜地的宣传模式，商会决定用约 60% 的预算作广告费，剩下40% 供制作宣传材料之用。城市促进者认为宣传材料是使国内了解拉斯维加斯的手段，办法是发出报道、照片以及可能在报刊和广播电台发表的宣传材料。广告就是在报刊上登广告，在交通要道上竖立广告牌以及把旅游手册发送给有关单位和游客。在商会看来，广告的作用是引起人们的欲望和偏爱，促使他们采取消费行动，所以广告费占宣传基金较大的百分比，因为公关人员能控制所刻画的形象，而宣传品中的报道则要靠作者来编写。

经过商会与促进者的广泛讨论研究，决定把制作广告和宣传品的合同交给当时美国最大广告社之一，即 J. 沃尔特·汤姆森公司。该公司的宣传部主任 J.V. 赞

---

① 佩里·考夫曼. 拉斯维加斯型的城市促进者[J]. 西部杂志，13 卷，1974（3）：51—53.
② 佩里·考夫曼. 拉斯维加斯型的城市促进者[J]. 西部杂志，13 卷，1974（3）：51—53.

特建议拉斯维加斯不要成为像雷诺那样一种形象的胜地，即以易于离婚而闻名于世的胜地。他与商会密切合作下，开始了一个宣传拉斯维加斯为旅游中心的运动，办法是使该城市经常在新闻报道中出现。这个宣传运动第一阶段是从南加州这个最近的旅游市场开始的。宣传品、报道和广告陆续发往洛杉矶地区的报纸。后来，逐渐在《时代》《假日》和《星期六晚邮报》等著名报刊上登广告，敦促人们来拉斯维加斯游览观光。由于该城市处于从盐湖城通往南加州的交通线上，宣传运动第一阶段便集中力量，促使游客来到拉斯维加斯及其四周的风景区。在洛杉矶、盐湖城和西南部公路交会点处都竖立许多指示方向的广告牌，牌面上画了一个洋洋得意的、笑嘻嘻的牛仔，用大拇指指向"内华达，拉斯维加斯"。汤姆森公司还派一名宣传员常驻该市，将描述拉斯维加斯的西部生活环境的报道不断发往各主要报纸。有位城市促进者把塑造拉斯维加斯的形象总结为它有着"西部荒野表演的刺激、乡村杂货店的友好和蒙特卡洛的放荡不羁"。[①]

作为广告和广告牌的补充，商会在促进者支持下，制作了20万份彩色折叠式的宣传手册，发送给全美各地旅行社、有关报刊、旅馆和游客。宣传手册强调西部精神、风景奇观和拉斯维加斯像个大游戏场的景象，宣扬那里有令人兴奋的夜生活和日夜24小时营业的赌场。因此，在战后头六个月，美国有关拉斯维加斯的新闻报道增加了一倍多。由于广泛宣传的作用，各地报纸、杂志的编辑和记者也于1946年纷纷来到拉斯维加斯访问、考察，撰写了不少的新闻报道和特写。商会在城市促进者支持下，对来访的编辑和记者们除免费供应膳食、旅游观光、提供他们所需要的资料和照片外，还尽力为他们的采访提供各种方便。

拉斯维加斯有两个集中的赌博区：一个是该市南部沿洛杉矶公路"狭长地带"的赌博区，另一个位于市内弗里蒙特大街。前者是1946年随着豪华奢侈的弗拉明哥（Flamingo）大旅馆的开业而发展起来的赌博区，那里相继建立了许多富丽堂皇的旅馆和赌场，是大批赌徒与游客云集的地方。后者那里早就有许多小赌场，二战后在金块赌博娱乐大厅（Gold Nugget Gambling Hall）开张后，一批新赌场也在附近陆续建立起来。这个赌博区有个绰号，叫作"闪闪发光的峡谷"，意指许多由大量霓虹灯装饰起来的赌场，夜间闪闪发光，显示出这个城市的兴旺发达。拉斯维加斯促进者把这座城市比喻为一个富矿脉，并使用了"它里面有金

---

① 佩里·考夫曼.拉斯维加斯型的城市促进者[J].西部杂志，13卷，1974（3）：52.

山"这一口号，大概是向游客暗示，现代内华达山金矿就在这些赌场里①。

一些关于拉斯维加斯赌博区的新闻报道使城市促进者深感困扰。前面的弗拉明哥大旅馆就是著名的黑社会西格尔投资建成的，随着他进入拉斯维加斯赌博业，许多恶名昭彰的歹徒也来到这个城市，从事赌博、犯罪活动。有些把拉斯维加斯描绘为"罪恶之乡"的报道和特写开始在报刊上出现，这自然对该城市的形象是不利的。但是，该市促进者和公关人员认为有关赌博和歹徒的报道是无法控制的，"罪恶之乡"的形象也是难以掩饰的，只有听其自然，而且该市的形象也日趋多样化，因此无须为这一问题而过分担心。

1947年，在市商会安排下，西部侯爵广告公司（West-Marguis Advertising Co.）接替了汤姆森公司，承担广告业务，制作宣传品的业务则由商会自行负担。西部侯爵广告公司是个有形象意识的公司，为了改变不利于拉斯维加斯的形象，它开始用"阳光下的乐趣"的措词来描绘拉斯维加斯这个旅游胜地，并在广告、广告牌和旅游手册都附加上对微笑的牛仔问候说："伙伴你好！"这个牛仔的名字叫维加斯·维克（Vegao Vic）。这家公司的主要意向是使"维加斯·维克""伙伴你好！"和"阳光下的乐趣"成为这个旅游胜地的商标。它还建议，拉斯维加斯应集中开发三个市场：即洛杉矶地区、太平洋沿岸和把拉斯维加斯列为旅游胜地的其他地区。1947年，美国就约有5000万人通过这家公司的广告了解到拉斯维加斯这个旅游胜地的各种情况。这家公司的总裁J.韦斯特还指出，有个尚待开发的游客资源就是旅行社。他在商会和促进者支持下，邀请50位东部主要旅行社经理和编辑乘飞机专程来拉斯维加斯做"简短假期"一日游。他们游览了有特色的区域和观光了市容，并且受到了盛情的款待。待他离去后，商会开始给他们和其他300家旅行社发寄一年四次的宣传品邮包，并派代表出席全美旅行社组织的大会，宣扬拉斯维加斯这个旅游胜地的形象。后来这个组织的全国代表大会也在具有"阳光下的乐趣"的拉斯维加斯举行过。由于全国性和地区性会议活动的增多和空中交通的便捷，拉斯维加斯在美国逐渐成为有很大吸引力的会议地点②。

1948年，联合太平洋铁路公司总裁乔治·阿什比（他是拉斯维加斯市居民）推荐该公司的宣传机构协助商会改变拉斯维加斯的形象。该宣传机构的负责人S.汉内根认为，必须淡化城市在赌博、离婚等方面的形象，而应强调它是四周风

---

① 佩里·考夫曼. 拉斯维加斯型的城市促进者[J]. 西部杂志，13卷，1974（3）：92—53.

② 卡尔·艾博特. 大都市边疆：当代美国西部城市〔M〕. 北京：商务印书馆，1988：79—80.

景奇观的游乐中心。他用"家乡人"、"乳酪饼"、风景奇观、温和气候以及著名影星等多样化形象把该市描绘为一个整洁优美的旅游胜地，热诚欢迎游客偕眷前来观光。在他塑造多样化形象中，把该市描绘为与好莱坞著名影星会晤的游乐场，后来证明是吸引游客的非常成功之举。根据汉内根塑造的拉斯维加斯形象，商会在促进者支持下，制作了大量关于该市的宣传品，广泛散发给国内外的有关单位，用以招徕游客。

50年代初，美国原子能委员会选定距拉斯维加斯75英里的一个地区进行原子能试验，并在1951年1月燃爆了第一次大气层的试验。该市公关人员与促进者生怕试爆可能吓跑潜在的游客，因此他们写了专题报道，仔细说明从试验计算出来的数据是无害的辐射。内华达试验场的各次原子弹发射都招来了世界各国包括美国的新闻记者。他们来到拉斯维加斯专门报道发射情况。试爆在一般情况下，往往要推迟好几天，因为科学家需要等待最好的天气。这样，新闻记者就有理由逗留下来，外出采访和撰写有关拉斯维加斯及其附近地区的报道。当地记者和城市促进者就利用这些报道和照片试图使原子弹试验与拉斯维加斯这两个词语在公众思想中成为同义词。当时，发行很广的《生活》周刊上就登了一幅照片，显示出原子武器是在两家赌场招牌的形象之间爆炸的。因此，拉斯维加斯不仅是个西部边疆的城市、赌博和娱乐的中心，而且是原子武器爆炸的根据地。从此，观看原子弹爆炸逐渐发展成为一种流行的运动项目，并且组织起竞赛，凡是对一次试爆时间猜测最接近者就能获奖。

在此后八年多期间，拉斯维加斯的建设和发展在商会和城市促进者的策划和推动下，经过专业性宣传机构的广泛宣传，取得了相当的成功，逐渐成为美国著名的旅游胜地和享有国际声誉的娱乐城。它市内人口从1945年的20000人到1953年增加了一倍，达到39600多人。这个增加也主要是旅游观光业发展的结果。拉斯维加斯促进者和城市形象的专业塑造者体现了美国城市发展史中一个新的方面，即由于他们的活动和努力，旅游城市在美国人日益富裕的情况下有了迅速发展。

尽管商会和城市促进者用了很多时间和精力推动拉斯维加斯的建设和发展，但该市仍然存在不少的问题。市区人口不断增加，而公用设施却迟迟跟不上社会发展的需要，城市促进者对公用事业也不大关心，许多居民区的道路仍未铺筑；公共图书馆非常简陋，与城市发展的规模很不相称；市内穷人的生活很困难，只能靠慈善事业的救济，因为那里很少有州或市设立的福利机构；市区西部已发展成贫苦黑人的聚居区，那里生活情况是很悲惨的。

从拉斯维加斯发展成为旅游胜地的过程中，可以看出城市促进者所起的重要作用。他们在协助有关机构推动拉斯维加斯的建设方面之所以取得成功，有以下几个重要因素：首先，他们认为，必须从当地社会现实及其附近的自然条件出发，考虑和确定城市的发展方向，并为实现这一发展方向创造有利的条件和提供各种必要的设施，以充分发挥其优势；其次，他们深刻了解专业性广告宣传机构在促进旅游城市发展中的巨大作用。它不仅能利用先进的传播手段进行广泛的宣传，充分发挥广而告之的职能，而且还能为城市塑造适合于它发展的形象，促使社会各界人士对它有个鲜明而又美好的印象；最后，他们不失时机地，积极抓住各种机遇，利用一切有利因素，大力发展城市的主要事业，有时甚至需要尽力改变不利因素为有利因素，以促进某些特定事业的发展。他们促使拉斯维加斯利用当地原子弹试爆的时机来发展它的旅游业便是个有力的例证。

原文载于《东北师大学报》2000 年第 1 期

当前中美关系及其走势

中美建交以来的 20 年，基本上可分为两个时期：头 10 年是中美关系发展的正常时期，双方的合作多于分歧矛盾。这固然由于当时美国对华政策基本上是建立在两党一致的基础上的，也由于两国对"苏联的威胁"存在着共识，它是双方关系的一个重要战略基础。后 10 年是棘手的合作时期，尽管不断出现严重的分歧矛盾，但双方仍维持合作关系。美国研究中美关系的学者哈丁写了一本题为《脆弱的关系》的书，用它来阐明后 10 年中美关系比较合适。

中美建交的基础是双方认定的共同利益。近 10 年来，这种共同利益表现为：中国改革、开放和现代化需要美国在资金、技术和贸易等方面的支持，美国则认为一个稳定的、朝着改革方向发展和对美国友好的中国符合美国利益；双方对发展经贸关系和文化交流方面都持积极态度，在处理共同关心的国际问题上合作多于对抗。

尽管如此，中美关系仍存在着较为严重的分歧矛盾，这种分歧矛盾常随着国际、国内发生的重大事件而加剧，甚至影响两国关系的正常发展。比如，90 年代初国际局势发生了苏联解体和冷战结束的风云突变。在这种形势下，原来中美两国面临的对安全的威胁消失了，双方还有无共同利益？它们之间的共同利益是什么？这在当时一些美国政界人士中成了问题。换句话说，在他们看来，苏联解体后，中国对美国不再重要了。但是，随着国际形势的发展变化，这种片面的看法逐渐削弱了。1995 年，中美关系一度陷入建交以来的最低谷，这是由于美国允许李登辉访美，引起台海危机所造成的。这一危机的始作俑者固然是李登辉，但若没有美国国会中占优势的共和党右翼和反华势力的大力支持，他就难以实现其访美目的。克林顿政府起初也不同意李登辉访美，而且向中国做了保证。美国政府这种出尔反尔的举措使中美关系陷入了低谷。

但是，历史的发展是不以某些人的意志为转移的。中国经济不断取得举世瞩目的成就，在国际政治中也发挥了越来越重要的作用。美国一些当政者和公众逐渐意识到在新的形势下，两国间仍存在着广泛的共同利益；双方都希望维护亚太地区的和平与稳定，防止核扩散和朝鲜半岛非核化等，双方在这些方面都有可能进行有益的合作。这就是 1997—1998 年实现两国首脑互访的基础，经双方的努力，中美关系又逐渐回到正常的轨道上来。用克林顿总统的话来说：在后冷战时代，中美两国间的共同利益不是减少了，而是增加了；两国间的合作领域不是缩小了，而是扩大了。美国决策者和社会各界越来越多的人士意识到这一点。但是，随着时间的推移，两国间新的分歧矛盾仍在不断涌现：如以美国为首的北约发射导弹袭击中国驻南使馆严重损害了中国的主权；李登辉抛出的"特殊的两国论"和美国国会酝酿的《与台湾关系加强法》，引起了海峡两岸与中美之间的紧张关系等。这一系列的问题都需要双方认真对待和严肃处理。

展望新的世纪，中美关系依然将是曲折起伏的，两国间原有分歧矛盾解决了，新的分歧矛盾又将不断涌现出来。但是，对此也毋须过虑。只要根据中美之间三个联合公报的精神，双方通过平等的协商方式，谨慎地处理两国间的分歧矛盾，中美关系就会继续正常发展的。

中美两国是历史传统和现实政治都很不相同的国家，各有自己的国家利益。为了促进两国关系走上正常的轨道，就应该不断增强两国之间的相互了解：既要增强官方的联系与互访，也要扩展民间的交流与合作。双方只有比较深入地互相了解，才能建立起比较稳固的相互信任，而相互信任是解决两国间的分歧矛盾和建立健康的正常关系所不可缺少的基础。让双方有识之士为增进中美之间的互相了解做出更多的贡献吧！

原文载于《东北亚论坛》2000 年第 1 期

美国移民史中的排外主义

美国建国以来，美国人一般是赞成广泛吸收外来移民的。这是因为：首先，美国幅员广大，资源富庶，但它既缺少劳动力又缺乏技术，因此开拓土地、开发资源和发展经济都有赖于连续不断的移民洪流；此外，美国人相信他们有力量同化外来移民，认为美国是个不同民族、种族的"熔炉"，经过这座"熔炉"的冶炼，美利坚民族将日益发展壮大。但是，随着移民洪流的不断到来，土生美国人和早来的移民也产生了不同程度的恐惧与担心。早在北美殖民地时期，有些人就对外来移民的涌现有着担心和恐惧。美国独立后，这种恐惧与担心由于不断大量涌入的外来移民产生的社会问题而加剧。美国排外主义运动经常与这种社会上的恐惧和担心有着密切的联系。当大多数美国人保持团结并对他们的未来抱有信心时，他们似乎更愿意与外来移民分享未来；当他们发生分裂且对未来缺乏信心时，排外主义就可能抬头。[①] 根据美国人对外来移民的特定情况的反应，美国经历了三个反对外来移民活动的阶段，或三个排外主义阶段：即反天主教徒的阶段、反亚洲移民的阶段和普遍限制所有外来移民的阶段。[②]

第一个排外主义阶段主要是反对天主教会和教徒，盛行于19世纪30年代后期到50年代中期以及19世纪80年代至90年代初期。前一时期的矛头是针对信仰天主教的爱尔兰移民和德国移民；后一时期是针对来自东欧、东南欧"新移民"中的天主教徒和东正教徒。

早在北美殖民地时期，英国殖民者中的新教徒便把反对天主教的情绪带到北美来，并与移民中天主教徒有着摩擦和不和。在美国独立前，信奉天主教的法国移民在加拿大与印第安人建立的同盟，被北美殖民地的人们视为威胁，因而加重了新教徒对天主教徒的敌对情绪。到19世纪30年代，随着入境的爱尔

---

① 罗杰·丹尼尔斯：《来到美国：外来移民史与美国生活中的族裔关系》(Roger Daniels, *Coming to America: A History of Immigration and Ethnicity in American Life*)，纽约哈珀科林斯出版公司1990年版，第265页。

② 罗杰·丹尼尔斯：《来到美国：外来移民史与美国生活中的族裔关系》，第265页。

兰和德国天主教徒移民日益增多，天主教会和天主教徒被看成是对美国体制的一种威胁：不仅对共和制原则而且对共和国本身都是起着破坏作用的因素。[1] 美国的一些新教徒在神职人员煽动下，掀起了反对天主教的群众性活动，后在东部一些城市里，逐渐演变为暴力行动。到 19 世纪 50 年代中期，有 12 座天主教堂被烧毁，许多天主教机构遭到了袭击和破坏，以至各城市的保险公司几乎都拒绝对这些机构提供保险。"一无所知党"便是在当时反对天主教的运动中出现的，它不仅反对爱尔兰裔美国人，而且把矛头针对罗马天主教徒。在社会各种反对天主教的声浪中，美国天主教机构和教徒们都处于惶恐不安的状态，难以进行其正常的宗教活动。直到内战前，这种反对天主教的局势才有所改变，因为人们从现实中逐渐认识到，阴谋分裂美国的颠覆力量不是外国人，而是南部白种美国人；真正令人担心的威胁不是来自教皇、耶稣会教士和某些欧洲国家的君主，而是来自南部的奴隶主。不仅如此，他们还看到主要由爱尔兰和德国的移民组成的族裔军团积极支持了联邦为统一而镇压南部叛乱的斗争，而在族裔军团中，不少官兵都是天主教徒。

内战以后十多年里，由于美国朝野都致力于南部重建的工作，反对天主教会和教徒的活动暂时沉寂下来。但是，到 19 世纪 80 年代，随着"新移民"中天主教徒的激增和天主教区学校的不断扩展，美国反对天主教会的排外主义运动再度出现。这次运动的主要矛头是指向罗马天主教会和"新移民"中的天主教徒和东正教徒。当时，一些报纸开辟了专门揭露"罗马的错误"的专栏，还有人捏造说罗马教皇有个号召美国天主教徒起来屠杀所有新教徒的"训令"，并且广泛地流传开来。[2] 1887 年创立的"美国保护协会"就是旨在限制天主教徒担任公职，防止天主教会扩大对公立学校的影响。它还在各种社会活动中煽动反对天主教会的情绪，号召其成员不要投票选举天主教徒，也不雇佣天主教徒。到 20 世纪初期，又出现了一次反天主教的活动，一些新的反天主教组织——诸如"自由保卫者"和"路德骑士"——先后建立起来，一些反天主教的报纸也陆续出版了。但是，这次反天主教的活动是短暂的，因为它尚未广泛展开时，第一次世界大战就爆发了，公众的注意力开始转向参战问题方面去了。尽管如此，美国反天主教的排外

---

① 罗杰·丹尼尔斯：《来到美国：外来移民史与美国生活中的族裔关系》，第267页.

② 戴维·W. 沃里斯：《简明美国历史辞典》（David W. Voorlees, *Concise Dictionary of American History*），纽约查尔斯·斯克里布纳之子出版公司1983年版，第705—706页.

主义从未平息下来，宗教方面的不容忍精神也从未终止。1928 年，民主党候选人艾尔弗雷德·史密斯竞选总统失败的重要因素之一就是由于他是天主教徒。直到 20 世纪 60 年代初，民主党的天主教徒约翰·肯尼迪当选为美国总统，这种宗教歧视才算消失了。

第二阶段是排斥亚洲移民的阶段，从 19 世纪 70 年代开始直到第二次世界大战时期。先是排斥中国移民，并于 1882 年颁布排华法案，接着是 20 世纪初期排斥日本移民和 20 世纪 20 年代到 30 年代排斥菲律宾移民等。

在 19 世纪中期，加利福尼亚出现淘金热和 60 年代修建中央太平洋铁路的时候，都有不少中国人移往美国，成千上万的华工曾以自己的血汗甚至牺牲性命为建成这条横贯大陆的铁路做出了巨大的贡献。为了招募更多华工以适应开发西部的需要，美国政府于 1868 年与以蒲安臣为首的清廷代表团签订《蒲安臣条约》，借以保证华人不受限制地移往美国，从而达到其在中国招募华工合法化的目的。尽管华人在修建中央太平洋铁路和开垦加州农田方面都做出了不可磨灭的贡献，但他们在美国居留期间却受到各种歧视和不公正的待遇。他们与多数来美国的移民不同，是"没有资格取得公民身份"的外国人。[1] 换句话说，不管他们在美国居留多久，都不能加入美国国籍。在排华高潮期间，他们的生命和财产都不断遭到严重的伤亡和损失，但却得不到美国法律应有的保护，因为他们被剥夺了"在法庭上作不利于白人的证明"的权利。[2]

19 世纪后期，美国工业化和西部开发都迫切需要劳动力，为什么加州和西海岸一带却接连不断地掀起排华运动？西海岸地方掀起的排华运动又为什么会演变成全国性的政治问题？这主要是由当时美国经济、政治和社会各方面因素造成的。第一，1873 年，美国发生的经济危机使初具规模的加州企业受到严重的打击，造成大量工人失业，而被中央太平洋铁路公司（因竣工）解雇的近万名的华工也恰在这时回到旧金山市，徘徊街头，寻找工作。这引起了白种失业工人的恐惧，于是加州一些政客和排外主义分子便以华人移民"抢走了美国工人的饭碗"为宣传伎俩进行煽动，掀起了加州的排华运动，并且很快蔓延到西部各州。第二，

---

[1] 1870年国籍法中有"放宽白人和非洲裔人入籍"的规定，但却未提到华人。这就意味着华人属单独的一类，即他们是"无资格入籍"的外国人，而且这一不成文的规定持续到1943年《排华法案》的废除．参看罗杰·丹尼尔斯：《来到美国：外来移民史与美国生活中的族裔关系》，第271页。

[2] 陈依范：《美国华人史》，世界知识出版社1987年版，第173页。

当时美国两大政党——共和党与民主党——处于势均力敌的状态，从而使西海岸各州（领地）在总统竞选中占有举足轻重的地位。双方在争夺总统宝座的竞争中，都竞相把排斥华工列入政纲，以争取西海岸各州（领地）的选票。这就使加州掀起的排华运动这一局部性问题变为全国性政治焦点之一。第三，美国排外主义者宣扬华人移民"不愿也不能同化于美国生活和美国伦理道德标准"，并且断言他们有"许多代代相传、不可更改的思维习惯"，污蔑他们"生在中国，长在中国，希望回到中国去，对美国毫无爱意；他们是彻头彻尾的异教徒，奸诈、淫荡好色、懦弱和残忍"。[1] 第四，狂热的种族主义者还恶毒地污蔑"华人移民与黑人、印第安人有共同的特征，即他们都是有色的卡利班"[2]，因此，他们若与白人通婚"将形成一种对纯正的美国白人社会的威胁"。最后，在美国排斥亚洲移民的浪潮中，华人移民之所以首当其冲，受到各种屈辱和迫害，固然由于当时他们在亚洲移民中人数较多，还由于清朝政府的昏庸无能，根本无力保护其旅居海外的侨民，致使在美国的华人移民陷于孤立无援、任人欺凌的境地。

随着排华运动的扩展和蔓延，排华问题逐渐成为全国性政治问题。在政党政客和排外主义者鼓动下，美国国会于1882年通过了《排华法案》，规定10年内禁止华工入境，重申华人不得加入美国国籍。它以种族偏见为基础，是美国历史上第一个禁止自由移民的重要法案。该法案既违背了美国建国以来对待外来移民的民主传统，也是在未与清政府协商的情况下，美国单方面制定的关于中国移民的政策。此后，美国国会还陆续通过了一些排华法案，其中主要有《斯科特法》。该法规定：出境华工一律不得重新入境，过去美国政府所发出的华人身份证通通作废。

由于美国为加紧排华而采取了种种不公正的措施，入境华人急剧减少，加州农场主迫切需要的劳动力则由入境的日本移民来接替。后者除为加州农场主干活外，有些人还通过承包和分成的方式逐渐拥有小块土地，经过他们的精耕细作，农产品的产量和产值都在不断增长。到世纪之交，加州一些白人对日本移民的不断涌入以及他们在农业方面取得的成就大为不安，要求限制和排斥日本移民的呼

---

① 罗纳德·田恒：《来自另一海岸的陌生人：多元文化的亚洲裔美国人的历史》(Ronald Takaki，*Strangers from a Different Shore: A History of Multicultural Asian Americans*)，纽约小布朗出版公司1989年版，第108—110页。

② 卡利班（Caliban）是莎士比亚的《暴风雨》剧本中的一个角色，是个丑陋、野蛮而残忍的奴隶。

声日甚一日。加州政府一方面积极支持排日运动，为旧金山反日暴徒助威；另一方面竟剥夺日本移民的子女的受教育权：禁止日裔儿童进入当地公立学校。这种措施引起了日本政府的抗议，从而出现了日美两国间的紧张关系。为此，西奥多·罗斯福总统及时制止了加州的排日运动，因为他深知日益崛起的日本军国主义实力以及旧金山市反日暴乱可能造成的后果。所以，为防止美、日关系的恶化，他力主就移民问题与日本谈判，并于 1908 年与日本政府达成"君子协定"：日本政府同意对前往美国的日本劳工拒发护照，而美国则不颁布禁止日本劳工入境的排斥性法案①。从美国政府的意图来看，"君子协定"与《排华法案》都是旨在禁止日、中两国劳工入境，但它为达到这一目的而对日、中两国采取的策略和手段却形成了鲜明的对照。

美国不仅要求日本政府禁止日本劳工前往美国，而且限制已入境的日本移民在经济上的发展。为了扼制日本移民在农业方面的发展，加州政府从 1913 年开始一再颁布《外籍人土地法》，其主要目的就是禁止日本移民拥有土地，从而剥夺他们经营农业的权利，切断他们的家属去美国的可能性。②剥夺日本移民入籍权是美国排日的另一重要手段。根据 1924 年美国颁布的移民法，已在美国安居的日本移民和中国移民一样，均属"无资格取得公民权"的外国人。这一法案实施后，亚洲移民中只有菲律宾人未受到限制，因为当时菲律宾乃美国的海外殖民地，其居民虽非美国公民，却属于美国的国民，仍享有自由出入美国的权利。但是，随着入境的菲律宾人的急剧增加，美国社会要求控制菲律宾移民的呼声也在增强。美国国会遂于 1935 年通过一个专门法案，终止对菲律宾实行的自由移民政策，每年给菲律宾 50 名移民限额。因此，在第二次世界大战前，菲律宾是亚洲唯一的享有移民限额的国家。

第三阶段是普遍限制所有外来移民的阶段。它开始于 19 世纪 80 年代中期，体现在 1924 年通过的《移民法》中，该法支配美国移民政策长达 40 年之久。

1880 年以前的四五十年期间，美国移民大部分来自英国、德国和斯堪的纳

---

① 罗杰·丹尼尔斯：《偏见的政治：加州反日运动与排斥日本人的斗争》（Roger Daniels, *The Politics of Prejudice: The Anti-Japanese Movements in California and the Struggle for Japanese Exclusion*），加州大学出版社1978年版，第31—45页。

② 罗伯特·希格斯：《根据法律无土地的人：直到1941年加州农业的日本移民》（Robert Higgs, "Landless by Law: Japanese Immigrants in Californian Agriculture to 1941"），《经济史杂志》（*Journal of Economic History*）第38卷第1期（1978年3月），第219页。

维亚半岛等西欧和北欧国家，他们被称为"老移民"，其数目在19世纪80年代达到了高峰。自19世纪80年代开始，来自东欧和东南欧各国的移民日益增加，到1890年汇成了一股移民洪流，超过来美国移民总数的一半，到1907年，他们占入境移民的80%以上①。这些所谓的"新移民"在宗教信仰上主要是天主教和希腊东正教的教徒，而"老移民"主要是新教徒。"新移民"操本国或本民族语言，不能讲英语；他们原来的生活都较贫困，教育和文化程度也较低下，且文盲较多。

随着"新移民"的大量涌入，美国人原有的矛盾心理日益加剧：他们既为美国是"世界被压迫者的庇护所"而感到自豪，又因外来移民的大量涌入而产生恐惧不安。他们因而要求在接纳外来移民时进行限制和选择。首先要求限制外来移民入境的是一些工会组织，它们认为"新移民"为企业主提供了廉价劳动力，从而加剧了劳动力市场的竞争，导致工人失业和生活水平下降；他们还把外来移民视为工会活动的"绊脚石"：在劳资纠纷日益加剧时，他们往往被企业主雇佣来接替罢工工人，致使工人的罢工失去了效用②。还有一些土生美国人也害怕日益增多的各种各样的外来移民会危及美国原有的"社会团结"，特别是害怕外来移民中具有不同宗教信仰的教徒和欧洲思想激进分子会在美国煽动"骚乱"，从而威胁美国"共和政体和民主制度"。而当时报刊大肆渲染一些欧洲国家政府有计划地把各自的社会渣滓倾倒给美国，更加剧了这种恐惧心理。然而，宗教偏见在煽起美国排外主义情绪上起了很大的作用。新教领袖认为东欧和东南欧各国天主教徒、东正教徒和犹太教徒的大批到来会威胁到美国社会的新教性质。同时，排外主义者还大肆散布外来移民"犯罪率极高"，因而把城市变成了政治和社会动荡不安的发源地。③

在这些反对外来移民的论调背后有一个起主导作用的因素，那就是种族主义。当时，美国种族主义者的矛头除反对有色人种外，还集中力量针对来自东欧和东南欧"素质低劣"的白种人。他们认为，在世界所有种族中，盎格鲁－萨克逊人最优秀，"自由民主的政治制度"只是在盎格鲁－萨克逊人当中发展和成

① 马克辛·S.塞勒：《寻求美国：美国族裔生活》（Maxin S. Seller, *To See America: A History of Ethnic Life in the United States*），新泽西杰罗姆·S.奥齐尔出版公司1988年版，第101—102页。
② D·杜蒙德：《现代美国，1896—1946年》，商务印书馆1984年版，第32页。
③ 詹姆斯·奥尔森：《美国历史中的族裔方面》（James Olson, *The Ethnic Dimension in American History*）第2卷，纽约圣马丁斯出版社1979年版，第209页。

长起来。大批东欧和东南欧移民的入境正在改变构成美国的成分，从而破坏了以盎格鲁－萨克逊人为主体的美国人的优秀素质。1894 年，由一批年轻的哈佛大学毕业生组成的"限制外来移民联盟"是个有广泛、重要影响的社会团体，要求美国政府对外来移民政策进行根本的修正。它的创始人之一普雷斯科特·霍尔宣称，决定美国是由"历史上自由发展的、精力旺盛的和积极进取的英国、德国和斯堪的纳维亚的种族提供人口，还是由历史上受压制的、返回原始状态的和迟钝的斯拉夫人、拉丁人和亚洲种族来提供人口"的时刻已经到来。[①] 于是，一个限制移民入境的方案——以识字为基础的"文化测验"便应运而生了。该联盟的代言人亨利·洛奇宣扬说，"文化测验"是限制外来移民入境的最好办法。实际上，这种办法主要是针对来自东欧和东南欧的"新移民"的，因为他们当中许多人都是文盲。在共和党推动下，国会于 1896 年通过《文化测验法案》，但为克利夫兰总统所否决。对此，排外主义者并不肯甘休，仍就限制外来移民问题进行鼓动宣传，从而在社会各阶层人士中引发了一场大辩论。1917 年，在美国参战后民族主义情绪日趋高涨的情况下，国会终于通过了《文化测验法案》。根据该法，凡成年的外国移民不能阅读一段"一般使用的不少于 30 个也不超过 80 个单词"的英文或其他文字者，一律不得入境。该法案被认为是"进行严厉限制和放弃选择原则的第一个主要步骤"，但并未收到排外主义者所预期的效果[②]。在第一次世界大战结束后，前往美国的移民又开始增加了，而且东欧和东南欧各国移民在移民总数中仍占较大的比重。为此，美国开始考虑更加严格的限制移民措施。1920年，迪林厄姆向国会提交一份议案，建议美国每年移民限额为 35.7 万人，各国移民美国的人数不得超过 1910 年美国人口统计时该国侨居美国人数的 5%。该议案经国会讨论后，将移民限额基数由 5% 降到 3%，并且作为紧急法案由哈定总统签署，成为《1921 年外籍人移民美国限制法》。1922 年，国会参、众两院通过联合决议，将 1921 年移民法延至 1924 年，以便国会有较充足时间考虑永久性的移民政策。美国劳联等排外主义组织也一致呼吁国会制定更加严格的移民政

---

① 伦纳德·丁内尔斯坦等：《美国人的族裔：外来移民与同化史》（Leonard Dinnerstein & David M. Reimers, *Ethnic Americans, A History of Immigration and Assimilation*），纽约哈珀和罗出版公司1982年版，第57页。

② 约翰·海厄姆：《这个国家里的陌生人：美国排外主义的模式，1860—1925年》，（John Higham, *Strangers in the Land: Patterns of American Nativism, 1860—1925*），拉特格斯大学出版社1955年版，第190页。

策。于是，众议院"限制与归化委员会"主席阿尔伯特·约翰逊便向国会提交了一项议案，主张以 1890 年美国人口统计为基础，将限额比例的基数由 1921 年移民法规定的 3% 降至 2%，限额总数由 35.7 万人减少到 16 万人。约翰逊之所以选择 1890 年人口统计作为确定各国移民限额的依据，主要目的在于限制东欧和东南欧移民，因为那时东欧和东南欧族裔在美国人口中所占比例较小。按照约翰逊的议案，整个东欧和东南欧在限额中所占的比例将从 44.6% 下降到 15.3%。[①] 约翰逊的顾问约翰·特雷弗在这次国会听证会上提出了以民族来源为基础的限额思想，他认为确定限额的依据应是各族裔集团在美国人口中的比例，而不是外来移民在某一年美国人口统计中所占的比例。这一思想得到了一些国会议员的赞同与支持，他们在讨论议案时，也强调移民限额不应以外国出生的居住者的数量为基础，而应以构成美国人口的"民族来源"的人为基础。接着，参议院"移民委员会"主席戴维·里德在吸收特雷弗的民族来源的限额思想后，也向国会提交了一份议案。这两份议案大同小异，国会遂将它们合并后通过，定为《约翰逊—里德法案》，其中规定：每年移民限额为 16.4 万人，各国每年限额人数不得超过 1890 年美国人口统计中该国侨居美国人数的 2%。后在 1927 年，经国会与有关行政部门协商确定：按照 1920 年美国人口统计中各个民族集团所占的比例确定各国移民限额，每年的限额总数减少到 15 万人左右。这样，1924 年移民法案与 20 世纪 20 年代通过的其他移民法案合在一起构成了 20 世纪美国限额制度的基本框架，而且这一框架一直持续到本世纪 60 年代中期。

移民限额制的确立是"美国历史发展的必然产物，是美国向垄断资本主义过渡中对社会运行机制进行自我调节的结果"[②]。随着美国垄断资本主义的确立，自由放任的移民政策彻底结束了，限制和选择移民的政策日益加强了，以适应美国社会经济发展的需要。以民族来源为基础的移民限额制就是限制和选择移民政策日益加强的具体体现。在它实施后，入境的移民逐渐减少了，民族来源也发生了变化：西欧和北欧移民总数日益增多，东欧和东南欧移民却日趋减少，亚洲移民更是寥寥无几。

但是，由于移民限额制是建立在种族主义特别是盎格鲁－萨克逊种族优越论

---

① 小弗农·布里格斯：《外来移民政策与美国的劳动力》（Vernon Briggs, Jr., *Immigration Policy and the American Labor Force*），巴尔的摩约翰斯·霍普金斯大学出版社 1984 年版，第 447 页。
② 梁茂信：《美国移民政策研究》，东北师范大学出版社 1996 年版，第 240 页。

的基础上，它确定移民限额分配原则的着眼点不是以一视同仁的态度考察各国移民的素质，而主要考虑移民的宗教信仰、肤色和种族。实际上，种族歧视是美国移民限额制中最突出的特征。移民限额制确立的过程先是歧视和排斥亚洲移民，继而是限制东欧和东南欧移民的过程。它所强调的民族来源制表明只有欧洲人才能移民美国，而在欧洲各国中，最受欢迎的是英国移民，其次是西欧和北欧各国的移民，不大受欢迎、有时甚至受到冷遇和排斥的是东欧和东南欧各国的移民。

原文载于《世界历史》2001 年第 1 期

丁则民论著目录

著作

1.《美国排华史》，中华书局，1952 年。

2.《世界现代史教学大纲》，（受教育部委托主编），1956 年。

3.《世界现代史》（上册），新华书局，1958 年。

4.《世界现代史》（上下册），（合著），1961—1962 年。

5.《新编世界近代史》（上下册），（王荣堂、姜德昌主编，参加编写），吉林人民出版社，1981—1982 年。

6.《美国内战与镀金时代》（主编），人民出版社，1990 年。

译著（与人合译）

1. 安娜·罗彻斯特著《美国资本主义（1607—1800）》，三联书店，1957 年。

2. 罗杰·威廉斯著《欧洲简史：拿破仑以后》，吉林人民出版社，1975 年。

3. 亨利·赫坦巴哈著《俄罗斯帝国主义，从伊凡大帝到革命前》，三联书店，1978 年。

4.《美国史译丛（史学专号）》，中国美国史研究会，1982 年第 1 期。

论文

1.《云南回民起义史料》，《历史教学》，1951 年第 2 期。

2.《美国迫害华工史辑》，《历史教学》，1951 年第 3 期。

3.《门罗主义与美帝侵略政策》，《历史教学》，1951 年第 6 期。

4.《第二次世界大战的性质》，《光明日报》（史学版，双周刊），1956 年。

5.《第二次世界大战的起源和性质》，《历史教学》，1957 年第 4 期。

6.《1936—1939 年西班牙人民反法西斯的民族民主革命》，《历史教学》，

1959 年第 6 期。

7.《1899—1902 年美帝国主义对古巴的第一次军事占领》,《文史哲》1963 年第 6 期。

8.《美帝国主义对古巴的第二次军事占领（1906—1909）》,《历史教学》, 1963 年第 5 期。

9.《1899—1923 年美帝国主义对古巴的侵略政策》,《吉林师大学报》, 1964 年第 4 期。

10.《1868—1878 年古巴人民争取民族独立的十年战争》,《历史教学》, 1964 年第 7 期。

11.《1933—1934 年古巴民族民主革命运动的高涨》,《史学月刊》, 1964 年第 7 期。

12.《一百多年来美国对多米尼加的干涉和侵略》(合撰),《吉林师大学报》, 1965 年第 1 期。

13.《美国的"自由土地"与特纳的边疆学说》,《吉林师大学报》, 1978 年第 3 期。

14.《特纳的"地域理论"评价》,《吉林师大学报》, 1979 年第 3 期。

15.《美国中西部学派创始人特纳的历史观点评价》,《美国史研究通讯》, 1979 年第 1 期。

16.《边疆学说与美国对外扩张政策》,《世界历史》, 1980 年第 3、4 期连载。全文收入《美国史论文集》,三联书店, 1980 年。

17.《关于十八世纪美国革命的史学评价》,《社会科学战线》, 1981 年第 2 期,全文收入《1981—1983 年美国史论文集》,三联书店 1983 年。

18.《查尔斯·比尔德与美国宪法——美国史学界对比尔德关于美国宪法的解释的评论》,《东北师大学报》, 1982 年第 2 期。

19.《美国宪法的经济观》中译本再版序言,商务印书馆, 1984 年。

20.《特纳与美国奴隶制问题》,《世界历史》, 1986 年第 1 期。

21.《美国的"新移民"与文化测验,兼评本世纪初期美国学术界限制"新移民"入境的论点》,《社会科学战线》, 1986 年第 2 期。

22.《百年来美国移民政策的演变》,《东北师大学报》, 1986 年第 3 期。

23.《十九世纪后期美国对印第安人政策的演变》,《兰州学刊》, 1986 年第 7 期。

24.《关于美国宪法的史学评价》，（主笔），《史学集刊》，1987 年第 4 期。

25.《"新"、"旧"资本主义交替时期的美国——〈美国内战与镀金时代〉序》，《东北师大学报》，1989 年第 4 期。

26.《我的治学道路》，载《治学之路》，吉林文史出版社，1990 年。

27.《美国中央太平洋铁路的修建与华工的巨大贡献》，《史学集刊》，1990 年第 2 期。

28.《美国内战与加利福尼亚州》，《东北师大学报》，1992 年第 5 期。

29.《外来移民在美国历史发展中的作用》，《东北师大学报》，1993 年第 5 期。

30.《第二次世界大战后美国族裔史学及其发展》，《东师史学》，1994 年。

31.《纷然杂陈的美国社会》序言，内蒙古大学出版社，1994 年。

32.《美国西海岸大城市研究》序言，东北师大出版社，1994 年。

32.《20 世纪以来美国西部史学的发展趋势》，《东北师大学报》，1995 年 10 期。

33.《美国移民政策研究》序言，东北师大出版社，1996 年。

34.《评成露西著〈法律猛于虎〉》，《美国史研究通讯》，1997 年第 1 期。

35.《美国亚洲移民政策的演变》，《河北师院学报》，1997 年第 2 期。

36.《美国建国以来移民政策的发展变化》，《湖北大学学报》，1997 年第 2 期。

37.《西雅图精神刍议》，《东北师大学报》，1997 年第 10 期。

38.《中美关系中值得注意的问题》，《东北亚论坛》，1998 年第 2 期。

39.《美国移民政策与亚洲移民》序言，中国社会科学出版社，1999 年。

40.《城市促进者在拉斯维加斯发展中的作用》，《东北师大学报》，2000 年第 1 期。

41.《当前中美关系及其发展趋势》，《东北亚论坛》，2000 年第 1 期。

42.《美国移民史中的排外主义》，《世界历史》，2001 年第 1 期。